1

The Social Science of Practice and Research on China

实践社会科学与中国研究 卷一

中国的新型小农经济：实践与理论

China's New Peasant Economy: Practice and Theory

黄宗智 著

GUANGXI NORMAL UNIVERSITY PRESS
广西师范大学出版社
·桂林·

ZHONGGUO DE XINXING XIAONONGJINGJI : SHIJIAN YU LILUN

图书在版编目（CIP）数据

中国的新型小农经济：实践与理论 / 黄宗智著．—桂林：广西师范大学出版社，2020.5
（实践社会科学与中国研究；卷一）
ISBN 978-7-5598-1255-1

Ⅰ．①中… Ⅱ．①黄… Ⅲ．①小农经济—研究—中国 Ⅳ．①F32

中国版本图书馆 CIP 数据核字（2020）第 063106 号

广西师范大学出版社出版发行
（广西桂林市五里店路 9 号　邮政编码：541004
网址：http://www.bbtpress.com）
出版人：黄轩庄
全国新华书店经销
广西广大印务有限责任公司印刷
（桂林市临桂区秧塘工业园西城大道北侧广西师范大学出版社集团有限公司创意产业园内　邮政编码：541199）
开本：880 mm ×1 240 mm　1/32
印张：19.875　　字数：350 千字
2020 年 5 月第 1 版　　2020 年 5 月第 1 次印刷
印数：0 001~5 000 册　定价：98.00 元

目　录

总　序　探寻扎根于(中国)实际的社会科学

黄宗智

我们这个世界充满对立的、相互排斥的社会科学理论,如主观主义 vs.客观主义、意志主义 vs.结构主义、唯心主义 vs.唯物主义,乃至于西方 vs.东方、普世主义 vs.特殊主义、理想主义 vs.经验主义或实用主义等。我们该怎样去决定用什么理论来做研究,怎样来从各种理论中选择哪一种?今天学者们最常用的办法是从某一种理论出发——常是当前最流行的或政权所采用的,然后搜寻可用的“经验证据”来支撑、释义或阐述该理论,而后返回到原来的理论,表明自己已经用经验证据来验证该理论。笔者认为,我们应该把理论当作问题而不是(很可能的)答案(“假设”)来使用。研究的目的不是要证实某一种理论,而是要借助多种不同和对立的理论来检验经验证据,依赖证据来决定对不同理论的取舍,或依赖证据来与不同理论对话,从而创立或推进适合新证据的新概括。不同理论的交锋点乃是特别好的研究问题——这是笔者多年来对自己和学生的劝诫。学术的最终目的是更好地认识真实世界,不是阐明某一现有理论或意识形态。

固然,我们需要熟悉理论来进行这样的研究,但我们研究的目的应该是以通过经验研究发现的实际来决定对理论的选择或拒绝,或修改,追求的是最能使我们掌握和理解我们通过经验研究所发现的真实世界。需要的时候,更可以重新组合理论概念或创建新概念来适当概括自己新的研究发现。

鉴于现有理论间的众多相互排斥的二元对立实态,我们需要认识到任何理论的局限。大多数的理论从单一的基本“公理”或信念出发,而后借助演绎逻辑——常被认作西方文明独有的特征——来形成一个逻辑上统一的理论体系,将其推导至逻辑上的最终结论(类似于欧几里得几何学那样——进一步的论析见黄宗智、高原,2015)。如此的要求正是把众多理论建构推向相互排除的二元对立的动力。这个现实本身便为我们说明,理论建构多是对实际的单一面的简单化,在其起始阶段,常常只是一种认识方法,借助突出单一方的简单化建构来澄清某一方面或某一因素。这样的认识应该被理解为一种方法,不是实际本身。但这样的简单化的认识则常被理想化,或被等同于实际整体,再通过演绎逻辑而绝对化,其中,影响最大的理论还会被政权或/与西方中心主义意识形态化。我们不该把那样的理论认作真实世界的实际本身。

我们需要看到,理论建构中常见的非此即彼二元,任何单一方面其实都是对实际的片面化和简单化,而真实世界其实多是由如此的二元间的并存和互动所组成的,而不是其任何单一方。不仅主观和客观二元如此,理论和经验二元也如此。

西方与东方则更加如此。在“现代”的世界中,西方作为原来的帝国主义侵略者，对非西方世界来说，不可避免地既是被痛恨的敌人也是被仰慕的模范。对非西方世界来说，两者的并存其实是必然的实际。但西方的理论则大多有意无意地忽视了非西方的这个必然实际，凭借演绎逻辑或更简单的西方中心主义，坚持非西方世界必须完全模仿西方。这样，和其他的二元建构同样，单一方被推向排除另一方，或被推向完全吸纳或支配另一方的建构，一如主观主义 vs.客观主义、普世主义 vs.特殊主义等二元建构那样。

本书反对使用如此非此即彼的单一元进路来认识真实世界。我们需要认识到，非此即彼的建构，最多只能成为我们使用的一种认识方法，借助突出单一元来把某一方面简单化和清晰化，但绝对不可将其等同于真实世界整体本身。后者需要靠同时关注二元双方来掌握，需要我们把理论所提出的问题和经验证据连接起来，并关注到二元之间的关系和互动。今天，我们需要的是更多聚焦于二元的并存、相互作用和相互塑造来认识由二元组成的真实世界合一体。

以下是笔者本人对这方面的追求的回顾，目的是更好地认识真实世界，建构新的、更符合过去和现在的实际的概念。其中，连接经验和理论尤其关键，这不仅是为了更好地理解真实世界，也是为了更好地探寻其改良的道路。

一、悖论实际与理论概括：中国农村社会经济史研究

（一）《华北的小农经济与社会变迁》

笔者进入不惑之年后的第一本专著是1985年（英文版）的《华北的小农经济与社会变迁》（黄宗智，1986）。此书提出的学术理念和方法是“试图从最基本的史实中去寻找最重要的概念，然后再不断地到史料中去验证、提炼自己的假设”（中文版序，第2页），同时，以连接经验与理论为中心问题，“有意识地循着从史实到概念再回到史实的程序进行研究，避免西方社会科学中流行的为模式而模式的作风”（同上），总体目的是要创建符合经验实际的概括。在对待理论上，则有意识地同时借鉴当时的三大理论传统，即新古典经济学和马克思主义政治经济学两大经典理论，以及“另类”的实质主义理论，借助与之对话来形成自己的概念，凭经验证据来决定其中的取舍。

根据以上的研究进路，笔者首先采用了关于革命前中国农村最系统和细致的调查资料，尤其是“满铁”（日本“南满洲铁道株式会社”）的“社会和经济人类学”调查，根据翔实的关于一家一户的经济实践资料来认识农家经济，并辅之以各种历史文献资料来掌握长时段的历史变迁，而后与各大理论对照。拙作得出的结论首先是，三大理论传统均有一定的洞见和是处，它们共同组成了小农的“三种不同的面貌”，伴随其阶级位置而异：雇佣劳动的“经营式地主”和“富农”更适合从形式主义经济学的营利单位来理解，而受

雇的雇农和打短工的贫农,以及租地的贫农则比较符合马克思主义中被剥削的劳动者的图像。但是,在系统检视和比较两种农场的历史演变之后,出乎意料的是,华北在近三个世纪的商品化(市场化)和人口增长两大趋势下,所展示的主要现象不是农村和农业向此两端的分化,而是小农家庭农场凭借农业+手工业和打短工"两柄拐杖"的强韧持续,一直占到总耕地面积的绝大比例,而雇工的"经营式农场"则一直没有能够超过10%的比例。

两种农场在劳动组织上不同,但在亩产量上则基本一致,两者主要的差别只是后者可以按需要调节其劳动力而达到较高效率的劳动力使用,而前者的家庭劳动力则是给定的,在农场面积不断缩减的压力下,只能凭借投入越来越密集的劳动力来应付生存需要。相比之下,经营式农场达到较适度的劳动力使用,而小家庭农场则明显趋向劳动边际报酬的递减。在其他方面则两者基本一致。由此,我们可以很具体地理解到"人口压力"的实际含义。在三大理论中,最贴近这样的经验证据其实是"另类"的实质主义理论所突出的小农家庭农场在组织和行为逻辑上与资本主义雇佣单位间的不同:在生产决策中,它同时考虑生产和消费,不只是生产;在劳动力供应方面,它的劳动力是给定的,而不是按需要雇用的。

读者明鉴,上述的基本学术研究进路是:(一)从经验到概念/理论的方法;(二)凭借经验证据来综合多种理论传统的使用,决定其不同部分的取舍。也可以说,是一种有意识地超越任何意识形态化理论的研究进路。

（二）《长江三角洲小农家庭与乡村发展》和《中国研究的规范认识危机》

在《华北》一书之后，笔者在1990年（英文版）的《长江三角洲小农家庭与乡村发展》中则沿着以上的基本研究进路，使用的依然是翔实的"满铁"微观调查材料，并辅之以笔者自己连续数年的实地追踪调查。（黄宗智，1992）在经验发现层面上，之前的华北研究使我感到意外，而长江三角洲则更使我感到惊讶。此地商品化（市场化）程度要远高于华北，但在明末清初之后，其雇工的"经营式农场"便基本消失，完全被高度市场化和家庭化的小家庭农场压倒。水稻种植越来越被棉花—纺纱—织布生产，或者种桑—养蚕—缫丝所取代。微观层面的资料所展示的是，在单位耕地面积上，比之前和华北还要高度劳动密集化的生产：棉花—纱—布生产每亩需要18倍于水稻的劳动力，桑—蚕—丝生产则是9倍。

据此，笔者在借助当时占据主要学术地位的新古典经济学和马克思主义经济学的洞见的同时，对两者都更鲜明地提出了商榷和批评。主要针对的是其在市场化（商品化）会导致资本主义生产发展的基本共识上，论证中国农村经济的"悖论"现象，并且提出了更符合中国农村经济实际的几个"悖论"概念："内卷型商品化"（以及"剥削型商品化"和"单向的城乡贸易"，或"畸形市场"），与一般关于市场的预期相悖；"没有'发展'（笔者定义为单位劳动生产率——产出/产值——的提升）的商品化"以及"没有'发展'的'增长'（定义为总产量/产值的提升）"，而不是经典理论所预期的两者同步并进。这就是笔者用"内卷化"或"过密化"（即借助廉价的家庭辅助劳动力而进行边际报酬递减的生产)两词来表述的高度劳动密集化家庭生产以及其所推动的“内卷型商品化”。与有的不可论证的宏大理论概念不同,这是可以凭经验证据来证实的概念。譬如明清以来从水稻+冬小麦种植转入越来越多的棉花+纺纱+织布或蚕桑+缫丝生产,无可置疑的是此类现象是伴随单位劳动日报酬递减(亦即“过密化”)而进行的(譬如,占劳动投入最大比例的纺纱的按日劳动报酬只是种植水稻的约三分之一),而那样的低廉报酬是由家庭辅助劳动力来承担的(笔者称作“农业生产的家庭化”)。

与《华北》不同,此书还根据比较翔实的访谈资料以及由当地政府提供的数据和文字资料,把研究延伸到集体化时期和改革初年(当代部分组成全书的约一半)。使笔者惊讶的是,集体化农村经济展示了与之前的家庭农业同样的“过密化”趋势——其劳动力是给定的,其生产决策也同样受到消费需要的影响。而改革初年则更展示了与西方经验很不一样的“农村工业化”,亦即“没有城镇化的工业化”。

《长江》发表之后,在1991年(英文版)的后续思考性论文《中国研究的规范认识危机:社会经济史的悖论现象》(黄宗智,1993)中,笔者更明确地论析,从西方主要理论来看待中国实际,几乎所有的社会经济现象都是“悖论的”(paradoxical)——即从现有理论上看来是一对对相互排斥的悖论现象,但实际上都是并存和真实的,如“没有发展的增长”“过密型商品化(市场化)”“没有城镇化的工业化”,以及“集体化下的过密化”。这些都是与经典理论预期不相符的社会经济实际,是它们所没有考虑到的实际,需要重新来理解和概括。这就意味着长期以来由西方经典社会科学理论所主宰的中国研究学界中的“规范认识危机”，也意味着中国的社会科学研究必须创建新的、更符合中国实际的概念和理论。笔者提出的“内卷化”和“内卷型”市场化等概括便是那样的尝试。此文可以看作笔者在《华北》和《长江》两本专著的基础上总结出的学术方法和理论思考，当时在国内引起了较广泛的讨论。①

这里需要重申，以上论述中的一个关键的认识和体会，是要从经验到理论再返回到经验检视的侧重实际经验的认识方法，这与一般社会科学从理论到经验到理论的侧重理论的方法正好相反。笔者提倡的方法所要求的是，在扎实的经验研究基础上进行抽象化和概括——既非纯经验堆积也非纯理论空谈，而是两者的结合，因此可以说是“双手并用”。这需要有意识地避免从抽象化概括跳跃到理想化、普适化的违反实际的理论。笔者追求的是对史实的最真实理解和概括，不是普适理论的建构。这才是“到最基本的事实中去探寻最重要的概念”的基本研究进路。

---

① 《史学理论研究》最先以《中国经济史中的悖论现象与当前的规范认识危机》为标题发表了拙作的前半部分（1993 年第 1 期，第 42—64 页）。在接下来的五期中，《史学理论研究》连载了一系列关于这篇文章以及华北农村和长江三角洲农村两本书的讨论。一开始是由四位学者对拙作的简短评论（1993 年第 2 期，第 93—102 页），接着是一篇论文（1993 年第 3 期，第 151—155 页），再接着是关于针对拙作召开的两次会议的报道，一次是由《中国经济史研究》期刊发起的，主题为“黄宗智经济史研究之评议”（《史学理论研究》1993 年第 4 期，第 95—105 页），一次是由《史学理论研究》、《中国史研究》和《中国经济史研究》三个期刊联合召开的，主题为“黄宗智学术研究座谈会”（《史学理论研究》1994 年第 1 期，第 124—134 页）。这一系列讨论终结于以“黄宗智学术研究讨论”为主题的六篇文章（《史学理论研究》1994 年第 2 期，第 86—110 页）。《中国经济史研究》也报道了两次会议的议程（1993 年第 4 期，第 140—142 页；1994 年第 1 期，第 157—160 页）。

二、表达/话语与实践:法律史研究

(一)《清代的法律、社会与文化:民法的表达与实践》

从1989年开始,笔者在其后的15年中将主要精力转入了法律史的研究,部分原因是获知诉讼案件档案的开放,认为这是进一步深入研究中国社会的极好机会,部分原因是在后现代主义理论潮流的影响下,笔者对自己过去隐含的唯物主义进行了一定的反思,觉得很有必要纳入后现代主义所特别突出的“话语”层面,而诉讼案件是明显具有话语表达和实践双重层面的史料。

在详细阅读每一个案件、记入卡片、梳理和分析来自三个县的628起诉讼案件档案并将其与《大清律例》条文对照之后,笔者认识到的不是后现代主义所强调的、要以话语为研究的主要对象,而是话语/表达层面和实践层面的背离共存,两者共同塑造了长时段的历史变迁。笔者从经验证据逐步得出的结论是,中国法律体系是一个既包含高度道德化的表达,也是一个包含高度实用性的实践体系,两者所组成的是既矛盾又抱合的“实用道德主义”统一体。也就是说,“说的是一回事,做的是另一回事,合起来则又是另一回事”。其中关键在于“合起来”的“又是另一回事”。与后现代主义理论——例如,萨伊德(Edward Said)(1978)和吉尔茨(Clifford Geertz)(1983)的理论——不同的是,中国的法律体系绝对不能被简单视作一套话语或意义网,而需要看到其话语表达和实践间的相互作用。

布迪厄(Pierre Bourdieu)(1977,1990)的"实践理论"的重要贡献在于突破了主观主义和客观主义(以及意志主义和结构主义,唯心主义和唯物主义)的非此即彼二元对立,同时看到人们在实践之中的两个方面,超越了形式主义的经济学和社会学,用偏于单一方的理论建构来替代复杂互动的实践实际。相对那些理论,实践理论迈出了很大的一步。对中国法律史的研究来说,它促使我们突破了韦伯(Max Weber)所代表的西方主流形式主义的霸权,也突破了简单的法律条文主义,使我们能看到中国的法律体系所包含的两种不同但又相互依赖的逻辑。

同时,笔者深入档案的研究突出了(中国法律体系中的)实践与其表达/话语之间的不同,而这一点是布迪厄所没有考虑的。中国法律史的长时段演变其实多是由两者的背离和互动所推动的。与理论和经验间的连接一样,我们需要集中探讨的是表达和实践之间的背离和互动,而不是任何单一方面。基于此,笔者在1996年发表的(英文版)专著《清代的法律、社会与文化:民法的表达与实践》中建立了"实用道德主义"(既矛盾又抱合)的概念来表述清代民事正义体系的特色。(黄宗智,2001)与布迪厄的共鸣之处在于把真实的关键看作"实践",把"实践"看作是主观和客观,以及意志和结构互动的领域,而笔者的表达与实践二元合一的进路则更把法律历史看作是长时段中"实践"与"表达"两者互动中呈现的趋势。布迪厄则基本不考虑长时段的历史变迁,也不考虑"实践"与表达之间的背离和互动。

《表达与实践》一书的主要对话对象和理论启发是形式主义的韦伯、后现代主义的萨伊德和吉尔茨,以及实践理论的布迪厄。韦伯代表的是形式主义理性的视角,那既是他的中心论点,用来代表西方现代的理想类型,也是他本人的基本思维。笔者从韦伯的理论获得的是其极其宽阔的比较视野以及对现代西方法律体系的形式主义主导逻辑的认识。后现代主义则如前所述,促使笔者更多地关注到表达层面的建构和话语,并对韦伯的形式主义/普适主义提出了强有力的批判。与韦伯和后现代主义不同,布迪厄强调的则不是韦伯那样的理论化(和理想化)的"理想类型",也不是后现代主义的"话语",而是"实践"及其包含的"实践逻辑",这对笔者其后逐步形成的"实践历史"研究进路和方法有深远的影响。

但是,即便笔者明显受到三者的影响,但与三者都不同的是,笔者一贯以认识历史真实而不是建构普适理论为目标,因而特别侧重从经验证据出发的研究进路,凭此来决定对各种理论论点的取舍、重释或改组,最终目的是阐明中国的实际而不是建构理论,这是笔者提倡的"实践历史"的核心。而韦伯、萨伊德与吉尔茨、布迪厄则都是偏重建构普适理论的理论家。

笔者在法律史研究中选择的进路其实是过去的农村社会经济史研究进路的进一步延伸。同样从大量经验材料出发,借助、关注多种理论传统并凭经验证据来决定其间的取舍或选择性修改。与之不同的是,在经验与理论间的关联之外,更关注实践与话语/表达间的关联,而避免在两者之间作出非此即彼的选择,坚持在认知过程中两者缺一不可。我们研究的焦点不该是两者中任何一方面,而是两者之间的连接和媒介。

以上进路使笔者看到韦伯理论的一个重要弱点:当他遇到自己建构的"理想类型"与他转述的中国的历史实际不相符的时候,

也是历史学家的他曾试图合并自己建构的两种理想类型,以此来表述其真实性质,即关乎中国政治体系的世袭君主制(patrimonialism)和关乎西方现代的官僚科层制(bureaucracy),从而组成了悖论的"世袭君主官僚制"(patrimonial bureaucracy)概念。他同时也尝试着使用"实质主义理性"的悖论概念来论析中国的治理体系。但是,他最终(在其历史叙述中)仍然偏向单一方面的选择,凭借形式逻辑的标准而把中国的政法体系简单划归非理性的世袭君主制类型和实质主义非理性类型。在论述中国以外的其他非西方"他者"时,他也同样如此,由此展示的是深层的主观主义和西方中心主义倾向。(Weber,1968[1978];黄宗智,2001:尤见第9章;亦见黄宗智,2014b,第一卷:总序)

韦伯所建构的"形式理性"法律类型是一个既排除伦理/道德,也排除非正式法律制度的理想类型。他认为,像中国传统法律这样高度道德化的法律,最终只可能是"非理性的",只可能促使法外威权介入法律。同理,像中国以道德价值为主导的法律和(非正式)民间调解制度,在他眼中也只可能是非形式理性和非现代性的。他建构的形式理性理想类型是限定于完全由形式逻辑整合的体系,也是限定于正式制度的体系。(详细讨论见黄宗智,2015b;2014b,第一卷:总序)

至于偏重话语的后现代主义理论,它虽然可以视作是对韦伯的现代主义和西方中心主义的有力批评,但在话语/表达与实践的二元对立间,同样偏重话语/条文单一方面;而笔者认为,要理解清代的法律体系,需要的是分析其话语与实践二元之间的变动关系,而不是其单一方面。

至于布迪厄,他对实践的重视和阐释对笔者影响深远。但是笔者同时也看到,他缺乏关于表达与实践背离和互动的问题的思考,以及缺乏对长时段历史趋势的关注。基于经验研究,笔者认识到“实践逻辑”不仅是共时性横截面的逻辑,更是通过实践与表达二元合一的积累而形成的长时段历史趋势。两者既是相对独立的,也是相互作用的。两者间的互动关系才是笔者所集中探讨的问题,也是布迪厄没有着重关注的问题。这是笔者提倡的“实践历史”研究进路和他的“实践逻辑”的关键不同。

上述研究方法的核心是,面对理论和经验实际、表达和实践两双二元对立,我们要做的不是非此即彼的选择,而是要认识到,对真实世界来说,二元中的任何单一方面都是片面的,真正需要我们去集中关注的是两者间持续不断的相互关联和互动,而韦伯和后现代主义却都忽视了这个问题。布迪厄则虽然强调主观和客观、意志和结构二元在实践之中的互动,却忽视了实践与话语/表达之间的背离和互动。

(二)《法典、习俗与司法实践:清代与民国的比较》

在2001年第一次出版(英文版)的《法典、习俗与司法实践:清代与民国的比较》(黄宗智,2003a)专著中,笔者面对的是中西法律、乃至中西文明碰撞与混合的大问题。从法典和大量实际案例出发,笔者发现的是,仅从表达或法典或话语层面出发,会造成民国时期的法律体系已经完全抛弃传统而全盘引进西方法律的错觉,看到的只是法律文本上的全面更改以及国家领导人与立法者全盘拒绝传统法律的决策。但是，从法律的实践/实际运作出发，则会看到众多不同的中国与西方法律并存和互动的实际：民国法律既包含鉴于社会实际而保留的清代法则和制度（尤其突出的是典权），也有与引进的西方法律相互妥协、适应和融合的方方面面（如家庭主义在产权、赡养、继承法律方面的顽强持续），也有充满张力的勉强并存（如妇女权利，从不符合中国社会实际的西方现代法律的妇女完全自主法则出发，结果因此抛弃了清代法律给予妇女的一些重要保护，如借助法庭来防止丈夫或姻亲强迫自己改嫁或卖淫——因为新法律不符实际地把妇女认定为独立自主抉择体，要到事后才可能制裁）。中西方法律两者的混合绝对不是一个简单的全盘西化过程，也不是一个简单的传统延续的过程，而是两者的并存和互动。这样，更突出经验和实践视野的不可或缺以及历史视野的必要，也突出了探寻兼容两者，甚或超越性地融合两者的必要。

从实践和实用的角度来考虑，法律不可能存在于简单抽象和理想的空间，在其实际运作中，必须适应社会现实，也就是说，韦伯型的形式理性理想类型和跨越时空的（形式主义理性）普适法律不仅是对实际的抽象化，更是脱离实际的理想化。读者明鉴，抽象化固然是认知的必要步骤，但理想化则不是——它多是脱离或违反实际的，用于西方本身已经如此，用于非西方的世界更加如此。简单地把西方法律移植于非西方世界，只可能是违反实际的法律。要研究中国现代的法律，我们必须在条文之上更考虑到实际运作，考虑到条文与实践之间的关联。近现代中国的一个给定前提条件是中国与西方、历史与现实、习惯与条文的必然并存。我们不可能,也不应该做出简单的西化主义或本土主义的非此即彼的抉择,必须从历史传统和社会实际来考虑立法和实际运作中的抉择。

(三)对研究方法和理论的进一步反思

与以上两本专著并行的是笔者继1991年(英文版)的《规范认识危机》一文之后对方法和理论的进一步反思。首先是根据笔者的法律史经验研究得出的结论:清代法律的一个基本特征是崇高道德理念的条文(律)和实用性的条文(例)的长期并存和互动。同时,法律条文主宰的正式审判制度与民间道德理念主宰的非正式调解实践和制度也长期并存,而像韦伯那样的理论则只考虑正式制度,无视非正式制度。更有进者,正式制度和非正式制度是相互作用的,并且在两者之间形成了一个越来越庞大的、具有一定特色的"第三领域"。笔者1993年(英文版)的《介于民间调解与官方审判之间:清代纠纷处理中的第三领域》详细论证了清代法律实际运作中的这个中间领域。(修改版见黄宗智,2001:第5章)

此后则是同年(英文版)的《中国的"公共领域"与"市民社会"——国家与社会间的第三领域》(黄宗智,1999)。此篇通过与当时在中国研究中十分流行的哈贝马斯(Jürgen Habermas)的"公共领域"概念/理论以及国内外广泛采用的"市民社会"理念/理论的对话,再次指出中国的悖论性:其关键不仅在于正式与非正式制度的并存,也在于两者互动所组成的中间领域,借此来拓展处于国家与社会之间、由两者互动而组成的"第三领域"概念。这里再次强调的是,面对理论中的二元对立,我们需要看到的不是两者中的对立或任何单一方面,而是两者之间的关联和互动。

再则是2008年的《集权的简约治理——中国以准官员和纠纷解决为主的半正式基层行政》(黄宗智,2008)。该文论证:长期以来中国的治理体系是一个(悖论的)高度中央集权和低度渗透基层的体系(不同于美国的低度中央专制权力但高度基层渗透权力——迈克尔·曼[Michael Mann]的论析)。与其相关的是"集权的简约治理"体系,国家高度依赖基层不带薪的"准官员"(由社区推荐,政府批准)来进行基层治理,只在那些准官员在执行任务中发生纠纷的时候方才介入。这也是"第三领域"的一个关键特色。

此外是1995年(英文版)的《中国革命中的农村阶级斗争——从土改到"文革"时期的表达性现实与客观性现实》(黄宗智,2003b),通过检视中国的土地改革和"文化大革命"来阐释表达/话语与实践两者间的变动关系。土改和"文革"都展示了激烈的阶级斗争话语,并导致了其与社会实际之间的张力和背离,阐明的首先是话语和实践既是相对独立的也是相互作用的,两者之间在"文革"期间的极端背离则最终导致"阶级斗争"被改革中的"实事求是"完全取代。如此的话语与社会实际和实践之间的变动关系,对真实世界的洞察力要超过单独考虑两者的任何单一方面。这个思路既受惠于布迪厄的启发,也与他有一定的不同——如上所述,他并没有关注话语与实践之间的可能背离与互动,也没有关注由两者的互动所组成的历史变迁。

在1998年(英文版)的《学术理论与中国近现代史研究——四个陷阱和一个问题》(黄宗智,2003c),笔者比较平实地回顾、反思了笔者自身学习和探讨理论与史实间的关联和背离的经验,由此来说明从经验研究到理论再到经验检视的学术研究进路,并突出尚待解答的中国的"现代性"问题。文章再一次强调,学习理论需要避免不加批判或意识形态化地使用理论,其中关键在于凭借经验实际来决定不同理论传统各部分的取舍,在于看到中国实际的悖论性,也在于不偏向二元对立的单一方。那样,才能够适当使用并借助现有理论的洞察力。

再则是2000年(英文版)的《近现代中国和中国研究中的文化双重性》(黄宗智,2005),从近现代中国历史、国外的中国研究学界,以及笔者自身经历的双重文化性角度,来探讨中西文化碰撞与混合的问题,提出了超越两者的融合的实例和设想。文章论证,我们需要区别在政治领域中的帝国主义vs.民族主义的非此即彼二元对立,以及双重文化性与双语性(亦即越来越多的中国以及别处的青年知识分子的实际状态)中的中西并存与融合现实。在理论和学术层面上则同样需要超越普适主义(理性主义、科学主义、实证主义)和特殊主义(后现代主义、相对主义、历史主义)非此即彼的二元对立,探索其间的并存与融合。

这些论文既阐释和延伸了以上总结的基本主线,也展示了当时的一些困惑和未曾解决的问题,反映的是笔者自身核心思路的逐步形成。其中前后一贯的是拒绝在理论与经验、表达/话语与实践以及中国与西方的二元之间做非此即彼的抉择,强调要看到其实际上的二元并存和互动。在研究中要做的是认识到二元间的并存和互动,关注其间的连接和媒介。

三、现实关怀的学术研究

笔者2004年从加利福尼亚大学退休,之后转到国内教学,十多年来都主要以中文写作,把自己写作的主要对象从英语读者转为中文读者。在这个转变过程之中,自然而然地对中国现实问题从消极关怀(想而不写)转为积极关怀。在那个过程中,连接历史与现实很快成为笔者学术研究的新的主要动力。同时,在过去侧重经验性的实践历史研究进路之上,笔者更明确地关心另外两个问题:一是探寻建立符合中国悖论实际的研究方法和理论的道路;二是探寻解决中国现实问题的可能途径。

首先,在学术研究方面,对现实的关怀成为自己完成关于当代农村的第三卷和当代法律的第三卷的主要动力。我觉得需要对学生们说明,自己对明清以来的研究和理解对当代的现实问题具有什么样的含义?一方面是学术研究方法的问题,另一方面也是现实问题的解决路径问题。

同时,面对近年来农民的大规模进城打工以及他们所遭受的不平等待遇,笔者看到了中国面临的社会危机,并且自然而然地兴起了不平之感以及对中国未来的忧虑,希望能为这个问题作出学术性的贡献,尽自己的微薄之力。这样便很自然地将农村研究延伸到农民工的研究,作为自己在农业和法律两个领域之外最关心的第三课题,并为此写了一系列关于中国的"非正规经济"——即不带有或少有法律保护和福利的就业,包括最近快速扩展的"劳务派遣工"——的论文。(例见黄宗智,2009c;2010b;2013;2017a;2017b)

此三项研究都沿用了之前的研究方法，即从经验证据到理论再返回到经验的认知进路，并同样尽可能摆脱意识形态，采用多种理论资源，目的同样是更好地认识中国实际，而不是试图建构普适理论。为此，一贯地聚焦于同时掌握经验和理论、实践和话语以及中国和西方，看到它们的必然并存、互动和连接问题，试图由此来建立更符合中国实际的概括。此外，为了对青年学者们说明这是一个什么样的认知方法以及为什么要这么做，笔者写了一系列围绕实践和理论问题的方法论方面的论文。（纳入黄宗智，2015a）

（一）《超越左右：从实践历史探寻农村发展出路》

在农业问题上，首先是再一次从把现有理论当作问题的研究进路出发，再次看到了中国的悖论性。近三十多年来，中国经历了一场意义深远的农业革命，但这是和之前世界历史上的农业革命（以及根据其所得出的理论）很不一样的革命。它不是来自主要农作物因畜力和畜肥的使用（像18世纪英格兰的农业革命那样）而提高了产量；它也不像后来在20世纪60和70年代所谓的“绿色革命”中，主要由于现代投入（化肥、科学选种和机械）而提高了主要作物的产量。这是因为中国当时的现代投入并没有能够提高农民的劳动报酬——再一次是因为农业生产（在集体制度之下）和之前同样地过密化，总产量的提高多被人口的增长和劳动密集化所导致的边际报酬递减蚕食掉，以至于单位劳动生产率和农民收入并没有显著的提高。直到20世纪80年代以后，中国农业方才真正进入了新的局面。

其动力不是像人们熟悉的过去那种农业革命动力,而是来自十分不同的三大历史性变迁趋势的交汇。一是人们伴随非农经济增长而来的收入提高所导致的食品消费转型(从 8∶1∶1 的粮食、肉食、蔬菜比例向当今中国大陆中上阶层和中国台湾地区的 4∶3∶3 比例转化),以及随之而来的农业转向越来越高比例的高值农产品(鱼肉禽、高档蔬菜、水果、蛋奶等)的种植和养殖,而那样的高值农产品则既是现代投入/"资本"(如化肥、科学选种、饲料、生物剂、塑胶膜和拱棚等)密集化的,也是劳动密集化的(譬如蔬菜、水果种植以及种养结合需要数倍于粮食的单位面积劳动投入),由此既提高了农业收入也吸纳了更多劳动力。二是从 1980 年开始的生育率下降终于在世纪之交体现为每年新增劳动力的缩减。三是 20 世纪 90 年代以来农民的大规模进城打工。(黄宗智、彭玉生,2007)这三大趋势的交汇导致了农业的"去过密化"以及农业总产值的显著增长,随之而来的则是六个世纪以来农业收入的第一次显著提高。在农业总产值上,展示为 1980—2010 期间每年年均6% 的增长,这远远超过之前的农业革命所做到的增长率(18 世纪英国才年均 0.7%,20 世纪的"绿色革命"才年均 2%—3%)。在农场规模上,则逐步迈向更"适度"的(亦即从"隐性失业"到"充分就业"的演变)规模,从每个农业劳动力约占有 6 亩耕地增加到约 10 亩。

因为这样的变化并不显然易见,笔者称之为"隐性农业革命",它主要见于人多地少的后发展国家(特别是中国和印度),与西方人少地多(尤其是新大陆的美国)农业现代化模式十分不同。以上是笔者 2009 年出版的当代农业研究的阶段性成果《中国的隐性农业革命》专著的主要内容。(黄宗智,2009b;亦见黄宗智,2016b)

在其后续的研究中,笔者进一步论证,中国这种农业现代化模式具有多重“悖论性”,它不是土地(和资本)密集的“大而粗”的农业,而主要是“劳动与资本双密集化”的“小而精”的农业。它的主体不是规模化的(雇工)资本主义企业生产单位,而主要是现代化了的小农家庭农场生产(尤其是一、三、五亩地的小、中、大棚蔬菜种植、几亩地的水果种植以及十来亩地的种养结合的小农场)。它主要依赖的现代投入不是节省劳动力的机械而更多是节省土地(提高地力)的化肥、良种等投入。这样,与西方(尤其是新大陆的美国)形成了世界历史上农业现代化的两大截然不同类型。在如今已经高度工业化的中国,小规模农场(即现代化了的小农经济)不仅顽强持续,还组成了中国现代化的一个关键部分。

这个隐性革命从西方经验和理论来看是悖论的,是与当前的主流经济学理论不相符的模式,因此它还没有被许多学者和决策者真正认识到。其中不少人仍然沉溺于之前的经典模式,错误地以为农业现代化必须主要依赖“规模经济效益”——在计划经济时代错误地以为必须是规模化的集体大农业,今天则以为必须是高度机械化和雇佣劳动的大企业农场。而悖论的事实是,中国的新型农业革命的主体其实是使用自家劳动力的小家庭农场,以及其结合主劳动力和家庭辅助劳动力的家庭生产组织。固然,伴随着生育率的下降、劳动力的外出打工以及新(劳动和资本双密集)农业所吸纳的劳动力,农业农场的规模正在朝向更适度的劳动力与耕地面积配合演变,但它绝对不像西方经验中的主要依赖农业机械化的大农场。

决策者和学者们由于认可之前经典理论(马克思主义经济学

和新古典经济学），深信农业生产现代化必须像工业那样以规模经济效益为前提条件，没有认识到这些基本的悖论实际。为此，其在政策上也一直向农业企业公司和大农户倾斜，基本无视小规模的家庭农场。即便是2013年以来提出的发展"家庭农场"策略，实质上也是向（超过百亩的）大户倾斜，预期和依赖的仍然是较大规模的农场。（黄宗智，2014c）为此，笔者一再呼吁，要认识到几亩到几十亩的劳动和资本双密集化小家庭农场乃是今天农业发展的最重要和最基本的动力。它们亟须得到政策上的重视，需要政府更积极地支持，也需要政府更积极地引导和协助组织真正以小农为主体的合作社，来为农民提供融资和产—加—销"纵向一体化"（而不是横向一体化的农业产业化、规模化）的服务，借此把更多的市场利益归还给农民生产者，而不是像当前那样，让市场利益大都被商业资本获取。

后者采用的经营方式其实大多并非真正的规模化生产，而是凭借"合同"、协议或"订单"农业等形式来利用一家一户的相对廉价的家庭劳动力及其自我激励机制来进行农业生产，不是经典理论中那种大规模雇佣劳动的大农场。许多商业资本经营的只不过是一种虚伪的"产业化"生产，只是迎合了官方的招商引资要求，来争取更多的政府补贴。经过比较系统的数据检验，笔者（和高原、彭玉生）论证，截至（具有最翔实可靠数据的第二次全国农业普查的）2006年①，农业中的全职受雇的劳动力只是全部农业劳动力中的3%。中国农业迄今仍然基本是悖论的"没有无产化的资本化"

① 2016年，本书《中国的新型小农经济》卷尚在修订的过程中，当时纳入了新数据和其讨论。

和没有资本主义的现代化——其主体是使用越来越多现代投入的小农户。(黄宗智、高原、彭玉生,2012)而且,他们的资金来源很多是农民家庭成员打工的收入(尤其是“离土不离乡”的农民工),而不是商业企业的投资(或国家的补贴)。(黄宗智、高原,2013)这些事实进一步说明小家庭农场的关键性以及中国农业的悖论实际。这一系列的悖论实际既不符合教科书新古典经济学的预期,也不符合马克思主义政治经济学的预期——笔者因此在2014年完成的农业第三卷的标题中采用了“超越左右”的表述。(黄宗智,2014a)

拙作同时论证,今天农户其实既是农业生产现代化的主体,也是(通过打工)工业生产的主体,在那样的现实下,解决农民问题不仅需要农业方面的决策,更需要对经济整体的重新认识和思考。我们需要认识到中国小农农户长期持续的“半工半耕”悖论特征,认识到其对中国经济发展所起的关键作用,以及其对扩大国内市场和内需所具备的巨大潜力。

同时,我们要认识到其被迫承受的差异身份待遇乃是不经济的决策。在法律层面上,我们应该为农民和农民工提供相当于城镇市民和居民的社会福利和法律权利。对农民和农民工的公平待遇其实是提高农民生活水平和购买力最好、最快速的办法,也是扩大国内市场的关键。优先提高农民和农民工生活水平是一条“为发展而公平,为公平而发展”的道路,特别适合中国当前的实际。它既不是集体时期那种贫穷下的公平道路,也不是近年来“发展主义”下的“先发展后公平”的道路。

(二)《过去和现在:中国民事法律实践的探索》

中国今天的法学界的分歧主要在二元对立的西化主义(移植主义)vs.本土(资源)主义,一方强调西方法律的普适性,一方强调中国历史与实际的特殊性。虽然如此,在全盘引进西方法律的今天,前者无疑是“主流”倾向。这个基本事实可以见于中国法律史的研究已经日趋式微,其教员、学生、课程日益减缩。中国法律史的研究其实已经呈现一种博物馆管理员的性质,偶尔可以展示其珍藏品,但与当前的实际毫无关系,在立法层面可以说几乎完全没有(或完全放弃)发言权。法理课程和研究的内容几乎全是舶来的理论,难怪法理与法史一般自行其是,基本没有关联。

面对这样的现实,笔者的研究再次强调实践层面,而不是舶来的文本。从实际运作来看,中国当今的法律体系非常明显地是一个三大传统的混合并存体,即古代法律、革命法律和从西方引进的法律。笔者在 2009 年出版的法律研究第三卷《过去和现在:中国民事法律实践的探索》(黄宗智,2009a)详细梳理、论证了一系列今天的法律实践中仍然延续着的古代法律传统(如调解制度,家庭主义的赡养、继承和产权法则和制度),以及当代中国一直适用的、来自革命传统的法律(特别是婚姻和离婚法律)和革命所创建的、在法律“第三领域”(即由于正式和非正式制度之间的互动所产生的中间领域)中的行政和法庭调解制度。再则是融合中西法律的方方面面(例如侵权法)。在刑法领域,传统和革命因素更加明显,尤其是一些负面的因素,例如嫌疑人权利的一定程度的缺失,“刑讯逼供”的存在以及官僚主义的干预等。其目的是要论证三大传统并存的经验实际。

在更深的层面上,笔者分析了中西方法律基本思维的不同,不仅在清代如此,在民国和当代也如此。西方强烈倾向逻辑和程序,中国则仍然展示了一定程度的道德和实质倾向。固然,从实践层面来观察,双方其实都具有对方的另一面,如中国古代的法庭断案和程序化规定,和西方法律中的非形式主义方方面面,包括人权和个人主义权利理念——我们可以质问韦伯:难道它们只是源自无可辩驳、与道德理念无关的形式主义演绎逻辑或给定“公理”?更不用说美国的法律实用主义,提倡实用性和社会改革理念,长期以来一直都与其“古典正统”的“法律形式主义”抗衡,一定程度上与之共同组成美国法律体系的实际性质。(详细论述见黄宗智,2007;亦见黄宗智,2009a,2014b,第三卷)当然,今天的中国法律已经相当程度上学习和借鉴了西方形式化法律。虽然如此,我们仍然可以看到,中国的正义体系依旧带有侧重道德和实质真实的顽强倾向,这和西方法律很不一样。

在更深的层面上,笔者指出,过去和今天的中国法律思维在其道德主义倾向之上,还带有实用(主义)倾向的一面。正因为其主导思想是道德理念,是关乎“应然”的思想,它不带有形式理性逻辑那么强烈的跨时空普适主义倾向,没有将用逻辑梳理出来的抽象法则等同于实然,没有将抽象法则推向对现实的理想化那么强烈的倾向。中国长期以来的道德主义化法律相对比较能够承认自身代表的是一种理想化,不会简单地把道德理念等同于实际或给定公理,会看到理念与实际之间的差距,并接受其间需要某种媒介来连接现实。这正是笔者所提出的“实用道德主义”的核心。

同时,中国法律,尤其是古代法律仍然可见于今天,也反映了一种从经验到理念/理论到经验的认知进路,要求寓抽象概念/理念/准则/法则于实际事例,坚决保持道德准则/法律原则与具体事实情况之间的连接,这和西方现代的形式理性强烈趋向把抽象推向脱离实际的理想化普适法则或理论不同。纯粹从逻辑化角度来考虑,后者肯定更简洁和清晰,而前者则显得模糊、复杂,甚至不符合逻辑。但是,从真实世界的实际来考虑,中国法律其实更贴近实际。即便是今天的中国法律,也展示出同样的倾向。譬如,中国侵权法虽然采用了西方的必分对错法理——有过错才谈得上赔偿,却又同时认定,在造成民事损失的案件中,双方都没有过错的案件普遍存在。它没有像西方侵权法那样基本拒绝考虑此种案件,将其排除于侵权法律涵盖范围之外,甚或认定其不可能存在。它从明显可见的实际出发,规定法律也可以适当要求没有过错的一方提供补偿来协助解决问题——由此修改了从西方引进的侵权法律。

基于此,《过去和现在》一书论析并提倡我们要从法律实践出发,从中找出连接社会实际和法律条文的实例——笔者把这样的研究进路称作“实践历史”。该书论证,这些实例之中既有明智的抉择,也有错误的抉择的例子。笔者在探索出反映“实践智慧”的具体立法经验和错误的立法经验基础上,指出朝向应然改变的方向。其中包括如何适当地到实践经验中去探寻综合中西方法则的方法,借此来探寻更贴近中国实际的立法进路。

在 2014 年出版的法律第三卷的增订版中,笔者更纳入了(作为附录)另外三篇新的文章。《中西法律如何融合?道德、权利与实用》(黄宗智,2010a;亦见2014c:附录一)明确提出了融合三者的框架性设想和具体实例,并把这样的分析延伸到刑事法律领域。《历史社会法学:以继承法中的历史延续与法理创新为例》再次提出了"历史社会法学"①——这是笔者与"实践历史"法学交替使用的词——新学科的初步设想,并以传统的家庭主义和引进的个人主义并存和拉锯于继承/赡养法律为实例,提出协调中西法学与法律的具体方式。(黄宗智,2014b,第三卷:附录二;亦见黄宗智、尤陈俊编,2009:001—016,003—031;黄宗智、尤陈俊编,2014:1—24)再则是《重新认识中国劳动人民——劳动法规的历史演变与当前的非正规经济》,质疑近年来越来越强烈的脱离这方面的中国革命法则的倾向,并直接联结了笔者的农村社会经济史研究、农民工研究和历史社会法学研究,指出法律和社会改革的必要。

---

① 除了笔者自身的研究外,"历史社会法学"研究实例见《从诉讼档案出发:中国的法律、社会与文化》(黄宗智、尤陈俊编,2009)及其后续卷《历史社会法学:中国的实践法史与法理》(黄宗智、尤陈俊编,2014)。两书纳入笔者主编的《实践社会科学》系列丛书中的子系列《中国法律:历史与现实》——见 http://www.lishiyushehui.cn/modules/books/cat.php? cat_id=8。总系列《实践社会科学》中文部分见 http://www.lishiyushehui.cn/mod-ules/books/cat.php? cat_id=81,英文部分见 http://en.lishiyushehui.cn/modules/books/cat.php? cat_id=44。作者多是笔者几十年来的美国和中国国内的前博士生,也包括其他志趣相近的本行同仁。

四、为"实践历史"加上前瞻性的道德理念

（一）布迪厄的"实践逻辑"

如上所述，对现实的关怀不可避免地使笔者进入了前瞻性的思考，而笔者在这方面的思考主要是通过对布迪厄和韦伯的理论的启发与反思得出的。布迪厄特别突出的是实践，而不是现有二元对立的意志主义或结构主义的任何一方，探索的是他的所谓"实践逻辑"而不是韦伯的形式理性理想类型或马克思的阶级关系结构。首先，布迪厄批评了过去的非此即彼二元对立思想，并试图提出超越如此对立的理论概念。譬如，提出"习性"（habitus）概念：与传统马克思主义偏重客观生产关系不同，也与主观主义（意志主义）偏重主观抉择不同，争论人们的实践同时受到两者的影响。通过一生的生活习惯（地位、举止、衣着、言辞等）而形成一种习惯性的意识和倾向，从而影响（但不是完全决定）他们的实践。同时，人们在一定时空中的实践也具有一定的能动性，其行为同时也受到主观抉择的影响。这样，他试图超越结构主义和意志主义的相互排除二元对立。（Bourdieu，1977，1990）

他的"象征资本"概念则试图把马克思主义的"资本"论析拓展到非物质的象征领域，论析那样的象征资本（譬如，教育背景、特长、地位和声誉等）可以转化为物质/经济资本，而后又再转化为象征资本（从如今的世界来理解，我们还可以加上诸如企业品牌的实例），如此往复。他试图超越主观主义和客观主义的二元对立。他

更针对阶级关系而提出了“象征暴力”的概念,指出强势方会对弱势方采用掩盖实际关系的“礼品”行为来进一步巩固其权力,相当于一种“暴力”。这里,我们可以看到他具有一定程度上的马克思主义内核。(Bourdieu,1977,1990)

布迪厄的“实践逻辑”对以往的主观主义理论和客观主义理论,以及意志主义和结构主义理论无疑是一种超越。这样的理论也许没有韦伯型的形式理性理论那么清晰,但明显比其单一面的“理想类型”更贴近真实世界的实际情况。

但是,布迪厄的实践逻辑也带有一定的弱点。除了上面已经提到的缺乏长时段变迁的历史感和缺乏对表达与实践背离问题的关注外,他没有系统分析主观抉择的性质。“习性”说明的是某一种客观条件所导致的主观倾向。但在这种倾向以上的主观抉择呢?人们在实然层面上做出抉择的时候,到底是怎样受到主观意志的影响的?更有进者,从应然的角度来考虑,人们到底应该如何做出如此的抉择?布迪厄的“实践理论”不带有如此的前瞻维度。

(二)康德的“实用理性”

这里,我们可以借助启蒙大师康德(Immanuel Kant)而做出以下的概括:人们的主观抉择可能来自某种主观终极目标(例如某种宗教或意识形态信仰),也可以是纯功利性的(为了自己或某些人的利益),更可以是仅仅出于某一种特殊客观情况下的特殊行为。康德集中论析的则是源自其所谓的“实用理性”(practical reason)——介于“纯理性”(pure reason)和行动之间——而作出的抉择:在具有自由意志的人们之中,可以凭借实用理性来做出在众多繁杂的道德准则之中的理性抉择,由此来指导行为。此中的关键是他的“绝对命令”(categorical imperative)——“你要仅仅按照你同时也能够愿意它成为一条普遍法则的那个准则去行动”。(更详细的论析见笔者的《道德与法律:中国的过去和现在》——黄宗智,2015b;亦见黄宗智,2014b,第一卷:总序)

康德这里的贡献在于树立怎样在多种多样的特殊道德准则中作出抉择的标准。这是他实用理性的核心。他的论析可以为布迪厄的实践逻辑提供其所没有的道德价值维度,提供借此来从众多实践逻辑中作出抉择的方法,由此可以为其加上其所缺乏的前瞻性。布迪厄则因为罔顾“善”“恶”问题,只关心(已经呈现的)实践行为,而使其“实践逻辑”最终只可能成为一种回顾性的,或旁观的(人类学)学者所观察出来的实践逻辑,不带有改变现实的前瞻性导向。也就是说,布迪厄的实践逻辑理论最终并不足以指导行为或决策的选择。布迪厄本人固然是位进步的、真诚的关心劳动民众和弱势群体的学者(此点尤其可见于他晚年的政治活动),但他并没有试图把自己的进步价值观和感情加以系统梳理。正因为布迪厄的理论缺乏前瞻性的道德辨析,它不足以指导我们关心的立法进路、公共政策或经济战略抉择等问题。

至于韦伯,康德的实用理性则提供了强有力的逻辑化论析,其足够说明韦伯对“理性”的理解只局限于理论理性,完全没有考虑到“实用理性”或道德理性,而后者正是理论理性与实际行为间的关键媒介。韦伯偏重理论理性,没有考虑到连接理论与实践的问题。这便是他归根到底是一位偏向主观主义的思想家的重要原因。

康德的“绝对命令”“实用理性”思路其实和儒家的基本倾向有一定的亲和性。中国古代至当代的法律历史所展示的是,中国文明中最坚韧持续的特征之一是儒家的道德化思维,其核心长期以来可见于儒家“仁”理念的“己所不欲,勿施于人”的“黄金规则”,以及据此而来的“仁治”理念。它实际上是汉代“[法家]法律的儒家化”的核心内容,至今仍然在中国的非正式民间调解以及半正式调解(包括法庭和行政调解)制度中被广泛援用。它其实完全可以被“现代化”为相当于康德的绝对命令的道德标准。它显然可以成为一个被一般公民接受和拥护的标准。它也和康德的“实用理性”一样附带有自内而外的道德抉择观点,与西方此前的“自然法”把道德视为客观存在于自然的思路很不一样。而过去的儒家思想虽然把如此的道德抉择局限于“君子”,但这是个完全可以大众化、全公民化的理念(儒家自身便有“有教无类”的理念),也完全可以名正言顺地适用于今天的立法抉择。

固然,康德的出发点和儒家的很不一样。前者在于个人的绝对价值和对理性的追求,后者则在于人际关系与和谐。虽然如此,康德的绝对命令显然也关注到人际的关系(己之所欲,亦施于人)。也就是说,它是一条和儒家的“仁”有一定亲和性的“黄金规则”。对中国来说,更重要的是,如此的前瞻性道德理念正是中国长期以来的关键性“实用道德主义”的不可或缺的组成部分,也是可以贯通古代、现当代和未来的“中华法系”的特色。(黄宗智,2016a)

这样,我们可以辨析出一条超越韦伯的形式理性和布迪厄的不具备前瞻性的实践逻辑的道路,从而得出一条凭借实用理性和道德理性的标准来决定道德准则的取舍,借此来指导实践的道路。根据这样的标准所作出的抉择显然可以一定程度地适用于他人,甚或所有人。

(三)"实践理性"和"毛泽东思想"

我们也可以从实践与理论的关联的问题角度来回顾中国的革命传统。其实过去的"毛泽东思想"便是一套聚焦于如何连接实践与理论问题的思想。我们可以想象,在大革命失败之后,并在中国共产党高度依赖共产国际的物质援助和政治领导的早期阶段,要脱离共产国际所设定的依赖工人阶级夺取大城市的"总路线",从实际情况出发而得出实用可行的建立(农村)根据地、游击(运动)战略以及从农村包围城市的实践方针是多么地不容易,多么地需要突破现有理论的条条框框,多么地需要从实践出发而概括出符合实际情况的方针,由此来连接基于中国实际情况的实践和马列主义理论(包括被共产国际提升到理论层面的苏联革命经验)。我们甚至可以把那段经验和革命传统视作这里提倡的学术对真实世界的认知进路的佐证,而当年的陈绍禹(王明)、秦邦宪(博古)等人,则使我们联想到今天主张简单借鉴和模仿美国经济和法律的全盘西化学者。

当然,中国共产党之所以胜利的一个关键因素在于"得民心",在其把劳动人民从阶级剥削中解放出来的马列主义意图之上,更加上了党的"为人民服务"的崇高道德理念。后者的最好体现也许是解放军的"三大纪律、八项注意",一定程度上也可见于党的"群众路线”。它们和传统的“得民心者得天下”的仁政理念有一定的关联,至今仍然起着重要的作用。在传统的村社一级,“仁政”尤其可见于村庄的简约治理和社区调解制度;在现当代,更可见于由传统非正规调解和国家正式机关之间的互动所产生的“第三领域”中的众多半正式调解体系:包括社区干部、行政机关、公安机关和正式法院所执行的调解。今天,那样的半正式体系传统更应该被延伸入涉及民生的重要公共政策的拟定和执行,可以把民众参与设定为其必备条件。如此的变化也许能够被引导成为一个来自“中国特色”传统(党自身的群众路线传统)的治理体系“民主化”/“社会化”道路。(黄宗智,2019)

毛泽东思想的洞见在于它非常清晰地认识到为众多理论家和学者所忽视的关键问题,即如何在理论和实践间进行媒介和连接。它的核心是一种认识上的方法论。它的贡献是在特定的历史情境中,能够反主流地质疑固定的认识而提出符合中国实际的不同构想。用它自己的隐喻来说,它是把马列理论有的放矢地射中于中国实际的思想。

笔者这里绝对不是要提倡把任何一种思想绝对化或宗教化,更不是要将任何人的思想构建为一种僵硬的意识形态,而是要指出在人们的认识中,理论与实践间的媒介和连接的关键性。我们可以说,毛泽东思想既为我们提供了这里提倡的认知方法的佐证和实例,也在一定程度上为我们敲响了对任何被绝对化、普适化理论的警钟。

以上的认知方法显然不仅适用于学术研究,也适用于国家决策。从后者的角度来考虑,“实践理性”和“仁政”理念同样十分必要。正是那样的实践理性和抉择，才能够区别“善”与“恶”之间的抉择。决策者到底是为了老百姓的幸福还是一己或某种狭窄的利益而做出抉择？对中国人民的未来来说，这是个关键的问题。我们不仅不该像韦伯那样拒绝道德在立法和决策中所应起的作用，而是要提倡借助于如此的道德标准来进行前瞻性的思考。（更详细的论述见黄宗智，2014b：尤见第一卷：总序；亦见黄宗智，2015b）

五、中国实践社会科学理论的建构

回顾笔者五十多年来的经验研究，一个关键的转折点是认识到（从西方主要理论来看待的话）中国实际的“悖论性”，亦即其“悖论实际”。现今的主流社会科学理论源自对西方某种经验的抽象化之后，将其进一步理想化，进而普适化和意识形态化。其原先可能是比较符合西方实际的抽象化理论，或一种聚焦于单一维度的认识方法，但之后，则通过逻辑推理而被绝对化，或被政权意识形态化。今天新古典经济学和形式主义法学，以及众多与两者相关联的理论，被广泛引进中国，被当作是中国“现代化”和“与国际接轨”的必要构成部分，甚至在研究中国自身方面也如此。在这样的大环境之下，我们只有从中国的经验实际/实践出发，而不是从舶来的理论出发，才可能看到中国的悖论性。理论可以被当作对经验证据提出的问题来使用，但绝对不能被视作已有的答案。我们不可像今天许多的研究那样，硬把中国的历史和现实盲目地塞进西方的理论框架。这正是笔者一贯提倡从经验/实践研究出发的根本原因。（何况，即便是对西方本身的认识，也需要如此地要求连接经验与理论,而不是单一地依赖理论,或强使两者分离,或让单一方完全压倒、吸纳另一方,由此陷入非此即彼的二元对立思维习惯和框架之中。但这不是本文主题。)

其后,通过笔者关于清代和民国时期的法律的研究,笔者进一步认识到,表达和实践可以是一致的,但也可能是相悖的。中国的正义体系(也包括其治理体系),长期以来一直有意识地结合高度道德化的理念/表达与比较实用性的实践,形成其"实用道德主义"的核心。而在中国近现代与当代的剧变过程中,以及在西方的强大影响下,我们更需要关注到表达与实践之间的背离,以及两者之间因此而必然会产生的既背离又抱合共存的实际。作为侵略方的西方,则不会考虑到如此的问题。正是通过对此点的认识,笔者也看到了布迪厄实践理论的一个关键弱点:布氏不会考虑到近现代中国这样既拥抱又抗拒西方的实际,既要求西化又要求本土化的实际。这样的实际更需要中国长期以来对待二元实际的基本思维倾向来认识——看到二元关系中的背离和抱合,既矛盾又合一,不会像西方经典理论那样偏重非此即彼的二元对立。只有认识中西方思维方式之间的这个基本差异,才有可能真正进入对中国近代以来的历史实际。单一地关注其中任何一面,无论是全盘西化还是本土化,都只可能脱离现代中国面对的基本实际。

最后,我们也要看到布迪厄的实践理论最终是一个回顾性的理论,不带有明确的前瞻性,并不足以指导我们关于未来的思考。除了简单区别实践之中所展示的有效和失败的传统之外,我们还需要儒家长期以来关乎"仁"的"黄金规则"传统,来作为我们对善法和恶法、优良的和恶劣的公共政策做出抉择的依据和标准。它类似于西方现代启蒙大师康德的“实用理性”及其“绝对命令”的“黄金规则”,更是历代中国正义体系的核心,今天仍然起着重要作用。西方的主流形式主义理论则多把道德价值视作“非理性”或“前现代”的因素。

以上的简单总结可以说是笔者自身研究和学习经历中至为关键的三步:认识到中国的悖论性才有可能连接上中国的实际和现代西方的社会科学理论,并建立扎根于实际的中国社会科学和其主体性;看到中国传统和现代社会中道德性表达和理念与其实用性实践的既背离又互动和抱合,才有可能掌握中国悠久历史中的实用道德主义核心以及其对待二元合一的基本思维,这与西方非此即彼的思维十分不同;认识到儒家的“仁”(“己所不欲,勿施于人”)的核心道德理念才有可能赋予第一、二两步的认识所不可或缺的前瞻性,才有可能认识到实践中所需要的抉择标准,以及如何贯通中国的历史、现实与未来。笔者的三本新书,《中国的新型小农经济:实践与理论》、《中国的新型正义体系:实践与理论》和《中国的新型非正规经济:实践与理论》,前两者是依据以上的三层主要认识所写的前瞻性探索,是其进一步的延伸和具体化,也是经验研究方面的进一步充实。它们相当于笔者之前两套三卷本分别的第四卷。后者则主要是笔者关乎农民工的过去、现在和未来的论述和探索,依据的也是上述的方法和认识。它们对笔者自身的总体认识的影响还不是很清楚,还是个正在进行的过程。

参考文献:

黄宗智(1986)[英文版 1985]:《华北的小农经济与社会变迁》,北京:中华书局,再版 2000,2004。

黄宗智(1992)[英文版 1990]:《长江三角洲的小农家庭与乡村发展》,北京:中华书局,再版 2000,2006。

黄宗智(1993,2000)[英文版 1991]:《中国研究的规范认识危机——社会经济史中的悖论现象》,文章前半部分以《中国经济史中的悖论现象与当前的规范认识危机》为标题首先发表于《史学理论》第 1 期,第 42—60 页。其后全文以原标题为题,作为《后记》纳入黄宗智(2000[2006])《长江三角洲小农家庭与乡村发展》,北京:中华书局。

黄宗智(1999)[英文版 1993]:《中国的"公共领域"与"市民社会"?——国家与社会间的第三领域》,原载邓正来与 J.亚历山大编《国家与市民社会:一种社会理论的研究路径》,北京:中央编译出版社。修改版见黄宗智(2015a),第 114—135 页,北京:法律出版社。

黄宗智(2001[2007])[英文版 1996]:《清代的法律、社会与文化:民法的表达与实践》,上海:上海书店出版社。

黄宗智(2003a[2007])[英文版 2001]:《法典、习俗与司法实践:清代与民国的比较》,上海:上海书店出版社。

黄宗智(2003b)[英文版 1995]:《中国革命中的农村阶级斗争——从土改到"文革"时期的表达性现实与客观型现实》,载《中国乡村研究》第 2 辑,第 66—95 页,北京:商务印书馆。

黄宗智(2003c)[英文版 1998]:《学术理论与中国近现代史研究——四个陷阱和一个问题》,载黄宗智编《中国研究的范式问题讨论》,第 102—136 页,北京:社会科学文献出版社;修改版见黄宗智(2015a),第 169—195 页。

黄宗智(2005)[英文版 2000]:《近现代中国与中国研究中的文化双重性》,载《开放时代》第 4 期,第 3—31 页。

黄宗智(2007):《中国法律的现代性?》,载《清华法学》第 10 辑,第 67—88 页,北京:清华大学出版社。纳入黄宗智(2009b),第 8 章。

黄宗智、彭玉生(2007):《三大历史性变迁的交汇与中国小规模农业的前景》,载《中国社会科学》第 4 期,第 74—88 页。

黄宗智(2008):《集权的简约治理——中国以准官员和纠纷解决为主的半正式基层行政》,载《开放时代》第 2 期,第 10—29 页。

黄宗智(2009a)[英文版 2010]:《过去和现在:中国民事法律实践的探索》,北京:法律出版社。

黄宗智(2009b):《中国的隐性农业革命》,北京:法律出版社。

黄宗智(2009c):《中国被忽视的非正规经济:现实与理论》,载《开放时代》第 2 期,第 52—74 页。

黄宗智(2010a):《中西法律如何融合? 道德、权利与实用》,载《中外法学》第 5 期,第 721—736 页。

黄宗智(2010b):《中国发展经验的理论与实用含义:非正规经济实践》,载《开放时代》第 10 期,第 134—158 页。

黄宗智、高原、彭玉生(2012):《没有无产化的资本化:中国的农业发展》,载《开放时代》第 3 期,第 10—30 页。

黄宗智(2013):《重新认识中国劳动人民——劳动法规的历史演变与当前的非正规经济》,载《开放时代》第 5 期,第 56—73 页。

黄宗智、高原(2013):《中国农业资本化的动力:公司、国家,还是农户?》,载黄宗智、高原《中国乡村研究》第 10 辑,第 28—50 页,福州:福建教育出版社。

黄宗智(2014a):《明清以来的乡村社会经济变迁:历史、理论与现实》,三卷本,增订版。第一卷《华北的小农经济与社会变迁》;第二卷《长江三角洲的小农家庭与乡村发展》;第三卷《超越左右:从实践历史探寻中国农村发展出路》,北京:法律出版社。

黄宗智(2014b):《清代以来民事法律的表达与实践:历史、理论与现实》,三卷本,增订版。第一卷《清代的法律、社会与文化:民法的表达与实践》;第二卷《法典、习俗与司法实践:清代与民国的比较》;第三卷《过去和现在:中国民事法律实践的探索》,北京:法律出版社。

黄宗智(2014c):《"家庭农场"是中国农业的发展出路吗?》,载《开放时代》第2期,第176—194页。

黄宗智、高原(2015):《社会科学应该模仿自然科学吗?》,载《开放时代》第2期,第158—179页。

黄宗智(2015a):《实践与理论:中国社会、经济与法律的历史与现实研究》,北京:法律出版社。

黄宗智(2015b):《道德与法律:中国的过去和现在》,载《开放时代》第1期,第75—94页。

黄宗智(2016a):《中国古今的民、刑事争议体系——全球视野下的中华法系》,载《法学家》第1期,第1—27页。

黄宗智(2016b):《中国的隐性农业革命,1980—2010》,载《开放时代》第2期,第11—35页。

黄宗智(2017a):《中国的劳务派遣:从诉讼档案出发的研究(之一)》,载《开放时代》第3期,第126—147页。

黄宗智(2017b):《中国的劳务派遣:从诉讼档案出发的研究(之二)》,载《开放时代》第4期,第152—176页。

黄宗智(2019):《国家与村社的二元合一治理?华北与江南地区的百年回顾与展望》,载《开放时代》第2期,第20—35页。

黄宗智(2020a):《中国的新型小农经济:实践与理论》。

黄宗智(2020b):《中国的新型正义体系:实践与理论》。

黄宗智(待刊 c):《中国的新型非正规经济:实践与理论》。

黄宗智、尤陈俊编(2009):《从诉讼档案出发:中国的法律、社会与文化》,北京:法律出版社。

黄宗智、尤陈俊编(2014):《历史社会法学:中国的实践法史与法理》,北京:法律出版社。

Bourdieu, Pierre.(1977). *Outline of a Theory of Practice*, translated by Richard Nice, Cambridge: Cambridge University Press.

Bourdieu, Pierre.(1990). *The Logic of Practice*, trans. Richard Rice, Stanford: Stanford University Press.

Geertz, Clifford.(1983). *Local Knowledge: Further Essays in Interpretive Anthropology*, New York: Basic Books.

Said, Edward.(1978). *Orientalism*, New York: Pantheon.

Schurmann, Franz.(1970[1966]). *Ideology and Organization in Communist China*, New and Enlarged Edition, Berkeley: University of California Press.

Weber, Max. (1968 [1978]). *Economy and Society: An Outline of Interpretive Sociology*, ed. Guenther Roth and Claus Wittich, trans. Ephraim Eschoff et al. 2 vols, Berkeley: University of California Press.

第一章　导　论

本书是在作者已出版的三卷本研究（黄宗智，2014）基础上的进一步探索和思考，有三个主要目的：一是说明中国农业三十多年来的变迁，尤其是其中至为关键的“新农业”革命及其特点；二是根据中国的经验实际来论析现有关于农业发展的主要理论，目的在于说明新自由主义和马克思主义两大经典理论的误区和盲点，也在于介绍与它们不同的、比较符合中国经验实际的农业经济理论，并对中国“新型的小农经济”的经验进行新的理论概括；三是对近年来国家所采用的农业政策的评析，指出其三大主要模式的利与弊，并提出具体建议。

第一编：新型农业革命与相关理论

本书的出发点是作者之前论述的《中国的隐性农业革命》（黄宗智，2010）所导致的“新农业”和“新时代的小农经济”（黄宗智编,2012)的广泛兴起。首先,第二章再次说明它是“三大历史性变迁的交汇”——20世纪80年代以来生育率下降、大规模非农就业,以及三十多年的快速经济增长和人民收入的提高所带来的中国人食物消费的转型——所促成的,并对其经验证据做了经过更新的综述。“新农业”主要是由小规模家庭农场所从事的“劳动和资本双密集化”的高附加值农产品生产所组成,如今已经占到农业总产值的三分之二。具有中国特色的它是对“人多地少”的基本国情的回应,它既吸纳了更多的现代工业的农业投入,也吸纳了更多的劳动力,对解决中国长期以来“人多地少”的基本资源禀赋制约起到了重要的作用。本章最后把中国大陆的经验与英国、日本、韩国、中国台湾地区以及印度做了比较,借以进一步阐明中国大陆新型小农经济的特点,为本书的主要论点做了经验铺垫和初步的综述。

第三章、第四章对两个主要的现有理论进行梳理和论析。第三章集中讨论中国改革期间占据“主流”地位的舒尔茨(Theodore Schultz)关于“传统农业”及其“转型”的理论。文章首先说明,舒尔茨从其基本理论前提——市场机制必定会导致资源最佳配置,包括劳动力的配置——出发,试图借助印度的经验来“证明”,劳动力过剩不可能存在。但他的“经验证据”其实只是一种不符合实际的摆设,真正的关键是他设定的理论前提以及据此的循环推理。用于中国,他的理论实际上排除了考虑中国的“人多地少”和劳动力相对过剩的基本国情。他更把“传统农业”视作一成不变的、普世的固定体,无视农业经济史中的复杂演变,特别是“人多地少”农业与“人少地多”农业间的关键差别。更有甚者,他把市场经济简单设定为完全的市场,不顾中国明清以来的单向畸形市场实际——

由农村为城镇提供食物和奢侈品,绝少反向的物品交流,这与亚当·斯密所看到和设想的螺旋式城乡贸易发展截然不同。同时,他的理论归根到底是把基于工业时代的经济学理论投射于“传统”农业,无视[经济史理论家瑞格理(E. Anthony Wrigley)所论析的]前现代“有机经济”与现代基于“矿物能源”的工业经济间的根本性差别。此外,他的另一基本出发点是来自美国语境中要求排除一切国家“干涉”的(共和党)保守主义(古典自由主义)观点,因此完全无视中国政府在改革期间所起的关键作用。这样,等于是把中国(相互关联)的两大国情——“人多地少”的农业以及政党—国家体制下政府举足轻重的作用——排除在其考虑范围之外。

第四章聚焦于一个比较符合中国实际的理论。借助博塞拉普(Ester Boserup)的经典著作《农业增长的条件:人口压力下的农业演变的经济学》中文版出版的契机,对以往的农业理论进行了比较系统和简明的梳理、论述,以此突出博塞拉普的独到见解。她把经典马尔萨斯(Thomas Robert Malthus)理论颠倒过来,并与古典自由主义的舒尔茨针锋相对,说明人口压力是怎样推动农业技术创新的。博塞拉普的理论乃是从经验到理论概括再返回到经验和实践的理论进路的一个典范,其中关键是有限定经验范围的理论概括,而不是像舒尔茨那样的“普适化”的、理想化的“理论”。她的理论框架明显更适用于理解中国具有诸多技术创新和变化的厚重农业历史。

同时,本章也指出,博塞拉普的理论体系欠缺中国深厚传统的农学中的“地力”概念——它其实可以协助博氏说明她所要澄清的人地关系问题,解释明白农史中伴随人口压力而来的每工时产出逐步递减的问题。与此相关的是,博塞拉普只使用了"集约化"(intensification)一词来概括她对人地关系的论析,没有能够充分表达其关于前现代农业演变历史中,过分密集的劳动力在(有限地力的)土地上投入的边际产出递减的洞见。笔者多年来借用吉尔茨(Clifford Geertz)的用词而提倡的"内卷化"/"过密化"概念,则可以更贴切地总结她论述的要点。虽然如此,对中国的历史经验来说,博塞拉普的理论显然要比马尔萨斯的人口理论以及舒尔茨的市场理论贴切得多。

第二编:新型农业的基本特色

第五章到第九章是对中国新型小农经济的一系列悖论特色的论析,并借此对现有理论和中国的经验作进一步的评论和理论概括。第五章聚焦于当前中国的"半工半耕"社会形态,即几乎每户农民都有家人在外打工,几乎每一农户家庭都是兼工业打工与农业耕作的单位。中国没有简单从小农经济的社会转化为工业经济的社会,而是长期维持两者的紧密交织,这既出乎舒尔茨的自由主义经济学的预料,也完全不同于马克思主义经典理论的预期。它来自中国长期以来,在土地资源禀赋不足的客观情况下形成的,农民同时依赖两种不同生产活动来维持生计的传统:先是历史上的"男耕女织"传统,到明清时期特别突出,即结合农耕与手工副业,两者长期结合于农村家庭,并据此压倒了使用雇工的经营式大农场。它也没有呈现像西欧 18 世纪以来的农业与手工业分化(后者成为城镇的生产活动)的现象。其后,伴随改革时期的"乡村工业化”及其悖论的“没有城镇化的工业化”，逐步形成了如今普遍的以“半工半耕”兼业农村家庭为主的社会经济形态。

如此“半工半耕”的家庭单位的经济逻辑与一般经典理论的预期十分不同，需要重新概括。它结合主劳动力和辅助性劳动力于单个生产单位，并更多地考虑关乎代际家庭的价值而不是个人的投入—产出的“理性”抉择，更不是为追求利润最大化的扩大再生产。但是，它具有比雇工经营的规模化农场更顽强的经济竞争力：如今，中国的新农业所依赖的主要是农村较廉价的辅助性劳动力——妇女与老人。他们能够低成本地为自家小农场投入密集的劳动力，而又同时依赖其家庭的主劳动力的打工收入来支付其农场所需的“资本”投入，除新农业的设施（如拱棚、猪舍、鸡舍、果园、鱼塘）之外，还包括在旧农业中雇用机器的耕—播—收服务来节省劳动投入。这是因为近年来打工收入多已超过这类服务的费用。如此的兼业小生产农场，比使用雇工的大农场经济效率要高：它不必支付雇用全职劳动力的工资和工人的管理费用，可以完全依赖自家的劳动力与其高效的激励机制。它也可以从本村亲邻朋友廉价租用土地，不必支付比较昂贵的陌生人市场上的地租。据此，其顽强地压倒了雇工经营的资本主义型大农场，与经典自由主义和马克思主义的预期都截然相悖。

如今，即便是农业公司，也大多都采用了订单、协议、合同等方式来依赖小农户进行农业生产，而公司本身则聚焦于从加工和销售环节来营利。这样的客观情况和运作机制促成的是，目前只包办加工和销售的（基本是）农业商业资本企业，要远远多于生产性的农业产业资本企业。总体来说，目前较为普遍的公司+农户模式

(也包括其中有第三方参与的公司+中间商+农户,或公司+大户+农户,或公司+合作社+农户模式),是个不利于小农户的体系,意味着小农产品的大部分市场收益都将归组织加工和销售的大商业资本所有,而不是小农。

第六章进一步论证,新农业展示的是"没有无产化的资本化",这与经典马克思主义和新古典经济学的预期直接相悖。这里说的"资本化"指的是,单位土地和单位劳动力现代投入(设施农业以及化肥、除草剂、机械、良种)的提升。即便是在大田农业的"旧农业"中,近三十年来也经历了显著的"资本化",最主要是借助机械和除草剂等投入来节省劳动投入,为的是腾出部分家庭劳动力来从事非农打工。无论是新农业还是资本化的旧农业,都是以小家庭农场自身的劳动力为主的农业生产。这样的"小农经济"乃是如今的中国农业的主要型式,远远超过资本主义企业型的雇工生产。

本章详细论证,中国农业在近三十年来虽然展示了相当高的"现代化",但仍然是以小家庭农场为主的农业。即便是基于偏向比较"先进"的"示范性"的六万多农户的抽样调查数据中,雇佣劳动也才占到中国所有农业从业人员的5%—8%。而根据最可靠的1996年以来每十年一度的全国"农业普查"的材料和数据来看,2006年,在新农业革命已经进行了26年之后,农业劳动力中仍然只有3%是年雇工,0.4%是短工,其余都是家庭劳动力。

根据最新的2016年的全国农业普查,在中国的2亿(2.07亿)"农业经营户"中,有4百万(398万)"规模农业经营户"(即在"一年一熟地区,达到100亩及以上耕地的农户,在一年二熟地区,50亩及以上,设施农业占25亩及以上")(国家统计局,2018.7.17,

表 1-4;国家统计局,2017.12.14,第二号:注 2)。也就是说,全国的农业经营户中,有 2% 是规模化的经营户。

从生产经营人员总数来看,在全国的 3 亿(3.14 亿,包括每年“从事农业生产经营活动累计 30 天以上的人员数[包括兼业人员]”)人员中,规模经营户人员占 1300 万(1289 万)(国家统计局,2018.7.17,表 5-1;国家统计局,2017.12.14,第一号:注 7)。其中,应该起码有 300 万是这些经营户的业主,也就是说,被雇人员不多于 1000 万,即所有经营人员的 3.3%。这样的话,2016 年农业被雇人员比 2006 年第二次农业普查时的 3.3%(长工+短工)并没有显著的增加。毋庸说,今天中国农业的主体仍然是小规模家庭农场(“小农经济”),绝对不是“资本主义”企业型农业。这是迥异于新自由主义和马克思主义两大经典理论所预期的演变趋势。笔者因此把它称作悖论的“没有无产化的资本化”。

此次农业普查还区分了“规模农业经营户”和“农业经营单位”,后者是“法人单位”(也包括未经注册的单位),包括主营农业或农业服务业的单位,其中包括“主营农业的农场、林场、养殖场、农林牧渔场、农林牧渔服务业单位,具有实际经营活动的农民合作社;也包括国家机关、社会团体、学校、科研单位,工矿企业、村民委员会、居民委员会、基金会等单位附属的农业产业活动单位”。(国家统计局,20187.17,表 5-1;国家统计局,2017.12.14-16,第二号:注 3)这显然是个非常含糊的统计范畴,不能简单视为企业化农业。我们还知道,目前许多企业型单位所采用的生产方式不是大规模的雇工农场,而是通过订单、协议、合同等所谓的“公司+农户”模式来由小农户进行农业生产。以上所有这些“单位”共有人员 1000

万(1092 万),但绝对不可简单等同于农业雇工或“资本主义”农业或规模化农场。(亦见第二、十三章的相关讨论)

同时,在所有 200 万(204 万)的这些“经营单位”中,有共 90 万(90.5 万)是农民专业合作社。众所周知,所谓的“农民专业合作社”实际上包含众多实质上十分不同的单位:其中有真正的小农户合作社(25%?),但也有伪装(为了国家的补贴和税收优惠)为合作社的企业公司(25%?),更有介于两种性质之间的合作社(50%?)(详细讨论见第十章),这同样对我们这里关心的问题(小农户还是企业化“资本主义”经营单位)解释不明确,不可牵强地划归企业化大农户。

最后,我们需要澄清,在“农业经营人员”一词上,第三次农业普查采用了与之前不同的定义。新的定义是,“每年从事农业生产经营活动累计 30 天以上的人员数”(国家统计局,2017:第一号)和之前采用的“六个月以上”的以农业为主业的人员的定义十分不同。本书第二章已经详细论证,中国的劳均耕地面积从 1990 年的 5.9 亩已经提高到了 2010 年的 10 亩,那是根据原来的定义得出的数据,说明在计划生育的影响和农民外出打工的结合的影响下,中国的劳均耕地有显著的提高。但是,有的论者根据第三次普查的定义(3 亿多农业经营人员,相对 20 亿亩耕地)而得出了劳均才 7 亩的结论。我们需要认识到,从事 30 天以上 6 个月以下的人员是以农业为兼业/副业的人员,实在不该被等同于一个全职农业劳动力来得出“劳均 7 亩”的错误结论。它只能说明如今也许有越来越多的个别农民正在成为以农业为副业性的兼业活动的人员,不可简单将 3 亿多根据新定义的“农业经营人员”来等同于过去的 2 亿以农业为主业的劳动力的数据。混淆两者会引起一系列的错误认识。

如今,中国的农业主要由两种类型的农场组成。一是笔者称作“新农业”的高附加值蔬果种植(和肉禽鱼养殖)。他们多是“劳动与资本[即现带投入——如化肥、良种]双密集化”的农业。譬如,一、三、五亩的拱棚蔬菜生产,常由夫妻两人来负担。他们占总耕地面积约 1/3,但占到农业总产值的 2/3。另一类则是“大田”谷物种植,占地 56%但仅生产农业总产值的 16.6%。如今,由于农业劳动力的机会成本(来自非农就业)上升,小农户多有雇用各地兴起的机耕、播、收服务(在 2000−2010 年的十年间,上升了 76%)[这里使用的是“农业机械总动力”(total power of agricultural machinery)的历年数据,要比拖拉机数量更为精准。见中国统计年鉴,2019:表 12−1]。每亩投入的劳动力已经越来越少,所占农业劳动力总量比例才不到 1/3。也就是说,在机械化的动力下,大田农业已经越来越成为一种(非主业型的)副/兼业型经济活动。而且,已经不简单是一户之中部分人员从事农业,部分从事非农业那样的兼业,而是,越来越多的个别农民也如此兼业。如今被纳入“每年从事农业生产经营活动累计 30 天以上(但不到之前的 6 个月以上)的人员数”大多从事这样的农业。“新农业”占耕地面积比例较少但总劳动力投入比例较多,大田农业则相反。两者共同组成了今天中国农业的两大主要部分。正是两种农业的并存,使我们可以理解 2016 年农业普查得出的每“农业经营户”平均才 10 亩的数字,大致相当于我们之前得出的劳均 10 亩数字。

无论在人地关系、人均收入还是“新农业”革命方面,印度是与中国比较相似的农业大国，但如今印度已有 45% 的农业人口成为无地雇农（而且，总人口中有 42% 收入居于世界银行定义的贫困线之下），而中国在第二、第三次农业普查中仍然只有约 3% 的农业人口是全职雇工（而处于贫困线下的人口也才 16.9%）。此中关键在于，中国的家庭联产承包责任制度与印度的私有产权制度十分不同。它是一个由中国比较独特的历史背景所形成的制度：先是土地改革的均分土地，而后是集体化（但国家保留征用权），其后则是一村一村地均分土地承包权。这也是中国如今“没有无产化的资本化”农业背后的一个关键肇因。

第七章进而论证，与一般预期相悖，小农户本身乃是其农场“资本化”的主要动力，所起的作用要远超过国家的诸多农业和支农投入，更毋庸说农业企业对农业的资本投入。人们一般以为农业现代化的投入要么来自资本主义企业，要么来自国家；但中国的实际是，农业现代化投入的主要来源是农民工打工的工资，尤其是离土不离乡的农民工的工资。即便是在旧农业中，由于机耕播收的服务价格近年来已经低于外出打工所能挣得的工钱，许多农民主劳动力都选择了外出打工，也等于是用他们所挣的工资来支付那样的服务。至于在新农业中，则先是凭借打工收入来进行必要的固定资本（如蔬菜拱棚、鸡舍、猪舍、果园等）投资，然后借助打工收入来支撑较高的流动资本（化肥、饲料、良种等）投入；当然，也依赖扩增了的农业收入，以此来支撑其高附加值新农业所需的投入。经过对现有数据的系统梳理，笔者与合作者得出的结论是，小农的总“资本”投入，尤其是流动资本的投入，实际上要远高于国家的支农投资，甚至总额要比它多一倍，当然也远高于企业对农业的投资。也就是说,很大程度上,中国改革期间的农业现代化是主要由小农打工工资推动发展的。但这个事实仍然多被研究者和决策者忽视,他们大多仍然受困于两大经典理论的预期,仍然认为“现代化”的动力只可能来自国家或企业,仍然把小农视作需要外部势力来改造和管制的对象,而不是可以赖以进一步推动经济发展的动力。

第八章论证中国新农业的另一相关特征,即如何导致中国的高附加值农业革命,中国为了节省土地而从“地多人少”的国家进口土地投入相对密集的和相对廉价的大田农产品。率先和突出呈现的是,伴随新农业的大规模兴起和出口,中国越来越多地进口大豆(而中国对其需求主要是受到新农业的刺激,即对饲料的大量需求),如今已经占到中国年消费大豆的80%以上。这是一种转向高附加值农业来提高农业产值,一定程度上也是依赖出口高值农产品来支付进口相对低值农产品的演变趋势和“策略”,具有一定的经济合理性。对此问题,人们多出于本土感情,也出于中国多个世纪以来,由于农村人口过剩所导致的大规模生计危机所形成的对“粮食安全”的敏感,错误地以为中国因此失去了其自主性,陷入必须依赖跨国公司的粮食供应的危险状态。殊不知,中国如果要完全依赖自身生产其所需的大豆,还要投入总耕地面积的五分之一,随之而放弃的将会是许多产值(和吸纳劳动力)高得多的新农业用地。大豆生产和进口的经济逻辑其实是中国新农业革命的一个佐证,并再次阐明了其特征。一定程度上,中国改革期间的新农业革命是一个借助进口低值农产品来扩大国内高值农产品生产的农业现代化过程。

以上论述可以协助我们理解一个反直觉的现象:中国农业劳动力价格远低于出口大豆的美国,但中国的大豆价格却高于美国,而因此在国际市场上缺乏竞争力并促使中国大规模地进口大豆,为什么会如此? 本章论证,首先,大豆乃是个相对来说土地密集的农业生产(单位面积产量较低,需要大量土地来供应中国快速扩增的饲料需求)。在这方面,地多人少的"新大陆"美国以及巴西和阿根廷占到一定的"比较优势",可以说抵消了中国的廉价劳动力。其次,美国、巴西和阿根廷的"转基因大豆"主要特征是其"抗农达"的能力,使其能够大规模使用草甘膦除草剂进而节省劳动力。再次,由于中国非农就业和新农业的兴起,农业劳动力的机会成本一直在上升,削减了中国廉价劳动力的"比较优势"。最后,在流通领域中,大豆主要依赖国家原有的相对低效、高成本的"纵向一体化"体系(供销社)也是个因素。所以,在饲养业快速发展而对饲料的大量需求推动下,中国才会大规模进口(比中国自己生产的天然大豆)更适用于作饲料的转基因大豆。

第九章进一步论析当前中国新农业(商业)公司+农户的基本农业结构。分散的新型小农户,不可避免地需要对其产品加工和销售来应对大市场。目前,如此的"纵向一体化"主要是由大商业资本来提供的,但两者之间权力悬殊,小农户只能眼看着大商业资本攫取其产品的大部分市场收益。这是一个与马克思主义理论特别关注的"生产关系"问题十分不同的问题:它是一个流通领域的问题,不是生产领域的问题,不可凭生产关系中的"剩余价值""剥削"来理解。它也不可借马克思所认识到的前工业时代的小商品经济理论来理解,因为它不是由小农户和小商业资本组成的关系,而是由小农户和大商业资本(乃至于全球化的大商业资本)组成的关系。至于新自由主义的“交易成本”理论,也同样无济于事,因为它不是科斯理论所关心的公司与公司之间的对等权力关系中的合同交易成本问题,而是小农户面对大商业资本的不平等交易关系的问题。无论是马克思还是科斯,都完全没有想象到如今中国这样的基本经济实际,即以新型小农经济中的小家庭农场为主体来为已全球化的大市场进行生产的基本实际。它是个商业公司+小农生产的体系,与经典理论的预期完全不同。它也是个对小农(和农产品消费者)十分不利的体系。正因如此,中国今天特别需要的是让小农组织起来,在国家的领导和协助下,为自己创办其产品的加工和销售的“纵向一体化”,而不是任由商业性资本攫取其产品的大部分市场收益。

固然,在对流通领域的认识上,我们需要区别中国目前仍然主要是比较旧型的流通体系和发达国家中最新型的流通体系。后者的代表性公司是沃尔玛。它的运作重点不简单在旧型商业的“贱购贵卖”上,而是在贱购(从中国进口)之上,凭借信息技术和快速、高效的物流体系来减低成本,做到贱卖的效果,据此凭借扩大销售额(而不仅是购销差价)来扩大利润。但目前,由于缺乏同等的物流条件,中国的商业资本的绝大部分仍然是旧型的,是榨取性多于开拓性、创业性的资本。

第三编:中国农业发展的经验与未来

第十章到十五章集中检视国家的主要农业政策以及其所依赖

的理论,并将其放在中国实际中来论析,主要关乎国家一贯采用的支持“龙头企业”“大户”和规模化“家庭农场”的战略性决策,以及其所采纳的“专业合作社”政策。

首先,第十章论证日本、韩国、中国台湾地区综合性合作社的历史经验,及其对中国大陆农业发展方向的启示,借此来评论国家关于龙头企业和专业合作社的政策。正因新型的小农经济需要大商业和产业资本之外的组织型式,日本由于历史条件的偶合,率先呈现了基于农村社区的综合农业合作社模式。其历史根源带有高度的偶然性:首先是明治后期,日本把地方政府的首要任务确定为扶持农业的现代化,但当时主要是一个由上而下的体系,由政府来为小农户提供化肥和良种等现代投入。这个制度还通过日本占领而被用于韩国与中国台湾地区,并促使他们比中国大陆要早几十年进入“绿色革命”(虽然主要是为了日本本国利益)。后来,在战后美国的占领下,由于美国占领军总司令部一些认同罗斯福总统新政的进步官员的决定性影响,日本首先执行了土地改革,基本消灭了地主经济,确立了以小自耕农为主体的农业经济,限定了土地经营规模(约 45 亩)并禁止外来资本购买土地。而后,其将之前的政府支农资源转让给由农民掌控的基于村庄的“农协”,并建立合作金融体系,由下而上地沿其行政体系步步上延,直到中央级的全国性农协及跨国的大银行(“农林中金”)。其主要的作用是为小农户提供加工和销售的“纵向一体化”服务。“农协”甚至借此成为一个具有全国声誉的“品牌”,更建立了代表农民利益的全国性游说组织。在那样的情况下,难怪几乎所有的农民都自愿选择参加合作社。这个由于特殊历史情况偶然形成的基本模式更由于美国所起的决定性影响而被用于韩国和中国台湾地区,并且这些地方借此达到了较高的社会公平程度。这是个对中国充满启示的历史经验。

中国之所以迄今还没有采纳这个东亚合作社模式,主要是因为两大错误的信念:一是源自经典左右理论对规模效益的信赖;二是对以往的集体化的过分极端的反动,认为合作社必须是完全自愿的民间组织。其一,对规模效益的信赖导致政府长期以来一直偏重所谓的“龙头企业”,实质上多是商业资本或高度商业资本化的企业,少有真正直接依据生产而达到大规模的产业化企业。新型的农业其实并不需要雇工经营的“横向一体化”,只需要加工和销售的(规模化)“纵向一体化”。其二,要求建立完全自发的合作组织。但实际是,在今天的制度环境中,政府积极、大规模支持规模化的大企业,因此没有或少有政府支持的组织处于缺乏竞争力,甚或是被排挤的地位。迄今政府所采纳的、借鉴美国经验的“专业合作社”模式其实是个错误的选择,这导致了可能高达一半甚至更多的合作社是“伪”“虚”或“空”合作社的现象,而真正的合作社则在没有融资途径、缺乏政府扶持的客观条件下挣扎着生存,几乎全是较小规模的合作社。这等于是一方面在试图建造空中楼阁,另一方面则在压抑具有发展动力的新型小农及其合作化。

第十一章集中分析 2013 年以来政府试图大力推动成规模的(100 亩以上的),所谓的“家庭农场”的政策。首先,阐明当前决策者对“家庭农场”和“美国模式”的错误认识,再一次论析中国“人多地少”的农业和“新大陆”美国“人少地多”的农业基本不同。前者所谓的大农场是 100 亩以上的农场,后者则是 10000 亩以上。政策对美国农业的认识不完全,以为其主要是家庭农场。其实,这正陷入美国文化长期以来的一个主要虚构,源自其把美国的“国性”等同于想象中的传统“家庭农场”的虚构。实际上,美国统计部门对“家庭农场”采用了一个特别充满误导性的定义,即任何 50% 所有权属于同一个家庭成员的农场都算家庭农场,由此得出全国农场 96% 都是家庭农场的虚构。事实上,这样的农场大多是企业型农场。其实,美国最大的 2% 的农场,生产了其农业总产值的一半,9% 的农场(平均规模 10000 亩)生产了 73%。它们是雇工型农场,雇佣多于自家的劳动力,依赖的是(全职人员较少的)高度机械化—自动化生产,以及大约 60 万到 80 万美国籍或具有永久居留权的农业雇工,另加 100 万到 200 万的“非法移民”廉价短工和季节工。实质上,美国农业早已不是一个家庭农场农业经济,而是一个由大农业企业公司和企业型大“家庭农场”所主宰的农业。也就是说,中国国家政策所试图借鉴的美国家庭农场模式实际上是“虚构”的。

其次,中国 2013 年以来的“家庭农场”政策本身的经验依据便来自不太合适的经验实例,即极其高度城市化的(笔者多年来跟踪调查的)上海松江区的农业,主要是粮食种植,基本不涉及新农业。即便如此,调查组发现,成规模农场的经济效率其实要低于中小型家庭农场,这主要是因为租用土地的较高租价、全职劳动力的较高市价,以及缺乏自家农场劳动力内在激励的雇工。事实上,被调查的松江大“家庭农场”所显示的是,其每亩净收益约 500 元,要远低于中小型家庭农场的 1000 元。它们实际上需要每亩约 500 元的政府补贴才具备竞争力,其实是“规模不经济”的实例。但这个经验却被意识形态化的理论吹捧为中国农业应该采纳的典范。本章据此再次检视了现有理论,说明归根到底,经典新自由主义和马克思主义理论都偏向规模化的农场,把它们认作“现代化”所必须的条件。在此理论基础上,国家一直在试图建造中国的大农场,而忽视了具有生命力的新型小农经济。

相比之下,还是恰亚诺夫(A. V. Chayanov)原来的小农经济理论比较最符合中国实际,尤其是其对人口压力下的小农经济的行为和特殊逻辑的洞见,及其提出的要通过基于村庄社区的小农合作社来为其提供廉价加工与销售“纵向一体化”的设想。今天中国农业的主体其实是几亩到十几亩的新农业农场以及几十亩的旧谷物农业的“中农”农场,绝对不是政策所偏重的规模化大农场。

第十二章论述国家的另一个政策,即通过“项目”来促进农业的发展,试图凭借私人“逐利”机制来引导地方政府和大户做出国家在顶层所设计的行为。如此的决策在实际运作中,很容易出现“异化”的现象。一个重要且能够说明问题的实例是国家大力推行粮食种植中的“双季稻”,即早稻、晚稻和越冬小麦的一年三茬制度。在国家的设想中,这是使中国粮食生产最大化并保证“粮食安全”的最佳途径。国家采用的方法是,把这个目的和推进大农场的兴起结合起来,凭借项目奖励和补贴的激励来推动农业发展。但实际是,把单季稻改为双季稻早在20世纪60年代便被证明是划不来的举措,需要将近双倍的劳动和肥料投入,但第二茬的收入严重递减,在如今的农资投入价格之下,更是得不偿失,其净收入不仅伴随内卷化而递减,甚至达不到单一茬的净收入。在这样的客观情况下,“大户”的按亩净收入其实远低于小农场,实际上是一种

"规模不经济"的经营方式，但他们可以依赖政府补贴和经营百亩或更多土地来达到本村最高的总收入。类似的现象也可以见于众多其他的实例，包括在 2006 年"专业合作社法"下兴起的"虚"甚或"伪"的合作社。这些都是错误地借助资本主义自私自利的价值观来试图推动中国农村与农业发展所导致的结果。

本章据此说明的是，更好的激励机制应该是由农民在其村庄社区的基础上来组织合作社，通过合作社来谋求本村利益的最大化。借助的是本社区"私利"追求的公益化激励。在那样的机制中，不会出现诸如广泛的追求一己私利（以及损人利己）的行为和价值观，及其所导致的村庄社区和公共服务的危机。本章虽然只列举了比较有限的实例，但我们足可看到，私人逐利价值观是如何冲击了原有的农村道德价值。它对原有的公益化村庄社区价值观产生了较大的消极影响，亟需反思和改革。

第十三章对近几十年来农业领域中所呈现的（和上文所讨论的）三大主要发展模式进行总结性论析。首先是"行政模式"，主要见于谷物种植的旧农业。它包括大规模储备谷物（贱买贵卖）来稳定粮价、多重的补贴（种粮补贴，现代农资如机械和良种补贴，以及支付给种粮大县的财政奖励补助），以及遍布全国的供销社体系来为谷物进行加工和销售。2006 年以后，更取消了农业税费。在那样大规模的行政扶持下，成功地将粮食种植再次变为带有一定收益、可持续的生产活动。虽然，实践的结果证明迫使农民违反自身经济利益而种植双季稻是错误的，但总体来说，在与"人少地多"国家较为廉价的粮食在全球化市场中的竞争压力之下，如此的行政扶持制度是无可厚非的。虽然如此，也需要警惕不顾农民意愿的命令型政策,尤其是偏重规模化的农业和近年来大力推广双季稻种植的政策。

其次是新农业中的基本是放任的市场经济制度,其主要依赖较高的市场价格的激励,来推动大量农户改种高附加值农产品的新农业革命。国家所扮演的角色比较有限,除了一定的技术扶持之外,主要是组织了一些比较简陋的(缺乏储藏和加工服务的)交易点(批发市场)。如今,在这个放任的新农业体系中,最主要的问题是,如第九章所论证的那样,新农业中价格波动较大,而小农户必须在权力悬殊的情况下,承受中间商(尤其是大批发商)的压价和昂贵收费,这直接影响其净收入——在市场价格下降的时候尤其如此,由此形成了"种菜赔,买菜贵"的较普遍的吊诡现象。它既不利于小农,也不利于城市消费者。而国家的扶持和补贴政策一直都偏重较大规模的"龙头企业"、大户和规模化"家庭农场",对大多数的小农生产者则基本没有起到扶持和协助的作用。

最后是国家推动的专业合作社模式。首先,错误地借鉴美国模式,将其高度企业化的农业(其农场平均面积是 2646 亩)等同于中国的小农户(平均面积才十来亩)。其次,要求中国的合作社也像美国那样实行"一人一票"(美国实际上是按股或按销售额分红)制度,忽略了中国全社会和经济体制的现实。在目前的农村产权体制之下,由小农户组成的合作社很难借助现有的金融体系来融资,且无法提供其所要求的可以简易变现的固定资产作为抵押。国家虽然一再重申要为农户提供融资渠道,但一切仍然处于策划和试点的阶段。

"半工半耕"的农民是近三十多年来新农业革命的动力,也是城镇建设的主力军,更是对其自身根本利益最清楚的人。同时,国家一直忽视小农社区,将其等同于必须被淘汰的小农经济。但实际上,长期以来的小农社区的凝聚性乃是国家应该依赖的制度性资源,可以据此来组织为小农服务的“纵向一体化”。国家应该依赖的是公益化了的(小农社区)私利追求的激励机制,而不是多年来所采用的一己私利的激励机制。前者应该是促使村庄社区复兴的机制之一。

中国的发展经验已经证实,中央和地方政府可以对经济发展起到关键性的推动作用(黄宗智,2010、2015)。据此,我们可以进一步设想,同样的逻辑和机制应该可以渗透到村庄一级的行政体系中。譬如,国家其实完全有能力领导设立基于村庄社区的东亚型合作社,而后层层上延,以其(社区)公益化了的激励机制来吸纳现存的庞大基层供销社系统,逐步建立一个高效的全国性物流体系,借此来减低小农经济产品的物流费用,为小生产者和消费者搭建低成本、高效的连接体系。那样的话,既可以借助计划经济时代遗留下来的制度资源,又可以避免其官僚化的弊端。整个系统可以成为一个新型的、真正为广大人民服务的物流体系,其功效甚至有可能超过东亚农协的历史经验。

第十四章借助一群优秀农业研究同仁的最新研究及对其论点的总结和对话,来进一步阐明本书的中心论点。首先是与农业经济史研究的一些最新成果的对话,先说明中华人民共和国历史经验中的合作化与小规模集体不应该随大跃进时期的错误而被(凭借新制度经济学的产权理论)全盘否定。在中华人民共和国成立初期,互助与合作(也包括土地改革)其实起到了协助农资不足的半数以上的农户达到较佳的资源配置的作用。其次,进而论述工农业“良性互动”的关键性,例如民国时期的机器纺纱和其所促进的“洋经土纬”的新型“土布”工业,后来的1963—1978年化肥工业投入与农村农业,以及其后的城镇带动的食物消费转型与农村新农业的兴起。再次,阐明(有机)“地力”的概念有助于我们理解人多地少的中国农业与西方的地多人少农业的不同,以及农业与工业的不同。其后借助两篇示范性的关于新农业的调查研究,来进一步阐明其资本与劳动双密集化小家庭农场的悖论特色。同时,说明加工和销售“纵向一体化”的必要性,其中关键在于避免商业资本攫取小农户产品市场收益大头的问题。最后,借助与几篇不同的政策研究及建议的对话,来论证东亚农业合作社路径的合理性,其中关键在于,依赖小农户的主体性以及小农的村庄社区的凝聚性来使其在国家的领导和协助下,为自身组织纵向一体化服务。

第十五章通过对美国、中国大陆与日本及中国台湾地区的纵向一体化物流体系的比较,来论析中国大陆目前的物流体系的基本结构性问题。本章指出,由于中国以小农户为主的农业生产体系与美国以大型农场和企业化家庭农场为主体的农业基本不同,美国模式以企业为主和政府干预最小化的物流体系并不适用于中国。中国大陆需要借鉴的是,同样以新型小农经济为主体的日本及中国台湾地区所建立的新型物流的成功经验。它们以基于村庄社区的合作社为主,层层上延,为小农户提供了关键性的新型系统包装、分级、运输和储藏的供应链(包括紧密的生鲜产品冷链),上达由政府作为公益性服务而设置的、具有冷冻储藏和电子信息化等服务的大型批发市场,通过规范化的公开透明交易,再进入各种各样的销售渠道,包括超市、批发销售、零售、电子交易等。其中关键在于合作社提供的服务与政府设建的大型批发市场的搭配,它们由此成功建立了新型的物流体系。随之而来的是一系列的经济和社会效应,包括提高农民收入和解决城乡收入差距,鼓励村庄公益化了的社区"私利"追求的价值观,以及扩大农村消费需求,日本及中国台湾地区由此达到发达国家和地区的发展水平。

虽然如此,其政治经济体制也展示了一些与中国大陆的基本不同。日本及中国台湾地区可以视作典型的资本主义发展型国家和地区(区别于英美要求"干预"最小化的"规制型"国家和地区),与半国有(和国有控股)半民营的中国大陆经济实体不同。此外,也包括中国共产党领导下的政党—国家政经体制以及党的社会主义理念等因素。我们当然无法预测中国在"转型"历程后将会如何定型,但在其(可以称作)半国有半民营经济实体之上的由上而下的"发展型国家"和(如果能够得到实施的)由下而上的农村合作社层层上延的搭配下,有可能会形成一个比较独特而又可持续的政治—经济体系。

结　论

最后,第十六章通过以上从经验到理论概括的论述的铺垫,综合以上的经验—理论论述,提出了一个不同于以往各大理论,但是适用于中国今天的小农经济的理论框架。所突出的是,现有两大经典理论的论析和预期,说到底,其实在一定程度上都违反了中国的实际,我们需要从中国新型小农经济的悖论实际出发,重新建构符合实际而又适用于今天中国的小农经济理论。其中关键在于，这个新型小农经济中的高附加值新农业并不需要雇工企业的规模化，其所真正需要的是加工和销售的纵向一体化服务来与大市场打交道。目前，那样的“服务”主要是由国家支持下的榨取性商业资本来提供的。相比之下，之前被东亚地区偶然但成功采用的综合农业合作社的“纵向一体化”体系，能够更高效廉价地为小农提供那样的服务，维护小农的市场盈利，从而进一步提高小农的收益，使其大多数真正能够进入“小康”或中等收入状态，借此来解决中国目前至为紧迫的社会不公和内需不足的两大基本问题。那样的合作社还能够协助解决目前相当普遍的，部分源于高流通成本的“种菜赔、买菜贵”和（我们可以称作）“粮农贫、粮价贵”的现实困境。其中关键在于摆脱来自两大经典理论的错误认识和预期，从中国的新型小农经济实际出发，认识到并尊重小农户的主体性，将其适当置于中国新型农业理论和政策的核心。那样的话，既可以解决社会不公和社区面临的危机问题，也可以更好地为小农户和消费者服务，更可以扩大内需，为中国农业和经济整体提供更可持续的发展动力。

参考文献：

国家统计局（2019）。《中国统计年鉴，2019》。

国家统计局（2018.9.18）：《农村改革书写辉煌历史　乡村振兴擘画宏伟蓝图——改革开放 40 年经济社会发展成就系列报告之二十》，http://www.stats.gov.cn/ztjc/ztfx/ggkf40n/201809/t20180918_1623595.html。

国家统计局(2018.7.17)。《第三次全国农业普查全国和省级主要指标汇总数据》http://www.stats.gov.cn/tjsj/zxfb/201807/t20180717_1610260.html。

国家统计局(2017.12.14—16)。《第三次全国农业普查主要数据公报(第一号)》,http://www.stats.gov.cn/tjsj/tjgb/nypcgb/qgnypcgb/201712/t20171214_1562740.html;(第二号)http://www.stats.gov.cn/tjsj/tjgb/nypcgb/qgnypcgb/201712/t20171215_1563539.html;(第三号)http://www.stats.gov.cn/tjsj/tjgb/nypcgb/qgnypcgb/201712/t20171215_1563589.html;(第四号)http://www.stats.gov.cn/tjsj/tjgb/nypcgb/qgnypcgb/201712/t20171215_1563634.html;(第五号)http://www.stats.gov.cn/tjsj/tjgb/nypcgb/qgnypcgb/201712/t20171215_1563599.html。

国家统计局(局长宁吉喆)(2017.12.14)。《"三农"发展举世瞩目 乡村振兴任重道远》http://www.stats.gov.cn/tjsj/sjjd/201712/t20171214_1562736.html。

黄宗智(2010):《中国的隐性农业革命》,北京:法律出版社。

黄宗智(2010):《中国发展经验的理论与实用含义》,载《开放时代》第10期,第134—158页。

黄宗智编(2012):《中国新时代的小农经济》,载《开放时代》第3期,第5—115页。

黄宗智(2014):《明清以来的乡村社会经济变迁:历史、理论与现实》,三卷本,增订版。第一卷《华北的小农经济与社会变迁》;第二卷《长江三角洲的小农家庭与乡村发展》;第三卷《超越左右:从实践历史探寻中国农村发展出路》,北京:法律出版社。

黄宗智(2015):《中国经济是怎样如此快速发展的》,载《开放时代》第3期,第100—124页。

第一编

新型农业革命与相关理论

第二章　中国的隐性农业革命，1980—2010

——一个历史和比较的视野①

在 1980—2010 年的三十年间，中国农业总产值(可比价格)达到了之前的 600%，即年增长约 6%。这是个非常剧烈的变化，也是一个和之前历史上的变化很不一样的变化。首先是因为其增长率要远远超过之前的农业革命，例如 18 世纪的古典英格兰农业革命，其年增长率约 0.7%，或 20 世纪 60 年代和 70 年代的“绿色革命”(在日本、韩国和中国台湾地区其实早已开始)，其年增长率为

① 本文原载《开放时代》2016 年第 2 期，第 11—35 页。它是笔者根据自己四十年来关于中国农业的过去和现在的三卷本（黄宗智，2014a、b、c）以及之后的新研究而写的总结性论述。三卷本中至为关键的第三卷的 16 章中有约一半内容曾经以论文形式发表(之后经过更新和修改纳入 2014 年新版)。本文将注明之前发表的那些文章，以及 2014 年以来新发表的文章。除了作者自身的著作外，本文亦将注明所依据或讨论的最主要的著作和资料，以便读者查阅。三卷本中的第三卷目前只有中文版，之前以《中国的隐性农业革命》为标题出版的较简短的版本(2010 年版）也只有中文版。

2%—4%。

更重要的是,其背后的动力十分不同。新的中国农业革命主要是由中国人食物消费结构的变化所推动的,是伴随农业以外的经济发展和收入提高而来的变迁。中国大陆的食物消费比正在从传统的 8∶1∶1 的粮食、蔬菜、肉食结构转向城市上层阶级以及台湾地区、香港特区等较富裕地区的 4∶3∶3 模型。而之前的农业革命不是由消费革命推动的,主要是来自某种新的投入而提高了一些农作物的(单位面积)产量。例如,18 世纪英格兰主要由于使用更多的畜力(和畜肥)而引发的农业革命(以及后来美国主要由于拖拉机的投入而引发的农业革命);或如日本、韩国和中国台湾地区,主要由于化肥和科学选种(也包括拖拉机,但相对要少得多)的投入而引发的农业革命。

中国的经验其实更像同时期的印度的农业革命,而不是所谓的"东亚模式"。中国和印度的共同之处是,早期"绿色革命"中的现代投入基本被其快速的人口增长和人地压力蚕食掉,因此人均农业收入并没有显著的提高,故而严重限制了城乡交易的市场发展。印度和中国一样,现代型的(即附带劳动生产率和农业收入提高的)农业革命要等到 1980—2010 年"外部"的消费革命方才能实现。

与其他的东亚国家相比,中国的人口对耕地的压力要更大。日本人口早在 18 世纪便增长不多,与中国十分不同。其后,在 19 世纪 80 年代到 20 世纪 50 年代的工业化期间,日本工业吸纳了足够的劳动力,促使其农村人口基本稳定不变,因此能够通过现代投入大幅提高农村劳动生产率和农民收入。至于韩国和中国台湾地区,他们在日本殖民统治下的地方治理体系有效地为农民提供现代农业投入(虽然主要是为了日本本国的利益而不是当地的利益),由此在20世纪20年代和30年代便已提早进入"绿色革命"的发展。其所带来的农业增长一定程度上超越了两地的人口增长,因此提高了农业的劳均生产率和农民收入,为其在20世纪80年代后期进入发达国家和地区行列奠定了基础,远在中国大陆之前。日本、韩国和中国台湾地区如今的人均收入仍然远高于中国大陆地区(见下文)。

上述历史经验不能仅凭当前在新保守主义时代具有极大影响的市场主义理论来理解,也不能仅凭现代技术或产权制度来理解。它说明的是,人口、市场、技术、产权制度和国家等因素是紧密关联和相互作用的,需要综合起来理解,而不是简单突出其中任何单一因素。

中国和印度两国极其沉重的人地关系资源禀赋深深影响了其市场结构。单位劳动力耕地面积越低,意味着农业收入越低,而收入低则意味着农村人民只能购买极少量的城镇商品,因此,城乡贸易发展不足,农地上的现代投入也比较有限。中国和印度需要等待后来全国民经济的发展来推动其食物消费革命。由于农产品结构的变化,从主要是低附加值的"谷物"①生产转向越来越多的高附加值的肉(禽鱼)食(及奶蛋)和菜果生产,这样才推动了农业产值和收入的提高,以及城乡双向贸易较充分的发展。结果导致和之前单向的城乡贸易十分不同的市场发展。之前主要是由农村向城镇提供"奢侈品"(诸如细粮、肉禽鱼、优质棉花、蚕丝等),只有较少的逆向贸易。农村与农村间的贸易(包括不同地区间的长距离

① 主要指稻谷、小麦和玉米,区别于包含谷物和豆类与薯类的更广义的"粮食"范畴。

贸易)则主要限于农民之间生存物品的交换,特别是农民所产的棉布和谷物的交换。

中国新的由消费推动的农业革命也得益于另外的两大历史性变迁。一是生育率的下降。1980 年之后严格实施的独生子女生育政策(虽然在农村没有那么严格),在世纪之交后导致每年新就业人口数量的持续下降。二是大规模的农业外就业。先是伴随 20 世纪 80 年代蓬勃的农村工业化而来的"离土不离乡"的非农就业,而后是 90 年代以来的"离土又离乡"城镇就业。两大历史性变迁的交汇促使劳均耕地面积从 1990 年的最低点(5.9 亩)上升到 10 亩。虽然在西方的视角下这微不足道,但在中国其足以促使农业收入显著上升。再辅之以非农就业的收入,其所推动的上述食品消费革命以及更多城镇物品的消费,促使中国进入了螺旋式上升的城乡贸易——一如亚当·斯密在 18 世纪的不列颠所看到和概括的那样。

同时,中国的新农业是"资本和劳动双密集"的农业。(黄宗智,2010a、2014c)以拱棚蔬菜种植为例,它需要约 4 倍于露地蔬菜的劳动投入,当然也需要塑胶拱棚和更多化肥的"资本"投入。果园同样:一亩苹果果园需要 38 天的劳动投入,约 3.5 倍于谷物种植。又譬如,一个养殖 35 头猪和种植饲料(如玉米)的"种养结合"小农场,需要为每头猪投入约 4 天的劳动力,另加约 80 天的饲料种植,这和过去以粮食为主,另加一两头食泔水的猪很不一样。肉牛、奶牛、禽、鱼需要更多的劳动和资本投入(《中国农村统计年鉴》,2004:261、274、276—277、278—279、280、281)。这些都是吸纳更多的劳动和资本投入的生产,也是劳均收入较高的生产。笔者与合作者曾在另文中集中分析了这样的农业资本投入的来源(黄宗智、高原,2013;黄宗智,2014c:第 8 章;本书第 7 章)。这里只需指出,这些新农业的兴起促使更充分的农业劳动力就业,也推动了农业收入的提高,从而推动了更频繁多样的城乡贸易,与中国历史上的型式十分不同。

上述三大历史性变迁的交汇——食物消费革命所导致更多的高附加值农产品生产、生育率的下降和非农就业的扩增(以及新农业中更为充分的就业)所导致劳均耕地面积的扩大——是中国的新农业革命和农业收入提高的主要动力。它们共同推动了与过去十分不同的市场发展,由此组成了笔者所谓的新"隐性农业革命"(亦见黄宗智,2010、2014c)。

之所以称作"隐性",是因为它和之前的农业革命十分不同,因此容易被忽视。部分原因是,中国的农业统计数据主要是以不同作物来划分统计的,多着重于产量(以重量计算),并且是以"小农业"(即种植业)为主的概念,而不是"大农业"[即农、林、牧、渔业(20 世纪 90 年代之前还有"副业"的范畴)]的概念。小农场的高值肉禽养殖业被划归"牧"业范畴,而其鱼塘生产则被划归"渔"。这就使人们联想到草原上的放牧和专业化的河、湖、海渔业,而不是小农场生产。因此较难掌握(大)农业的结构性转型。

此外,蔬菜种植也加重了这个问题。首先,集体时代,蔬菜多在"自留地"上种植,并多由农民自家消费,因此不好统计。即便今天,一定程度上仍然如此。其次,蔬菜腐坏较快,因此多在邻近的非正式市场销售,也不容易统计。再次,也更重要的是,近年的食物消费转变,多是从低档的块根类蔬菜(如薯类、胡萝卜、芋头、洋葱等）转入较高档的绿叶蔬菜（如菠菜、韭菜、香菜、芥蓝、空心菜等），不容易凭借重量来区分（蔬菜的含水量可以高达 65%—95%，根类蔬菜和绿叶蔬菜之间有较大的差别）。最后，仅凭统计数据，不容易区分拱棚（和温室）蔬菜生产与露地生产，也不容易区分新型的种养结合与旧式的粮食种植加上养一两头猪。下面我们将主要依赖产值和种植面积来分析蔬菜生产的演变。如果仅仅根据产出重量，得出的会是模糊不清乃至相互矛盾的图像。

由于上述原因，中国的新农业革命很容易被忽视——不仅被学者们忽视，也被政府决策者忽视。下面转入上述各论点所分别依据的数据和论析。

一、中国新型的农业革命

这里从“旧农业”出发。表 2.1 列出三大（大田）旧农业作物——谷物、棉花和油菜籽——从 1980 年到 2010 年的亩产量。我们可以看到，在这期间，此三大作物的亩产量上升了约 100%，亦即年增长约 2.4%，大体相当于 20 世纪 50 年代到 70 年代的谷物增长率（约 2.3%/年，但人口则增加了 2%/年——见下文）。显然，这不是我们这里集中讨论的新型农业革命。

但我们如果转而检视“大农业”（即农、林、牧、渔）的产值数据，这里讨论的新农业革命便会变得非常明显。如表 2.2 所示，在同期（1980—2010），农业总产值（可比价格）上升到之前的 590%。其中，“牧业”产值上升到 1042%，“渔业”产值则上升到 1904%。与之不同，小农业，包括菜果产值，上升较少，但仍然达到之前的 407%。

表 2.1　主要旧农业农作物亩产量，1980—2010 年（斤/亩）

年份	谷物	棉花	油菜籽
1980	[401]*	81	123
1985	[546]*	118	183
1990	617+	118	185
1995	683	129	207
2000	697	160	223
2005	766	166	263
2010	810	180	260

＊[ ]内是水稻、小麦平均数字+1991 年数字

数据来源:《中国统计年鉴》,2011:表 13—表 16;《中国统计年鉴》,1983、1984、1987。

表 2.2　农林牧渔总产值指数，1980—2010 年（以 1952 年数值为 100）

年份	总产值	农业产值	林业产值	牧业产值	渔业产值
1980	224.9	203.6	1014.8	306.4	1270.7
1985	333.4	291.2	1572.1	508.2	2263.0
1990	420.5	356.7	1601.1	704.4	4238.2
1995	602.2	439.7	2298.8	1237.7	8915.6
2000	807.8	549.6	2808.5	1811.4	14074.0
2006	1100.7	704.2	3550.5	2649.3	19496.5
2010	1320.2	828.3	4681.9	3195.5	24198.4

＊按可比价格计算。

数据来源:《中国农村统计年鉴》,2008:111;《中国农村统计年鉴》,2011:6—22。

显而易见,此期间的农业增长不在旧式的大田作物的单位面积亩产(重)量,而在新型的农业结构重新组合,转向更多的、更高比例的高附加值农作物肉—禽—鱼和菜果的生产。我们将在下一节看到,那样的改组,主要是源自中国人食物消费的转化,是由全国民经济发展而来的,包括农民的大规模非农就业以及由此而导致的家庭收入的增加。其结果是对肉禽鱼需求的大规模上升,从而导致农业结构本身的转化。正是那样的变化,推动了中国农业从以粮食为主转化为越来越多的养殖以及菜果的生产。

如表 2.3 所示,变化首先可见于蔬菜播种面积的大规模扩增,从 1980 年的 0.47 亿亩到 2010 年的 2.85 亿亩,达到了之前的 606%。水果种植同样,从 1980 年的 0.27 亿亩增加到 2010 年的 1.73亿亩,是之前的 680%。在 1980 年,蔬菜面积才占总播种面积的 2.2%,水果才占 1.2%,两者结合起来才占 3.4%。到了 2010 年,蔬菜达到总播种面积的 11.8%,水果 7.1%,加起来共 18.9%——这是个巨大的变化。

肉食(猪、牛、羊)生产也一样。它们的变化可以用产量(重量)来展现:从 1980 年的 1200 万吨增加到 2010 年的 7900 万吨,达到之前的 660%(《中国统计年鉴》,1983:178;2010:表 13-19)。①

① 有研究表明,牛肉的产量在 1980—2000 年间,扩增到之前的 20 倍,达到 1 亿头肉牛——学者们称之为"牛肉革命"(Longworth, Brown and Waldron, 2002)。

表 2.3　蔬菜、水果播种面积(亿亩)和比例

年份	蔬菜面积(含菜用瓜)	蔬菜比例(含菜用瓜)	水果面积	水果比例
1980	0.47 亿亩	2.2%	0.27 亿亩	1.2%
1990	0.95 亿亩	4.3%	0.78 亿亩	3.5%
2000	2.28 亿亩	9.7%	1.34 亿亩	5.7%
2010	2.85 亿亩	11.8%	1.73 亿亩	7.1%

数据来源:《中国统计年鉴》,2011:表 13-1;《中国农村统计年鉴》,2011:表 7-3;《中国农业年鉴》,2009:12—13。

更能说明问题的是各种农产品产值(相对农业总产值)所占比例的变化。从表 2.4 我们可以看到,谷物在(大农业)总产值中的比例在此期间下降到仅占 15.9%(虽然其所占总播种面积比例是 55.9%)。而蔬菜和水果所占比例则分别上升到 18.8%和 7.9%。肉食增加幅度更大,2010 年达到农业总产值的 30%。鱼也达到9.3%,而在 1978 年,肉、鱼仅占农业总产值的 17%(《中国农村统计年鉴》,2008:99,表 6-13)。到了 2010 年,上述这些非谷物产值已经达到农业总产值的 66%,远远高于谷物所占的 15.9%。也就是说,中国农业已经成为主要是生产这些高附加值农产品的"新农业",而不再是过去的以谷物、棉花和油菜籽为主的"旧农业"。

表 2.4　主要农产品所占播种面积比例与农林牧渔总产值比例

年份	蔬菜播种面积	产值	水果播种面积	产值	谷物播种面积	产值	牧业产值	渔业产值
1990	4.3%	—	3.5%	—	—	31.4% *	15.8%	5.4%
2000	9.7%	14.4%	5.7%	4.2%	54.6%	17.4%	18.6%	10.9%
2010	11.8%	18.8%	7.1%	7.9%	55.9%	15.9%	30.0%	9.3%

* “粮食”(谷物之外,纳入豆类与薯类)作物合计(该年没有“谷物”统计数据)。产值按当年价格计算。

数据来源:《中国农村统计年鉴》,2011:表 6-14;2002:表 6-14。

当然,我们也不可忽视谷物、棉花和油菜籽。我们在上面的表 2.1 中已经看到,它们的单位面积产量在此期间上升了约一倍。同时,笔者在另一研究中论证,即便是谷物生产,也在 1995—2010 年间相当程度地现代化了,使用了越来越多的化肥、农药、科学选种和拖拉机(本书第 6 章;黄宗智、高原,2013;黄宗智,2014c:第 8 章)。虽然如此,其产值还不到上述新农业的四分之一。人们仍然普遍把谷物生产(或包括豆类、薯类的“粮食”范畴,或包括谷物、棉花和油菜籽的“大田”农业)当作中国农业最主要的部分。这是我们需要改正的观念。

二、食物消费的革命

如图 2.1、2.2、2.3,根据中国国家统计局的调查数据所示,中国人食物消费在 1980—2010 年间经历了巨大的变化。从图 2.1 可见,人均“粮食”(即谷物和薯类、豆类)消费在此期间从 240 公斤降

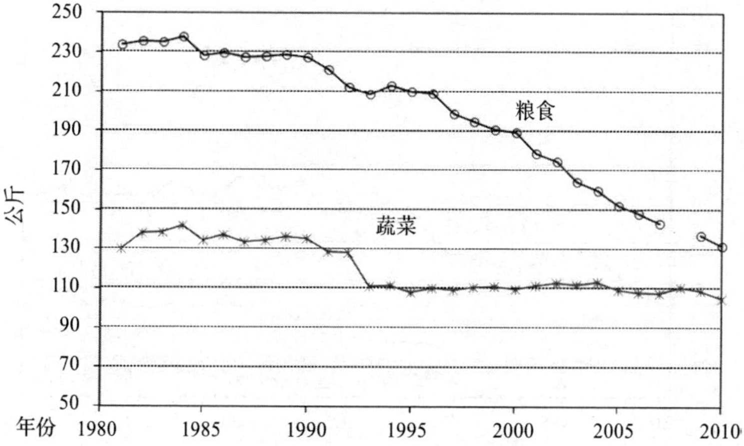

图 2.1　**中国城乡人均粮食和蔬菜消费量,**1980—2010

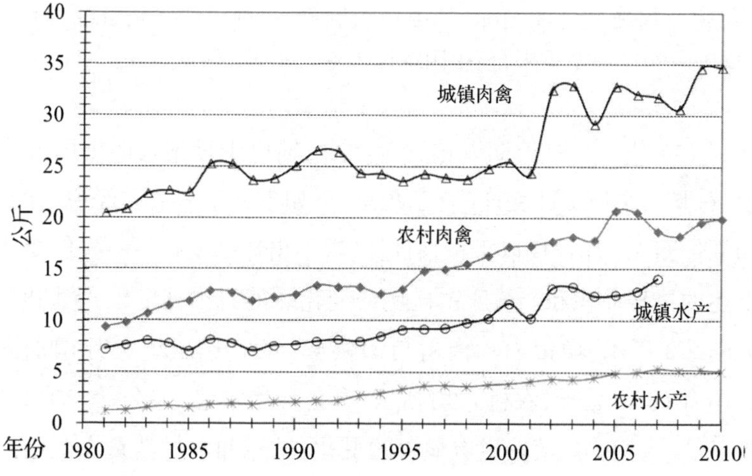

图 2.2　**中国城乡居民肉类和水产品消费,**1980—2010

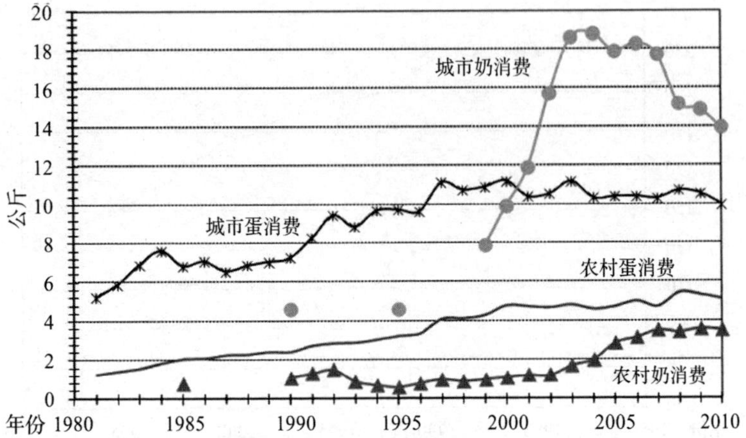

图 2.3 **中国城乡人均奶蛋消费量,**1980—2010

数据来源:国家统计局:《中国统计年鉴》,2006,表10-9,表10-29;2005,表10-11;2003,表10-10;1996,表9-6;1993,表8-7。《中国统计摘要》,2000,106。《中国农村住户调查年鉴》,2005,25。2006—2010年数据来自《中国统计年鉴》,2008,2009,2011。

低到130公斤。对长期以粮食为主食,辅以少量副食的中国人来说,这是一个历史性变迁(至于蔬菜,正如本文第一节已经说明的,如果像图2.1那样仅以重量来计算,看不出什么变化——我们要从上述的播种面积和产值所占比例的变化才能看出其变化)。同时,如图2.2所示,城镇人均肉禽鱼消费从1980年的27公斤增加到2010年的50公斤,农村人均则从11公斤增加到25公斤。图2.3则显示,人均奶蛋消费也有显著的变化,城镇和农村消费在此期间都增加了约100%。中国人显然已经从之前以粮食为主的消费转向了越来越多的肉禽鱼、奶蛋(以及更高档的蔬菜)消费,随之而来的是越来越少的粮食消费(黄宗智、彭玉生,2007;黄宗智,2014c:第 5 章更新了其数据)。

当然,城乡生活水平仍然有较大的差距,例如城镇人均 50 公斤肉禽鱼消费和农村 25 公斤之间的差别,以及两者之间在蛋奶消费之间同样幅度的差别。虽然如此,总体的变化显然是跨越各阶层的(虽然因收入差距而异)。作为这方面进一步的佐证,国家统计局的另一组资料显示,在 1995—2005 年间,城镇收入最高的 10%和最低的 10%人群组之间的差别是:1995 年,前者人均消费肉(猪、牛、羊)禽 30.2 公斤,后者 17.5 公斤;2005 年,前者增加到 37.5 公斤,后者增加到 23.7 公斤(《中国统计年鉴》,1996:表 9-10;2006:表 10-13)。显然,这个变迁是涉及全人口的(赤贫者除外)。

这里,我们可以进一步指出,食物消费的演变可以理解为多种消费演变中优先呈现的一种:无论是高收入还是低收入人群,城镇还是农村民众,都把肉禽鱼(以及高档蔬菜、水果)视作喜庆场合至为理想的食物。对中国人来说,优质食物也许比其他消费品(如衣着等)更具有幸福和身价的文化意义。吃得好——像城镇上层人群以及台湾、香港等较富裕地区那样,是人们较普遍的意愿。因此,食物消费的变化(以及各种各样餐饮业的暴发性发展)成为中国经济发展中消费演变的前沿也就不足为奇了。当然,它是伴随着城乡和上下层人群收入悬殊以及其他更为突出的消费差别而来的。

三、人地压力的减轻

人地压力在此期间也减轻了许多。图 2.4 展示了三个相互关联的变量:(城乡)总就业人数、农村劳动力人数、农业劳动力人数。第一个变量主要伴随就业人数自然增量而变。第二个变量则不仅因就业人数的自然增加而变动,也因城镇就业人数的变化而变动:城镇就业人数越高,农村就业人数越低。第三个变量则更受到农村非农就业人数变动的影响:非农就业越高,农业就业越低。我们这里将特别关注第三条曲线,即农业就业人数,因为它直接影响劳均耕地面积——对中国农业的劳动生产率来说,这是个关键的因素。

如图 2.4 所示,中国总就业人数在 1980—1990 年间增速极快,从 4 亿多人增加到约 6.7 亿人,这是因为人口生育率在 20 世纪 60 年代和 70 年代达到了顶峰。乡村劳动力的变动基本和总就业人数并行,从 3 亿多增加到将近 5 亿。至于农业劳动力人数,它既受到上述趋势的影响,同时也受到 80 年代蓬勃乡村工业化(以及其他非农就业,如买卖与运输人员)的影响。总的来说,直到 1990 年,劳动力的自然增长超过了非农就业的增长。该年,农业劳动力达到将近 3.8 亿人的顶峰,也是人地压力的顶峰。是年,农业劳均耕地面积从 1980—1985 年的约 7 亩降到 5.9 亩。[①]

---

① 这里使用的总耕地面积数字是 20 亿亩。众所周知,中国政府一直特别强调要保卫 18 亿亩耕地面积的"红线",但 2012 年的卫星测量发现,该年全国其实有 20.2 亿亩的耕地,高于国家之前使用的数量(陈锡文,2014;亦见黄宗智,2015b:271,尾注 1)。

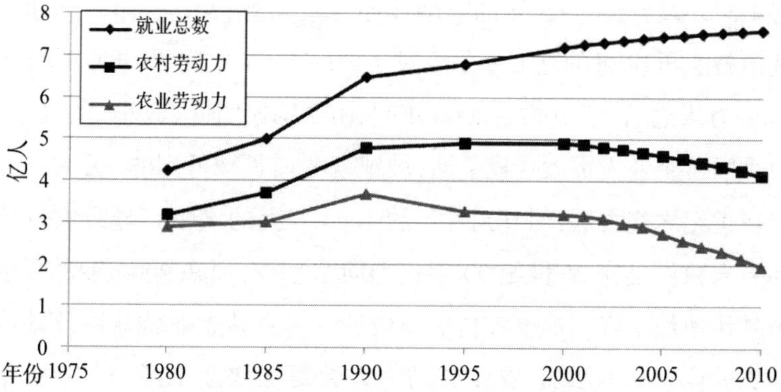

图 2.4 1980—2010 年中国劳动力与就业增长及演变

农业动力人数的估算方法是,乡村就业人员总数减去乡镇企业人员数,再减去农村私营企业人员数和个体人员数。农业劳动力人数是按照 2006 年全国第二次农业普查的定义,为每年从事农业劳动六个月以上的人员,不包括从事农业六个月以下的人员(《中国第二次全国农业普查资料汇编·农业卷》,2009)。

数据来源:《中国统计年鉴》,2011:表 4-2。城镇和乡村就业人员的人数见黄宗智,2014c:表 11.2、11.3。

20 世纪 90 年代,劳动力的自然增长开始减缓(由于 1980 年后的严格生育控制)而城镇就业同时快速增长。结果是,农业劳动力人数趋近水平线,在 1995—2000 年间基本稳定于约 3 亿人。这期间,城镇就业和农村非农就业的增加与农村劳动力自然增长人数基本持平。

人地比例在世纪之交后开始显著演变。首先是劳动力自然增长率的显著下降——源自 1980 年后严格执行的生育控制,这可见于全社会就业人数曲线的趋向水平线,从 1980—1995 年间的年平均1.37%减少到2005年的0.6%(亦见黄宗智,2014c:95)。同时,城镇就业再次蓬勃增长(在经过1980—1995年间平均每年增加1500万人之后,于1997—2000年间,由于国家"抓大放小"的政策,中小国营企业人员大规模下岗,城镇就业增长减低到650万人/年;但在世纪之交之后,回升到每年约1000万人的增幅),导致农村劳动力人数先是在20世纪90年代趋向水平线,而在2000年之后越来越快速地下降。加上农村非农就业——乡镇企业就业以及其他非农就业——的增加,农业劳动力人数更加快速下降,到2010年时,已经降到2亿人以下。

那是非常剧烈的变化,从2000年的3亿农业劳动力减少到2010年的2亿人。如果和1990年的将近3.8亿人相比,则更显得剧烈。从人地比例来说,劳均耕地面积从5.9亩增加到了约10亩——若从美国的视角来看固然微不足道,但对中国来说,则是个巨大的变化。

我们还需要看到,"新农业"比旧农业既更"资本"密集化,也更劳动密集化。而更多的劳均耕地,包括其中吸纳更多劳动力的新农业,以及新农业更高的附加值,再加上非农就业的收入,共同推动了上述农业革命和食物消费的转化。

笔者与合作者在另一项研究中已经论证,这一切主要是由小家庭农场而不是规模化资本农场所推动的。而其使用的更多的现代投入(即化肥、科学选种、拖拉机,以及其他的"资本化"投入,如塑胶拱棚、塑胶薄膜、温室等),其"资本"多来自于农民非农就业的艰辛收入,其总和其实要高于国家支农的投入,也高于私营农业企业公司的投入(本书第7章;黄宗智、高原、彭玉生,2012;黄宗智、高原，2013；亦见黄宗智，2014c：第 7、8 章）。这里要证实的则主要是：其一，中国经历了一场隐性的农业革命这个事实，主要呈现于从旧式的“大田”农业（粮食、棉花、油菜籽）转向越来越多的高附加值农产品；其二，这是个主要由人们食物消费的变化所推动的农业革命；其三，这场农业革命也得益于人均耕地面积的增加，是既来自生育率下降，也来自非农就业率上升的结果。

以上变迁导致了日益扩增的城乡贸易。伴随新农业的兴起，农民的农业劳均生产率和收入显著提高（即便是在商业资本的苛刻榨取之下——那也是笔者另外研究的一个课题，见本书第 9 章；亦见黄宗智，2012；黄宗智，2014c：第 10 章），因此，农民有能力购买更多的城镇产品。在食物消费发生变化之外，比较富裕的村庄更能够购买各种各样的工业产品，包括服装、手机、家用电器、电视、电脑，乃至于轿车等。也就是说，中国农村在多个世纪以来第一次真正进入了一个宽广和快速发展的城乡双向贸易体系之中（下文还要讨论）（即便土地买卖和银行贷款仍然受到严格的限制）。如此的变化从根本上改变了中国长期以来的城乡单向贸易结构。

四、中国大陆的农业革命与英格兰、日本、中国台湾地区、韩国和印度的比较

下面我们转入中国近年来的农业革命与历史上的其他几个主要类型的农业革命的比较。首先是古典的 18 世纪英格兰的农业革命，其次是 20 世纪日本和中国台湾地区、韩国依赖现代投入（诸如化肥、科学选种、拖拉机等）的农业革命，最后是印度最近的农业

革命。有的新自由主义经济理论家争论,传统农业和其现代化都遵循同一的市场经济规律(尤见 Schultz,1964)——下面我们将论证,这是个违反实际的错误认识。

(一)与英格兰的农业革命的不同

笔者在已经发表的农业三卷本中,集中探讨了中国自明清以来(华北平原和长江三角洲)的农业经济变迁(黄宗智,2014a[1986、2000、2004、2009]、2014b[1992、2000、2006]、2014c),并将其与18世纪英格兰的农业革命作出详细的比较(黄宗智,2002;亦见黄宗智,2014c:第2章,25—55)。这里只简单总结其最主要的内容,并只注明一些最主要的文献和资料。

首先,我们要说明前现代中国和英格兰的农业在结构上的根本性差别。中国的传统农业是个高度劳动密集化的体系,达到基本排除了动物养殖的地步(这是因为,依赖生产牛肉、牛奶和乳酪来支撑同样多的人口,需要六七倍于谷物所用的土地——John Lossing Buck,1937a:12)。而18世纪英格兰农业的基本特征则是结合种植和养殖的混合型农业。之所以能够如此,主要是因为其农场平均面积是125英亩(750亩),而中国的则只是1.25英亩(7.5亩)(黄宗智,2002)。

中国长江三角洲地区在18世纪前后的变迁主要是进一步的劳动密集化,如从水稻种植转入棉花种植,后者每亩须工(包括纺织)总量是前者的18倍,但其带来的收益则远远不到此比例;或从水稻转入蚕桑—缫丝生产,每亩须工约9倍,其收益则才约三四倍。这样的变迁给江南地区带来了进一步的商品化,但代价是单位劳动力报酬的递减——笔者称之为“内卷型商品化”(黄宗智,2014b[1992、2000、2006])。

18世纪英格兰农业革命中的变迁则十分不同。在那个世纪之中,其劳动生产率增加了100%,主要是因为使用了更多的畜力(以及畜肥来恢复地力),这是得益于圈地运动(之前牲畜是在共有土地上放牧的,不可能与种植业相结合)以及随之而来的诺福克耕作制度,即小麦—芜菁—大麦—三叶草的轮作体系,小麦和大麦供人食,芜菁和三叶草供畜食。结果是农业产出以及劳均产出的成倍增长,以至于18世纪末,全人口的三分之一足够为其余的三分之二提供充分的食物。这是众多学者已经证明的事实。(例见Wrigley,1985;Jones,1981;Allen,1992;Overton,1996;亦见黄宗智,2002)

农业劳动生产率的提高进而导致了一系列其他相关的演变:释放了非农生产的劳动力,先是进入城镇的手工业生产(“原始工业化”),而后是工业制造业。同时,农业收入的提高和非农就业的收入推动了消费上的显著变迁(可以称作“消费革命”),一如德弗雷斯(Jan de Vries)关于荷兰的研究、韦泽希尔(Lorna Weatherhill)关于英格兰根据遗嘱认证记录的研究等所论证的那样(De Vries,1993;Weatherhill,1993)。城镇在西北欧的发展(“早期城镇化”——De Vries,1984)则推进了城乡贸易,其中(亚当·斯密所谓的)农村的“粗糙产品”(rude products)与城镇的“制造品”(manufactures)进行双向的贸易,进而形成为国际间的贸易,随之而来的则是日益扩增的社会分工、竞争、“资本”和“繁荣”

(prosperity),一如亚当·斯密所看到和概括的那样。(Smith,1976:尤见 384—397)

城镇的原始工业生产(主要是纺织业)为人们提供了非农就业的机会,促使青年人可以获得不必等待继承家庭农场就能经济独立的能力,由此促使更早和更高比例的婚嫁(结婚率),一如莱文(David Levine)、斯科菲尔德(Roger Schofield)等所论证的那样。(Levine,1977;Schofield,1994)此外,英格兰煤炭业的较早发展以及科技的进步,也是其后来工业化的重要前置条件。而且,英格兰也获益于不列颠殖民地的资源。这些因素的交汇促成了英国工业革命的降临。(Wrigley,1988;黄宗智,2002;亦见黄宗智,2014c:第 2 章)

这些演变都没有在长江三角洲发生。当地手工业生产仍然和农耕紧密缠结,各自为农户提供了一部分的生计,但不能单独维持农户全家的生计。几个世纪以来,棉花、纱、布生产的结合一直是小农农场不可拆分的“三位一体”的生产方式(20 世纪机器纺纱的来临将会把它拆开,但农村的织布业仍然维持了顽强的生命力)。蚕丝业基本一样,仅略有不同:植桑、养蚕和缫丝同样紧密结合(而丝织则由于其更高的技术要求和丝织机的较高成本而成为脱离农家的城镇生产,是一项可以维持一家生计的生产)。即便如此,中国的农业和手工业的紧密交织是和英格兰的原始工业化十分不同的。它一直强韧地维持到 1949 年之后,被称作“农业”主业的手工“副业”生产(诸如草绳、草篮、草帽,织布、针织、散养一两头猪等),即使不在一家一户中结合进行,也仍然在集体化的一村一村中结合进行——一直到 20 世纪 80 年代的大规模农村工业化方才逐渐消失。即便如此，家庭作为一个分工的经济单位（半工半耕），今天仍然在国民经济和社会（以及文化）中起着十分重要的作用，仍然展示了不同于现代西方高度个人化的型式（最新论述见本书第 4 章；亦见黄宗智，2011；黄宗智，2014b、2002）。

一个关键的因素当然是中国特别沉重的人地压力。这不是一个可以仅凭理论建构来排除的因素（例如，Schultz，1964）——笔者已在另文中分别讨论了此点（见本书第 2 章；黄宗智，2014c：第 9 章；亦见黄宗智，2008）。这里只简单指出，舒尔茨凭借的是同义反复的逻辑：先设定市场机制的运作必定会导致资源的最佳配置，而后论述，逻辑上根本就不可能会有过剩的劳动力，而他对过剩劳动力的定义则是零报酬的劳动。这其实是个稻草人，因为实际上，人口压力是个相对而不是绝对的概念，一如“不充分就业”或“隐性失业”的概念那样。显然，即便是在极高度的人口压力下，大多数人也不会为零报酬而劳动，但这并不能抹掉上述中国和不列颠在人地关系资源禀赋上的巨大差别。

这里有必要进一步说明，人口压力和市场运作之间不是一个像舒尔茨认为的非此即彼的关系（即如果有了市场机制的运作，便不可能会有人口压力），而是一个相互关联、相互作用的关系。中国更沉重的人多地少资源禀赋制约意味着农业与手工业更强韧的相互结合、相互依赖，像两柄拐杖那样一起来维持小农家庭的生计；而英格兰相对人少地多的资源禀赋则比较容易让农业和手工业分离，就像其在 18 世纪所发生的那样。而相对更多的人均土地资源禀赋与诺福克耕作制度的结合，则意味着更高的农业劳动生产率和收入，加上新型的城镇就业，更意味着多得多的城乡物品交换和贸易（亦即更高度发达的市场经济）。这就和中国很不一样，因为中国的城乡贸易主要呈现为单向的物品流通，主要是经过地租来获取的农产品（即"榨取型的商品化"）以及通过内卷化生产（棉花、纱、布和蚕桑—缫丝的劳均报酬递减）来推动的商品化（即"内卷型的商品化"，是以边际劳动递减为代价的亩均产出的提高），而不是由盈利型企业性的农业所推动的商品化。（黄宗智，2014b：第5、6章）

由榨取和内卷推动的商品化，而不是由盈利型农场所推动的商品化，使农民仍然处于生存边缘，故而严重限制了市场的发展，因为农民根本就没有能力购买城镇的产品。我们有关于长江三角洲（和华北）农民购买的商品的详细（满铁）实地调查资料：迟至20世纪30年代，两地农民购买的城镇现代产品仅限于火柴和煤油，和少量的棉布（棉布占其购买物品花费总金额的6.1%），购买的传统城镇产品则限于盐、糖、酱油、食用油和少量的烟草（4.9%）、茶（3.3%）和酒（4.8%）。更贫穷的华北农村则根本不见烟草和茶，其所购买的酒在家计中也可以说是微不足道（1.8%）。农民的市场交易主要体现在农民之间的以棉布换粮食或相反（黄宗智，2014b：表6.1、表6.2、表6.3、表6.4）。这和德弗雷斯和韦泽希尔的研究所突出的18世纪荷兰与英格兰农民所购买的镜子、油画、书籍、钟表、大橡木柜子、陶器、台布、银器等十分不同（De Vries，1993；Weatherhill，1993）。

简单概括，中国前现代（直至20世纪30年代）的城乡贸易主要是单向的贸易，和斯密所概括的双向、螺旋式上升的城乡（乃至于国际）贸易截然不同。把两者混淆，采用近年来有些学者惯常使用的含糊不清的所谓“斯密型增长”(Smithian growth——例见 Pomeranz,2000:17,以及其他各处)概念是一个严重的错误。它源自因为没有认真阅读斯密的原作,而简单想象一种全能和普世的市场动力,认为其必然存在于所有市场化的前现代经济体中,因而完全无视资源禀赋、市场结构、生产关系以及城乡关系等其他与市场相互作用的因素。

(二)与“东亚模式”的不同

至于东亚,杉原薰(Sugihara Kaoru)论证,它的经济模式是“劳动密集”型的,和西方(尤其是美国)的资源与资本密集型的经济十分不同(Sugihara,2003)。这固然是个含有一定正确内容和吸引力的论点,因为东亚国家的农业确实比西方国家劳动密集得多。笔者也曾论证,东亚农业现代化的型式是“小而精”的家庭农场农业,与美国和西欧(虽然没有美国那么粗放)“大而粗”的农业形成了鲜明的对照。前者在现代化过程中较多依赖提高地力的化肥和(科学)良种,后者则更多依赖提高人力的拖拉机(见本书第 11 章;黄宗智,2014e;亦见 2014c:附录,425—464)。

但我们不该让这些共同点掩盖了其中非常重要的不同点。正如汉利(Susan Hanley)与山村(Kozo Yamamura)根据日本的“宗门改め帐”(可以和西方人口史研究所使用的教会记录一样,为人们提供可以赖以“重构”一个社区的人口历史)的研究论证,日本的人口在德川时代后期的 150 年中所增无几,这和 18 世纪中国很不一样。(Hanley and Yamamura,1977)其后,在 1880—1950 年期间现代投入进入农业的过程中,务农人口基本稳定不变(Hayami, Ruttan and Southworth,1979:11—12),因此,现代投入所带来的收益几乎完全呈现为农业劳均生产率和收入的提高。

与此不同,中国在现代投入进入农业的20世纪60年代和70年代,农业产出虽然每年增长了2.3%,但人口也增加了2.0%(而劳动投入则增加了更多)。结果是,农村人均产出几乎没有增加,即农业收入也基本没有增加。因此,中国农业呈现的再一次是没有劳动生产率增长的劳动密集化。它通过集体化而组织人们(包括妇女)每年工作更多天,投入更多的劳动,推动了更高的复种指数和在每一茬上投入更多的劳动力。如果按照每工作日的收入来计算,这实际上是没有增长甚至是负增长的。(Perkins and Yusuf, 1984;黄宗智,2014b:第11章)

这一切是和工业经济中每年11%的增长率并行的。也就是说,形成了一种没有农业发展的工业发展(也可以称作工业发展与农业内卷并行的)局面。("发展"在这里的定义不仅是产出的增长,更是劳动生产率和收入的提高)这是和日本的工农业同时发展十分不同的状态。(Perkins and Yusuf, 1984:第4、6章;黄宗智, 2014b)

一个特别能说明问题的具体例子是拖拉机在1960年代和1970年代在长江三角洲(中国最先进的地区)所起的作用。它主要不是节省了劳动力(并由此提高劳动生产率),而是使一年种三茬作物成为可能(从单季稻+小麦转为早稻+晚稻+小麦),主要是因为拖拉机能够在特别紧张的"三秋"(秋收、秋耕、秋播)时间段里(在8月10日之前的两周之内),在收割晚稻和种下小麦之间,完成更多必须的翻土耕地工序,因此使推广一年三茬的耕作制度成为可能。如此,拖拉机悖论地推进了农业的进一步劳动密集化(黄宗智,2014c:192—195),而那样的“内卷”(即由于地力的限制,每一茬的按日劳动报酬会递减),则意味着按日劳动生产率和收入的停滞或缩减。

另一重要的不同是,日本由于历史的偶然巧合建立了比较成功的农业合作社。笔者已在另章中集中探讨了这个课题(见本书第10章;黄宗智,2015a),这里只简单总结其主要结论:首先,日本的基层地方政府在明治晚期便把农业现代化确立为其主要任务,为农民提供了现代投入。其后,战后在美国的占领下[以及一群认同罗斯福总统之前的“新政”政策的进步美国官员的影响下(Cohen,1987)],实施了以建立小自耕农为农业主体的土地改革,而后设立了由农民控制的高度民主化的合作社,并由这些合作社来接管之前地方政府相当部分的支农资源(因此而获得了农民的广泛支持和参与),借此来为小农提供“纵向一体化”(即农产品的加工和销售)的服务。(尤见 Kurimoto,2004;Moore,1990;Esham et al.,2012;亦见黄宗智,2015a)结果是,日本农业持续发展,尤其是在20世纪60和70年代的“黄金时期”(Hayami and Yamada,1991:19,表1-2)。这些合作社成功地为农民确立了有尊严的生活,也为日本全社会确立了比较公平的收入分配,避免了中国在改革期间所呈现的大商业资本对小农在极端不对等的权力关系下的榨取(下文还将讨论)。结果是日本比较高的社会公平基尼系数:37.6(2008年),在全球141个国家中排行第65——而中国是47.2(2013年),排在第114,倒数第27(CIA,2015;亦见黄宗智,2015a)。

衫原薰把较公平的分配也纳入到他建构的所谓东亚模式之中,但他根本没有考虑农业合作社在日本所起的作用,及其与改革时期中国的显著不同(Sugihara,2003)。今天,在农业只占日本国内生产总值(GDP)很低比例的时期,农村人口对全国民经济的分配已经不那么重要了;但对(农民仍占人口大多数的)中国来说,不解决农民与城镇居民之间的身份差异问题,不解决对农民工的不平等待遇,便没有可能实现比较公平的社会——这是笔者已经在一系列的文章中详细论析过的问题。(黄宗智,2009、2010b、2013;更新于黄宗智,2014c:第11、12、13章)

合作社的问题多被观察者忽视,但它其实远比乍看起来要重要得多。其中的一个关键原因是,中国没有能像日本(尤其是其在20世纪60年代和70年代)那样建立起有效的合作社来为小农的利益服务。笔者在另一项研究中,论证了如今中国的务农农户中,只有约三分之一是合作社的社员;而在那些合作社中,只有约20%能够被视作真正为农民所掌控并服务于农民利益的合作社。它们几乎全是不可能向国家正式银行贷款的小型合作社。此外,还有约30%是"翻牌"的合作社,是由出资的企业所控制的,他们采用合作社的虚名是为了获取国家的补贴和资助。另外有约40%是性质介于两者之间的合作社(黄宗智,2015a:27—29;亦见本书第10章)。因此,大多数的小农今天只能自己单独和"大市场"的商业资本打交道,被迫处于极其不对等的权力关系之中(黄宗智,2012;更新于黄宗智,2014c:第10章;最新论述见本书第9章)。这是中国今天收入分配极端不平等背后的主要原因之一。

中华人民共和国是一个源于农民革命的国家,一个在其早期曾经通过土地改革和集体化而做到平等分配的国家,但在建立农业合作社和社会公平方面则远远落后于(资本主义的)日本。中国农业今天特别需要的是,社会化的改革——尤其是建立真正服务于农民的合作社,使仍占全民大多数的农民获得有尊严的生活,才有可能克服如今严峻的社会不公(本书第10章;亦见黄宗智,2015a;黄宗智、龚为纲、高原,2014)。

另一个能够说明问题的是中国大陆与韩国和中国台湾地区的比较——后者是所谓的“东亚”发展模式中的另外两个主要国家和地区。它们和中国大陆的不同主要源自日本的殖民统治(虽然主要是为了日本本国的利益的统治),以及它们后来所经历的与日本相似的历史偶然巧合,即日本的地方行政传统和美国的占领政策(或决定性影响)的交结(见本书第10章)。

在中国台湾地区,一个关键的因素是,日本殖民政府为农民提供了大量的农业现代投入。正如几位优秀的美国和台湾地区学者已经详细论证的,在1910—1940年的30年间,该地农业的化肥施用上升到之前的足足730%,科学选种也起到一定的作用(Ho,1968:318)。农业产出因此在1917—1937年间平均每年上升了3.6%,显著地超过了人口的2%平均增长率(Teng-hui Lee and Yueh-eh Chen,1979:78)。结果是,在日本统治的50年中,农业产出足足翻了一番(Amsden,1979),相当于18世纪英格兰农业革命一百年的增幅,其农业劳动生产率和收入也有一定程度的提高,这与中国大陆在20世纪60年代和70年代的经历十分不同。

韩国的经历基本和中国台湾地区差不多。日本的殖民政府为农业做了两件大事:一是将灌溉面积扩大到之前的1600%,从1万公顷增加到16万公顷;同时,在1920—1940年间,将化肥施用量从每公顷1.5公斤提高到208公斤(Kang and Vijiaya Ramachandran,1999:792、表6)。同时期,韩国的人口只以年平均0.87%的速度增长,但农业产出则在1930—1939年间,每年平均增长2.9%(1920—1930年间只有0.5%)(Ban,1979:92—93)。总体来说,在1918—1971年间,韩国农业劳动生产率平均每年增长了1.4%,在50多年间翻了一番,也就是说,用一半的时间达到英格兰百年农业革命的成绩(Ban,1979:105)。

被忽视的是,中国台湾地区、韩国与日本同样得益于一个历史巧合,即日本地方行政体系传承与美国的统治(或决定性影响下),这促成了民主化的农业合作社的建立。其关键因素是相似的:日本地方行政成功地为农业提供了现代投入;在美国的影响下,实施了使小自耕农成为农业主体的土地改革;以及由合作社来为农业产品提供了纵向一体化(加工和销售)的服务——虽然,韩国的合作社要到20世纪80年代方才具备农民的民主化参与(Burmeister et al.,2001:9—20;亦见黄宗智,2015a)。而成功的农业现代化则为较充分的城乡贸易和市场发展奠定了基础,也促使两地在20世纪80年代后期便达到发达国家的人均收入水平。

日本(1880—1950)和韩国、中国台湾地区(1920—1980)与中国大陆(1960—1980)之间的关键不同在于,在现代投入进入农业的初始期间,农业劳动生产率方面不同的经历。在日本和韩国、中国台湾地区,农业产出的增长超过了人口增长,因此导致了农业劳动生产率和收入的上升,但中国大陆则没有。中国大陆真正的现代化(即连带劳动生产率和收入上升的)农业革命,包括农村消费城镇产品的增长(亦即城乡贸易的发展),要等待不同的动力,而不仅仅是现代投入的来临。

日本和韩国、中国台湾地区的农业现代化对中国大陆真正的启示不是仅在其比较明显的劳动密集上的共同,而更是其由于历史的偶然巧合而建立的高效农业合作社——它们成功地协助农民摆脱商业资本对小农的榨取,借此为农民提供了有尊严的收入。可以看到,中国台湾地区的基尼系数是34.2(2011年),在世界141个国家和地区中排行第47;韩国为31.1(2011年),排行29。(CIA,2015)

(三)中国新型的农业革命与印度的比较

下面我们先借助比较经济史学家麦迪森对于以上各国家和地区不同年代的人均GDP的合理估测,来为以上讨论给出一个大约的量化概念,并借此进入与印度的比较。之所以说"合理",是因为麦氏较少像许多其他学者那样受到理论—意识形态前设假定的影响;而之所以说"估测",是因为前现代的经济数据多是依据轶事证据而来,并没有现代经济数据那样系统的统计。虽然如此,麦氏的估测,结合现代的统计数据,仍然可以为我们的质性论析提供一个大约的量化尺度。表2.5聚集了麦氏作出的相关估测。

表 2.5 中国与其他相比国家和地区的人均 GDP(国内生产总值),1700—2003(以 1990 年"国际美元"计算)

	不列颠	中国(大陆)	日本	中国台湾地区	韩国	印度
1700	1405	600	570			550
1820	2121	600	669			533
1913	5150	552	1387			673
1950	6907	439	1926	936	770	619
1978		978	12584	5587	4064	966
1998	18714	3117	20413	15012	12152	1746
2003		4803	21218			2160

数据来源:Maddison,2001:90、表 2-22a:304、表 C3-c。2003 年数据来自 Maddison,2007:44、表 2.1。

在以上的讨论中,我们已经看到这些数据所显示的变化及其背后的动力:不列颠早在 18 世纪便已经历了农业劳动生产率的革命,远远早于中国;日本则在 1880—1950 年间成为经历了同样革命的第一个亚洲国家;韩国和中国台湾地区(客观上由于日本殖民主义统治所奠定的基础)在 1950 年前便已经逐步实现现代型的农业劳动生产率的增长。如果谨慎对待麦迪森的数据,能够为我们以上的论述提供一个合理的量化维度。正像其数据所示,中国大陆的经验是与印度极为相似的:两国迟至 1978 年仍然只达到较低的人均 GDP,中国大陆是 978 美元,印度是 966 美元,与不列颠和日本相去很远,与中国台湾地区和韩国也相去较远。

中国和印度的基本共同点在于相对人多地少的资源禀赋。在那样的制约下,两国在即便有现代投入进入的20世纪60年代和70年代的“绿色革命”中,也都没有能够成功进入现代型。两国都处于年均2%的人口增长率的压力之下(源自现代医药和公共卫生设施所带来的死亡率下降),由此,其人口的增长基本“蚕食”掉了现代投入所带来的劳动生产率和收入的提高。如表2.5所示,在1950—1978年间,两国人均GDP只呈现了较小的增长。显著的现代化增幅要等到1980年以后的、来自非农经济发展的消费革命。

但是,我们需要同时指出,两国之间也有鲜明的不同:一如(诺贝尔经济学奖得主)阿玛蒂亚·森(Amartya Sen)(与其合作者Jean Drèze)所论证的那样,两国在1978年,虽然人均GDP大致相当,但中国在一些重要的社会发展指标上要远高于印度。以1960年基本相同的婴儿死亡率为例,到1981年,中国已经成功地将每千名婴儿中150人死亡的比例降低到37人,而印度则只从165人降低到110人。同时期,中国把出生了的婴儿寿命预期从47.1岁提高到67.7岁,而印度则只从44.0岁提高到53.9岁。另外,中国将其男子识字率提高到68%,印度则只有39%(中国的这些成绩当然主要是通过村庄集体组织提供基本生活保障、卫生和教育而做到的)。森等人争论,如此的差别正是中国之所以能够更成功地发展经济的重要原因(Drèze and Sen,1995:第4章;亦见Saith,2008)。这里的关键概念是,社会发展乃是经济发展的一个重要肇因。这也是国际劳工组织(ILO)和世界银行的社会发展部以及社会发展与劳动保护单位这些进步组织的指导思想(黄宗智,2009)。

表 2.6　社会发展指标，中国与印度的比较，1960—1991

国家	年份	婴儿死亡率（每千名诞生的婴儿）	出生时预期寿命	识字率男子	识字率女子
中国	1960	150	47.1		
	1981	37	67.7	68	51
	1991	31	68.3	87	79
印度	1960	165	44.0		
	1981	110	53.9	39	26
	1991	80	59.2	64	55

数据来源：Drèze and Sen，1995：表 4.2，第 64 页、表 4.5，第 71 页。

此外，麦迪森的数据还点出了中国和印度之间另一个相关的重要差别：中国在 1978 年之前的经济发展要比印度成功。1950 年，中国的人均 GDP 才 439 美元，低于印度的 619 美元，主要是因为中国经历了多年的战乱。要在 1978 年才达到与印度相等的地步，中国的计划经济需要比印度经济增长得快。根据麦氏的数据，中国的人均 GDP 在此期间增加了 123%，而印度则只提高了 56%。正如一项世界银行的研究指出，在 1959—1979 年间，中国的 GNP（国民经济生产总值）每年平均增长了 2.7%，将近一倍于印度的 1.4%（引自 Drèze and Sen，1995：67）。当然，这主要是由于中国的快速工业发展，在 1952—1980 年间，达到年平均 11%——根据珀金斯的权威性研究（Perkins and Yusuf，1984）。也就是说，改革前的农村集体体系也有值得肯定的一些方面。

至此，我们可以转入中国和印度新时代农业革命的论证。上面我们看到,中国的农业革命是如何主要由中国人食物消费的变化所推动的,以及它如何重构了过去的农业结构。印度的经历与中国基本相似。在1977—1999年间,印度的人均谷物消费从192公斤减少到152公斤(在城市从147公斤减少到125公斤)。同期间,人均水果消费增加了553%,蔬菜消费增加了167%,奶和奶产品增加了105%,肉食—蛋—鱼增加了85%(Gulati,2006:14)。

上文已经指出,如此变化很容易被忽视,因为研究者多习惯把农业革命当作是像古典英格兰农业革命那样,伴随某种新的投入(更多的耕畜使用)而导致劳动生产率的上升(而后是机械的使用,颇为揭示性的是以马力来计算的),或者是所谓的东亚模式或"绿色革命",主要依赖化肥和科学选种来推动的并主要体现于某些作物产出量的提高。两种革命都主要体现于某些作物单位面积产量的提高。但是,在近三十年的中国和印度的农业发展中,革命性的增长则主要来自总产值的提高——由于生产越来越高比例的高附加值农产品,而不是某些作物产量的提高。在这些方面,中国和印度的农业革命是十分相似的。

两者的不同主要在于伴随其农业革命而来的农村社会变迁。印度的型式更像列宁在其《俄国的资本主义发展》中所论述的,农村社会向(资本主义的)富农和无地雇农两极分化(Lenin,1956[1907])。到2000年,印度的资本主义化程度要比列宁当时所处的俄国更高:其农业劳动力中有足足45%是无地的雇农(相比于1961年的25%)。其中有一半处于贫困线下(根据世界银行的定义和估算)。(Dev,2006:17—18)

改革期间的中国还没有呈现同样的状况。在其家庭联产承包责任制下,土地使用权是一村村地平均分配的,农民因此并没有简单分化为雇佣劳动的富农和被雇佣的无地雇农。中国农民的绝大多数仍然是差距不大的“小土地所有者”(虽然,他们只拥有使用权而不能出售其土地)。农民间收入的差别主要在于不同地区(相对富裕和相对贫穷地区)的差别,而不在于同一村和同一地区内的差别。固然,各地地方政府为了发展城镇而征用了不少(主要是城郊)土地,但看来迄今其总量不会超过总耕地面积的大约5%(即总共约1亿亩,平均约300万亩/年)(黄宗智,2015b:101—104,尤见第124页,脚注1)。另外则是政府对龙头企业和大农场的扶持和资助,尤其是在最近的几年中。有的批判者认为,土地转让因此大规模上升,到2013年底已经达到3.4亿亩的历年累积总数,亦即总耕地面积的大约六分之一(Zhang, Oya, and Ye, 2015:308)。但是,众多的实地调查研究(见下文)显示,其中小农户之间的转让(离村打工者转让给留村的亲邻朋友耕种)占较大的比例,绝对不仅仅是小农出让给企业公司或大户。

2016年的农业普查给出的数据是,该年规模农业经营占到了总耕地面积的17%(国家统计局局长宁吉喆,2017.12.14)。是年有4.8亿亩土地被流转(国家统计局,2018.9.18),即全国总耕地面积中的24%。此数字如果实际可靠,那就意味,在国家的大力推动之下,通过市场关系(区别于亲邻关系)将土地流转给规模经营户有一定的增加,目前可能已经达到所有被流转耕地中的较高比例(71%)。

即便如此,我们仍然要清醒地认识到,这个数据说明的不过是,在目前的情况下,规模经营户中的1300万经营人员(包括业主）所经营的土地面积才不过是37（36.9）亩地一人（4.8亿亩/1300万人）。显然，其经营规模仍然属于“人多地少”“小农经济”的“适度规模”范围，绝对不可与美国人少地多农业体系中的户均2700亩相提并论。我们不可幻想美国式的规模化农业行将替代中国长期以来的小农经济。事实是，在全国2亿的农业户中，户均耕地面积才10亩，实在不可和美国的户均2700亩的农业相提并论。（亦见第2、13章的相关讨论）。我们需要看到，地方政府政策虽然从20世纪90年代以来便一直向龙头企业倾斜，但直到十多年以后的2006年第二次全国农业普查以及二十多年以后的2016年，全国还是只有约3%的农业劳动力是全职的农业雇工（本书第6章；黄宗智、高原、彭玉生，2012）。那部分是因为，承包制仍然强韧地主宰着农村的土地分配；同时，小农业一直展示顽强的生命力，以至于许多农业企业都采用了与小农签订合同或订单的方式来经营，而不是直接雇用全职的劳动力。

事实上，在目前的客观环境下，小农场仍然享有许多比大农场有利的条件：他们不必支付地租来使用别人的承包地；他们不用顾虑所雇用劳动力的工作激励问题，没有必要雇用管理人员；他们可以使用自家相对廉价的辅助劳动力（妇女和老人），辅之以就近从事非农打工的男劳动力在农忙季节中回家协助耕种和收割。正是因为这些因素，小农场的净收益率一般要高于大农场（本书第6章。黄宗智编：5—9；2012：90—96；2015a：24—27）。小农经营的这些优点已经被众多的实地调查所证实，其中尤其扎实的是，高原关于山东聊城的蔬菜种植的研究（黄宗智、高原、彭玉生，2012：153—157）、林辉煌关于湖北的棉花种植的研究（也有养殖业）（林辉煌，

2012）、陈柏峰关于皖南的脐橙种植的研究（陈柏峰，2012）、焦长权关于湖北的烟草种植的研究（焦长权，2018）、高原关于聊城的粮食种植的研究（高原，2014）以及张建雷、曹锦清关于皖中的粮食种植的研究等（张建雷、曹锦清，2016）。正是出于上述理由，众多的农业企业都采用了与家庭农场签订合同或订单的经营方式，而不是一般的资本主义型经营。

在新农业中，例如小规模的拱棚蔬菜种植中，家庭作为一个充满弹性的生产单位，特别适合其所需要的密集、频繁、不定时的劳动投入，既廉价也高效。至于小规模的种养结合农场，它能够较好地利用"范围经济"效益（即结合两种或更多的互补生产活动，而不是简单的规模经济效益），而不像大农场那样依赖工厂生产的饲料。

即便是在"旧"的"大田农业"（谷物、棉花、油菜籽）中，小农场的生命力也可以见于其在最近十五年中越来越多地依赖机器耕、播、收，以及使用除草剂来节省除草劳动力的经营方式。一旦打工所得的"机会成本"超过其购买机器耕—播—收的成本，这些小农场便会较普遍地购买机械服务（和使用节省劳动力的除草剂）。如今，机械服务已经相当普及于各地的农村（见本书第 6 章；黄宗智、高原，2013；亦见 2014c：第 8 章）。由于上述多重原因，今天绝大部分的耕地仍然主要是由小农家庭农场来耕种的——这应该是不争的事实。

正是因为中国农业较少使用农业雇工，所以其全人口的贫困率要远低于印度。根据世界银行 2008 年的报告，印度在 2005 年有足足 42% 的人口生活于贫困线下（被定义为 1.25 美元/天），其中不只一半是农业雇工(Dev,2006:19)。与此不同,中国只有15.9%的人口生活在此贫困线下(World Bank,2008)。

固然,此间差别的部分原因是中国近三十年来更快速的国民经济发展:根据表2.5中麦迪森的估量,2003年,中国的人均GDP超过印度不止100%。其更快速的发展和更高的人均收入,无疑放大了新农业革命的作用。这里,我们还要再次提到阿玛蒂亚·森所指出的因素,即中国集体时代的社会发展水平是其后来能够比印度更快速发展的一个重要原因。

无可置疑,中国农业今天的社会结构仍然和印度(主要是雇工经营的)资本主义型农业十分不同。其中的关键显然是中国的社会主义土地革命传统,如果没有那样的制度背景,实施均分土地使用权的承包制是难以想象的。这是中国农业今天为什么仍然主要是小家庭农业的主要原因。即便是我们这些十分关心中国近几十年来社会现实的观察者以及对政府向大农场倾斜的批评者,也需要认识到此点基本实际。

对笔者来说,中国农业的未来仍然是个未确定的问题,仍然具有不同的可能,而不是有的论者所争论的那样的"资本主义"的。近年来,政府确实由于新自由主义理论的误导而向龙头企业倾斜,而其之所以相信规模经济效益和农业的"产业化"的部分原因是马克思主义理论也持同样的观点(本书第13章;亦见第12章;黄宗智,2015a、2014e;黄宗智、龚为纲、高原,2014)。但即便如此,政府迄今仍然没有显示要终结或取消家庭联产承包责任制的迹象,而它正是中国与印度不同的关键。

那些坚称中国已经完全成为一个"后社会主义"的,或"资本主义”或“国家资本主义”国家的观察者,我们只能怀疑,其要提倡的是否是再一次的暴力革命?但这是个中国人民绝对经受不起的选择。在笔者看来,如今需要的是社会化的改革——譬如,积极扶持小农业,而不是大公司和大户,组织合作社来为农民提供农产品加工和销售的服务,让他们能保留更多的市场收益,借此来处理如今一定程度的社会不公问题,也借此来扩大内需并促进国民经济更可持续的发展。

五、结论

本文借助较宽阔的历史和比较视野来总结中国新近的农业革命,说明中国的现代化农业革命之所以被延迟到20世纪80年代,主要是因为其特别沉重的人地压力。长期以来,中国的农业早已排除了种养结合的混合经济,也排除了像18世纪英格兰那样借助使用更多的畜力来提高农业劳动生产率的可能。如此的制约使农业生产长期与手工副业生产紧密交织,缺一不可地支撑着农户的生计,因此也排除了18世纪英格兰那样的原始工业化和城镇化发展。同时,也决定了中国市场经济的基本结构:在生存边缘的农民没有可能购买更多的城镇产品而推动斯密所看到和概括的螺旋式上升的城乡贸易。其后,在20世纪60年代和70年代,现代投入初步进入中国农业,但其收益基本被快速增长的人口蚕食掉。真正现代化(带有劳动生产率和收入的提高)的农业革命因此一直延迟到1980—2010年间,而它主要源于农业外的经济发展所推动的食物消费转化,由此改组了中国的农业结构,将其推向更多的高值农产品(肉—禽—鱼、高档蔬菜、水果、奶蛋)生产。这一切也同时得益于其与(由于生育控制而导致的)生育率的下降以及非农就业的扩增的交汇。同时,新型的高值农业既是资本也是劳动密集化的农业,由此吸纳了更多的剩余劳动力并提高了农业的收入。

换言之,中国的农业历史不可仅凭市场因素,或技术投入因素,甚或两者一起但排除了人地关系资源禀赋制约来理解,就像舒尔茨所争论的那样。我们需要的是从那些因素和人地关系资源禀赋两者间的相互作用来理解,而不是单独依赖某一方面(而且,新型的农业革命的来临虽然与市场紧密相关,但其实质内容是完全出于舒尔茨视野之外的消费革命)。

中国的农业历史也不能简单从杉原薰那样的"劳动密集型""东亚模式"来理解。与中国不同,日本人口在 1700 年之后没有像中国那样大幅增长,而其后,在 1880—1950 年现代投入来临期间,其农业人口基本稳定不变,因此能够显著地提高农业劳动生产率和收入,由此推动了农村和城市的共同发展。至于韩国和中国台湾地区,客观上它们较早得益于日本殖民政府的地方治理体系为农业所提供的现代投入,因此在 20 世纪 20 年代和 30 年代便已开始了农业劳动生产率和收入上升的演变,由此为后来的发展奠定了基础,并于 20 世纪 80 年代后期成功进入了发达国家和地区的行列。把这些地方和中国笼统简化为单一的劳动密集型发展模式,即便具有一些洞察力,也严重掩盖了这些重要的不同。

其实,中国大陆和日本—中国台湾地区—韩国之间的不同在一定意义上要比其相对劳动密集的共性更重要。悖论的是,日本—中国台湾地区—韩国对中国大陆真正重要的启示是其相对成功的农业合作社经验。这是杉原没有考虑到的方面。它们的合作社源自一个历史偶然巧合，即先由日本地方治理为农业提供现代投入的制度传统，后来在美国占领下所实施的为建立以小自耕农为主体的土地改革，以及创建由农民控制的民主化农业合作社来掌控相当部分的政府支农资源和功能这三者的结合。这些合作社成功地为小农户提供了农产品的加工和销售服务，使他们能够避免受到商业资本的榨取，借此为自身保留更多的市场收益。由此，确保了日本，以及中国台湾地区和韩国比较平等的收入分配。正是由于历史偶然巧合而产生的合作社，而不仅仅是其与中国大陆的劳动密集共性，才是日本—中国台湾地区—韩国对今天的中国大陆的真正启示。（黄宗智，2015c）

是印度最近的农业革命——而不是日本—中国台湾地区—韩国的——才最近似于中国大陆的农业革命。首先是，印度同样因为人口压力而没有能够在现代投入初步进入时期做到农业的现代化（即提高农业劳动生产率和收入）。其次，其由于同样的消费转化以及农业结构的改组而推动了同样性质的农业现代化革命。两者在这些方面的共性再次为我们说明，简单聚焦于市场和科技而无视人地关系资源禀赋，是不足以理解其农业历史的。

同时，印度与中国之间鲜明的不同提醒我们，中国的革命和社会主义传统对塑造如今的农业革命起了重要作用。中国较高度的社会公平发展是其后来之所以能够比印度更成功、快速地经济发展的重要原因，正如阿玛蒂亚·森已经清楚为我们说明的那样。而中国土地改革的革命传统乃是如今平分土地使用权的承包制度的历史根源，而承包制则正是中国之所以没有和印度同样简单走上资本主义化农业道路(其农业劳动力的45%已经成为无地雇工)的主要原因。中国走的主要还是小农家庭农场发展的道路。

尽管中国政府的政策,由于其对规模经济效益的认识——一个既来自新自由主义也来自马克思主义的(决策者的)认识,一直向大农场倾斜,但小家庭农场,尤其是在新农业中,展示了强劲的生命力,其效率比大农场有过之而无不及。因此,即便是大农业企业,如今仍然多依赖与小农户签定合同或订单的方式来经营,而不是依赖传统的资本主义雇工经营方式(尤见黄宗智,2011;纳入黄宗智,2014c:第13章)。

总而言之,简单的某种"主义"(资本主义或社会主义、新自由主义或马克思主义),以及单一的因素(如市场或技术或产权),都不足以给予我们对中国农业以及其新近的革命以准确的认识。我们需要的是根据历史经验证据来分析多种因素之间的互动,包括市场、技术、人地关系资源禀赋、国家行为、产权制度、社会关系与城乡关系,也包括历史的偶然性,来理解中国的农业。这些不同的因素及其错综复杂的结合与互动,才能够说明以上讨论的各种农业革命间的异同。单一突出一个因素,有时候固然可能可以说明某些部分的问题,但更常见的是,会遮蔽我们的视野和混淆实际的问题。同时,我们还需要认识到每个国家的特殊性和其历史偶然性,才能真正了解其过去和现在。学术研究最终必须连接理论概括和经验证据,才有可能使抽象概念扎根于实地,避免其成为只是脱离实际的理想化。

参考文献:

陈柏峰(2012):《中国农村的市场化发展与中间阶层——赣南车头镇调查》,载《开放时代》第3期,第31—46页。

陈锡文(2014):《中国农业发展形式及面临的挑战》,http://news.sina.com.cn/o/2014-11-24/092231192687.shtml。

高原(2014):《大农场和小农户:鲁西北地区的粮食生产》,载《中国乡村研究》第11辑,第126—144页。

国家统计局(2018.9.18)《农村改革书写辉煌历史　乡村振兴擘画宏伟蓝图——改革开放40年经济社会发展成就系列报告之二十》,http://www.stats.gov.cn/ztjc/ztfx/ggkf40n/201809/t20180918_1623595.html。

国家统计局(局长宁吉喆)(2017.12.14)《"三农"发展举世瞩目　乡村振兴任重道远》,http://www.stats.gov.cn/tjsj/sjjd/201712/t20171214_1562736.html。

黄宗智(2002):《发展还是内卷?十八世纪中国与英国》,载《历史研究》第4期,第149—176页。

黄宗智、彭玉生(2007):《三大历史性变迁的交汇与中国小规模农业的前景》,载《中国社会科学》第4期,第74—88页。

黄宗智(2008):《中国小农经济的过去和现在——舒尔茨理论的对错》,载《中国乡村研究》第6辑,第267—287页,福州:福建教育出版社。

黄宗智(2009):《中国被忽视的非正规经济:现实与理论》,载《开放时代》第2期,第51—73页。

黄宗智(2010a):《中国的隐性农业革命》,北京:法律出版社。

黄宗智(2010b):《中国发展经验的理论与实用含义——非正规经济实践》,载《开放时代》第10期,第134—158页。

黄宗智(2011):《中国的现代家庭:来自经济史和法律史的视角》,

载《开放时代》第 5 期,第 82—105 页。

黄宗智(2012):《小农户与大商业资本的不平等交易:中国现代农业的特色》,载《开放时代》第 3 期,第 89—99 页。

黄宗智、高原(2013):《中国农业资本化的动力:公司、国家还是农户?》,载《中国乡村研究》第 10 辑,第 28—50 页,福州:福建教育出版社。

黄宗智、高原、彭玉生(2012):《没有无产化的资本化:中国的农业发展》,载《开放时代》第 3 期,第 10—30 页。

黄宗智(2013):《重新认识中国劳动人民——劳动法规的历史演变与当前的非正规经济》,载《开放时代》第 5 期,第 56—73 页。

黄宗智(2014a、b、c):《明清以来的乡村社会经济变迁:历史、理论与现实》,三卷本,增订版。第一卷《华北的小农经济与社会变迁》([中华书局]1986、2000、2004、2009);第二卷《长江三角洲的小农家庭与乡村发展》([中华书局]1992、2000、2006);第三卷《超越左右:从实践历史探寻中国农村发展出路》,北京:法律出版社。

黄宗智(2014d):《中国乡村:明清以来的社会经济变迁》(总序),载黄宗智《明清以来的社会经济变迁》,三卷本,增订版。第一卷,第 1—17 页,北京:法律出版社。

黄宗智(2014e):《"家庭农场"是中国农业的发展出路吗?》,载《开放时代》第 2 期,第 176—194 页。

黄宗智、龚为纲、高原(2014):《"项目制"的运作机制和效果是"合理化"吗?》,载《开放时代》第 5 期,第 148—159 页。

黄宗智(2015a):《实践社会科学与中国研究(第三卷):中国非正规经济的实践与理论》。

黄宗智(2015b):《中国经济是怎样如此快速发展的?——五种巧合的交汇》,载《开放时代》第 3 期,第 100—124 页。

黄宗智(2015c)《农业合作化路径选择的两大盲点:东亚农业合作化

历史经验的启示》,载《开放时代》第 5 期,第 18—35 页。

黄宗智编(2012):《中国新时代的小农经济》专题,载《开放时代》第 3 期,第 5—115 页。

焦长权(2018):《从“过密化”到“资本化”:“新农业”与“新农民”——以湖北省恩施市烟叶种植农户为例的讨论》,载《中国乡村研究》第 14 辑,福州:福建教育出版社。

林辉煌(2012):《江汉平原的农民流动与阶层分化,1981—2010——以湖北曙光村为考察对象》,载《开放时代》第 3 期,第 47—70 页。

张建雷、曹锦清(2016):《中农经济的兴起:农业发展的去资本主义化及其机制——基于皖中吴村的调查》,载《中国乡村研究》第 13 辑,福州:福建教育出版社。

《中国农村统计年鉴》,2004、2008、2011。

《中国农业年鉴》,2009。

《中国统计年鉴》,2011、2010、2009、2008、2006、2005、2003、1996、1993、1987、1984、1983。

《中国统计摘要》,2000。

Allen, Robert C. (1992). *Enclosure and the Yeoman* , Oxford: Oxford University Press.

Amsden, Alice H. (1979). “*Taiwan's Economic History*: A Case of Etatisme and a Challenge to Dependency Theory,” *Modern China* , v. 5, no. 3 (July): 341-379.

Ban, Sung Hwan. (1979). “Agricultural Growth in Korea, 1918-1971,” inHayami, Ruttan and Southworth eds., 1979: 90-116.

Buck, John Lossing. (1937). *Land Utilization in China* , Shanghai: University of Nanking.

Burmeister, Larry, Gustav Ranis and Michael Wang. (2001). “Group

Behavior and Development: A Comparison of Farmers Organisations in South Korea and Taiwan, " *Center Discussion Paper* , no. 828, Economic Growth Center, Yale University. http://papers. ssrn. com/paper. taf? abstract _ id = 275298.

CIA. (2015). "Country Comparison: Distribution of FamilyIncome-Gini Index, " https://www. cia. gov/library/publications/the-world-factbook/rankorder/2172rank.html, accessed March 20, 2015.

Cohen, Theodore. (1987). RemakingJapan: *The American Occupation as New Deal, New York* : Free Press.

De Vries, Jan. (1993). "Between Purchasing Power and the World of Goods: Understanding the Household Economy in Early Modern Europe, " in John Brewer and Roy Porter eds, *Consumption and the World of Goods* , 85 −132, London and New York: Routledge.

De Vries Jan. (1984). *European Urbanization* , 1500 − 1800, Cambridge, Mass.: Harvard University Press.

Dev, S. Mahendra. (2006). "Agricultural Wages and Labor since 1950, " in Stanley Wolpert, ed., *Encyclopedia of India* , v. 1: 17 − 20. Detroit: Thomson Gale.

Drèze, Jean and Amartya Sen. (1995). India: *Economic Development and Social Opportunity* , New Delhi: Oxford University Press.

Esham, Mohamed, Hajime Kobayashi, Ichizen Matsumura and Arif Alam. (2012). "Japanese Agricultural Cooperatives at Crossroads: A Review, " *American-Eurasian Journal of Agriculture and Environmental Science* , 12.7: 943−953.

Gulati, Ashok. (2006). "Agricultural Growth and Diversification since 1991, " in Stanley Wolpert, ed., Encyclopedia of India, v.1: 14−17.Detroit:

Thomas Gale.

Hanley, Susan B. and Kōzō Yamamura. (1977). *Economic and Demographic Change in Pre-Industrial Japan* , 1600－1868, Princeton, N.J.: Princeton University Press.

Hayami Yujiro, Vernan W. Ruttan, and Herman M. Southworth, eds. (1979). *Agricultural Growth in Japan, Taiwan, Korea, and the Philippines* , Honolulu: University of Hawaii Press.

Hayami Yujiro and Saburo Yamada. (1991). *The Agricultural Development of Japan: A Century' s Perspective* , Tokyo: University of Tokyo Press.

Ho, Samuel. (1968). "*Agricultural Transformation under Colonialism: The Case of Taiwan* ", Journal of Economic History, 28 (September): 311 －340.

Jones, Eric L. (1981). "Agriculture 1700－1780", in Roderick Floud and Donald McCloskey eds., *The Economic History of Britain Since 1700*, Volume 1: 1700－1860, 66－86. Cambridge, England: Cambridge University Press.

Kang, Kenneth and Vijaya Ramachandran. (1999). " Economic Transformation in Korea: Rapid Growth without an Agricultural Revolution?" *Economic Development and Cultural Change, 47.4(July)* : 783 －801.

Kurimoto, Akira. (2004). " Agricultural Cooperatives in Japan: An Institutional Approach", *Journal of Rural Cooperation* , 32.2: 111－18.

Lenin, V. I. (1956 [1907]). *The Development of Capitalism in Russia* , Moscow: Foreign Languages Press.

Levine, David. (1977). Family Formation in an Age of Nascent

Capitalism, New York: Academic Press.

Longworth, John W., Colin G. Brown and Scott A. Waldron. (2001). *Beef in China: Agribusiness Opportunities and Challenges*, St. Lucia, Queensland(Australia): Univ. of Queensland Press.

Maddison, Angus. (2001). *The World Economy: A Millenial Perspective*, Organization for Economic Cooperation and Development (OECD).

Maddison, Angus. (2007). *Chinese Economic Performance in the Long Run, Second Edition, Revised and Updated*: 960 - 2030 A. D. , Organization for Economic Cooperation and Development (OECD) .

Moore, Richard H. (1990). *Japanese Agriculture: Patterns of Rural Development.Boulder*, Colorado: Westview Press.

Overton, Mark. (1996). Agricultural Revolution in England: *The Transformation of the Agrarian Economy*, 1500−1850, Cambridge, England: Cambridge University Press.

Perkins, Dwight and Shahid Yusuf. (1984). *Rural Development in China*, Baltimore, Maryland: The Johns Hopkins University Press.

Pomeranz, Kenneth. (2000). The Great Divergence: China, Europe, and the Making of the Modern World Economy, Princeton: Princeton University Press.

Saith, Ashwani. (2008). "China and India: The Institutional Roots of Differential Performance," *Development and Change*, v.39, no 5: 723−757.

Schofield, Roger. (1994). "British Population Change, 1700−1871," in RoderickFloud and Donald McCloskey eds, *The Economic History of Britain Since 1700*, Second Edition, Volume 1: 1700−1860, 60−95, Cambridge, England: Cambridge University Press.

Schultz, Theodore. (1964). *Transforming Traditional Agriculture* , New Haven, Conn.: Yale Universtiy Press.

Smith, Adam. (1976 [1776] .) *The Wealth of Nations* , Chicago: University of Chicago Press.

Sugihara Kaoru(杉原薫). (2003). "The East Asian Path of Economic Development: A Long Term Perspective," in Giovanni Arrighi, Takeshi Hamashita and Mark Selden eds, *The Resurgence of East Asia, 500, 150 and 50 year perspectives* , London and New York: Routledge, 78—123.

Weatherill, Lorna. (1993). "The Meaning of Consumer Behaviour in Late Seventeenth-and Early Eighteenth-Century England," in John Brewer and Roy Porter eds., *Consumption and the World of Goods, 206—227*. New York and London: Routledge.

World Bank. (2008). "World Bank updates poverty estimates for the developing world," http://econ. worldbank. org/WBSITE/EXTERNAL/EXTDEC/EXTRESEARCH/0, contentMDK: 21882162 ~ pagePK: 64165401 ~ piPK: 64165026 ~ theSitePK: 469382, 00. html; see also www. globalissues.org/article/26/poverty-facts-and-stats#src3.

Wrigley, E. Anthony. (1985). "Urban Growth and Agricultural Change: England and the Continent in the Early Modern Period," *Journal of Interdisciplinary History* , xv: 4(Spring): 683—728.

Wrigley, E. Anthony. (1988). *Continuity, Chance and Change: The Character of the Industrial Revolution in England* , Cambridge, England: Cambridge University Press.

Zhang, Qian Forrest, Carlos Oya and Jingzhong Ye. (2015). "Bringing Agriculture Back in: The Central Place of Agrarian Change in Rural China Studies," *in Journal of Agrarian Change* , v.15, no.3: 299—313.

第三章 舒尔茨《改造传统农业》理论的对错[①]

上一章说明了小农户在1980—2010年的隐性农业革命中所起的作用。有的读者可能会觉得如此的论点和古典—新古典经济学家舒尔茨的论点有点相似。为了避免那样的误解,本章集中说明笔者所认为舒尔茨《改造传统农业》一书中哪些论点是正确的,哪些是错误的。笔者从舒尔茨的一个关键性的错误认识出发,逐步延伸到其他方面,把他的误识和他正确的认识区别开来,借此来讨论中国当前的农村经济问题以及可能的出路。

一、人口问题

首先,舒尔茨整套分析的出发点是他对市场机制的信念,认为

① 本章原以《中国小农经济的过去和现在——舒尔茨理论的对错》标题刊于《中国乡村研究》第6辑第1—14页(福建教育出版社,2008年)。纳入本书时做了相当幅度的实质性修改、删节、补充和更新。

它必定会"把生产要素的使用推向最高效率的均衡"。因此，他特别强调，在市场化的传统农业中，不可能存在劳动力的过剩——因为劳动力和其他生产要素一样，乃是一种稀缺资源，在市场的资源配置机制下，不可能会出现低效率的过剩现象。

作为经验证据，他引用了印度1918—1919年发生的流行性感冒疫症，该流行病当时使印度农村劳动力减少约8%，农业生产水平因此显著下降。舒推论说，农业中若真有"零价值"的劳动力，生产应该不会因此受到影响。所以，他认为这个经验证实了他的理论——即传统农业中没有所谓的劳动力过剩。（Schultz，1964：第4章；中文见舒尔茨，1999）

但是，这样的推理明显不符合实际。首先，他假定所有农户受到同等比例的影响，即每家每户减少了8%的劳动力。他的逻辑链是：如果印度有10%的劳动力是"零价值"的过剩劳动力，那么，如果减去8%，农业生产应该不会受到影响。但是，如果因减去8%而下降了，那么，很明显，这些劳动力并非"零价值"过剩劳动力。

但实际情况绝对不会是每个农户都减去8%的劳动力，而是有的农户会全家病倒，有的不受影响。如果所有的农场中有8%因疫症而全家不能耕作，农业总产出肯定会下降，哪怕剩余的92%的农场的绝大部分都有剩余劳动力。此外，农业劳动高度季节化，要看疫病影响是否在农忙季节，而农户在农忙季节中即使近乎全就业，甚或需要雇用短工，也并不表示他们在农忙季节之外没有剩余劳动力。舒尔茨没有考虑这样的经验问题，因为他主要是个理论家，关心的是纯理论问题，而不看重理论概括与经验实际的严谨连接。

对他本人来讲，关键的不是他的经验论证，因为他对印度所知十分有限，正如他对中国实际所知一样。他真正关心的是理论，而真正支撑他观点的乃是他关于市场经济的一套信念。在他的论证中，关键概念是他所拟造的“零价值”劳动力稻草人。他争论说世界上不会有为零报酬而投入劳动的农民，因此，世界上并没有所谓的劳动力过剩。如此来论证没有劳动力过剩，这其实只是一种辩论游戏，对了解实际问题没有帮助。实际上，劳动力的过剩一般都是相对的，而不是绝对的——这点会在下文中详细说明。

舒尔茨其实完全不关心经济史，对此可以说所知甚少。他把“传统农业”想象、论说为一个没有变化的均衡体系，完全没有考虑到传统农业中的变迁。他认为，只有现代科技才有可能“改造”“传统农业”。他似乎不知道英国 18 世纪的农业革命——它完全是由传统技术（主要是人力与畜力的更佳配合）推动的。更毋庸说，中国战国和秦汉时期进入铁器时代而引起的农业革命（欧洲要到 18 世纪才达到中国汉代铁犁的技术水平），或拙作《长江》所讨论述的长江三角洲在吴越时期（10 世纪）所展示的水利革命，或后来明清时期的棉花革命，以及其他众多非常重要的变迁。（见黄宗智，2000b 或 2014b：第 2 章、第 5 章）

舒尔茨完全没有考虑到经济史理论家博塞拉普（Ester Boserup）在 1965 年的书中说明的道理：人类农业历史从二十五年一茬的森林树木的刀耕火种至六到十年一茬的灌木火种，再到固定农场的隔年或一年一茬，而后到一年两茬甚至三茬，都是由人口（相对土地的）压力所推动的，其间每工时劳动生产率逐步递减。（Boserup，1965；亦见本书第 4 章）

他更没有想象到后来经济史理论家瑞格里（Anthony Wrigley）

所说明的道理：使用有机能源的经济与使用无机、矿物能源的经济体系(mineral-based energy economy)的截然不同。前者的劳动生产率充其量只能达到人力的数倍(例如，使用马力)，而后者则能达到数百倍(例如，使用煤炭、蒸汽)或更多(例如，使用天然气、石油，甚至核能)。前者的极限在于人力、畜力和土地(我们应该再加上"地力"——见本书下一章的讨论)，后者则似乎无穷无尽(当然，其实也是有限的)。(Wrigley，1988)前者长期以来一直都是以小农家庭农场为主的小农经济；后者则多依赖规模经济效益。两者绝对不能混淆。在前者之中，土地和人口之间的关系是关键(当然技术也起作用)，包括劳动力边际效率递减规律；在后者之中，技术更关键，而土地和人口则相对没有那么重要。但舒尔茨则力争，两者的市场和经济逻辑是相同的，在市场机制运作下，同样会达到最佳配置。他坚称，在传统农业中，人口(对土地)的压力是无关紧要的。

由此可见，舒尔茨是位纯理论家。对他来说，经验证据和历史同样无关紧要，起作用的只能是被拼凑来支撑其先行的理论。这样，他把人口因素排除在他的视野之外，结果是完全认识不到中国经济的众多基本特色。这里需要指出，即便是诺贝尔(经济学奖选拔)委员会，也对舒尔茨这个比较极端的意见表示了一定的保留：他们在同一年(1979)把诺贝尔经济学奖也授给了刘易斯(W. Arthur Lewis)，而刘的成名作乃是他的《无限劳动力供应下的经济发展》(Lewis，1954)，这与舒尔茨的出发点正好是对立的。

(一)明清以来

历史事实是,中国明清以来,因为各主要河流流域的核心地区人口已经基本饱和,人口的持续增加要么导致了向边缘地区的移民,要么是核心地区在按日报酬递减的情况下,农业生产进一步劳动密集化。到19、20世纪,华北平原符合舒尔茨(现有技术条件下的最佳劳动力资源配置)逻辑的只有该地使用雇佣劳动力的经营式农场,他们因为可以根据需要适当调整劳动力,达到了劳动力和土地在现存技术条件下的最佳配置,平均是25亩地一个劳动力。但这样的高劳动效率农场只占该地总耕地面积的10%,其余的耕地则是由主要依靠家庭劳动力的家庭农场种植的,而后者的劳均耕地面积只达10亩。他们一般比经营式农场每亩投入更多的劳动天数,得到的是不成比例的稍高的亩产。按照每劳动日报酬计算,要比经营式农场差得多。(黄宗智,[1986]2000a、2014a)

在那样的情况下,家庭农场相当普遍地从粮食生产转向部分棉花—纱—布生产。后者每亩地需要12—18倍于粮食种植的劳动投入,来换取远远不到那样倍数的收入(一亩棉花需要约20天种植、161天纺纱织布,相对于粮食的约10天/亩。江南地区亩产30斤皮棉,可以织23匹布——每匹纺纱4天,织布1天,弹花及上浆等2天,共7天,须工161天,加上20天种植,总共181天)。(黄宗智,[1992]2000a:84)在江南,也有不少农户从粮食生产转入蚕桑种植,以9倍的劳动力投入换取三四倍的净收入。很明显,无论是棉花—纱—布还是蚕桑—缫丝生产的每劳动日所得,都和粮食种植相去甚远(虽然其按年所得可能会因为每年工作日的增加以及家庭劳动力的更充分使用而有所增加)。因此,大规模地从粮食转入棉花和蚕桑种植,其主要的动力是人口压力。如果没有人口压力,人们不会转入每劳动日较低报酬的种植。这就是笔者所说的“内卷”或“过密”型生产。因为这样的生产也是两地(尤其是江南)农村商品化的主要动力,笔者也称之为“内卷型商品化(或市场化)”。(黄宗智,2000b)

这个现象背后的逻辑是家庭农场的特殊组织性,与舒尔茨心目中的资本主义企业组织不同。家庭成员的劳动力是给定的。同时,一个家庭农场既是一个生产单位,也是一个消费单位。这样,在人口压力下,也就是说在土地不足的情况下,一个家庭农场会为生存需要而在土地上继续投入劳力,逻辑上直到其边际报酬下降到近乎为零(但绝对不是舒尔茨之所谓“零价值”)。而一个资本主义企业则只是一个生产单位,它会在边际报酬降到低于市场工资时,停止再雇用劳动力。这个道理是苏联的恰亚诺夫在俄国农业经济的大量经验证据上提炼出来的。(恰亚诺夫,1996[1925]:第3章)正是因为这样的组织性逻辑的不同,华北、江南的小家庭农场,所得到的单位面积产出是高于经营式农场的,但按照每工作日计算,其劳动生产率则要低于经营式农场。这就是笔者所谓“内卷”的基本含义。

正因为如此,家庭农场能够负担较低的劳动报酬,也就是说较高的地租,以及较高的地价。这样,在长时段的历史变迁趋势中,家庭农场会比“经营式农场”更具顽强的生命力,能够压倒经营式农场。因此,在20世纪30年代的华北平原,经营式农场只占耕地面积的不到10%；其余全是家庭农场（黄宗智，[1986]2000a：78—81，204—208）。在长江三角洲，高度商品化的棉花与丝绸经济促使比华北更高的（笔者称之为）“生产家庭化”（familization of production），由儿童、老人和妇女来承担低报酬的纺纱和缫丝劳动。（黄宗智，[1992]2000b：84—86）到了明清之际，正如《沈氏农书》所详细证明的那样，依赖雇工的经营式农场的纯收益只能达到相当于出租地主的纯收益。因此，经营式农场日趋式微（如果坐收租钱能够达到自家经营同等的收入，何必经营？），在20世纪之前便早已绝迹。（《沈氏农书》，[1640前后]1936；黄宗智，[1992]2000b：64—66）这样等于完全排除了最接近舒尔茨所想象的人地关系处于理想状态的、接近于资本主义企业型的农场。

更有进者，在农村所形成的紧密结合农耕与手工副业的家庭经济单位下，中国长期没有进入像大不列颠和西欧从18世纪开始的农业与手工业逐步分离的“原始工业化”状态——前者成为农村的生产，后者则成为城镇工场的生产——继之而来的是蓬勃的城乡双向贸易，逐渐朝向贴近舒尔茨认作理想状态的市场经济演变。但在中国，农业与手工业一直紧密交织，成为小农户赖以维持生计的两柄拐杖，缺一不可。其结果之一是，城乡贸易长期以来都主要是一种畸形的单向贸易，由乡村为城镇提供食物和奢侈品；反向的交换则十分有限。（详细论证见黄宗智，2016：165—170）也就是说，久久没有形成舒尔茨想象中的理想市场经济状态。实际上，在中国，市场经济的基本性质和结构深深地受到人多地少和劳动力相对过剩的基本国情的影响，绝对不可简单凭借理想化的理论前提建构来认识。

中国的内卷化生产在民国时期持续了下去,在中国农业经济"国际化"的趋势下,包括外来资本(尤其是日本在山东)所建立的纱、布工厂,棉花经济进一步扩充,而棉花—纱—布的分离(原来是由同一家庭农场种棉花、纺纱、织布,现在则由工厂产纱,再由农村手工织布),则大规模地提高了农村的商品率(可能达到40倍),但内卷化/过密化逻辑基本一致,农村劳力普遍种植少于自己劳动力在理想条件下所能耕种的面积,内卷化依旧。

至于分配不均,毋庸说,它加重了部分人口身上的压力。中国革命前夕,全国农村有不止一半人口是"贫下中农"(根据土地改革法的定义,"贫农"由于自身土地不足,必须在农忙季节外出打短工来维持生计)。土地改革法所没有指出的是,贫农之中绝大多数不仅是土地不足,也是农具与牲畜不足的农户。此外,他们的外出打工常常直接影响自家农地的耕作,使其达不到最佳水平的生产效率。也就是说,舒尔茨所认定的基本定理——市场机制必定会导致资源最佳配置——其实完全不符合中国实际,当时相当高度市场化(以及土地完全私有化)的中国农业中,有一半人员的农场生产资料不足,不能发挥其最优的生产作用。我们如果一定要杜撰一个与(教科书)经济学相应的词汇来描述这样的情况,也许应该将其称作"资源配置的扭曲",来突出其与舒尔茨那样的经典前提概念之不相符之处(亦见本书第13章第一节关于高原的近作的总结;关于革命前农村"贫农"的详细论证,见黄宗智,2014a:57—58、250—254、258—261)。实际上,中国经济中的资源配置深深受到人口压力的支配,绝对不可仅凭理论建构来设想为,只要是市场经济,便必定会导致最佳的资源配置。

总体来说,中国近现代的最基本问题之一,无疑是人口过剩加上分配不均。19世纪中叶的太平天国运动要求均分土地,正反映了这个问题。其后的国民党统治时期,天灾人祸频繁,造成大规模的农村人口死亡,这成为中国共产党革命的基本动因之一。而革命政权下推行的土地改革同样也绝对不是偶然的,它对农村土地进行了重新分配,借此来解决了占据不止一半农村人口的"贫下中农"的土地不足问题。其后,通过互助组而后合作化(最终成为集体化)来解决同一基层的农民的农具和牲畜不足的问题(几家农户合用其牲畜和农具,农忙打工季节也可以相互交换或借助劳动力)。笔者说明这些不是要为过去的集体化辩护,当然也更不是想为大跃进时期那种"越大越好"的错误决策辩护,而是要说明土改和合作化所包含的经济合理性。我们不能像舒尔茨那样一笔抹杀现代中国革命在社会经济政策上的合理方面。我们更不能把明清和国民党时期的中国农村社会经济实际像舒尔茨那样想象为20世纪初期的美国农业。

(二)集体化时期

但是同时,我们也应该承认,集体化也并没有能够成功地改造中国农村经济。20世纪六七十年代,中国农村和许多其他发展中国家一样,经历了一定程度的所谓"绿色革命"(主要是化肥与科学选育良种,也包括某种程度的机械化),但它在中国大陆并没有像在中国台湾地区以及韩国那样,提高劳动生产率和收入。农村生活水平仍然徘徊于仅可糊口的水平。根据舒尔茨的观点,这主要是因为计划经济废除土地私有并过分控制生产和价格,因此没有允许市场机制发挥其应有作用。(Schultz,1964:第 8 章)他忽视的是人口因素的历史实际。实际上,集体时期中国经济的主要问题,与其说是"集体经济"或计划经济,不如说是人口压力。

人口因素的重要性首先可以用日本和中国的农村发展历史的不同来说明。在日本,从 19 世纪 80 年代到 20 世纪 50 年代,现代技术的投入是在农村人口基本没有增加的历史情况之下实现的。(Hayami,Ruttan and Southworth,1979:11-12)日本在明治维新之前的一个半世纪中便早已进入低人口增长状态。(Smith,1977; Hanley and Yamamura,1977)其后,在 19 世纪 80 年代—20 世纪 50 年代期间,因为城市工业蓬勃发展,吸收了相当部分的农村人口,因此,农村人口基本稳定,农村劳动力得以吸收现代投入所赋予的产出上的提高,也因此能够实现农村劳动生产率和收入的显著提高,也就是本书意义中的现代型发展。

但是,在中国,在这些投入实现的同时,农业从业人员("第一产业就业人员")增加了将近 70%(从 1952 年的 1.73 亿到 1980 年的 2.91 亿,《中国统计年鉴》,2004:120)。加上集体化下妇女劳动力的动员以及每年劳动日数的增加,大规模劳动投入的增加决定了中国农业现代化的模式:依赖原来劳动量的约 4 倍的投入,伴随现代生产要素的投入,在已经是相当高的总产量的基础上进一步把产出提高了约 3 倍。这是可观的成绩,但是,每劳动日的报酬不仅没有提高,实际上是降低了。(Perkins and Yusuf,1984;黄宗智,[1992]2000b:441)复种指数大规模上升,农业生产进一步劳动密集化,结果是内卷化的持续。这种现象的肇因绝对不简单是违反

(舒尔茨所信仰的)市场规律和私有产权的集体化,而是源自舒尔茨所忽视的人口相对过剩因素的结果。

我们如果把中国大陆与台湾地区和韩国相比,差别也相当明显,道理基本一致。中国台湾地区和韩国与中国大陆的一个基本不同是,它们在日本殖民主义下所经历的变化。殖民政府的目的毋庸说是为了日本本国的利益,但是我们也应该承认,其在客观上却也推进了两地农业的现代化。在台湾地区,正如美国学者 Samuel Ho 和 Alice Amsden 的研究所证实的,在 1910—1940 年间,日本殖民政府将化肥使用量提高了 735%,同时也推进了科学选种研究和应用,由此做到 1913—1937 年间每年 3.6% 的农业增长率。(Ho,1968; Amsden,1979;Lee and Chen,1979)其同期间的农业人口增长则相当于中国大陆 1950—1980 年间的约 2%。基于此,Amsden 估计,台湾地区的农业劳动生产率在日本统治的五十年间上升了大约一倍,也就是说超过 1950—1980 年的中国大陆,达到 18 世纪英国农业革命的发展幅度,而且是在其一半的时间中达到的。这就为后来中国台湾地区的整体经济发展奠定了基础。

至于韩国,我们也已看到,其经历和中国台湾地区相似(虽然没有达到同样的幅度——1920—1930 年间,0.5%;1930—1940 年间,2.9%。Ban,1979:92—93),在殖民政府统治之下,化肥使用从 1920 年的每公顷 1.5 公斤上升到 208 公斤(Kang and Ramachandran,1999:792,table6)。同时期,科学选种也起了一定作用。这样,韩国和台湾地区一样,在日本殖民统治下已经提早进入后来 20 世纪 60 至 80 年代所谓的"绿色革命"。

此外,在众多其他因素(尤其是政府所起作用)之外,值得一提的是大量美援(相对于其经济规模而言)。正如韩国学者潘性纨(Sung Hwan Ban)指出,美国军队组织在提供化肥方面起了关键性的作用。(Ban,1979:112)在农业经济劳动生产率的持续上升以及非农经济的蓬勃发展之下,中国台湾地区和韩国都得以进入城乡互动的螺旋式经济发展,在20世纪80年代便已达到发达国家和地区的人均收入水平。中国大陆的人均GDP则直到1980年仍然受困于其劳动力过剩的沉重负担。其中关键,显然不简单是舒尔茨设想的市场机制和计划经济,而再次是人口的相对过剩。

今天回顾,集体化时期的农村政策肯定有其失误之处。对农业经济——尤其是在大跃进时期——控制过严并脱离农民实际利益,没有能够充分发挥农民的生产积极性,肯定是一个因素。相对后来联产承包制下的家庭化管理制度,集体生产显然在劳动力使用上是过密和低效率的:20世纪80年代,从集体农业释放出一亿劳动力就业于乡村工业,而农业生产水平非但没有下降,反而持续上升,便是最清楚的例证。像舒尔茨那样完全排除人口因素的前提认识,显然是错误的。

舒尔茨也完全没有看到集体制在公共服务方面的成就。正如第二章引用的(诺贝尔经济奖得主)阿玛提亚·森(与其合作者Jean Drèze)的论证,中国和(人口庞大的)印度,在1960—1980年间人均收入基本相等的情况下,中国在医疗卫生(出生时的婴儿死亡率、人均寿命预期)和教育制度(男女识字率)层面上,发展水平远远超过印度:每千名诞生的婴儿死亡率从150降低到37,相比印度的165到150;婴儿诞生时寿命预期则从47.5岁提高到67.7岁,相比印度的44岁到53.9岁;男性识字率则在1980年已经提高到

65%,女性 51%,相比印度的 39% 和 26%(见本书第 2 章,表 2.5,2.6)。毋庸说,中国集体化时期的公共服务乃是其中的关键。而这一切在改革时期将成为中国经济远比印度发展快速的一个重要因素。在今天的语境下,这些历史事实多被人们遗忘。

(三)改革时期

改革的最初几年,即 20 世纪 80 年代上半期,中国农业种植业(主要是本书之所谓“旧农业”)得到了相当显著的发展,达到每年 5%—6% 的幅度。舒尔茨等人将其完全归功于去集体化。(见黄宗智,[1992]2000b:250—251)他们的“论证”其实主要是再次出于其基本信条的推理:中国脱离了他们极力反对的计划经济体系,采用了市场经济,解散了集体农业,采用了个别家庭自主的组织体制,当然只可能导致农业的发展。但事实是,把农业劳动力从集体组织中释放出来固然是个重要因素,但 80 年代初期国家对农产品价格的调整同样重要。此外,因为石油工业达到成熟发展而大规模提高化肥供应量,这也是个重要的因素。按照一般化肥对粮食产量影响的比例计算,折纯量乘 4.1 得出化肥实物量,再乘 3 得出产量可预期提高量,可以解释很大部分的产量提高。① (见 Perkins,1969:73;参见黄宗智,[1992]2000b:252—253)

事实是,在劳动力过剩的情况下,较高或者较低的劳动积极性只能影响单位面积的劳动投入时间,对其产量所起的作用比较有

① 再则是品种的作用。譬如,杂交稻。

限。过密的劳动投入会导致边际劳动生产率的递减,而反过密的劳动力释放,除非完全就业,只能导致休闲量的增加,不会显著影响亩产量。这个道理在20世纪30年代的华北农村以及80年代的松江县已经十分明显。(黄宗智,[1986]2000a:第9章;[1992]2000b:251—54)无论是在解放前的市场经济下,还是毛泽东时代的集体生产下,或者改革时期的承包制下,都是同一道理。

像舒尔茨那样把改革前的农业问题完全归罪于集体化,和其后的成绩完全归功于去集体化和市场化乃是意识形态的作用,都是不符合历史实际的。事实是,中国农业最基本的问题一直都是人多地少,至今仍然没有能够得到充分解决,但舒尔茨则凭其理论建构而完全拒绝考虑这个关键因素。

我们再看20世纪80年代蓬勃发展的乡村工业化。截至1989年,乡镇企业吸收了将近一亿(离土不离乡的)劳动力(0.94亿,《中国统计统鉴》,2004:123),再一次带来了可能提高农村劳动生产率和报酬的机会。但是,农村的劳动力是如此丰富,当时自然增长率又仍然是如此之高,“乡村农、林、牧、渔”从业人员在十年乡村工业化之后,仍然从1980年的2.98亿增加到3.24亿(乡村人口则从8.1亿增加到8.8亿,乡村总从业人员数从3.18亿增加到4.09亿)。劳均耕地因此非但没有增加,反而递减(同上473—474),农业仍然过密,农业劳动力中有三分之一到二分之一处于隐性失业状态中。

再其后,20世纪90年代,中国大规模地参与国际市场,全球资本大规模涌入,城市经济大幅度增长,又吸收了约一亿(离土离乡的)农民工,再次提供了农业劳动生产率发展的机会和可能,但是乡村农业从业人员数最初只有少量的递减,从1989年的3.24亿到

2003 年的 3.13 亿(同上,74),之后才开始比较明显地下降(见本书第 2 章:图 2.4)。中国劳动力人数及其自然增长率是如此庞大,以致改革以来到 21 世纪初期的二十多年之中发展起来的惊人的非农就业,总的来说仍然少于农村劳动力自然增长的数量。这就是为什么 21 世纪初的中国劳均仍然只有 7 个播种亩的基本原因。到 2012 年,劳均播种面积已经达到 10 亩,但农村仍然人口相对过剩,相当部分农业仍然过密,相当部分农业劳动力仍然处于隐性失业状态中。

简言之,回顾中国农村经济历史,人多地少问题明显是中国最最基本的国情之一。正因为农村劳动力大量过剩,中国不可能像舒尔茨提倡的那样,突然采用农村土地私有制,完全依赖市场经济来做分配。按照舒尔茨的方案来做,只会再次导致民国时期国民党统治下的那种大规模社会危机。

二、土地承包制度

正如许多学者已经指出,在中国人多地少的基本国情下,土地承包的均分制度乃是维持社会稳定的一项基本措施。入城打工的农民面对的是不公平的待遇、不稳定的就业,但一旦失业,其仍可以回到家乡种口粮地、承包地糊口。在今天的制度下,承包土地制度所起的作用在没有社会保障的农村中等于是一种替代性的社会保障,能够保证三亿农民工有家可归。这个事实,正如中国由农村包围城市的革命运动一样,是舒尔茨等人所不愿正视的事实。其中关键,仍然是他们没有正视中国劳动力过剩的基本国情。

当然,这并不是说承包土地乃是一个普适的理想制度。中国历史上的"男耕女织"是个非常牢固的经济体;如今,小块土地的承包地制度已经形成一个可能同样牢固的半工半耕的经济体。整个半工半耕制度的逻辑是:人多地少的过密型农业因收入不足而迫使人们外出打工,而外出打临时工的风险反过来又迫使人们依赖家里的小规模口粮地作为保险。这样就使得过密型小规模、低报酬的农业制度和恶性的临时工制度紧紧地卷在一起。正是这个制度替代了原来的集体生产。(详细论析见本书第5章)

上述是比较明显的制度性因素,但是此外还有一个组织性因素。今天的小农农户,仍然(正如恰亚诺夫多年前指出的那样)既是一个生产单位,也是一个消费单位。同时,它的劳动力是既定的。因此,它会做出一个资本主义生产单位不会做出的抉择,会愿意为(低于市场工资报酬的)自家消费之用而种植口粮/承包地,会(像过去那样)为了增加家庭的收入而结合主业和副业,结合主要劳动力和辅助性劳动力的使用。过去,种植业是主业,在农村打短工或在家纺纱织布(或缫丝)是副业。今天,半工半耕的农户则以城市打工为主(主要收入来源),家庭种植为辅。今天中国的半无产化农户之所以同时从事(半就业型)种植业和城市(镇)打工,既是出于这种农户经济单位的组织性逻辑,也是出于国家政策性抉择的原因。

说到底,今天的这个制度的起源还是人口过剩问题。正因为人口过剩,才需要国家的干预来均分土地,避免社会动荡,并解决一半农民耕地不足的问题。舒尔茨等人完全无视中国人多地少以及历史上大规模社会危机的基本国情,意欲把他们设想中的美国农业模式照搬到中国使用,这是错误的。问题是,我们该怎样从舒尔茨的观点中抽出他的正确之处,作出符合中国实际的选择?

三、当前的历史性契机

我们上面已经看到,由于在“全球化”资本投入的推动下,农村劳动力大规模进入城市打工,连同乡村工业化,形成了历史性的将近三亿农民的非农就业大趋势。进入新世纪,这个趋势正好与其他两大趋势交汇。一是国家1980年以来严格实施的生育政策所导致的生育率下降,终于反映于新就业人数的下降。二是伴随国民收入上升而来的食物消费转型,从以粮食为主的模式转向粮—肉、鱼—菜、果兼重模式,并因此形成了对农业生产的不同需求,推动更高劳动投入和成比例与超比例价值农产品的需求。这三大历史性变迁的交汇为中国提供了一个历史性契机。(详见第2章;亦见黄宗智,2006a,2006b;黄宗智、彭玉生,2007)

彭玉生教授和笔者在2007年的文章中,试图对这三个趋势在之后的10—25年中的可能走向做一个比较系统的估计。首先是根据人口和就业趋势来看去向。事实是,两亿农民的非农就业和人口生育率的降低(及随后劳动力自然增长的减慢),导致长期以来务农人数的第一次持续下降。这是个划时代的变迁。

家庭农场规模也能说明问题。根据我们原来的估计,10年以后劳均播种面积将从2005年的7个播种亩[①]提高到10亩左右。

① 人均2.4播种亩、户均9亩、劳均7亩。

实际上,这个数字在2012年已经提前达到。因此,中国的劳动力过剩问题已经明显改善。

在上面简述的这三大历史性变迁之中,两个——就业趋势和人口自然增长——直接关联人口过剩问题以及国家控制生育政策,乃是完全出于舒尔茨视野之外的因素。第三个——食品消费转型——也完全出于舒尔茨考虑因素之外。但正是这三个因素,形成了中国农业发展的历史性契机。

四、与美国模式的不同

应该说明,我们设想的中国农业发展模式和舒尔茨的有很大不同。首先,我们设想的小规模家庭农场和舒尔茨的完全不同。我们设想的是中国将来的劳均约15亩的家庭农场,而他心目中的归根到底则是美国的家庭农场,是劳均约1000亩的家庭农场(1862年美国宅地法允许开垦土地的农户拥有土地所有权,通常为160英亩或960亩。2007年,美国的平均农场面积是449英亩,即2694亩——"The Average American Farm",2007)。我们设想的是小规模的多种经营,而他设想的美国模式则多是相对大规模的专业经营。我们设想的是后工业化时期的21世纪的小农场将会越来越多地使用后工业技术,包括实用性的生物技术——例如,农业部从2003年以来致力推广的"秸秆养殖"模式便可能具有相当潜力。配合新生物技术,农村很多被废弃焚烧的农作物秸秆,可以通过使用少量的生物剂而改成高质量、低成本的牲畜饲料。(《论秸秆分解剂在养殖业中的应用》,2006)此外是生物能源。例如,在黄河以北占全国土地面积足足41%的草原地带种植甜高粱，用来生产可供汽车使用的生物能源乙醇燃料以及糖和酒精。(《中国的甜高粱》,2006;朱志刚,2006)。后工业时代的技术，应会发明更多的可能，而使用实用性生物技术的方法一般将会是环保型的生态农业，是绿色产品，是长期可持续的农业，也可以称之为“后工业化的‘小农经济’”。舒尔茨设想的则完全是从传统农业转向工业化技术的农场。

其次，更多的不同在于配套条件。我们模拟的小规模农业还不具备充分发达的融资条件，而舒尔茨心目中的则是根据美国现实把银行贷款等认作既定条件。我们模拟的农场也尚未具备充分的运输、销售等必要的进入市场的条件，而舒尔茨设想中的则是将这些当作既定条件。我们当时确实试图估测未来几十年的情况，尚未具备具体的制度性设施的计划，而他的设想则是把制度性条件当作给定前提。这些不同所突出的是市场化过程中国家关键角色的必要。舒尔茨则把市场和国家视为非此即彼的对立两方。

五、国家的角色

作为一位处于美国经济学语境中的古典—新古典自由主义经济学家，舒尔茨的一个基本信条是，国家干预越少越好。这是美国比较保守的共和党和比较进步的民主党长期以来争论的核心。在20世纪80年代后兴起的“新保守主义”大潮流下，舒尔茨是一位完全处于(新得宠的)保守主义一方的理论家。古典经济学的核心信条是把政府干预与市场经济完全对立，认为必须在政府干预最小化的制度环境下才可能充分发挥市场经济的作用,合理配置资源。新制度经济学则特别强调,唯有在产权完全明确私有化的制度下,才可能接近理想的零"交易成本"状态,提高效率,由此促进经济发展。(例见诺斯,1992)舒尔茨完全认同这套理论。对他和许多中国制度经济学者来说,这套理论的主要含义是削弱国家机器,甚或通过休克治疗消灭现存政治体制。

但实际上,中国近三十多年的市场化发展"奇迹"的动力其实主要来自国家,首先是乡(镇)、村(集体)政权推动的乡村工业化,[①]而后是省、市、县级政府带动的"招商引资"。(黄宗智,2010、2015)在这个经济发展过程中,国家体制的演变与古典/新古典经济学的预测完全相反,非但没有收缩,反而更加庞大。

一方面,在市场化的运作中,国家体制显示出更多令人不满的弊端;另一方面,它也明显呈现了一定程度的韦伯意义中的("理性"或现代性)"科层制化",建立或扩大了许多专业化的合理部门与管理体系,诸如环保、食检、质检、城建、机场、交通等。[②]

其实,中国今天的政治体制同时包含三种不同来源的成分:历代王朝时期的"官僚"体系、革命时期来自苏联模式的"干部"体系,以及新近提倡的现代西方"公务员"体系。(袁刚,2007)高密度人口自始便是高度集权的历代政治体制下的官僚制度的社会基础(详细论析见黄宗智,2014b:第16章);由此可能形成的动荡则是现代革命所建立的政权的根源;而市场化改革下的模仿西方则是

---

① 关于20世纪80年代中后期的乡(镇)、村政权体制改革,见赵树凯(2007):《县乡改革的历史审视》,载《中国发展观察》第7期(http://www.drcnet.com.cn)。

② 例见贺东航(2006):对闽南某县(改市)的扎实经验研究。

新公务员制度的来源。正是这三者的组合形成了今天中国的国家政治体制。

从经济发展角度考虑,这个“体制”在改革过程中,确实成功地激发了乡村基层和地方党政干部发展经济的积极性,让他们带动了全国民经济的发展。这点已是众多国外经济学家的共识。① 我们也可以说,中国的国家体制既是改革以来经济发展的动力,也是其众多弊端的根源。②（黄宗智,2010、2015）

对于改革三十多年经历的理解,新古典经济学的最重要失误在于他们所认为必须削弱甚或消灭的“体制”,居然在经济发展中起了关键性的作用。没有旧体制内的村、乡政府,以及后来的省—市—县政府的推动,便不会有三十多年的经济发展。与中华人民共和国相比,20 世纪 30 年代的国民党体制更接近舒尔茨的理想图像,它的基层渗透力十分有限,与传统中国的(笔者称之为)“集权的简约治理”模式相去不远。我们可以想象,当时如果进一步放权给地方政府并号召它们推动经济发展,只能起到什么样的作用?又有进者:当前如果没有强有力的国家机器协助,中国的企业怎能在国内外与跨国公司竞争?问题是我们该怎样去理解党政体制?怎样去进一步发挥它的积极性,而又同时改进它的某些弱点?问题不是怎样(像苏联和东欧那样)通过休克治疗去消灭现存体制。

---

① 如此的分析例见 David Li, 1998 的综合、总结性讨论;亦见 Qian Yingyi and Barry R. Weingast, 1997。

② 这样的事实也说明,改革时期的发展显然起码一部分是在之前的毛泽东时代建立的党政国家机器的基础上形成的;两个时期的“制度”其实具有一定的连续性。经济上的连续性更无庸赘述:没有毛时代的基础建设和重工业发展,便不可能有后毛时期的多元发展。这一切都不符合新古典经济学的预测和信念。

（详细论证见黄宗智，2015）

今天需要的不是硬搬舒尔茨理论的设想，强调要把国家干预最小化。今天需要的首先是认识中国农业的将来应以小规模农业为主体的现实。舒尔茨认为，应该通过市场机制来激发农民的自发积极性来改造农业，不要把农村经济统、卡死，这是正确的。但是，他无视中国人口过多的基本国情，把大规模的美国家庭农场当作中国农业发展的范本，是完全错误的。他更把美国模式构建为一个没有国家干预的纯市场竞争模式，也是错误的。其一，这并不符合美国历史实际，美国政府事实上长期干预、扶持农业（美国联邦政府当今每年补贴全国农场 200 亿美元）。其二，无干预的农业经济完全不符合当代中国历史实际和农业的需要。事实是，强有力的中央和地方国家机器使改革时期的经济发展成为可能，其生育控制则使中国农业当前的历史性契机成为可能，而今后农业与农村可能改造的责任则非国家莫属。

六、两大国情的相互关联

国家政治体制问题和人口过剩问题——可以说是中国的两大基本国情——其实是紧密相关的。庞大的人口造成大规模的贫穷，导致社会危机，而古代的政权，虽然高度集中，同时也高度简约，对社会基层其实高度放任，由其市场机制自由运作。（黄宗智，2007a；黄宗智，2008）正因为如此，其无法克服历代周期性农村动荡问题，以及近现代农村大规模贫穷问题。正是这样的社会、历史背景促成了中国共产党领导的社会革命，以及其后国家对社会的大规模干预。由此,在原有的古代官僚体制之上,形成了现代革命对社会的全面控制“体制”。

面对权力如此庞大、如此高度渗透基层的“体制”问题,毛泽东时代采用的主要是两种对策:一是通过“开门整党”的群众运动来纠正政治制度的官僚化,最终走向了文化大革命的极端;二是由中央的条条放权于地方的块块,赋予第一线的基层和地方更大的灵活性,后者正是改革时期所运用的方法。(详见黄宗智,2010、2015)

现在回顾,20 世纪 80 年代乡村工业化成功的重要原因之一是在那个基层中的几种重要因素的巧合。首先是毛泽东时代遗留下来的习惯于为社区服务的优秀社队干部群体。其次是资源所有权和管理权合于一体的集体制度。中央的放权激发了两者结合下的灵活性和积极性,由此推动了蓬勃的乡村工业化。当然,农业劳动资源过剩和此前的工业化也是关键性的前提条件。最后,在一定程度的经济发展之后,以及在引进国际投资的大潮流下,投资供应和需求规模扩大,已非村—乡级集体所能承载,由此推动了经济主体上移到县—市—省政府。后者不像村—乡那样具有现成的集体所有制,因此导致了从以集体为主体到由官—企/商结合为主体的制度转向。但其动力仍然在相当程度上来自原来的放权到第一线所触发的灵活性,以及地方干部为本社区服务的价值观。不同的是,新官方市场化理论和词汇所制造的大氛围,同时激发了地方的私人牟利动机和行为。在市场主义下,追求一己利益被定义为推动经济发展、提高市场机制配置效率、发动“人力资本”的正当办法和行为。

显然，今天的腐败及其他弊端的根源，不像舒尔茨设想的那样，完全是毛泽东时代革命遗留下来的统治体制，而更多的是市场化下为一己谋私利的资本主义价值观。根据提倡休克治疗的新古典经济学家萨克斯的模式，中国只有通过"休克治疗"，方才可能把追求私利的个人主义变成为原教旨市场主义中的那种必然会导致最大多数人的最大利益的机制。① 当然，事实不会如此简单，也不会非此即彼。上面论述的历史经验说明的是：一是放任的市场经济，如国民党时期的农村经济那样，不能处理中国的大规模社会危机问题；二是全能性的计划经济，如毛泽东时代那样，会导致官僚主义化的政治体制和一个僵化的经济；三是中央条条放权于第一线的基层和地方块块，如改革时期那样，能够发动政党—国家体制内的积极性和灵活性；四是从计划机制到市场机制的"转型"，尤其是通过市场需求来带动生产，能够搞活经济，但也会导致一定的贫富不均和腐败。总的来说，中国政治体制在改革中所起的作用，说明国家所做的抉择十分关键。

我们需要的是与形式化的新古典经济学（以及其休克治疗药方）不同的另一种学术思维方式，是从实际经验——也可以说实践历史——而不是理论信条出发的学术研究和理论建设。② 中国近三十多年的经济发展过程十分独特，需要扎实的经验研究来掌握实际和创新性的理论概念来概括。在此过程中，固然可以，也应该借鉴西方经济学所积累的丰富、慎密的理论概念与方法；但是，也应该同时认识到，它们主要是从虚构的"理性经济人"和虚构的纯

① 萨克斯的理论例见杰弗里·萨克斯（Jeffrey Sachs）、胡永泰、杨小凯，2000。

② 黄宗智，2007b、黄宗智，2005 对此有初步的探讨。

市场经济竞争前提出发,通过演绎逻辑而得出的一系列理论。它们的长处是逻辑上的严密性;它们的弱点是无视与理论建构不同的实际经验,以及其概括和理论提炼。我们可以通过与他们对话来建立自己的理论概念,但绝不应局限于他们的理论。

七、理论的局限

最后,要说明笔者自己和舒尔茨对经济学与其所谓“理论”的态度的基本不同。显然,笔者自己的所谓“内卷化”/“过密化”“理论”,以及恰亚诺夫、博塞拉普、瑞格理等的理论,自始便和特殊的历史、社会背景相连。它们是从历史实际提炼出来的分析概念,是一个与经验证据紧密结合的概念。明清以来直到1980年代的历史环境下,中国农业是“过密”的,但在近年的“三大历史性变迁的交汇”下,最近的趋势是“去过密化”的。显然,笔者所谓“过密化”“理论”自始并不具有超越历史情况的普适野心,也不可能成为国家意识形态——像古典/新古典经济学那样,成为美国新保守主义统治集团为获取世界霸权而构建的国家意识形态化理论。它从来就“只不过是”一个源自经验实际的理论概括,不能超越时空。它是个有一定限定经验范围的理论,绝对不是一个意图“普世”的理论,也不是一个意图把中国经验理想化的理论。

笔者在这里要强调的是,世界上没有放之四海和古今皆准的绝对、普适的经济学理论。任何经济理论都有它一定的历史和社会背景,都得通过当时的情境来理解。我们不要迷信所谓的“科学”。在人文与社会科学领域,我们研究的是有意志和感情的人,不简单是"理性经济人",不应该、也不可能完全依赖对没有意志和感情的物质世界那种数学似的科学方法去理解。前者与外因的关系是双向的、由客观与主观因素互动的,后者才是单向的(一推一拉)或客观的。人间世界的运作其实更像生物科学中不同组织部分间的双向相互作用。它不可能带有今日许多经济学家自我宣称的那种类似于数学那样的科学性、精确性、绝对性。(详细论析见黄宗智、高原,2015)

今天,要为中国农业和农村寻找出一条可行出路,我们需要的是从实际出发的思维,而不是任何简单的理论或意识形态的硬套。中国当前的经验和问题是史无前例的,不可能通过任何学科或学派的议定前提来解决。它需要我们从正视经验的严谨研究出发,而不是迷信科学主义的意识形态;它需要我们对经验证据既严谨而又大胆的概括和创新,而不是盲从任何理论模式;它需要的是多学科视野的灵活使用,而不是任何自命为科学的单一学科的方法或观点,更不是对舒尔茨美国模式的盲目照搬。正视中国两大国情的历史性,以及当前的契机,才有可能克服长时期以来农业的过密化困境,才可能认识到中国新型小农经济的悖论实际,并走出一条符合实际需要的发展道路。

参考文献:

蔡昉(2006):《21世纪中国经济增长的可持续性》,载蔡昉主编《中国人口与劳动问题报告 No.7》,北京:社会科学文献出版社。

哈耶克(2003):《个人主义与经济秩序》,北京:生活·读书·新知三联书店。

贺东航(2006):《中国现代国家的构建、成长与目前情势——来自地方的尝试性解答》,载《东南学术》第4期,第42—51页。

黄宗智(2000a):《华北的小农经济与社会变迁》,北京:中华书局。

黄宗智(2000b):《长江三角洲小农家庭于乡村发展》,北京:中华书局。

黄宗智(2005):《认识中国——走向从实践出发的社会科学》,载《中国社会科学》第1期,第85—95页。

黄宗智(2006a):《中国农业面临的历史性契机》,载《读书》第2、3期。

黄宗智(2006b):《制度化了的"半工半耕"过密型农业》,载《读书》第2期,第30—37页;第3期,第72—80页。

黄宗智(2007a):《集权的简约治理——中国以准官员和纠纷解决为主的半正式基层行政》,载《中国乡村研究》第5辑,第1—23页。

黄宗智(2007b):《连接经验与理论:建立中国的现代学术》,载《开放时代》第4期,第5—25页。

黄宗智(2010):《中国发展经验的理论与实用含义:非正规经济实践》,载《开放时代》第10期,第134—158页。

黄宗智(2014a、2014b、2014c):《明清以来的乡村社会经济变迁:历史、理论与现实》,三卷本,增订版。第一卷《华北的小农经济与社会变迁》(中华书局,1986、2000、2004、2009);第二卷《长江三角洲的小农家庭与乡村发展》(中华书局,1992、2000、2006);第三卷《超越左右:从实践历史探寻中国农村发展出路》,北京:法律出版社。

黄宗智(2015):《中国经济是怎样如此快速发展的——五种巧合的交汇》,载《开放时代》第3期,第100—124页。

黄宗智(2016):《我们的问题意识:对美国的中国研究的反思》,载

《开放时代》第 1 期,第 155—183 页。

黄宗智、彭玉生(2007):《三大历史性变迁的交汇与中国小规模农业的前景》,载《中国社会科学》第 4 期。

黄宗智、高原(2015):《社会科学和法学应该模仿自然科学吗?》,载《开放时代》第 2 期,第 158—179 页。

陆学艺(2005):《中国三农问题的由来和发展》,http://www.weiquan.org.cn/data/detail.php? id=4540。

《论秸秆分解剂在养殖业中的应用》,http://www.shantang.com,2006 年查阅。

诺思(1992):《经济史上的结构和变革》,北京:商务印书馆。

恰亚诺夫著,肖正洪译(1996[1925]):《农民经济组织》,北京:中央编译出版社。

尚庆茂、张志刚(2005):《中国蔬菜产业未来发展法相继终点》,载《中国食物与营养》第 7 期。

萨克斯、胡永泰、杨小凯(2000):《经济改革和宪政转轨》,载《开放时代》第 3 期(5 月),第 4—25 页。

舒尔茨,梁小民译(1999):《改造传统农业》,北京:商务印书馆。

吴要武、李天国(2006):《中国近年来的就业状况及未来趋势》,载蔡昉主编《中国人口与劳动问题报告 No.7》,北京:社会科学文献出版社。

袁刚(2007):《公务员、干部和官僚制》,载《学习与实践》第 3 期,第 57—62 页。

赵树凯(2007):《县乡改革的历史审视》,载《中国发展观察》第 7 期(http://www.rcnet.com.cn)。

《中国统计年鉴》,1996,北京:中国统计出版社。

《中国统计年鉴》,2004,北京:中国统计出版社。

《中国统计年鉴》,2006,北京:中国统计出版社。

《中国的甜高粱》,http://www.fao.org/ag/zh,2006 年查阅。

朱志刚(2006):《中国鼓励发展生物质能源替代石油》,http://www.China5e.com。

"The Average American Farm," USDA (U. S. Department of Agriculture), 2007。2010 年查阅。

Buck, John Lossing. (1937). *Land Utilization in China*, Shanghai: University of Nanking.

Ban, Sung Hwan. (1979). "Agricultural Development in Korean, 1918–1971," in Hayami Yujiro, Vernon W.Ruttan and Herman M.Southworth, eds., *Agricultural Development in Japan, Taiwan, Korea and the Philippines*, Honolulu: University of Hawaii Press, 90–116.

Li, David. (1998). "Changing Incentives of the Chinese Bureaucracy," *American Economic Review*, v.88, no.2: 393–397.

Perkins, Dwight. (1969). *Agricultural Development in China*, 1368–1968, Chicago: Aldine.

Perkins, Dwight and Shahid Yusuf. (1984). *Rural Development in China*, Baltimore, MD: The Johns Hopkins Univ. Press (for the World Bank).

Qian, Yingyi and Barry R. Weingast. (1997). "Federalism as a Commitment to Preserving Market Incentives," *Journal of Economic Perspective*, 11, 4: 83–92.

Schultz, Theodore W. (1964). *Transforming Traditional Agriculture*, New Haven, Conn.: Yale University Press.

第四章　博塞拉普《农业增长的条件：人口压力下农业演变的经济学》[①]

丹麦学者埃斯特·博塞拉普(Ester Boserup,1910—1999)是西方农业经济理论家中对理解中国农业历史贡献最大的理论家之一。和诺贝尔经济学奖得主西奥多·舒尔茨(Theodore Schultz)不同,她没有简单从西方的理论前提和西方的经验出发,把非西方国家的农业历史硬塞进现代西方经济学理论的框架。相反,她主要从发展中国家农业经验出发,加以归纳和推理,而后再返回到发展中国家的实际经验中去检验。她的理论的最大特点是并没有把"传统农业"想象为一个简单的同一体,而是仔细勾勒了其在世界历史上所展示的各种不同形态和变迁。她特别强调的是农业历史中土地使用频率的变迁,即从 20—25 年的"森林休耕"制度到 6—10 年的"灌木休耕"(中国农史中一般把两者统称为"刀耕火种"),

① 本章是为博塞拉普书中译本(法律出版社,2015)出版所写的导读。

再到固定土地上的“短期休耕”，而后是基本不休耕的一年一茬或多茬的农业体系。其中关键的变迁是，伴随人口的增长，“休耕”期变得越来越短，土地的耕种频率越来越高。她把这个过程称作“集约化”（intensification）。她解答的问题是：是什么样的机制推动了如此的变化？

她提出的论点和托马斯·罗伯特·马尔萨斯（Thomas Robert Malthus）截然相反。对马尔萨斯来说，其于1798年发表的著作《人口原理》的第一版（之后到1826年5次修改、补充，前后共6版）便说明，食物生产一般只能以算术级数增长（即1、2、3、4、5、6、7、8……），而人口则是以几何级数增长的（1、2、4、8、16、32、64、128……）。如果食物生产多于人们生存所需，便会促使人口增长，但后者的增长远快于前者，由此导致人口过剩，饥荒、贫困、疾病、战争和死亡，亦即其所谓的“自然的（积极的）抑制”（positive check）。其后，一旦食物供应多于人口所需，整个演变过程会周而复始。也就是说，在食物生产与人口变量中，前者是独立的自变量，后者则是因变量。（Malthus，1798：尤见第2、5、7章；Thomas Robert Malthus，2015）从如此的理论来观察中国的历史，会得出一幅简单的周期性图像：食物生产上升→人口上升→人口过剩→灾荒和战争→大规模死亡，直到人口降到食物生产之下，从而再次促使人口增长，基本是一个（今天的人口学称作）“死亡推动”的人口演变过程。人们甚至可能简单地认为，中国历代皇朝的更替以及随之而来的战争和死亡正体现了如此的马尔萨斯主义理论。马尔萨斯本人便是如此推测的。在这样的图景中，传统农业技术和体系基本上只是个笼统的同一体，我们看不到中国农业史中的复杂多元变迁,诸如战国时期铁犁的发明(欧洲要到18世纪才用上汉代那样的抛物线形翻泥板铁犁)、公元10世纪吴越国在江南地区建立的("五里七里为一纵浦、七里十里为一横塘")灌溉和运输系统、占城稻的引进、红薯与玉米的引进、棉花种植的兴起、江南的稻麦复种、华北的玉米小麦复种、江南地区的豆饼肥料使用等,更不用说长时段的都市发展以及随之而来的社会经济、政治和文化变迁。(黄宗智,2014:尤见第2卷)

博塞拉普的理论强调,其实人口增长才是独立的自变量,推动了耕种频率的上升以及随之而来的一系列的技术演变。从当代的亚洲和非洲农业中,她看到的是刀耕火种的"原始"耕种制度在一定程度上仍然存在,和较高频率(前工业化农业以及使用现代工业要素投入的农业)的耕作制度并存。她根据的不是常见的,没有历史维度、没有生产技术情况等具体细节的经济学计量或理论研究,而是具有这些方面丰富资料的社会人类学和经济人类学研究。通过对那些全球范围材料的归纳和总结,加之其自己的分析和理论思考,她得出一个既是横向共时的也是纵向历时的理论:是人口的增长推动了耕种体系和技术的变迁。森林休耕制度在用火烧掉一块森林下的地块之后,林下的土地相对肥沃,并且只需用简单的农具来种植,便可以得到相对高的产量。在那样的农业系统下,耕作者投入劳动较少,享受较多的休闲时间。但如果进入较短休耕期的灌木火种,便必须照顾到(森林休耕所不需顾及的)除草,因此在技术上必须使用锄头并投入较多的劳动。她论析,从森林休耕制度转入后者,每工时的产出几乎必定会下降。如果进入劳动更密集的固定地块的短休耕制度,乃至每年一茬或多茬的耕种制度,则必须投入还要多得多的劳动，特别是翻耕土地，因此使铁犁成为必要，也会促使畜力的使用。如此集约的土地使用需要更多的劳动投入，但其每工时的产出将会下降［虽然如此，她也指出，每工时产出的下降并不排除通过更多的农业劳动工作时间和天数（更充分的“就业”）而提高户均/人均年产出］。

她鲜明地指出，许多殖民统治者试图把他们自己国家的农业制度和产权制度强加于其殖民地，但他们发现，当地农民常常抵制、拒绝如此的变革。殖民者往往把这种抗拒归因于土著农民的无知和不理性，甚或惰性。殊不知，实际上该地农民非常理性地知道，在没有必要的情况下，放弃低劳动投入和每工时较高产出的土地使用耕作制度，而从事高劳动投入和每工时较低产出的制度，哪怕美其名曰进步、现代化、科技化，其实是划不来的事。一直要到人口对土地的压力迫使人们以每工时较低产出的集约化来换取较高的土地产出，才会成为合理的选择。也就是说，真正无知和不理性的常常是自以为是的殖民者，而不是其所统治的“愚蠢”的“土著”农民。

一般来说，耕作者要到由于人口（对土地的）压力排除了（需要最多土地的）迁移性（刀耕火种）长休耕农业制度，才会自愿投入更多的劳动来提高土地产出，所付出的代价是每工时劳动产出的下降。也就是说，是人口的增长及其对现有耕地的压力推动了较高耕种频率的采用，以及与其相应的技术改变。再换言之，人类农业历史演变的主要内容是缩短休耕期的“集约化”，而“集约化”和随之而来的技术变迁背后的动力主要是人口增长。

在这样的理论中，“传统农业”显然具有较高的弹性，是个复杂多彩的演变体，而不是单一的同一体。农业生产会适应人口增长而演变，通过更多、更辛勤的劳动来提高土地产出，由此推动了技术变迁（以及诸多其他的社会乃至政治方面的变迁）。这是个复杂的问题，和舒尔茨等理论中基本同一不变的“传统农业”问题十分不同。

博塞拉普的分析不仅和马尔萨斯截然相悖，也和第三种关于人口变迁的主要理论很不一样。后者强调对人口的“预防性抑制”（这实际上是马尔萨斯最先提出的概念——Malthus，1798：尤见第4章；亦见 Thomas Robert Malthus，2015），也是博塞拉普书2006年第2版的导论作者弗吉尼亚·迪恩·阿伯内西（Virginia Deanne Abernethy）所表述的论点。正如阿伯内西说明，她的理论所依据的主要是欧洲赖以抑制人口增长的晚婚制度，以及与其相似的，在现代非洲的马拉维（Malawi）和卢旺达（Rwanda）两地所呈现的现象：在伴随现代医药和卫生进入而带来的死亡率下降以及人口猛烈膨胀之后，两地在20世纪80年代也凭借晚婚来控制生育率。阿伯内西称此为“生育机会假说”（fertility opportunity hypothesis）。她论说，这是在马尔萨斯和博塞拉普两大理论之外的第三种关于人口演变的理论模式。

这里我们需要指出，阿伯内西并没有像有些研究中国的学者那样，试图把现代抑制人口的手段和技术，包括堕胎，投射到前现代的中国江南地区。正如苏成捷（Matthew Sommer）对他们所依据的“证据”的全面和严谨的审视，那事实上是个没有丝毫实际根据的凭空推想。苏成捷证明的是，在前现代的科学条件下，堕胎其实是个风险极大的应急（譬如，维护妇女“贞节”名誉的）措施，绝对不可能在社会中被广泛使用。(Sommer,2010、2011)在笔者看来,苏成捷所批评的那些研究只可能是来自为了标新立异而标新立异的动机,或者是试图树立中国和西方间的同等性或优越性的感情冲动。

至于当代中国,其20世纪50年代到70年代的人口快速增长的原因和其他发展中国家相似,主要是现代化的医药和公共卫生降低了死亡率,由此提高了人口增长率;所不同的是,中国由于其比较特殊的政党—国家体制的(资源与国民)动员能力而更加透彻、快速地实现了其目标,使其于20世纪80年代便已接近发达国家的人均寿命预期。(Drèze and Sen,1995,表4.2、4.5,第64、71页)而1980年以后的强制性生育控制则更比其他国家的节育经验要激烈快速得多。如此的国家政策抉择带有高度的人为性和偶然性,谈不上经济规律和经济理论的适用与否。

至于传统中国,在上述的三大理论传统中,博塞拉普的理论明显最贴近中国的实际,而其所揭示的动力和机制——人口增长作为主要动因——又是鲜为人们所考虑到的洞见。显然,中国厚重的历史绝非马尔萨斯的简单理论所能涵盖。至于后来的人口学所突出的(主要依赖晚婚的)预防性抑制(亦可称作"理性抉择")理论,其实更明显地不符合中国古代长期不变的早婚实际。与马尔萨斯不同,博塞拉普的理论能够帮助我们理解中国人多地少的"基本国情"以及其高度发达的"传统农业"的历史演变。它甚至可以说明博塞拉普——在本书里没有而在后来的著作中方才明确提出的——另一理论洞见:高密度小农经济与高度发达的大都市文化是相互关联的。在前现代物流条件的空间限制下,同一有限空间中的高度集约化农业能够支撑更多人口、更大规模和更复杂的城市。(Boserup,1981:第6章)对此,笔者个人的理解是,即便人均产出的食物剩余由于集约化而从30%下降到10%,在同一空间范围之内,100万人口的30%剩余只能支撑一个30万人的城市(中世纪的伦敦),而在同一空间中更高度密集化的1000万人口中的10%剩余,则能支撑一个100万人口的城市(唐代的长安)。(黄宗智,2014,第2卷:284)如此规模的城市是中国传统文明高度发达的原因之一。

在中国研究领域中,博塞拉普的理论从珀金斯(Dwight H. Perkins)的计量经验研究中获得较好的支撑。正如珀金斯指出,在1368年到1968年的6个世纪中,中国人口扩增到之前的7—9倍。其间,耕地面积上升4倍,亩均产出量上升则约1倍(Perkins,1968)。也就是说,中国农业生产的变化型式主要是伴随其人口膨胀而来的集约化(虽然也包括一定程度的耕地扩张)。珀金斯的著作是一项规模相当大、计量比较严谨和全面的研究,可以被视作博塞拉普理论的经验论证,虽然这显然只是一种巧合。固然,珀金斯并没有考虑到博塞拉普所突出的平均每工时产出减缩的趋势,但我们也许可以凭借博塞拉普的合理推测而说,除了同一茬中更加"精耕细作"的变化之外,从一年一茬到一年两茬的耕种频率演变,乃是珀金斯所证实的亩产倍增现象的主要内容。

将博塞拉普的研究与今天在中国影响极大的舒尔茨的著作《传统农业的改造》(Schultz,1964)相比较,我们可以立刻看到两者间鲜明的不同。首先,舒尔茨的出发点和终结点是理论假设:从市场机制必定会导致资源最佳配置的"公理"出发,他(像欧几里得的几何学那样凭借演绎逻辑而）得出“传统农业”没有“过剩劳动力”（他把其定义为绝对的过剩，即没有产出或报酬的劳动）的“定理”/“结论”，借此完全把中国人多地少的基本国情排除在其理论考虑范围之外。这个论点所依据的主要是从其预定前提出发的简单演绎推理。固然，舒尔茨也引用了一些从印度走马观花得出的“经验证据”。笔者自己曾经对他这方面的“研究”作过如下的论述：舒尔茨争论，“在 1918 年—1919 年（印度）的异常流行性感冒疫症中，有 8% 的人受到感染，而农业生产因此显著下降。他论述，如果真的有劳动力过剩，那么 8% 的人受到感染便不会导致生产的下降.（Schultz，1964：第 4 章）在逻辑上，如此的论析似乎很有说服力，但事实是，疫症感染不会同样程度地影响每个农户的 8% 的劳动力，因为有的农户没有感染，而有的则全家感染，由此影响总产出。但舒尔茨并不在乎这样的经验实际，因为在他的思维之中，设定的公理和其推演才是关键：如果市场经济必定会导致资源的最佳配置，那么，劳动力‘过剩’便不可能存在；如果人是‘理性经济人’，那么，便不可能为‘零价值’而劳动”（黄宗智、高原，2015：163—164；亦见本书上一章）。其实，对劳动力过剩作出舒尔茨那样的定义，本身便是一种仅凭演绎逻辑的推论，而博塞拉普所讨论的人口压力所指，显然是人地关系压力下的相对过剩而绝对不是“零价值”的绝对过剩——后者只是舒尔茨凭其设定的公理来拟造的稻草人。所以说，在舒尔茨那里，所谓的经验证据，说到底只是一种装饰；演绎逻辑才是他著作的关键。

其次，舒尔茨所关注的其实不是传统农业而主要是从（他想象为同一不变体的）“传统农业”到现代农业的转型，即 20 世纪 60 年代和 70 年代被称作“绿色革命”的“改造”。他完全没有考虑到历史上实际存在的真正的传统农业，而是仅凭理论推理得出，在市场经济机制运作之下，传统农业必定也是个资源最佳配置的经济体系，因此，人口过剩根本就不可能存在。他的理论完全不考虑印度（和中国的）人多地少的农业与美国的地多人少的农业之间的根本性不同。说到底，他只是简单地把（依据现代工业经济经验的）新古典经济学理论不加反思和修改地套用于印度（和中国）。

也许正因为人口因素在前现代的“有机经济”（organic economy），区别于“基于矿物能源的（无机）经济”（mineral-based energy economy）（Wrigley，1988）比较明显的关键性，1979 年的诺贝尔经济学奖遴选委员会没有单一地把当年的诺贝尔奖授予舒尔茨，而是将之同时授予了强调“传统经济”中“劳动力无限供应”的刘易斯（W. Arthur Lewis）（Lewis，1954、1955），借以表明该委员会在这个充满争议的问题上的中立性。其实，对理解中国来说，博塞拉普的论述要远比刘易斯的“二元经济”理论更有洞察力，因为刘易斯和舒尔茨同样只把“传统农业”假设为一个同一体。刘易斯的理论聚焦于论述现代工业部门对传统部门的冲击，认为迟早必定会促使其进入一个“拐点”（“刘易斯拐点”）而完全改变“传统部门”的“劳动力无限供应”状况。至于传统农业自身的历史多元性和演变，刘易斯和舒尔茨同样，可以说是毫不关心或毫无认识。在笔者看来，博塞拉普才是该年诺贝尔奖的更佳人选，但博塞拉普不是通常的学术界人士，没有在知名大学任教的职位，而是长期工作于联合国等国际机构；她集中研究的不是经济学术界偏重的纯书本（和数学化的）理论模式，而是关乎真实发展中世界的应用和政策。

今天,于博塞拉普著作中文版首版的契机,来从中国经验的视角重访博塞拉普的著作,我们应该可以毫不犹豫地说,她把马尔萨斯的观点颠倒过来,从人口作为肇因而不是变因来看待其与农业经济间的关系,乃是一个了不起的理论贡献。大家能够想象,如果“传统中国”不是一个以人多地少为基本国情的国家,而在人地关系资源禀赋上乃是美国那样的新大陆型国家,其历史和现代,其农村和农民的处境会是多么的不同,其社会、文化乃至国家体制也会是多么的不同。像舒尔茨那样把中国这个基本国情凭借其市场理论信条而排除于其理论之外,是多么的脱离现实和无稽。同时,像马尔萨斯那样,把食物生产视作基本动因,把人口视作完全是其变因,同样是多么的片面。实际上,对理解中国历史和现状来说,博塞拉普所突出的人口压力动因视角才是理解中国历史与现实不可或缺的视角。

虽然如此,我们也应该承认,人口和食物生产之间的关系也许不能完全从物理(或动力学)世界的单向一推一拉的因果关系来理解,而应更多地从生物、有机世界的双向互动关系来理解。和农业本身一样,它是由多种多元相互作用的因素所推动的。这也是阿伯内西在她的导论中对博塞拉普所提出的一个批评。

此外,我们还应该指出,博塞拉普所谓的“人口”和“人口压力”的实质性内容其实不简单是独立的人口因素,而是人口相对耕地比例的关系,亦即“人地关系”。但也许是为了更鲜明地突出自己的论点与马尔萨斯的不同,她采纳了人口和人口压力作为独立自变因素的表述,基本完全没有采用人地关系的表述,而后者也许能够更简洁精确地表达她理论的核心。

同样,她特别聚焦于把农业生产解释为一个变因,也是为了更鲜明地突出自己独特的贡献及与马尔萨斯的不同。今天看来,如此的表述也许有点“矫枉过正”,但同时我们也要承认,正是如此的表述,更加鲜明地突出了她理论的独特洞见。

另外,她使用的“集约化”(intensification)表述也许也可以进一步改善。农业集约化精确地表达了休耕期的从长到短,以及随之而来的单位土地上的劳动力投入的增加,但它不能表达其背后的逻辑——每工时产出的下降,所以才会在人口压力达到一定程度之后才被采纳。后者乃是博塞拉普全套理论的关键:正因为每工时劳动产出的下降,农民一般不会自愿为递减的产出投入更多的劳动,要到人地压力促使较长休耕期不可持续的现实情况下,才会为了提高土地产出而自愿进行集约化,接纳那样的生产条件。博塞拉普没有找到比“集约化”更合适的单词来表达这个核心逻辑。今天回顾,我们也许可以建议,吉尔茨 1963 年出版的《农业内卷化》的“内卷化”一词(Geertz,1963),才是对她的著作所包含的逻辑更恰当不过的表述。

最后,从中国厚重的农学和农史角度来考虑,我们还能看到一个博塞拉普没有使用而实际上对其理论非常有用的关键词/概念——“地力”。博塞拉普充分地考虑到人力的因素和约束,但她似乎完全没有想到,其实地力也和人力一样,是个只能有限扩大的生产要素,不可能像工业经济中的机械(“资本”)能源(和技术因素)那样,几乎无限地大幅度扩大。更具体地说,在“集约化”过程中,单位土地每茬的产出也会像每工时的人力产出那样递减。其实,后者之所以会递减,一定程度上是因为地力的约束,而不是人力的约束。①

这也是她的理论主要聚焦于各种休耕期的长短,而没有更明确地说明在同一地块上提高复种指数的含义的原因。但后者正是中国明清以来农业变迁的主要方面。博塞拉普集中讨论的是森林休耕到灌木休耕到固定地块上的短期休耕到每年一茬的演变,但在中国历史上的江河流域地区,这是一个早在汉代以前便已完成的变迁历程,之后基本定型于固定地块的小家庭农场种植体系。其后两千多年变迁的一个主要内容是土地复种指数的逐步提高。这正是珀金斯书所论述的明清农业变迁的核心,其实也是"内卷化"的一个主要体现。博塞拉普兴许是因为她的研究集中于(复种指数较低的)非洲而不是亚洲,并没有对如此的变迁展开充分的讨论。

读者明鉴,以上所提的几项意见与其说是对博塞拉普著作的批评或商榷,其实更是对它的赞赏、补充和延伸。从互动的因果视角来看人口与农业间的关系,固然要比单一地从人口作为动因来看待问题更全面。虽然如此,博塞拉普所突出的因果关系是理解两者互动的不可或缺的视角,也正是她主要的贡献。何况,博塞拉普本人对理论所采取的态度从来就不要求"全",而是非常有意识地要求突出局部因素来阐明其间的逻辑关联。她更不是一位简单

① 瑞格里(Anthony Wrigley)虽然非常鲜明地说明了"传统"有机经济和"基于矿物能源的"工业经济在能源方面的关键不同,但同样没有考虑到"地力"的约束。(更详细的讨论见黄宗智,2014,第一卷:三卷本"总序",002—008)。裴小林(2008)特别突出"土地生产率极限法则",并借此来补充和调和马尔萨斯和博塞拉普理论之间的对立。

的普适理论追求者,而自始便偏重从经验到理论的认知方法和研究进路,其理论明显紧密连接概念与经验,而绝对不是像舒尔茨等那样偏重抽离实际的抽象理论。

关于用“人地关系”和“内卷化”两词来替代“人口压力”和“集约化”的建议,所要表达的其实是博塞拉普已经清楚说明的理论逻辑,用意只不过是要更精确、贴切地表述她所说明的两大概念。至于“地力”,则也许可以视作一个对博塞拉普著作的补充。它是一个西方农业经济不多考虑的因素,主要见于人多地少的国家,所展示的是中国厚重的(但如今已被抛弃的)农学与农史领域中常用的一个极具洞察力的概念。

笔者认为,博塞拉普的理论应该被纳入中国如今的农业经济学学科与农村研究学科的必读书籍中。对中国来说,她的理论明显比今天经济学所普遍偏重的新自由主义理论——尤其是舒尔茨类型的新古典经济学以及科斯、诺斯、科尔奈等单一偏重私有产权的新制度经济学——要更符合中国的实际。采用如此著作也许会有助于克服今天中国的农业经济学所面临的困境:研究生们较普遍认为他们所被要求掌握的(西方新自由主义理论)经典著作,其实(和过去的马克思主义经典著作同样)与中国的实际严重脱节。他们由此感到迷茫、困惑,有的甚至因此失去了原先选择这个专业的决心。有的则为了自己的就业和学术前途,勉强凭借那样的理论假设和时髦的计量方法来做自己的研究,但其中比较诚挚的青年学者相当广泛地认为,自己是在从事一种自欺欺人的假学术。在笔者看来,这也许才是博塞拉普的著作对今天中国农业研究的一个重要意义。罗煜博士的翻译和法律出版社的出版,与本书同样，所代表的是，博氏自己多半不会想象到的，来自世界另一端的学术界对其著作的推崇和赞赏。归根到底，这是因为其著作对理解人多地少的中国实际具有着不可磨灭的贡献。

参考文献：

黄宗智(2014)：《明清以来的乡村社会经济变迁：历史、理论与现实》，三卷本，增订版。第一卷《华北的小农经济与社会变迁》；第二卷《长江三角洲的小农家庭与乡村发展》；第三卷《超越左右：从实践历史探寻中国农村发展出路》，北京：法律出版社。

黄宗智、高原(2015)：《社会科学和法学应该模仿自然科学吗？》，载《开放时代》第2期，第158—179页。

裴小林(2008)：《论土地生产率极限法则：一个改进的马尔萨斯理论和不同发展阶段的反向逻辑》，载《中国乡村研究》第5辑，第221—266页。

Boserup, Ester. (1981). *Population and Technological Change : A Study of Long-Term Trends, Chicago* : University of Chicago Press.

Boserup, Ester. (1965). *The Conditions of Agricultural Growth: The Economics of Agrarian Change Under Population Pressure* , Chicago: Aldine.

Drèze, Jean and Amartya Sen. (1995). India: *Economic Development and Social Opportunity* , Delhi: Oxford University Press.

Geertz, Clifford. (1963). *Agricultural Involution: The Process of Ecological Change in Indonesia* , Berkeley: University of California Press.

Lewis, W. Arthur. (1954). "Economic Development with Unlimited Supplies of Labour," *The Manchester School of Economic and Social Studies* .v.22, no.2(May): 139-191.

Lewis, W. Arthur. (1955). *The Theory of Economic Growth*, London: George Allen & Unwin Ltd.

Malthus, Robert Thomas. (1798). *An Essay on the Principle of Population*, London: Printed for J. Johnson, in St. Pauls Church-Yard (Electronic Scholarly Publishing Project, 1998).

Perkins, Dwight H. (1969). *Agricultural Development in China*, 1368−1968, Chicago: Aldine Publishing Co.

"Robert Thomas Malthus, ". (2015). *Encyclopedia Britannica* (http://www.britannica.com/EBchecked/topic/360609/Thomas-Robert-Malthus).

Schultz, Theodore. (1964). *Transforming Traditional Agriculture*, New Haven, Conn.: Yale University Press.

Sommer, Matthew H. (2010). "Abortion in Late Imperial China: Routine BirthControl or Crisis Intervention," Late Imperial China, 31.2 (Dec.): 97−165。中文版见苏承捷《堕胎在明清时期的中国:日常避孕抑或应急性措施》(2001),载《中国乡村研究》第 9 辑, 第 1—52 页, 福州: 福建教育出版社。

Wrigley, E. Anthony. (1985). "Urban Growth and Agricultural Change: England and the Continent in the Early Modern Period," *Journal of Interdisciplinary History*, xv: 4(Spring): 683−728.

——, 1988, *Continuity, Chance and Change: The Character of the Industrial Revolution in England*, Cambridge, England: Cambridge University Press.

第二编

新型农业的基本特色

第五章　“半工半耕”的小农家庭与非正规经济[①]

第二章已经论证,中国今天的劳动人民主要由“半工半耕”的小农家庭所组成。这是一个与经典理论预期相悖的社会实际,堪称一种中国特色的“社会形态”。它附带有自己独特的经济逻辑。本文追溯其历史起源,说明其与“人多地少”的中国基本国情的关联,结合两种不同的生产形式来维持家庭生计,之前是明清以来的结合手工业与农业,如今则是改革以来的结合农业与非农打工。在其演变过程中,传统的“男耕女织”和今天的“半工半耕”(一定程度上是“男工女耕”)带有一定的延续性,这决定了其特殊的经济逻辑,也决定了“小农经济”的顽强持续。一方面,它强韧地妨碍、

① 本章根据笔者之前的两篇文章[《中国的现代家庭:来自经济史和法律史的视角》,载《开放时代》2011 年第 5 期,第 82—105 页,以及《中国过去和现在的基本经济单位:家庭还是个人?》,载《学术前沿(人民论坛)》2012 年 3 月,第 1 期(创刊号),第 76—93 页,http://www. lishiyushehui. cn]综合、修改、补充而成。之前,在笔者的《超越左右:从实践历史探寻中国农村改革出路》(2014),北京:法律出版社,第 13 章中,做过初步的综合与修改。纳入此书时做了进一步的修改、删节和补充。

排除规模化农业经营;另一方面,它为今天的巨型非正规经济(即没有或少有法律保护和福利的职工——主要指农民工)提供了社会经济基础。如今大多数的城镇就业人员已经成为来自半工半耕小农家庭的非正规就业人员,而那些非正规人员与其"半耕"的家庭人员则共同组成了中国工农劳动民众的绝大多数,也是全社会就业人员中的大多数。我们亟需仔细分析其经济运行逻辑,以及其与经典理论预期的逻辑间的不同。否则,我们只会继续误解中国的社会经济现实,只会长期困囿于不符实际的理论预期,只会继续欠缺真正可以理解中国实际的理论概括。

一、两大经典理论与中国历史经验

亚当·斯密开宗明义地讨论工业规模化生产和劳动分工,用的例子是编织针制造中的 18 个不同环节:他指出,由个体化的劳动者分工承担的话,10 名工人一天可以生产 48000 枚针,而一个人单独工作,没有分工的规模经济效益,一天绝对不可能生产 20 枚,甚或一枚都不能(Smith,1976[1776]:8)。这是现代制造业较早的也是影响最深的一幅图像,所反映的是英格兰进入"早期工业化"时的状况。其后,马克思更细致地指出,在如此的"工场的分工"(division of labor within the workshop)①之前,有简单的工场"合作"生产,即集合多人共同进行同一生产(他举的例子是 20 名织布

① 同时,马克思非常清晰地指出,在斯密所描述的"工场内的劳动分工"之外,还有"社会的劳动分工"(division of labor in society),即不同产业、部门和地区的劳动分工(Marx,Capital,V. I,Part VIII,第 14 章:第 4 节)。

工人在同一工场工作），带有一定的规模效益；其后则是使用现代动力和机器的大工厂的分工（例如纺织工厂）。（Marx，[1887]2010：第1卷，第13、14、15章）

作为上述认识的一部分，斯密和马克思都认为，进入资本主义工业生产，雇工经营的大农场将取代以家庭为基本经济单位的家庭小农场。马克思对在18世纪英格兰发生的这个过程做了详细的论述（Marx，2010[1887]：第1卷，第27章，第5—10节）；而斯密则只简单提到，资本进入农业，将会导致更多农场“佣人”（servants）的劳动投入（Smith，v.1，384—385）。列宁的《俄国资本主义的发展》便直接继承了马克思的认识。（Lenin，1956[1907]）但是，中国经济史的实际则和斯密以及马克思—列宁所看到的和所预期的十分不同。

（一）明清到现代的农业：小家庭农场战胜雇工经营的大农场

首先，中国在明清以来，小家庭农场几乎完全战胜了雇工经营的大农场。20世纪30年代，华北农村只有10%的耕地是雇佣劳动的经营式农场，90%是小家庭农场（黄宗智，[1986、2000]2004[2009]）。在更高度商品化的长江三角洲，则完全没有雇工经营的经营式农场，所有农场都是主要依赖家庭自身劳动力的小农场。（黄宗智，[1992、2000]2006）

我早已详细论证过其中逻辑。长江三角洲和华北的小家庭农场的主要不同是，长三角的小家庭农业生产要比华北的更加高度“家庭化”，即更高度依赖家庭辅助劳动力来从事手工业“副业”生产，主要是纺纱、织布和养蚕、缫丝。如此结合农业和手工业、主业和副业的小家庭农场，能够比雇工经营的大农场支撑更高的地租，也就是地价，因此最终完全消灭了雇工经营的大农场。这个道理在明末清初的《沈氏农书》以及其后的一些农书中，已经相当清楚：自己雇工经营的大农场的纯收益已经与出租土地的地主没有什么分别；久而久之，几乎所有占有相当规模土地的地主都选择了出租土地的经营方式，放弃自己雇工经营。（黄宗智，[1992、2000]2006：63—69；亦见《沈氏农书》，[1640前后]1936）

以上描述的长江三角洲小家庭农场的农业主业+手工业副业的经营型式，不仅决定了农场组织，其实也决定了中国后来与西方的"早期工业化"的不同。

（二）"早期工业化"：小农户的农业+副业战胜城镇化手工业

在英国和西欧的"早期工业化"过程中，手工业与农业逐渐分离。前者逐渐成为独立的工场生产，亦即由个体化的工人集合在一起共同生产，主要在城镇进行。这也是上述斯密和马克思所指出的过程。其后的学术研究证实，在这个过程中，青年人能仅凭手工业就业而维持生计，不必等待在家里继承家庭的农场方才能够自立，因此推动了（比之前要）早结婚（和更高的成婚率），由此推动了人口的加速增长。如此的手工业发展和人口行为转型，也推动了"早期城镇化"。我们也可以说，后两者乃是前者的很好佐证。（黄宗智，[1992、2000]2006：265—266；亦见 Mendels，1972；Medick，1976；Levine，1977；Wrigley and Schofield，[1981]1989；de

Vries,1981、1984;参照 Huang,2002:517—520)

但在中国,手工业则一直非常顽强地与家庭农业结合在一起,两者密不可分,直到 20 世纪中叶仍然如此。简单地说,在人口/土地压力之下,农村户均耕地严重不足(平均只有基本生存所需的 10—15 亩地的四分之三),“贫下中农”的农场更是如此。正如小农经济理论家恰亚诺夫在 20 世纪 20 年代已经说明的,在如此的情况下,小农户生产单位,作为一个既是生产又是消费的单位(这是其与资本主义生产单位基本的不同,后者的生产与消费是完全分开的),为了消费需要,会忍耐一个资本主义单位所不会忍耐的劳动密集化(即在劳动边际报酬低于市场工资之下,仍然继续投入更多的劳动力;而在相同的情况下,一个资本主义雇佣劳动的经营单位则会停止雇工,因为它会得不偿失)。(Chayanov,[1925]1986)由此导致生产的(笔者称之为)“内卷化”(或过密化),即以“家庭化”的农业+副业模式来自我维持,前者由主劳动力承担,后者则由家庭辅助劳动力——妇女、老幼承担。这是明清时期长江三角洲小农经济的普遍现象。(黄宗智,[1992、2000]2006)其中,占时间最多和报酬最低的是纺纱——当时,一亩地能生产约 30 斤皮棉,要用 91 天来纺为棉纱(另加 23 天来织成布匹,46 天弹花与上浆等);它(每工作日)只给农户带来农业三分之一到一半的收益。(黄宗智,[1992、2000]2006:46、85)

这里,熟悉关于 18 世纪中国和英国生活水平相等或更高的论说的读者可能会问:以上的分析不是受到彭慕兰(Kenneth Pomeranz)、李中清(James Lee)、王国斌(Bin Wong)和李伯重等人的挑战了吗?应该说明,早在 2002 年,笔者已经撰长文论证他们在经验研究层面上的基本错误（黄宗智，2002）。今天，经过中外经济史领域将近十年的论战和研究，这个议题已经接近最终定论。首先是计量比较经济史家麦迪森（Angus Maddison）关于中英人均收入的比较合理的估计——中国1700年和1820年是600“国际元”，不列颠则是1700年1405元，1820年2121元——直接否定了彭慕兰等的论点。（Maddison，2007：44，表2.1；2001：47、90，表2-22a，304，表C3-c；亦见黄宗智，2014：第6章）在最新的研究中，特别值得一提的首先是苏成捷（Matthew Sommer）对李中清、李伯重和王丰关于长江三角洲具备有效生育控制（堕胎）论点经验依据的全面检查。这是他们的总体论点——中国人口压力并不比英国严重——的重要部分，也是全组人赖以立论的根本依据。苏成捷证明，他们的论说其实连一个真实的案例都没有，并且，鉴于当代更完整的材料和数据，是极其不可能的。（苏成捷，2011；英文版见Sommer，2010）其次是一组国际学者的最新研究，他们使用了多种新材料，证明在18世纪中叶，伦敦（和牛津）一个普通工人的工资和生活水平要比北京（以及苏州、上海和广州）高出3到4倍。（Allen，Bassino，Ma，Moll-Murata & van Zanden，2011）

这种农业+副业、主劳动力+辅助劳动力的生产模式形成之后，逐渐展示了其高经济“效率”以及强韧的经济竞争力。上面已经提到，作为一个基本生产单位，它可以承担比个体化雇工的“经营式农场”更高的地租，也就是更高的地价。因此，明末清初之后，在长江三角洲，经营式农场基本消失；家庭小农场占到绝对优势。到20世纪30年代，长江三角洲农业雇工所占农业劳动力总额的比例只有2—3%，而且不是受雇于大经营式农场的雇工，而是受雇于小家庭农场的长、短工,实际上只不过是小农经济的一种补充,而绝对不是资本主义农业的“萌芽”或“转型”。也就是说,小农农场,在与经营式农场长时间的市场竞争之下,占据了绝对的优势。这个状况一直维持到革命前夕。(黄宗智,[1992、2000]2006;亦见黄宗智,2011)

同时,农村家庭手工业生产作为农业的副业,一直顽强持续,排除了英国和西欧发展经验中那样的分化、人口行为转型以及城镇化。即便是在1920年代兴起的现代纺纱厂和织布厂的强烈冲击之下,农村手工业仍然顽强持续:由于机器纺纱的劳动生产率远远高于手工纺纱(40∶1),许多农户放弃纺纱,但仍然织布(机器织布与手工织布劳动生产率之比仅为4∶1),由农户购买机纱(有的用“洋经土纬”)来织成比工厂生产要耐用的土布(三年对两年之比)。(黄宗智,[1992、2000]2006:123—124,130—131;黄宗智,2002:519,523;亦见徐新吾,1992)小农户的农业+手工业基本模式顽强持续,因此也说不上西欧那样的人口行为转型和“早期城市化”。

基于马克思的经典观点,国内过去曾有“男耕女织”乃是“封建主义”“自然经济”的特征之说。但这完全是来自马克思理论的建构,并不符合中国的历史实际。(黄宗智,[1986]2004:200—201)这里要指出的是,明清时期长江三角洲的“男耕女织”绝对不是所谓的“自然经济”,而是高度商品化的经济。正是家庭化的农业与手工业的结合,推动和支撑了当时农村经济的蓬勃商品化(笔者在《长江》一书中称之为“过密型商品化”)。之后,其更阻碍了手工业与农业的分离,没有形成斯密和马克思所描述的那种规模化城镇工场生产;再之后,与(使用现代动力和机械的)工厂进行顽强抗争,例如土布生产的顽强持续。而斯密和马克思则都以为,商品化会导致手工业工场取代小农户生产,最终完全消灭小农户生产而形成资本主义型生产。

长江三角洲和华北的不同主要在于,长江三角洲的小家庭农场生产更加高度"家庭化",但其同时依赖农业主业和手工副业的基本道理则是一样的。在华北,小家庭农场在一定程度上同样依赖纺纱织布来支撑家庭经济(贫农农场则更依赖打短工为支撑家庭生计的另一柄"拐杖")。(黄宗智,[1986]2004:第 11 章)在那样的组织基础上,家庭农业也同样比雇工经营的农场具有更强韧的竞争性,因此占到总耕地面积的 90%。其与长江三角洲的不同是,农业+副业的家庭生产结构没有达到同等高度的"发展"(其纺织业没有松江府那样"衣被天下"),因此,也没有能够完全消灭经营式农业。

(三)集体时期与没有城镇化的农村工业化

以上历史的根本逻辑其实不仅呈现于明清至近现代的中国经济,更非常顽强地持续至今。与西方国家相比,中国现代经济发展的最大特点之一是悖论的农村的工业化,亦即(笔者称之为)"没有城镇化的工业化"。和西方的早期工业化不同,中国 20 世纪 80 年代的农村工业化基本没有把工业从农村分离出来,而是自始便与农业紧密结合,自始便是以半工半耕的农户家庭为主体的工业化。最好的具体例证是村庄所办的工业,以及"离土不离乡"的、住在村庄家里而在村办或乡办工厂打工的早期农民工。

毛泽东时代,家庭农场虽然让位于集体化生产(即基本经济决策单位从家庭转为生产队),但农业和副业仍然紧密结合。在集体的小队和大队中,手工业一如既往,没有从村庄分离出来,而是仍然顽强地持续作为村庄经济的重要拐杖,并没有像英国和西欧那样分化为农村从事农业、城镇从事手工业的型式。集体化生产虽然不再是家庭生产,但其基本组织规律一样:它也同时依赖农业与副业生产,并由此导致当代中国汉语中“副业”一词的广泛使用。在二十多年的集体化组织下,集体的村庄经济和家庭农场一样,仍然同时依赖农业和副业。(黄宗智,[1992、2000]2006:第10章)与以上的事实相对应,当时中国国家统计局一直都把副业纳入“大农业”指标之内(农、林、牧、副、渔)。

其后,在联产承包责任制下,均分土地,中国农村经济再次返回到人均才两三亩地的小家庭农场。去集体化的一个重要结果是提高了劳动效率。在松江,在总产出没有下降的基本状态下,从农业中释放出约三分之一的劳动力,由此导致了(笔者称之为)“没有(产出)增长的(劳动生产率的)发展”。随着三分之一劳动力的释放,20世纪80年代在(国家号召的)基层干部的积极领导和城镇工厂的扶助下,兴起蓬勃的农村工业化,最终取代了手工业在之前所占的位置,成为农业的主要“副业”,后来更成为农户的主业,转而使农业成为副业。

在全国范围内,从1993年开始,国家统计局取消了过去的“副业”统计指标。其后,(大)“农业”统计指标只包含“农、林、牧、渔”。如此的统计指标调整也说明,此前的家庭和集体手工副业已被新兴农村工业取代①(而养猪、自留地蔬菜等家庭“副业”以及集体种、养“副业”等则被纳入“农、林、牧、渔”范畴,农村工业则划归工业范畴)。

(四)离土又离乡的打工浪潮

其后,在上述20世纪80年代蓬勃的“离土不离乡”的非农就业之上,加上了20世纪90年代开始的“离土又离乡”的大规模城市打工浪潮,非农就业逐渐在越来越多的地区变成农村家庭的主要收入来源。进入新世纪,非农就业逐渐成为主业,农业已经越来越妇女化和老龄化,成为许多农户的次要生产活动(笔者原来调查的华阳桥则已完全城市化,被纳入上海市区)。

与20世纪60年代以来在世界发展中国家快速蔓延的“非正规经济”一样,中国新兴的农民工经济的一个基本特征是,缺乏社会保障和国家劳动法的保护,而这正是国际劳工组织对“非正规经济”的基本定义。(黄宗智,2014:第11章;亦见黄宗智,2020b:第2、3章)

今天,总数2.5亿(2011年数字)的本地和外出农民工,相对于不到2亿(见本书表2.1、2.3)的农业就业人员,意味着在全国绝大部分的农村家庭都有人从事非农就业。而城镇打工的收入,虽然

---

① 应该说明,在集体时期,“副业”这个统计范畴含义甚广,“家庭副业”不仅包括手工业,也包括养猪和自留地(蔬菜)种植。此外,还有“集体副业”,在华阳桥包括梨园、温室蘑菇、花木苗圃、奶牛、兔毛等。1984年前,就连村办工业也被纳入“副业”统计指标(黄宗智,[1992、2000]2006:203—207;215—218)。但是,“副业”所指的核心是手工业,而手工业被农村工业取代,乃是统计局取消“副业”指标的基本原因。

比城镇居民低得多,但一般仍要高于农村农业的报酬,因此对许多农户来说,非农收入已经成为其主业(即主要收入来源),而农业已经成为其“副业”(即次要收入来源)。

在以上的变迁之中,没有变的是,农民生产仍然由两种生产所组成,仍然是主业+“副业”的基本结构,由主要劳动力从事主业,较廉价的辅助劳动力从事副业。所不同的是,从原来的农业主业+手工业副业,转化为工业主业+农业副业(笔者自始便称之为“半工半耕”——黄宗智,2006)的结构。今天,这是中国农村比较普遍的现象。

至于农业领域,改革以来展示了深远的(笔者称之为)“隐性农业革命”,但它的主要生产单位仍然是人均才两三亩地的小家庭农场。根据对现有数据的系统梳理,我们论证,截至 2006 年(根据最可靠的《第二次全国农业普查资料》),雇(年)工经营的农业仍然只占到总农业劳动投入的 3%(另有 0.4% 的短工)。小家庭农场则占到将近 7%,再一次明显压倒雇工大农场。(黄宗智、高原、彭玉生,2012)上面我们已经看到,第三次全国农业普查得出的数据仍然基本同样。

正是工业主业+农业副业在农村家庭的紧密结合,促使今天中国经济结构与斯密和马克思在西方所看到的和所预期的截然不同。农业主体没有成为雇工经营的规模化大农场;同时,城镇工业没有变成完全脱离农业的个体化工人所组成的工厂生产;相反,如今其大多数的人员是来自与农业紧密结合的“农民工”。

二、“半工半耕”小农家庭的经济行为与资本主义—个人化行为的不同

这里我们要进一步问:半工半耕的小农家庭的经济行为有什么特点?对研究经济行为的经济学又具有什么含义?

(一)半工半耕家庭与资本主义制度下的个人和公司的不同

迄今,关于家庭经济单位的最好的分析仍然是恰亚诺夫的。和一般的经济学理论家不同,他的出发点是一些最基本的经验实际:小农家庭农场,作为一个既是生产又是消费的单位,和一个只是生产单位的资本主义企业(公司)很不一样。它的“会计学”原则完全不同:它的报酬是全年的收成,不是减除劳动工资等费用之后的“利润”;按时计算的个别劳动者的“工资”对它来说是没有意义的。正如恰亚诺夫指出,家庭经济的劳动人员是给定的,不能够像一个使用雇佣劳动力的资本主义经济单位那样,按照利润最大化的需要而调整。在消费(生存)需要的压力下,这样的一个单位能够承担一个按照资本主义会计学原则运作的单位所不愿承担的劳动力使用。譬如,一个土地不足的家庭农场,为了满足家庭消费要求,它会继续投入劳动,即便是到边际报酬显著递减并低于市场工资的程度。而一个资本主义企业则不会,因为那样是会亏本的。(Chayanov,[1925]1986:“The Theory of Peasant Economy”,以及第4章,尤见第113页)我们已经从上文看到,这个道理在农业中非常

明显。它也可见于农业以外的生产单位,例如伴随全球化和市场化而蔓延的"夫妻老婆"服务店。

恰亚诺夫所点到但没有充分强调的是家庭生产单位的另一基本特征,也是本章所特别强调的特征:和个人化的劳动者很不一样,它附带有家庭的辅助劳动力,包括主要劳动力的业余时间以及妇女、老人和儿童的劳动力。明清时代,后者是不容易在市场上出售的劳动力。正是那样的劳动力吸纳了低报酬的副业,支撑了农村生产中农业与副业紧密结合的基本特征。前文我们已经讨论过,明清时代长江三角洲的"生产家庭化"和"内卷型商品化"是怎样由这样的家庭劳动力所支撑的。①

所以,一个家庭生产单位对劳动力的态度是和一个资本主义制度下的公司和个人很不一样的。首先是因为,在没有其他就业机会的情况下,其劳动力是给定而不可减少的。一个资本主义企业不会在边际劳动报酬低于市场工资的时候,还继续雇工投入劳动,而一个家庭农场,如果没有其他就业机会,会继续投入劳动来满足其家庭的消费需要,逻辑上一直到其边际报酬近乎为零。其次是因为,它的辅助劳动力,是不能用简单的"机会成本"概念来理解的劳动力,因为那样的劳动力是不容易在市场上出售的,但那种劳动力可以在副业生产上起关键性的作用。正是那样的劳动力支

① 此外,还应该提到,恰亚诺夫基于家庭周期(假定其他因素不变)的"人口分化"概念:当生产人员与消费人员达到 1 : 1 的比例时(孩子长大后参与劳动),一个家庭将会处于其顶峰经济时期,而在 1 : 2(或更多)的比例时(孩子小的时候或双亲年老不劳动的时候)则相反(Chayanov,[1925]1986:第 1 章)。这种现象可以见于集体化时代的中国农村,当时劳动力成为收入的决定性因素,村庄中经济条件最好的家庭一般是劳力与消费人员比例最优越的家庭。

撑了明清时代长江三角洲的纺纱、织布和缫丝的副业，形成了“农村生产的家庭化”。①

即使我们不考虑辅助劳动力而只考虑主要劳动力，并且假定其他就业机会的存在（像今天的中国那样），我们也仍然不能简单地只将其所能获得的市场工资与其目前的“工资”相比，即所谓“机会成本”，而由此得出所谓的“理性的选择”，亦即基于资本主义会计学原则的选择。这是因为：其一，这个劳动力外出打工与否，并不简单取决于其个人的抉择，而常常更多是家庭的抉择。譬如，如果家庭的承包地可以用其辅助劳动力来耕种，那么，外出打工就更划得来（因为那样不必牺牲家庭农场的收益）。其二，不可简单等同在外固定时间的打工和在家庭农场上参差不齐的投入。一个在家乡附近乡镇企业就职的“离土不离乡”的农民工，仍然可以在业余时间干农活（例如，在家庭的自留地种菜以及在节日和假期帮忙种地），相当于一种副业型的生产工作。同时，他们也会将其工资“投资”于家庭农场的现代投入（如拱棚、化肥、良种、机械服务等）。这样，即便家乡的农业或非农业工资（例如农业短工或乡镇企业的工资）要低于外出打工的工资，其对家庭收入的实际贡献仍然可能高于外出打工。也就是说，一个从个人视角看来是“不理性的选择”，从家庭经济单位的视角来看，却可能是十分理性的。

忽视家庭经济单位与个人的这些差别，会导致严重的误解。在农业领域，出于现代主义和资本主义意识，不少研究只着眼于西方式的资本主义型（和资本密集型）的大农场，即高度机械化、使用

① 正因为棉花和蚕桑是长江三角洲当时商品化的主要推动力，笔者将整个过程称作“内卷型商品化”（黄宗智，[1992]2006）。

雇佣劳动力以及达到规模效益的农场;而忽略了远比这样的农场重要的劳动和资本双密集化的小规模家庭农场,例如1—5亩的拱棚蔬菜,以及10亩左右的种—养结合农场。笔者已经详细论证,这些才是中国主要的“新农业”,它们组成了近年的“隐性农业革命”,一个由高值农产品——诸如鱼、肉、蛋、奶和蔬菜、水果——的市场需求推动的“农业革命”。这些小规模家庭生产单位是高效率的,因为它们适合新型的拱棚蔬菜和种—养结合的生产,可以在一个较长的工作日中投入众多零碎和参差不齐的劳动,也可以动用家庭辅助劳动力来承担部分工作。这样,家庭生产常常要比雇佣固定时间和工作日的劳动力合算。(黄宗智,2010)

它们与历史上的“内卷型”家庭农场的不同是,由于新技术的发展,这种新农业的劳动力是比较高度“全就业”而不是“隐性失业”的。这是因为新农业中的资本化所带来的进一步劳动密集化:一个1亩地的蔬菜拱棚需要投入4倍于1亩露地蔬菜的劳动投入,而使用经过用生物剂发酵的秸秆作为饲料而结合种植10亩地养殖10—20头猪的新农场,也需要数倍于原来只养1—2头猪的旧农场的劳动投入。① 这两种新农场的按亩和劳动单位收益都要高于旧式的农场。虽然如此,新农场的经济道理是和旧农场基本相同的:它们对劳动力的态度和使用迥异于一个资本主义企业。

这样的农场不是一般经济学所能理解的,因为它们的会计学原则和工厂十分不同,所依赖的不是资本化和规模效益、大型机械

① 当然,前者是为了出售牟利,后者是为了自家食用。前者每头猪只需要原来的劳动力的三分之一,但它们养殖的数量是原来的10倍。(《中国农村统计年鉴》,2008:255,表10-4)

和雇佣工人。但是,迄今中国改革的农业政策主要被普通的新古典(教科书)经济学主宰,因此导致了对新近变化和发展的严重误解。2000 年以来,国家一直重点扶持资本主义型的所谓(农业)"龙头企业",相对忽略了新型的资本—劳动双密集的小规模家庭农场,而它们才是新近农业发展真正的依据和动力。(黄宗智,2010b、2014)

同时,对农业企业来说,与其雇佣全职的工人,它们可以凭借与这些主要依赖辅助劳动力的小家庭农场签订"合同"、协议或订单,来降低其劳动成本。除了借助相对廉价的辅助性劳动力之外,还可以借助其为自身劳动的高效激励机制,不必另外雇佣监工人员。因此,许多进入农村和农业的资本,会演变成为主要在流通而不是生产领域运作和营利的商业资本,这和真正直接参与农业生产的(农业产业化)资本性质很不一样(详细讨论见本书第 9 章;亦见黄宗智,2012)。

这些道理用于跨国公司则更加明显。要理解当今的资本农户体系,需要认识到西方的(跨国)农业公司和中国的半工半耕家庭经济相互搭配的逻辑。除了借助廉价的辅助性家庭农场劳动力之外,还可以在加工和销售方面也利用"夫妻老婆店"的廉价服务。

这就和(新制度经济学家)科斯的公司理论预期很不一样。根据科斯的分析,一个公司将会扩大到其继续扩大的边际成本高于在市场上通过与别的单位签订合同来做同一事情。(Coase,1988、1991)在一个发达的资本主义市场经济中,我们可以凭借科斯的理论而预期一个公司将会同时追求"横向一体化"(因为雇佣 100 个工人要比与他们分别签订合同的"交易成本"低),借以降低其交易成本(即信息、交涉、签订合同、执行和解决纠纷等成本),直到其边际成本变得高于通过与别的公司签订合同来进行这样的“一体化”。但如果可以使用家庭的廉价辅助性劳动力,而不必雇佣全职的主劳动力工人,这套逻辑便会很不一样。当今的中国实际说明,家庭生产单位的辅助性劳动力生产成本是如此之低,即便是今天的资本主义式的农业龙头企业,也大多依赖分散的小规模家庭来进行生产,而不是“横向一体化”的雇佣劳动生产(进一步论析见本书第9章)。

中国家庭经济单位与科斯型公司和个体化员工的不同,这也意味着不能凭借刘易斯的“二元经济”理论来理解中国的经济实际。根据刘易斯理论的分析,中国经济是由(具有“劳动力无限供应的”)传统和现代两个不同工资的部门所组成的,而伴随经济发展,这两个部门即将整合为一个单一的劳动力市场,消除现代部门劳动力价格和传统部门劳动力价格间的差距(Lewis,1954)。但中国的实际则是(西方和中国自己)的资本主义公司与中国的半工半耕家庭生产和服务单位的搭配运作,形成一个顽强持续的结合体,并没有消除传统部门和现代部门间的差距。这是因为家庭生产单位的特殊劳动力组成和运用,其部分原因是家庭经济的“理性”与新自由主义所建构的市场经济中的个体职工理性的不同。结果是,非正规经济中的半工半耕家庭非但没有伴随“现代发展”而快速消失,它实际上爆发性地扩展到中国城镇就业人员的60%以上,如果加上其家庭的务农人员,则占到全就业人员的83.2%。(2010年数字;见黄宗智,2020c:表2.2、2.4)

这个扩展是伴随中国的市场经济发展而来的。它之所以被人们忽视,是因为现代化主义,它把人们的注意力完全集中于中国所谓“转型”的终结目标,甚至把眼前的实际等同于那样的终结点。

(二)家庭的“理性抉择”

家庭生产单位对资本和投资的态度也和资本主义的单位不同。一个公司会为“资本主义性的获得”(capitalist acquisition)——韦伯的用词(Weber,1978:381)——追求扩大再生产,而中国的农民和农民工则会有其他更迫切的考虑。他们的投资决策多会受到其家庭多种因素的影响。农民工在城市抱的是暂住者的心态(也不可能购买城市的高价房子),在向自己生意再投入资本之前,常会优先在老家盖新房。他们的视野不简单是自己个人,而是跨代的家庭,甚或是更长远的时期,其中包含对城市打工的不稳定性预期的保险、赡养双亲、自己的养老,甚至包括家庭世系的未来等考虑。①

婚姻相当程度上当然也仍是家庭而不是个人的事情。尤其在农村,婚姻依然是两个家庭而不是两个人之间的协议,其规则近似礼品交换,不仅仅是市场交易,更附有象征意义(Bourdieu,1977:4-9,171 及其后)。众所周知,农村的(以及许多农民工的)婚姻普遍包含聘礼和嫁妆的交涉②,但一般都在媒人的中介和传统礼仪之下

① 当然,“新生代农民工”与此有一定的不同,他们之中有许多人从未种过地,也多没有像上一代那样的回乡意愿,但同时又多不具备有尊严地融入城市生活的条件。(详见黄宗智,2020c:尤见第 7 章)

② 不同地区对新娘子“价值”有不同的标准;譬如,据北京一位来自陕西的农民工说,当前陕西农村对恰当的聘礼的概念是 10 万元。

进行。任何一方如果用纯粹经济交易的做法来谈判的话,很容易会破坏整个交涉过程。

离婚同样牵涉双方的父母亲。在调解人或法庭对双方感情的估计中,他们是个重要的因素:双方和姻亲的关系如何?他们可能会被调解人动员阻止离婚,或者协助改善夫妻间的关系。当然,20世纪90年代以来,法庭处理离婚纠纷案件越来越趋向形式化(惯例性地第一次驳回,第二次批准)。虽然如此,调解,即便是在缩减的趋势下,也仍然在法律体制的整体中起着重要的作用,尤其是在庭外的亲邻和社区调解之中(详见黄宗智,2009a:第4、5章)。简单地只注意到夫妻两人,以及他们的经济考虑,只能导致对整个离婚过程的严重误解。

此外,小农和农民工的家庭经济单位对待下一代的教育也和资本主义社会的核心家庭不同。它的抉择不是由成本/收益的计算所主宰的[即像新古典经济学家贝克尔(Gary S. Becker)所争论的那样,取决于对孩子的“人力资本”的投入和所预期的收益的计算](Becker,1991:尤见第11章),而是一种达到“非理性”程度的、不遗余力的资源和时间的“投入”。之所以说是“非理性”的,是因为不能只用可能收益来理解。譬如,强迫一个这方面天赋有限的孩子去参与竞争极其激烈的高考导致的对孩子心理的伤害,以及对父母亲来说失望远多于成功的后果。这样的行为只能从深层的文化价值观和惯习来理解。长时期的、根深蒂固的“劳心者治人,劳力者治于人”的文化观念,今天已经再次成为社会的普遍观念。同时,城乡分等级的户籍体制是大家有目共睹的现实,更毋庸说农村家长们自己作为“弱势群体”的务农经验,或在城市打工受到重重挫折的经验。因此，农村父母亲大多希望自己的孩子能靠上大学来突破这种分层的身份。计划生育政策下双亲（以及祖父母）对独生子女的情结等也是相关的因素。这些都不可能用贝克尔的那种成本/收益的“理性抉择”分析来理解。①

三、家庭经济单位的竞争力

换言之，处于土地严重不足压力下的半工半耕小农家庭，由于其“特殊”（即与资本主义企业单位不同）的经济和组织结构，具有比雇工规模化生产更顽强的经济竞争力。

与西方理论预期相悖的是，时至今日，在农村改革和市场化三十多年之后，小农经济仍然在农业生产领域占到绝对优势。这里，新古典和新制度经济学，立足于西方经验，只能看到其建构的所谓“转型”的一面，认为它只可能步西方的后尘，只可能逐步向更完全的西方资本主义大农场“转型”。如此的经济学分析忽视的是，中国家庭作为一个基本经济单位的强韧生命力，以及其所包含的、不

---

① 贝克尔使用新古典经济学来分析家庭行为，所作出的努力固然有一定的优点，例如使用了更宽阔的“效用最大化”概念来替代简单的“利润最大化”，把经济学延伸到诸如配偶选择、子女教育等非经济议题，并讨论到诸如历史环境、态度、感情、内疚等非经济因素；但是，归根到底他的目的是要证实新古典经济学的个人“理性抉择”理论完全适用于解释家庭行为。他的分析最终是成本/收益的分析，例如把成本/收益看作对子女教育（他称作对“人力资本”）投入的抉择的决定性因素。（Becker，1991、1992）因此，他的分析不可避免地忽视了家庭经济单位是如何与个人不同，以及如何影响和约束个人的抉择。他的一套分析尤其忽视了如今在中国仍然具有一定生命力的亲子关系以及三代家庭，以及与其结伴的伦理观念。（详细论证见黄宗智，2011）

同于资本主义经济的逻辑。廉价的妇女化和老龄化农业生产,要比雇工经营的资本主义规模化农场更具有市场竞争力。当前所谓的公司+农户生产模式便是最好的例证。它的秘诀正在于,通过“订单”和所谓“合同”,一个商业资本公司可以依赖(或部分依赖)小农户的廉价家庭劳动力来为其生产(无论是“旧农业”的粮食和油料作物以及棉花,还是“新农业”的高值农产品,诸如蔬菜、水果、肉禽鱼、蛋、奶等)。

这样的劳动力要比使用全职雇佣劳动力的规模化生产便宜。也就是说,可以赋予(商业资本)公司更高的利润,亦即给予掌控资本者更高的资本“回报率”,才会被采纳。目前的组织形式,与其说是向西方产业资本的大农场的转型,不如说是大商业资本+小农户生产展示了比(西方发达国家的)产业资本+雇工的规模化生产更强的竞争力。(黄宗智,2012)一定程度上,它是中国近一二十年来农业发展的另一基本“特色”。(详细论证见本书第 9 章)

当然,在上述的廉价劳动力因素之外,还有其他相关原因。在小家庭农户的生产下,经营者和所有者是合一的,监督和激励问题基本不存在,因为家庭小农场会为自己的利益积极生产。而规模化大农场则必须面对农业生产与工业生产很不一样的监督问题,即怎样在广阔的空间中高效地监督农业那样分散的小生产(如何在百亩、千亩甚或万亩的农场上监督其雇佣劳动的投入)?(黄宗智,2012、2011)

更有进者,商业资本可以在一定程度上把农业生产所不可避免的风险转嫁到小农户身上,由他们来承担歉收的成本,以及因丰收而价格下降的成本。在名义上,“订单”农业制度正是针对价格波动的风险而建立的,但在实际运作中,面对"弱势"的小家庭农场,大商业资本(或其经纪人)可以通过各种手段和借口(例如,产品不达标而拒绝收购,或产品低于预期等级)来压价,而分散的小农户不可能进行有效抗拒。[①] 正因为如此,公司和小农户之间的"合约"履行率一般只达到约20%。(刘凤芹,2003;张晓山等,2002)在畜禽养殖业中,公司违约的占到七成,农民违约的占三成。(李秀华,2003:3;亦见本书第9章)

再者是家庭农场在当前的"隐性农业革命"中新兴的"资本和劳动双密集化"的小农场中所显示的高效率。已经给定的廉价家庭劳动力,可以不计工时夜以继日地投入超额的劳动,其逻辑类似于"夫妻老婆店"。这正是今天正在进行中的"隐性农业革命"的"新农业"的一种主要型式。同时,一个"种养结合"的5—10亩地的玉米种植和(小)规模化养猪农场,明显借助于两种相互辅助的不同生产的"范围经济效益"(传统的广东顺德地区的桑基鱼塘——用桑叶喂蚕、蚕粪喂鱼、鱼粪和塘泥肥桑——是个很好的例子),而不是大农场的"规模经济效益"。(详见黄宗智,2014:第10章)当然,中国目前的均分土地承包权制度毋庸说也起了一定的作用。

此外,家庭小农户的顽强竞争力不仅体现于农业,也体现于制造业和服务业。首先是20世纪80年代蓬勃兴起的乡村工业。针对城市的大型企业来说,他们的秘诀乃是廉价劳动力,其不仅工资

① 当然,在市价高于合约价的相反情况下,农户也会借用一些"弱者的武器",如隐瞒耕作面积或收获量、偷偷卖给另一中介人,甚或(像劳工史上的工人那样)采取集体行动来为自己争得多一点的收益。

远低于城市职工,也没有城市职工附带的福利。众所周知,乡村工业化使用了大量的农村剩余劳动力。没有被清楚说明的是,这是因为其价格远低于城市的劳动力,而之所以如此,是因为它最初是农业的一种副业,之后逐渐成为依赖农业为副业的主业。其基本逻辑同样:半工半耕的同一家庭借助两种相互扶持的生产活动,促使两者都要比从事单一生产的劳动力便宜。

正因为“离土不离乡”的“乡镇企业”工人仍然是农村家庭户的一个成员,仍然住在农村老家,仍然吃着农村的“口粮”(其初期仍然分着集体的工分),雇佣他们要比个体化的工人便宜。他们仍然是农村家庭经济单位的成员,其收入与其说是个体化的青年工人自己所有,不如说是其家庭经济的一部分,也是其提高现代投入的主要来源。(详见第7章)这一切都和新自由主义(和马克思主义)经济学的预期相悖。

至于20世纪90年代后蓬勃兴起的“离土又离乡”的农民工浪潮,其廉价劳动力乃是中国之所以对全球资本具有如此吸引力的重要原因(中国被广泛认为是资本最好的去处之一——详细论证见黄宗智,2020b:第5章、第6章)。由于社会保障不够充分,他们一旦失业或者到达退休年龄,大多返回家乡种地。他们的子女多数无法获得良好的教育条件,因而变成“留守儿童”在家上学,由爷爷奶奶(或姥爷姥姥)来带,形成所谓(父母亲外出的)“空巢家庭”。其结果也是促使他们的劳动力价格更加低廉。这样,也就对追逐最高投资回报率的资本具有更强的吸引力。这也是一般新自由主义经济学看不到的,其盲点和误解的最终根源正是因为它把基于西方经验的建构想象为普适的理论真理和实际。它把个体化的工人建构为普世的基本经济单位,因此不能理解作为基本经济单位的小农家庭。

另外,蓬勃发展的城市,包括大量农民工入迁,又组成、推进新、旧和半新半旧服务业的需求,相应兴起的是同样由农民工(和城市下岗工人)提供的各种各样服务。其中,夫妻老婆(或父母子女、亲戚)店相当普遍。搭配的双方,一方是来自农村家庭的农民工顾客,另一方也是来自农村的农民,但不是个体化的农民工,而是主劳动力+辅助劳动力的农村家庭经济单位。这里的经济道理,再次依赖廉价的家庭劳动力,再次因为家庭作为基本单位要比全职化、个体化的劳动力来得"经济"。(黄宗智,2008、2011)

正是在这个经济逻辑之下,由农户家庭成员组成的1.59亿外出农民工和0.85亿本地农民工(2011年数),大规模地进入了中国的制造业和服务业。而农民工的经济秘诀,并不简单在于他们是农村的剩余劳动力,也不简单在于他们是"流动"的"临时工",而在于他们是农村农户的成员,家里有农场,城里有工作,借助两种互补的活动来维持生计。(黄宗智,2011)对他们来说,家庭而不是个人,依然是基本经济单位。这也是"农民工",而不是简单的"工人"一词的深层社会经济含义。

四、与现代法律的关系

毋庸说,"半工半耕"的非正规经济与现代法律的关系也与一般的预期完全不同。首先,他们大多处于正规的劳动法律适用范围之外,因为他们一直仅仅被视作城镇的"流动人口"和"临时性"

工人。他们的户籍是"农民",而不是市民或居民。他们不享有与一般城市人民同等的权利,其中至为关键的是其子女在城市上学的权利,这导致大规模的"留守儿童"现象,孩子留在家乡由祖父母来照顾,为的是在家乡附近上学。正如"非正规"一词所说明的那样,他们是很难获得劳动法律保护和同等社会福利的人员。

其次,正因其"流动"性和非正规性,他们很少会依赖正规法律来维护自身的权利或解决人际纠纷。他们更多倾向依赖乡村长期以来的一些机制和惯习:例如调解机制,在村庄,是社区长期以来的"民间调解"或当地的"法律事务所"类型的半正式正义体系;在城镇,则依赖(同乡)熟人关系和乡村惯习(如口头协议和约定)多于"现代"型的书面合同/协议,以及正规的施法机构(公安部门)和法院体系。一定程度上,他们生活于一种正规法律之外的空间中。正因如此,在笔者查阅的关乎"劳务派遣"的"劳动争议"的抽样案例中,我们很少看到农民户籍的当事人,虽然他们占到所有劳务派遣人员中的一半之数。(详细论析见黄宗智,2020c:第 8 章、第 9 章;亦见黄宗智,2020b)这一切都和主流经济学与法学的预期十分不同。

五、与新古典经济学和马克思主义理论的不同

本章讨论的主要理论问题是经典理论——新古典和新制度经济学,以及在中国仍然具有一定影响的马克思主义政治经济学——与中国经济实际的相悖。上文已经说明,两者用于中国都具有严重的误导性。两者都以为,资本主义生产必定会取代小农

经济的家庭生产。新制度经济学更从理想化的市场经济前提出发(即私有产权+资本+个体化劳动力在完全竞争的市场中运作),要么把中国现实想象为其理想建构,要么把精力放在如何促使中国实际更进一步趋向符合其理想建构。结果是,两者同样掩盖了中国的经济实际,忽视其庞大的非正规经济以及其(小农)家庭经济顽强持续的基本现实。

新古典和新制度经济学更采用了“理性经济人”的基本建构,将其作为自己所有理论和分析的出发点。因此,所导致的对非西方经济体的研究,要么聚焦于如何将其改造为与西方同样的资本主义个体化经济,要么把实际想象为其所建构的理想。两种做法都完全无视当前中国经济运作中关键性的非正规经济和半工半耕家庭经济实际。我们需要认识到的是,如此的家庭经济既是中国经济成功发展的要诀(借此吸引大量全球资本、推动中国产品在全球市场上的竞争力、推动中国 GDP 的快速增长),也是其日益贫富悬殊问题的基本来源。(见黄宗智,2020c:第 5、6、7 章)它既具有顽强的竞争力,也是城乡差距扩大的根源。新制度经济学只能把中国的现实想象为向理想化“发达国家”的“转型”和“过渡”,既忽视其社会矛盾的一面,也错误地将其经济成效简单归因于产权私有化、市场化和资本主义化。

说到底,马克思主义经济学和新古典经济学所共有的一个关键盲点是,看不到中国人口/土地压力以及劳动力相对过剩的基本国情,看不到中国小农经济顽强持续至今的基本现实,因此也看不到半工半耕非正规经济的实际。人口/土地问题曾经是 20 世纪西方学者研究中国的核心,其代表人物乃是西方学术界的一些最优秀学者,包括卜凯(John Lossing Buck)和其后的何柄棣(Ping-tiHo)、珀金斯(Dwight Perkins)等好几代优秀学者,而其当时的理论敌手则是马克思主义的阶级分析。但是其后,伴随美国新保守主义的兴起,经济学转向比较狭隘和极端的原教旨市场主义(认为市场乃是解决一切经济问题的最终良方),论争的主要对手转化为(提倡政府干预市场的)凯恩斯主义经济学。结果先是把人口建构为和资本、土地同样稀缺的“要素”,最终则以意识形态化的概念“人力资本”和“比较优势”来取代过去对人口/土地压力和劳动力过剩的研究积累和认识。

在新古典经济学历史中,一个关键的转折点可以视作刘易斯和舒尔茨分别获得诺贝尔经济学奖的 1979 年。刘特别强调,发展中国家具有“劳动力无限供应”的农村;舒尔茨则坚持论争,市场经济下不可能存在所谓的“劳动力过剩”。当时,经济学仍然相对认真地对待人口过剩问题。但在之后,直至 2008 年爆发的全球金融危机,舒尔茨等的流派逐渐占据经济学的霸权地位。(详细讨论见黄宗智,2014:第 9 章、第 11 章;亦见本书第 3 章以及黄宗智 2020b:第 3 章)

在那样的环境下,中国的人地压力负担,被完全转释为新霸权话语中的“人力资本”和“比较优势”。它们几乎完全取代了原有的、更符合实际的简单事实描述,即“人多地少”“劳动力过剩”“廉价劳动力”“农民工”,以及“半工半耕”农户。在笔者看来,“人力资本”一词应该被限定于企业创业人才、高端技术人力等实际含义,而不是目前这样宽泛含糊地被使用于所有从业人员。把农民和农民工概括为“人力资本”,实际上是一种高度意识形态化的话语,是把人口和阶级问题排除于经济学视野之外的意识形态化建构,也是一种对底层人民的“象征暴力”。把中国的大量廉价劳动力简单转释为“比较优势”同样如此。因此,在新古典经济学话语中,完全看不到上文论述的基本中国现实。

正因为忽视了如此的基本经济—社会现实,才会有今天争论中国已经进入“刘易斯拐点”(即一个全国统一的劳动力市场)的经济学家论说,才会有中国已经成为一个类似于西方发达国家的“橄榄型”社会的社会学家论说,才会有中国必须完全模仿西方的个人主义法律的“移植论”论说。(详细论证见黄宗智,2020c:第3章;亦见黄宗智,2009b)

毋庸说,如此的新古典/新自由主义经济学观点既不能看到中国的家庭经济单位现实,也不能看到其所包含的社会不公现实。忽视中国的社会现实,便看不到中国经济的基本动力,看不到中国GDP快速增长的实质。既看不到中国经济的实力——即作为其基础的廉价小农家庭单位的劳动力,也看不到其弱点——即贫富悬殊,处于一定程度的社会不公的制度安排之下。

纵观现有的经济学理论,最能够理解小农经济的家庭农场经济组织的,今天仍然是苏联以恰亚诺夫为首的“组织经济学派”。他们看到家庭农场和资本主义公司在组织和会计逻辑上的基本不同,也看到小农经济的强韧性。但是,在斯大林统治时期,恰亚诺夫等被杀害。其后,在对发展中国家的研究中,恰亚诺夫经济学学派虽然仍具有一定的影响,但在20世纪中叶之后,新自由主义经济学日益强盛,尤其是在苏联和东欧社会主义制度崩溃之后,其占到全球的绝对霸权,硬把不符合其理论/意识形态教条的历史经验,全都塞入其理论建构和话语之中,拒绝任何其他的认识。就连中国自己,在拒绝过去僵硬的计划经济大趋势下,也借鉴了新自由主义经济学。今天,我们需要的是重建并推进组织经济学派理论传统的真知灼见,因为它是在经济学理论多种传统中最符合中国实际的传统。

恰亚诺夫所论证的家庭经济组织特征和逻辑,其实在沉重的人口压力下呈现得最淋漓尽致,并因此具有最大的强韧性。由于中国人多地少的“基本国情”,恰亚诺夫的理论传统其实比在其诞生地的俄国更接近实际。可以说,此理论传统未来的进一步建设与发扬光大,其责任非中国自身的经济学和农业研究莫属。

六、结语

简言之,我们要清楚认识到中国经济—社会的现实,看到其非正规经济和家庭作为基本经济单位的强韧性和经济竞争力。认识到人口压力下的家庭经济的特殊逻辑,才能既看到中国经济发展的主要动力,也看到其一定程度的社会不公。正是部分依赖家庭农业来维持生活的农户和农民工,吸引了大规模的全球资本在中国投资,支撑了其特高的投资回报率。也正是从事低廉报酬的农业辅助性从业人员以及来自他们家庭的、从事低廉报酬(和没有法律保护以及没有社会保障)的农民工,组成了今天中国社会底层的很大部分。

清醒认识中国这个真正的“基本国情”——即由于人口压力+家庭经济组织结合所形成的巨大的底层半工半耕非正规经济和社

会——才有可能认识到一个与现代西方不同的中国的过去,并想象到一个与西方不同的未来。不仅是它的经济原理不同,也是它的社会结构不同。由此才能认识到,怎样在中国创建具有自己特点和主体性的经济学和法学,怎样考虑从家庭单位而不仅仅是西方现代"理性经济(个)人"的建构出发,并且由此认识到中国社会主义革命的深层历史缘由。这样才有可能不仅认识到中国的不足——其人均 GDP 仍然远远落后于发达国家以及一定程度的社会不公,也认识到其所含有不同未来的可能。

参考文献:

黄宗智(2020b):《实践社会科学与中国研究　卷二　中国的新型正义体系:实践与理论》。

黄宗智(2020c):《实践社会科学与中国研究　卷三　中国的新型非正规经济:实践与理论》。

黄宗智([2000、2004、2009]1986):《华北的小农经济与社会变迁》,北京:中华书局。

黄宗智([2000、2006]1992):《长江三角洲小农家庭与乡村发展》,北京:中华书局。

黄宗智(2002):《发展还是内卷? 18 世纪英国与中国》,载《历史研究》第 4 期,第 149—176 页。

黄宗智(2006):《制度化了的"半工半耕"过密型农业》,载《读书》第 2 期,第 30—37 页;第 3 期,第 72—80 页。

黄宗智(2008):《中国的小资产阶级和中间阶层:悖论的社会形态》,载《中国乡村研究》第 6 辑,第 1—14 页,福州:福建教育出版社。http://www.lishiyushehui.cn。

黄宗智(2009a):《过去和现在:中国民事法律实践的探索》,北京:法律出版社。

黄宗智(2009b):《中国被忽视的非正规经济:现实与理论》,载《开放时代》第2期,第52—73页。

黄宗智(2010):《中国的隐性农业革命》,北京:法律出版社。

黄宗智(2011):《中国的现代家庭:来自经济史和法律史的视角》,载《开放时代》第5期,第82—105页。

黄宗智(2012):《小农户与大商业资本的不平等交易:中国现代农业的特色》,载《开放时代》第3期,第89—99页。

黄宗智(2014):《超越左右:从实践历史探寻中国农村发展出路》,北京:法律出版社。

黄宗智、高原、彭玉生(2012):《没有无产化的资本化:中国农业的发展》载《开放时代》第3期,第10—30页。

李秀华(主持人)(2003):《“公司+农户”已过时?》专题讨论,载《当代畜禽养殖业》第1期,第3—9页。

刘凤芹(2003):《不完全合约与履约障碍——以订单农业为例》,载《经济研究》第4期,第22—30页。

《沈氏农书》([1640]1936),收入《丛书集成》第1468册,上海:商务印书馆。

苏成捷(2011):《堕胎在明清时期的中国:日常避孕抑或应急措施》,载《中国乡村研究》第9辑,福州:福建教育出版社。

徐新吾(1992):《江南土布史》,上海:上海社会科学院出版社。

张晓山等(2002):《联结农户与市场——中国农民中介组织探究》,北京:中国社会科学出版社。

《中国农村统计年鉴》,2008,北京:中国统计出版社。

Allen, Robert, Jean-Pascal Bassino, Debin Ma, Christine Moll-Murata & Jan Luiten van Zanden. (2011). "Wages, Prices, and Living Standards in China, 1738 – 1925: in Comparison with Europe, Japan, and India," *Economic History Review*, 34 S1: 8–38.

Becker, Gary S. (1991). *A Treatise on the Family*, enlarged edition, Cambridge: Harvard University Press.

Becker, Gary S. (1992). "The Economic Way of Looking at Life," Nobel Prize Lecture, http://nobelprize.org/nobel_prizes/economics/laureates/1992/becker-lecture.html.

Bourdieu, Pierre. (1977). *Outline of a Theory of Practice*, Cambridge: Cambridge University Press.

Chayanov, A.V. ([1925] 1986). *The Theory of Peasant Economy*, Madison: University of Wisconsin Press.

Coase, R. H. ([1990] 1988). *The Firm, the Market and the Law*, Chicago: University of Chicago Press.

Coase, R. H. (1991). "(Nobel) Prize Lecture," http://nobelprize.org/nobel_prizes/economics/laureates/1991/coase-lecture.html.

De Vries, Jan. (1984). *European Urbanization*, 1500 – 1800, Cambridge, Mass.: Harvard University Press.

De Vries, Jan. (1981). "Patterns of Urbanization in Pre-Industrial Europe, 1500 – 1800," in H. Schmal (ed.), *Patterns of European Urbanization, Since* 1500, London: Croom Helm: 77–109.

Huang, Philip C. C. (2002). "Development or Involution? 18th Century Britain and China," *Journal of Asian Studies*, vol.61, no.2(May): 501–538.

Lenin, V. I. ([1907] 1956). *The Development of Capitalism in Russia*, Moscow: Foreign Languages Press.

Levine, David. (1977). Family Formation in an Age of Nascent Capitalism, New York: Academic Press.

Lewis, W. Arthur. (1954). "Economic Development with Unlimited Supplies of Labour," *The Manchester School of Economic and Social Studies*, vol. 22, no. 1(May): 139-191.

Maddison, Angus. (2007). *Chinese Economic Performance in the Long Run; Second Edition, Revised and Updated*: 960-2030 A.D., Organization for Economic Cooperation and Development(OECD).

Maddison, Angus. (2001). The World Economy: *A Millenial Perspective*, Organization for Economic Cooperation and Develeopment (OECD).

Marx, Karl. (1894). Capital, vol. III, part IV, Conversion of Commodity-Capitaland Money-Capital into Commercial Capital and Money - Dealing Capital (Merchants Capital), chapter 16, Commercial Capital, http://www.marxists.org/archive/marx/works/1894-c3/ch16. htm.

Marx, Karl. ([1887、1967] 2010). *Capital: A Critique of Political Economy*, vol.1, Moscow: Progress Publishers. http:// www.marxists.org/archive/marx/works/1867-c1/.

Medick, Hans. (1976). "The Proto-industrial Family Economy: The Structural Function of Household and Family During the Transition from Peasant Society to Industrial Capitalism," *Social History*, 3(Oct.): 291-315.

Mendels, Franklin F. (1972). "Proto-industrialization: the First Phase of the Industrial Process," *Journal of Economic History*, vol.32, no.1(March):

241-261.

Sommer, Matthew. (2010). "Abortion in Late Imperial China: Routine Birth Control or Crisis Intervention," *Late Imperial China*, vol. 31, no. 2 (Dec.): 97-165. 中文版见苏承捷:《堕胎在明清时期的中国——日常避孕抑或应急措施?》,载《中国乡村研究》第 9 辑,第 1—52 页,福州:福建教育出版社,2011。

Smith Adam. ([1776] 1976). *The Wealth of Nations*, Chicago: University of Chicago Press.

Weber Max. (1978). *Economy and Society: An Outline of Interpretive Sociology*, 2vols., Berkeley: University of California Press.

Wrigley, E. A. and R. S. Schofield. (1989[1981]). *The Population History of England*, 1541-1871: A Reconstruction, 2nd ed., Cambridge: Cambridge University Press.

Wrigley, E. A. (1985). "Urban Growth and Agricultural Change: England and the Continent in the Early Modern Period," *Journal of Interdisciplinary History*, xv, 4(Spring): 683-728.

第六章　没有无产化的资本化：中国的农业发展[①]

经典马克思主义和(新)自由主义理论都预期,(现代)资本投入农业,必定会带来雇工农业的兴起并导致小农经济的消失。那是英格兰农业的历史经验,其关键是雇工经营的“佃农资本主义”农场。对于亚当·斯密来说,它的经济逻辑和新兴起的制造业是一致的,带来的是分工和规模经济效益。马克思的认识则是,它是从“封建制度”中通过租佃关系的剩余价值剥削转为资本主义的雇工剩余价值剥削。具体到20世纪初期的俄国,列宁认为当时富农

① 本章原稿作者是黄宗智、高原、彭玉生,发表于《开放时代》2012年第3期,第10—30页。英文原稿由黄宗智执笔、高原提供山东省聊城市和耿店村的微观研究、彭玉生和高原分别承担表6.1、图6.1和图6.2;中文翻译由高原拟稿,黄宗智、彭玉生修订。纳入此书,经过相当程度的改写和删节。本章没有纳入关于第三次全国农业普查数据的讨论而是保存了原来主要依据第二次农业普查数据的论述。关于第三次普查数据的讨论,请见第一、二和第十三章的相关讨论。

广泛兴起，正代表资本主义雇工生产关系的兴起以及俄国从封建主义生产方式转向资本主义生产方式。因此，俄国需要无产阶级领导的社会主义革命。(Lenin，[1907]1956)

与以上认识相对的主要是“小农经济理论”，也称“实质主义”理论，特别是与列宁针锋相对的恰亚诺夫的理论。他根据当时俄国的经验论说，小农经济仍然顽强持续。据此，他既反对马克思主义的分析，也反对(新)自由主义的分析。与列宁不同，他认为当时俄国的小农经济并没有展示列宁所认定的资本主义生产关系和社会分层，而更多是“人口(周期)的分层”(demographic differentiation)：即每家农户伴随其家庭周期中生产者对消费者比例的演变(孩子们小的时候是1∶2或更多，等孩子们进入生产后而中年父母亲仍然在劳动时则是1∶1的比例)而形成的社会分化(这里我们要指出，这个现象其实最完全地体现于集体时代的中国农村)。同时，他指出，小农经济的主体是小农家庭，它既是一个生产单位也是一个消费单位，而且，它的劳动力是既定的，因此，它的经济行为和一个完全以资本营利为主的企业单位十分不同。在人地关系的压力下，为了满足家庭消费要求，前者会在单位土地上投入越来越多的劳动，直到其边际收益近乎零；但后者则在边际投入成本(工资)高于边际产出的情况下，便会停止投入劳动力，因为那样是会亏本的。恰亚诺夫既拒绝资本主义农业，也拒绝集体化农业，提倡通过为小农户提供加工和销售的合作社，来为小农经济提供其应对(大)市场所必需的“纵向一体化”。(Chayanov，[1925]1986；Shanin，1986)在今天的中国，正是小农经济的大规模延续和全球化大市场的客观环境，把这个问题再次提到我们面前。

上述理论争执的关键首先是经验问题：现代工业经济的来临是否必定会促使农业经济中资本+雇工经营的兴起，并完全取代小农经济？在如今已经经过相当高度工业化的中国，雇工经营的规模化资本主义企业到底占多大比例？小家庭农户又如何？中国的农业是否真像经典理论预期的那样，已经高度公司化？

本文从中国农业雇工的经验证据出发，试图给出一个可靠的量化估计。目前的统计系统并没有“（私营企业）公司化农业”或“农业雇工”的统计指标，需要我们从浩如烟海的统计数据中去挖掘相关信息。笔者和合作者认为，目前的可用数据主要有两种。

一是国家发展和改革委员会价格司根据 1553 个县“六万多”农户的抽样调查（《全国农产品成本收益资料汇编》2006：编者说明，第 2 条），它带有比较细致的成本收益数据，可以让我们看到不同农业生产中的雇工使用规模。虽然，成本收益调查所依据的抽样农户明显偏重被认为是“示范性”的农户，代表一种“超前”的“发展”和农业“资本化”的状况，一定程度上，它们反映的是调查人员心目中的“发展”前景，而不是目前的实际。但我们可以据此来得出不同农业生产中在资本投入和劳动力使用方面的不同客观情况及其历年的变迁，也可以得出一个初步的量化概念，虽然是“超前的”的数量。

二是 1996 年开始的每十年一次的全国农业普查。它不带有像成本收益调查那样的不同农作物中的投入和成本数据，但它们包含的是比较实在和全面的农户数量和雇工数量。我们可以根据 1996 年和 2006 年的普查数据，得出比较可靠的雇工总量以及比较可靠的机械使用量。

本文将首先根据成本收益数据,指出不同农作物在资本投入和雇工数量方面在新世纪最初的十年(2000—2009)的演变趋势,并据此建立一个比实际要超前的、初步的量化概念。其次,通过农业普查数据得出更为可靠的1996—2006年的实际雇工和机械使用量的数据。后者可以是我们对那个时段比较可靠的依据,也可以作为我们以后使用这方面普查数据的一条基线。最后,将对比中国新型的小农经济与日本、印度的经验,借此来进一步突出并说明中国的特点,并试图提出一个初步的解释。

一、成本收益抽样数据

表6.1和图6.1根据成本收益调查给出了五种主要农产品的生产中雇佣劳动在总劳动投入(以天数计算)中的比重。这五种有系统数据的农产品包括:谷物[三种主要谷物水稻、玉米和小麦的平均,作为"粮食"("粮食"指标,除"谷物"之外,还纳入了豆类和薯类,但主要是谷物)的近似数据]——2009年,"粮食"播种面积占全国农产品总播种面积的68.7%。其次是蔬菜(占总播种面积的11.6%),花生和油菜籽(占7.4%;油料作物一共占8.6%),棉花(占1%),苹果(占1.5%,作为所有瓜果的一种近似)。

容易看到,对于"三种主要谷物"(作为"粮食"的近似,占总播种面积的68.7%)而言,雇佣劳动还不到总劳动投入的5%,而且在2000—2009年的十年间没有表现出任何实质性的增加。对于蔬菜(第二大类农作物,占总播种面积的11.6%),雇佣劳动在过去十年间有明显增加[很大程度上是因为在城市和交通线附近,"劳动—

表 6.1　雇佣劳动占全部劳动投入的比例(以天数计算):五种主要农作物,2000—2009

年份	谷物(大米、小麦、玉米)	蔬菜	花生和油菜籽	棉花	苹果
2000	4.1%	2.9%	2.1%	3.1%	3.0%
2001	4.2%	0.7%	2.1%	2.7%	5.0%
2002	4.3%	1.4%	2.4%	3.1%	2.6%
2003	4.5%	1.6%	3.1%	3.0%	5.0%
2004	5.3%	4.5%	2.0%	5.2%	15.8%
2005	4.6%	7.5%	2.6%	4.9%	17.7%
2006	4.5%	7.7%	1.3%	5.9%	17.4%
2007	4.8%	8.8%	1.5%	7.0%	31.6%
2008	4.7%	8.2%	1.1%	6.9%	20.6%
2009	4.4%	8.5%	1.3%	6.7%	39.6%

数据来源:《全国农产品成本收益资料汇编》,2006、2010。

资本双密集”的“温室”(多是塑料拱棚)蔬菜种植有较大的发展——黄宗智,2010b],但其在全部劳动投入中所占比重也仅有8.5%。这是因为蔬菜生产仍然主要是由家庭经营实现的,这种生产需要高密度的、细腻的、不定时的劳动投入。(黄宗智,2011b;亦见下文)典型的使用雇佣劳动的经营模式是,夫妇二人雇佣一两短工。对于油料作物(第三大类农作物,占总播种面积的8.6%),雇佣劳动占总劳动投入的比例同样很低,在十年里维持在1—3%的水平。

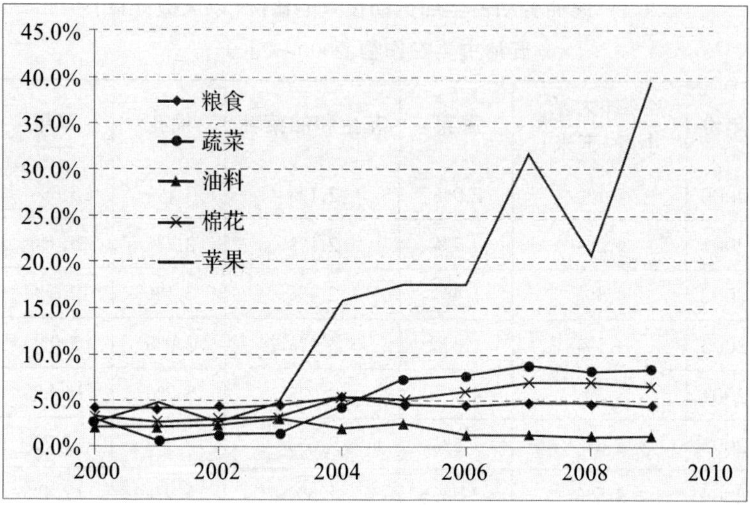

图 6.1　**雇佣劳动占全部劳动投入的比例(以天数计算):五种主要农作物,**2000—2009

数据来源:同表 6.1。

对于棉花(第四大类农作物,总播种面积的 3.1%),雇佣劳动占比有显著上升。调查户种植棉花所投入的雇佣劳动现已占全部劳动投入的 7%。部分原因可能是新疆新棉田的大开发——从 1996 年占棉花种植总面积的 24%扩增到 2006 年的 41%。(《中国第二次全国农业普查资料综合提要》,2008:7-2-8)因为在新疆,土地相比人力更加富裕,所以足有四分之一的农场规模在 100 亩以上,有较大数量的雇佣劳动存在(雇佣单个雇工的费用也比其他地区高)。然而即便如此,雇佣劳动仍然多是季节性的短期雇工,其主要工作是采摘棉桃。家庭农作仍占主导地位。(毛树春,2010)

唯一一个雇佣劳动投入有显著增长的例子是苹果(这是唯一有系统数据的水果,占总播种面积的1.5%)。2009年,雇佣劳动占全部劳动投入的比例达到了40%。这部分是因为山区的苹果地有时候是大片承包的(但也有平均分配给所有农户的),还因为高价值品种的扩展需要较密集的劳动投入——比如为苹果套上果袋以提高质量和外观。同时,采摘苹果也需要大量的劳动力。(参见韩文璞,2011)但苹果生产中雇佣劳动的大量增加不应被过于夸大,因为其播种面积仅占1.5%。

高价值蔬菜和水果种植的扩展是中国"隐性农业革命"的一个重要组成部分。这样一场革命,在过去三十年里使农业总产值增加到之前的600%(以可比价格计算)。它背后的动力,主要是人均收入增长带来的对高价值农产品的消费增长。笔者使用"隐性农业革命"这一概念来描述上述现象,以与传统意义上基于同一种作物绝对产量的提高所呈现的"农业革命"相区别。后者的代表有广为人知的18世纪英格兰农业革命,以及更为晚近的20世纪60年代和70年代的"绿色革命"(中国在20世纪60和70年代也经历了自己的"绿色革命")。最近的这场"隐性农业革命"并非来自于某种特定作物产量的增长,而是来自于中国居民食品消费结构的根本性重构(以及这种重构所带来的农业结构转型)——从谷物—蔬菜—肉类之比例为8∶1∶1的结构向4∶3∶3的转变。(本书第2章;亦见黄宗智、彭玉生,2007;黄宗智,2010b:第6章;黄宗智,2010c;《中国农村统计年鉴》,2011:表6-22)

日益发展的畜禽饲养是"隐性农业革命"的另一个重要组成部分。图6.2给出了几种主要畜禽产品的生产中雇工占全部劳动投

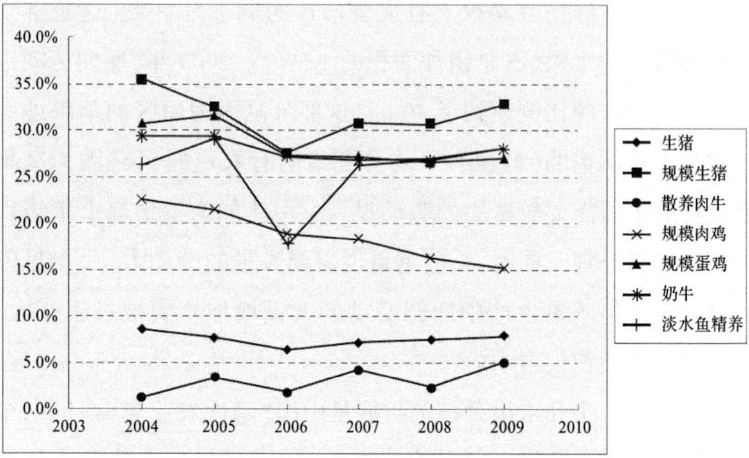

图 6.2　主要的畜禽产品生产中雇佣劳动占总劳动投入的比重:2004—2010

数据来源:《全国农产品成本收益资料汇编》,2005、2006、2007、2008、2009、2010:表 1-23-2。

入的比例。首先考察三种主要的肉类——猪肉、家禽和牛肉[按重量计各占 2009 年全国肉类总产出的 64%、21%、8%(亦即共 93%),《中国农村统计年鉴》,2010:7—38,7—40]。对于生猪饲养而言,在有系统的、可比较数据的过去五年间,调查户雇工占全部劳动投入的比重波动于 6%—8% 之间。典型的生猪饲养模式是,一个小规模家庭农场以传统的方式饲养一两头猪,利用泔水作为猪的吃食,这种饲养方式叫作“散养”。即使成本收益资料汇编中所谓的“规模生猪”(其统计标准为饲养规模在 30 头以上。参见《全国农产品成本收益汇编 2010》附录一、三),仍然在相当程度上是由家庭经营进行的——规模生猪饲养中,家庭劳动约占全部劳动投入的三分之二。这种规模生猪饲养,如我们所见,仅将全部生猪饲养中雇佣劳动所占比例提高到了 2009 年的 8%。对于牛肉生产，资料汇编中仅有“散养肉牛”的数据，其雇佣劳动所占比例在 2009 年仅为 5%。[①] 对于肉鸡（禽肉中最主要的一项）而言，资料汇编中不存在不分规模的所有肉鸡饲养的数据，因为散养户不易统计。[②] 但即便是“规模肉鸡”这一项目，雇工所占比例也从 2004 年的 22.5% 下降到了 2009 年的 15%，这显示出家庭养鸡的顽强生命力。基于一些零碎的质性资料，我们可以了解到，即使是大规模的养鸡或蛋公司，也在很大程度上依赖和散养农户签订合同来进行饲养，而不是集中于大规模的农场来饲养。（《中国农业产业化报告》，2008，亦见黄宗智，2011c）总而言之，和农作物种植一样，在肉类生产中，家庭劳动同样占据主导性地位。

另外两种重要的畜禽产品奶类和蛋类（2009 年总产量为 6500 万吨，相较于肉类的 7600 万吨——《中国农村统计年鉴》，2010：7—40、7—41），因为对标准化生产有着更加严格的要求，资本经营有较大的扩展。如图 6.2 所示，奶牛饲养中，2009 年，28% 的劳动投入属于雇佣劳动。蛋鸡饲养中，2005 年雇工投入占 30% 以上，但在 2009 年则下降到 27%，这也再次说明了使用家庭劳动力的家庭农业的坚韧性（成本收益资料汇编里，蛋鸡饲养也不存在散养的数据。与肉鸡一样，成本收益调查在 2006 年放弃了对这一项目进行调查）。

对于水产品，2007 年（最后一个有统计资料的年份）总产量达

① 我们知道，散养占全部牛肉生产单位的 96%，但是规模饲养也有显著的发展，2008 年全部牛肉产量的 40% 是由规模饲养实现的。可惜的是，我们没有获得规模肉牛饲养中雇佣劳动投入的数据。

② 在 2006 年，成本收益调查放弃了对全部肉鸡饲养进行调查，仅在 2004 年、2005 年和 2006 年三年有（不可完全置信的）数据。

到4700万吨(相较于肉类的6700万吨,奶类和蛋类的6200万吨——《中国农村统计年鉴》,2008:7—44),资本经营同样有着较大的发展,这是因为水产养殖需要相对更高的资金投入。资料汇编中,仅在2004—2007年有"淡水鱼精养"这一项目。如图6.2所示,2007年,雇工占全部劳动投入的26%。

综上所述,相比于由资本主义式农业企业进行的大规模生产,家庭农业经营仍占据压倒性优势地位。对于笔者称之为"旧农业"(主要是由家庭农户进行谷物、油料作物以及棉花的生产)的那部分农业来说尤其如此。对于笔者称之为"新农业"的高产值农产品,尤其是蔬菜、肉蛋奶,很大程度上也是如此。后者涉及资本和劳动双密集的投入:一个劳力可以耕种4亩旧式的露地菜,但同样,一个劳力只能管理1亩新型的塑胶棚蔬菜。类似地,一个典型的农户可以利用泔水喂养1—2头猪,而通过利用生物剂将谷物秸秆转化为饲料,则可以饲养10头或更多。(黄宗智,2010)水果、奶类和鸡蛋生产则需使用较多的雇佣劳动。

要精确量化所有的雇工在全部劳动投入中所占的比例,目前看来还不容易实现,其实或许也并不可取。这部分是因为,各种农产品之间存在巨大差异:一方面,在谷物、蔬菜、花生—油菜籽、棉花、生猪—禽类—肉牛这些农产品的生产中,家庭经营仍旧占主导地位;另一方面,有少部分农产品,例如水果、奶类、养殖的水产品、蛋类,基于雇佣劳动的公司农业已经有了较大的增加。然而,我们仍然可以得出这样一个结论:总体上看来,即便是依据比较超前的成本收益抽样调查数据,雇工仍然只占全部劳动投入的一个较小比重。对于表6.1中的5种主要农作物(占总播种面积的93.5%)

而言只占5%;对于肉类生产而言只占7%;但是对于需要更密集资本投入的淡水鱼饲养和需要更高标准化操作的奶类、蛋类生产而言,雇佣劳动占比则要高些。总体看来,根据成本收益调查得出的雇佣劳动所占比例应该在5%—8%之间,肯定要低于10%。

二、农业普查数据

5%—8%,或者"肯定低于10%"的估计,或许比有些人的预期要小。但其实这多半是一个过高的估计。前面我们给出的统计数据均来自针对全国范围内六万多户样本农户的成本收益调查。这六万多户是个有限的样本集,因此我们不得不面对样本选择所可能导致的对真实状况的偏离。确实,这些农户来自全国范围内的1553个县,①虽然看似这是一个比较大的数目,但必须注意,它其实意味着平均每个县只有38户调查户。另外,这项调查的主要目的与其说是为了获取中国农业的基本状况,不如说是通过检测不同生产要素成本间的关系,为国家制定价格政策提供基础。除上述主要目的外,这项调查也意在为农业发展道路树立典型。如国家发展改革委员会价格司(该司是这项调查的主导部门)司长赵小平所说:"基层成本调查队和调查人员……注意发挥调查户的示范作用,努力寻找适应本地实际的特色产业,为农民提供看得见的致富门路,以一户带百户、一点带一片,为农民增收做出了实实在在的贡献,受到了农民的交口称赞,得到了当地政府的充分肯定。

① 2001年全国一共1998个县,包括393个县级市和115个自治县。

‘要致富,看农调户’成为农产品成本调查为农民增收服务的真实写照。”(赵小平,2004)

鉴于赵小平所说的调查户要发挥“示范作用”,我们认为,成本收益调查所选择的调查户,带有被认作比较“先进”的农户的倾向。这种具有倾向性的样本选择,会使基于这些调查户的数据所得到的雇佣劳动占总劳动投入的比重高于真实情况。

那么,怎样才能纠正这套被广泛用于学术研究的统计资料(利用这套资料进行研究的最近例子,见王美艳,2011)所可能存在的偏差呢?在某种程度上也许是为了克服小样本所带来的问题,中国自1996年以来开始进行每十年一度的全国农业普查。农业普查的性质与每十年一次的人口普查类似——后者提供了关于人口的基础数据。迄今为止,我们有两次农业普查的资料——1996年和2006年。这两次普查分别以1996年和2006年的12月31日24:00为准。这个大型的农业普查要求每位调查员对被调查对象进行现场访谈,当面填写调查问卷。调查采用全国统一的标准四页问卷,并且附有给调查员的详细说明。调查问卷包含有针对农业雇工数量的项目(标准问卷中的问题10),并且对雇工有受雇时间(6个月以上和6个月以下)和性别的区分。对于6个月以下的农业雇工,调查问卷要求填写确切的受雇天数。(《中国第二次全国农业普查资料综合提要》,2008:第8节,第285—339页)

总的来说,十年一度的农业普查的用意和十年一度的人口普查相同。与针对六万多户样本农户的成本收益调查不同,农业普查意在尽可能精确地捕捉到社会实际,而不附带试图确立某些农户作为典型的意图。实际上,农业普查被用来给中国的农业统计数据确立新的标准。例如，它被用来纠正关于农业的旧有数据，正如人口普查数据被用来更新旧的人口与就业数据那样。（例见《中国农村统计年鉴》，2008，关于畜牧业情况的表 7-38）

农业普查中所使用的主导范畴是“农业生产经营者”，它的主要部分是农业生产经营户——亦即我们所谓的家庭农场，在 2006 年总计达 2.002 亿户，它们拥有共 3.42 亿“本户劳动力”。在这些家庭农场之外，则是 39.5 万个“农业生产经营单位”，这一范畴包括“企业”“事业单位”“机关”“社会团体”“民办非企业”，以及“其他法人单位”。

“农业生产经营单位”中，具有官方注册“农业法人单位”身份的有 23.9 万个，这些单位共有 627.8 万从业人员（平均每单位 26 人），其中企业共雇佣 358.3 万人（占“农业经营单位”雇佣的全部从业人员的 57%）。也就是说，企业雇佣的从业人员仅占全部农业劳动人员（包括家庭农场和农业生产经营单位的全部劳动人员）的 1%（《中国第二次全国农业普查资料汇编：农业卷》，2009：表 1-5-1），那些在农业企业中的从业人员，应有相当部分可以被视为“农业雇工”——亦即被农业企业全职雇佣的农业工人。

如果我们假设所有没有注册的“农业生产经营单位”都是私营的、追求利润的企业（因为别的单位，诸如事业单位、机关、社会团体等，应该多是注册单位），而且进一步假设它们具有与已注册企业相同的平均雇员数量（实际上，这些没注册的单位规模应该会比企业小），则可以得出另外 405.6 万雇佣从业人员。再加上已知的企业雇员 358.3 万人，总计可得出 763.9 万雇员，占全部农业从业人员的 2.2%。这一数目可作为由资本主义农业企业雇佣的农业工人的一个(上限)估计。①

家庭农场(也就是“农业生产经营户”)的数据更精确一些。这些家庭农场的“家庭户从业劳动力”总计3.42亿,其中3.37亿(98.5%)属于“自营”,剩余的少部分属于“雇主”“家庭帮工”“务工”“公职”等范畴。(《中国第二次全国农业普查资料汇编:农业卷》,2009:表2-1-14)

需要指出的是,农民家庭经济活动的多变性增加了这些数据本身的复杂性。现在,大多数农户同时从事多个领域的活动。除农业以外,还有大量的非农活动,比如商贸、运输以及其他服务业。十年一度的农业普查依据全年从事农业的时间在6个月以上和以下,对农户进行了划分。依照这种划分,在被如此统计的3.05亿农民中,有2.14亿农民全年从事农业的时间在6个月以上,0.91亿在6个月以下。前者之中,有160万人(0.7%)被认定为“雇工”;对于后者,没有直接给出雇工人数,但普查资料指出,总计有2.75亿个工日是由雇工完成的。按照一年300个工日计算,这些工日被折算为90万个“年雇工”。(《中国第二次全国农业普查资料汇编,农业卷》,2009:表2-1-15)这两者相加,我们可得雇工数量为250万,这占全部3.05亿农民的0.8%。

① 另一种有用的指标是对“离土离乡”的农业工人的统计。2006年,总共有1.318亿“离乡离土”的农民工,其中有360万在农业部门(即第一产业,以与作为第二产业的工业和作为第三产业的服务业相区分)劳动(《中国第二次全国农业普查资料综合提要》,2008:表6-2-14)。这一数字也可以作为“农业雇工”的一个近似,但问题是,它仅包括离乡外出的农业雇工而不包括在本地务工的农业雇工。另外,在“离土离乡”而又从事农业的农民中,有不能确定数量的并不是受雇佣的农业工人,而是(我们可以称作)“客耕佃户”——他们租当地农民的土地进行耕种。这种客耕佃户主要存在于城郊。

然而还需考虑到,按照一年300个工日折算年雇工,虽然对年雇工来说是合理的,但这样的天数多半比2.14亿每年从业6个月以上的"自雇"农民每年的从业天数要多,也肯定比9100万每年从业6个月以下的自雇农民每年的从业天数要多。更精确的计算雇佣劳动在全部劳动投入中所占比重的方法是,计算自雇农民和雇工的全年劳动天数。如果我们假设从业6个月以上的自雇农民全年平均劳动250天,从业6个月以下的自雇农民平均劳动100天,则可以得到雇佣劳动占全部劳动投入的比重为1.2%①,大于前面得到的0.8%。这些雇佣劳动中,64%是长期雇工(6个月以上),36%是短期雇工(6个月以下)。短期佣工的主体应该是那些自己也有家庭农场的农民,他们只是将部分时间与人佣工。这一类人不属于"农业无产阶级"的范畴,而更近于"半无产阶级"。对于在家庭经营的农场中劳动的"农业无产阶级"的规模,我们应该使用0.8%的数字。

之前我们为农业企业雇佣的农业雇工估计的上限是2.2%,那么加上刚刚估计的0.8%,得到3.0%,这就是全部农业劳动投入中"农业无产阶级"所占的比重。如果我们把同时也自己经营家庭农场的短期雇工计算在内,这一数字将是3.4%。

第二次农业普查的数据说明,农业雇佣劳动占全部农业劳动投入的比重,要比通过六万多个样本户的全国农产品成本收益调查估计的比重要低。这进一步表明,成本收益调查的样本户很可能是"致富"地方的"示范"者——它是一种有倾向性的样本选择。

① (250万×300天)/[(2.14亿×250天+9100万×100天)+2.75亿]=1.2%。

在获得更加精确的数据之前,基于六万多个样本户的全国农产品成本收益调查所计算得到的5%—8%(或者"肯定低于10%"),可以作为农业雇佣劳动比重的一个不太可置信的超前估计;由覆盖性更强的第二次农业普查数据计算得到的3.0%或者3.4%,可以作为一个可信度较高的估计。鉴于成本收益调查的样本户很可能是具有"示范作用"的"先进"农户,我们更倾向于认为,较低的比重更加符合实际。

三、地方和微观的证据

为了赋予上述数据更确切的现实感,我们现在考察地方和村庄层面的经验材料。

(一)上海市松江县的"绿色革命":20世纪60年代和70年代

黄宗智于1982—1995年间在上海市松江县开展了长期调查。该县在20世纪60和70年代,经历了"绿色革命",即化肥、科学选种、拖拉机被应用于农业。这些现代化的农业投入,连同电气化和水利设施的改良一起,带来了单位土地(每播种亩)产出的大幅增加,并进一步推动了该地区农业生产的劳动密集化。以1955—1959年的产出水平为100%来计算,1975—1979年棉花增长到316%,水稻增长到131%,小麦增长到274%。这些增长在某种程度上反映了中国农业的整体变迁——虽然是放大了的变迁(由于松江地区处于较为先进的长江三角洲地带)。(见表6.2)

表 6.2　松江和全国的农作物产出(斤/播种亩),1955—1959 和 1975—1979 的对比:棉花、水稻和小麦

年份	棉花		水稻		小麦	
	松江	全国	松江	全国	松江	全国
1955—1959	45	38	534	341	149	118
1975—1979	142	60	697	502	408	236
%变动率	316%	158%	131%	147%	274%	200%

数据来源:根据黄宗智,1990,表 11.1:224。

然而伴随着总产出的增加,劳动投入差不多也增加了相同的幅度。劳动投入的增加主要是因为人口增长的压力,以及更集约化的耕作方式的采用。在 20 世纪 60 年代晚期,双季稻(早稻和晚稻,随后则是冬小麦)模式的推广,使劳动投入的密集度达到了顶峰。双季稻模式之所以成为可能,是由于拖拉机的采用——只有利用拖拉机进行机耕,才有可能使每年 8 月非常紧张的“双抢”(早稻收割、晚稻插秧)得以实现。与总产出差不多同等幅度的劳动投入的增加,带来的结果是劳均产出没有或仅有些许增加。表 6.3 给出了许步山桥(自然)村每个工日的工分值(该村是笔者进行田野调查的四个自然村之一,有详细的工分值数据)。可以看出,该村村民每工分的现金收入在 1965—1979 年间几乎不变,维持在 1 元左右。

表 6.3　许步山桥的工分值 1965—1969 和 1975—1979

年份	1965—1969	1975—1979
工分值(元)	1.02	0.90

数据来源:基于 Huang,1990:表 11.4:239。

由此可见,松江地区农业绿色革命所带来的农业总产出的增长,只不过仅是赶上人口的增长幅度。也可以说,现代化投入带来的劳动生产率的提高,大部分被人口增长所带来的进一步劳动密集化(和过密化)蚕食掉。这与日本、韩国和中国台湾地区这些第一批引进现代化农业投入的国家和地区十分不同。(黄宗智,2010:5—15)珀金斯(Perkins)和优素福(Yusuf)令人信服的研究早已指出,在 1950—1980 年间,中国农业的总产出每年增加大约 2.3%,而同一时期人口则每年增加约 2%。(Perkins and Yusuf,1984:第 2 章)这是一个广为人知的事实。

(二)新发生的隐性农业革命:山东聊城

山东省聊城市是本章作者之一高原最近两年来进行田野调查的区域。该市农业的变迁,曾有过与松江地区所经历的绿色革命类似的阶段。只不过,聊城市的绿色革命要比松江县来得晚一些。该市大规模引入现代农业投入,包括良种、化肥、农药和农用机械,是在 1978 年农村改革之后。这些现代化农业要素投入在 1980 年代为聊城农村的主要农作物——小麦、玉米和棉花带来了产量的明显提高。

松江县在20世纪末经历了非常迅速的城市化,这一地区现在已经被纳入上海市,成了一个区。松江的农业占其经济总比已经很低了。与松江不同,聊城的农业则在早前发生的“绿色革命”之后,又开始了一场更为深刻的新革命。绿色革命带来的是特定作物单位播种面积产量的显著提高,如果仅关注这一点,新的革命很容易被忽略掉。这场新的农业革命首先是由改革时期人均收入增加带来的食品消费转型所引起的。

新的消费需求对中国人的食品消费结构以及中国农业的产业结构产生了深刻的影响。旧的食品消费大约是一个8∶1∶1的结构(粮食∶蔬菜∶肉类),这一结构贴切地反映了旧时中国人典型的膳食——以“饭”(米饭或馒头、面条)为主,佐以“菜”(主要是蔬菜,也有少量肉食)。与此形成鲜明对照的是,已经在中国大陆城市“中产阶级”(以及更富裕的日本、韩国、中国台湾地区)成为现实的新食品消费结构更接近于一个4∶3∶3的结构——蔬菜和肉类有着高得多的比例。对于这场食品消费结构及其伴生的农业结构的转型,笔者和彭玉生已经做了细致的工作,来分析其过去的变迁轨迹和未来的发展趋势。笔者和彭玉生预测,或许在未来二十年里,中国人的食品消费结构将全面转入4∶3∶3。(黄宗智、彭玉生,2007)

这样一种食品消费结构的转型意味着,中国人将对高价值农产品,如肉、禽、鱼、蛋、奶以及蔬菜、水果有更大的需求。高涨的需求也带来了这些农产品生产规模的不断扩大,尤其是在靠近城市以及交通线路的地方。这就引发了笔者所说的“隐性农业革命”。之所以称之为“隐性”,是因为这场新的革命并未显而易见地带来某种作物单位面积产量的提高——即历史上那些较早发生的农业革命所带来的那样。相比之下，隐性农业革命的突出特点是，它带来的是农业结构的重构——高价值农产品在农业生产中的比重前所未有地扩大了。

从全国范围看，在农业产值的提高方面，这场新发生的隐性农业革命使绿色革命相形见绌。笔者在最近的专著《中国的隐性农业革命》中指出，从1980年到2007年间，中国农业总产值增长到之前的510%（黄宗智，2010b：表6.1；亦见本书第2章）；到2010年，已接近600%。这一速度远比18世纪英国农业革命（总产值翻一番用了100年）要快，也比20世纪60年代和70年代的绿色革命（每年增加2%—3%，亦即24—36年才翻一番）要快。在1985—2007年间，蔬菜种植面积增长到之前的370%；1980—2007年间，肉类生产（包括猪肉、牛肉、羊肉）增长到580%。这些农产品生产规模的迅速扩大，构成了隐性农业革命的核心。

通过高原的田野研究，以上论述在两个不同的微观层面得到了证实。一个是聊城市范围的数据。这组数据来源于2011年5—8月由聊城市农委进行的“百村千户”调查，其中关于雇佣劳动的调查采用了高原设计的问卷。另一个则是在聊城市耿店村进行的已经持续两年的定点调查。这两个层面的资料都包含较为详细的微观数据。

在聊城市的乡村，隐性农业革命主要由蔬菜种植的扩张构成。2010年，蔬菜产值已经占到全市农业总产值的47%，并且涉及全市近40%的农村劳动力。蔬菜生产最典型的模式是利用塑胶膜和其他材料建造温室大棚（需要起土），或者拱棚（不需要起土），进行长年的蔬菜培育。现在，如高原在耿店村的调查所显示的，最先进的温室大棚采用钢筋制成的骨架结构，并且装有利用电力带动的自

动卷帘机,以升降保温草苫。(高原,2011)

聊城市市一级层面的数据,和耿店村村一级层面的经验研究都表明,蓬勃发展的蔬菜生产主要是由家庭劳动力完成的,只有少量的雇佣劳动力参与其中。表 6.4 是对聊城市“百村千户”调查涉及的 2784 个农户中 2221 个以农业为主业的农户的雇工情况的一个总结,它显示,这些被调查农户中只有较低比例的雇佣劳动。这和我们前面分析宏观数据得出的结论是一致的。由表 6.4 数据可知,对于以粮食、棉花、油类作物为主业的调查户,仅有 1.7% 使用雇佣劳动;对于以蔬菜、水果、食用菌为主业的调查户,有 5% 使用雇佣劳动;以畜禽饲养为主业的调查户,13.3% 使用雇佣劳动。总体看来,所有以农业为主业的调查户里,仅有 3.5% 的调查户使用雇佣劳动。在所有雇佣劳动里面,一年受雇 100 天以上的要比受雇 100 天以下的少。①

耿店村调查的重要意义在于,它通过农户层面的微观数据记录下了这样的事实:在全村 130 户以大棚蔬菜为主业的农户中,仅 11 户(8.5%)不同程度地使用了雇佣劳动。这其中半数农户的雇佣劳动使用量,仅占全部劳动投入的 1%—3%(以劳动小时计)。其余的农户,除一户的雇佣劳动使用量达到了 9.9% 以外,剩下的都在 7% 以下。耿店村大棚蔬菜生产所使用的农业雇工主要是临时工,他们多是中年女性农民,从事这些较低报酬的劳动(约 30 元/天)以补贴自家的收入。蔬菜生产雇工的这种明显的性别构成,主要是因为男性雇佣劳动者一般优先从事报酬更高的非农劳务。

① 调查数据显示,农村地区的非农产业,比如运输、商贸、家庭工业等二、三产业中,雇佣劳动的发生率较高。这方面的农村变迁需要单独的另一论文进行研究。

表 6.4 2010 年聊城市农业雇工情况表

主业	户数	有农业雇工的户数	雇工户占比	雇工人数	长工数*	短工数*	雇工总工日数	雇工人均工日数	户均雇工工日数
粮棉油	1592	27	1.7%	45	16	29	1873	41.6	69.4
蔬果菌	382	19	5.0%	42	6	36	1709	40.7	89.9
畜禽	210	28	13.3%	45	30	15	7060	156.9	252.1
林业	37	3	8.1%	8	0	8	43	5.4	14.3
总计	2221	77	3.5%	140	52	88	10 685	76.3	138.8

* 长工指每年受雇 100 天以上的农业雇工;短工指每年受雇 100 天以下的农业雇工。

数据来源:聊城市"百村千户"调查。

高原田野调查的详细数据让我们可以计算出在耿店村全村的农业生产中,所有的家庭劳动投入和雇佣劳动投入。得到的结果是:所有农业生产的劳动投入中,雇佣劳动占 5.2%,家庭劳动占 94.8%。

鉴于耿店村是一个蔬菜生产比较发达和成熟的村庄,我们认为,地方和微观的数据支持根据农业普查所估计出的较低的农业雇佣劳动比例,而不支持根据农产品成本收益定点调查估计出的较高比例。换言之,我们认为,中国农业生产的全部劳动投入中,长期雇工只占 3%(另外,短期雇工占 0.4%)。

表 6.5　2010 年耿店村有雇工的农户家庭劳动及雇佣劳动情况

调查户编号	姓名	雇工数			家庭劳动投入（小时）			雇工劳动投入（小时）				雇工劳动投入占比
		总计	男	女	总计	男	女	总计	男	女	工资	
130	耿传喜	2		2	5853	3109	2744	120		120	478	2.0%
87	商思全	4		4	826	428	3990	550		550	2200	6.2%
23	赵保权	2		2	6000	3000	3000	375		375	1500	5.9%
15	张以生	2		2	4584	2308	2276	280		280	1050	5.8%
48	赵保东	1	1	0	6260	3230	3030	200	200		450	3.1%
44	耿遵奎	1		1	4432	2216	2216	140		140	700	3.1%
168	耿遵峰	1		1	4950	2479	2471	100		100	300	2.0%
2	张树国	1		1	4440	3660	780	320		320	1200	6.7%
64	商思波	4		4	5328	2664	2664	80		80	300	1.5%
125	耿遵红	3		3	2176	8	2168	240		240	750	9.9%
79	耿立军	3		3	4350	2175	2175	216		216	648	4.7%

数据来源：耿店村调查。

四、没有无产化的资本化

中国农业所涉及的雇佣劳动比重之低，与印度形成了鲜明的对比。印度的人口密度以及 20 世纪 50 年代（现代化发轫之际）的人均收入与中国类似。而在今天的印度，足足 45% 的农业劳动力是无地的农业雇工(Mahendra S. Dev,2006;Vikas Rawal,2008)。[①]如此高比例的农业无产化带来一个严重后果,即相当比例的人口生活于贫困线之下。如果按世界银行划定的1.25美元的贫困线来计算,42%的印度人生活于此线之下,而中国则是15.9%(2005年的数字)。(World Bank,2008)

我们的问题是:如何理解中国如此之低的农业雇工比例?也就是说,如何理解中国农民家庭经营的坚韧性?

根据古拉蒂(Ashok Gulati)的研究,印度也发生着类似于笔者所说的"隐性农业革命"。印度农业生产中,高价值农产品的所占比重越来越大,这些农产品包括蔬菜、水果、奶制品以及肉类。古拉蒂写道,印度"在1977—1999年间,农村地区人均谷物消费从192千克下降到152千克,而蔬菜消费量则增加553%,水果增加167%,奶制品增加105%,非蔬菜产品增加85%。城市地区有着类似的增加"。(Gulati,2006:14)

这样的变化无疑将带来单位土地资本投入的增加,也就是我们在本章所说的"资本化"现象。发生在中国的农业资本化的例子我们已经列举了很多,比如钢筋骨架塑料大棚的建造,采摘前给苹果套用果袋,以及利用生物剂催化粮食秸秆作为饲料等。[②]

正如本章开篇所论述的,传统理论认为,资本化势必伴随以农

---

① 调查数据显示,在农村地区的非农产业,比如运输、商贸、家庭工业等二、三产业中,雇佣劳动的发生率较高。这方面的农村变迁需要单独的另一论文进行研究。

② 这里我们没有用农产品成本收益调查的资料来计算不同农产品的资本化程度,因为如前所述,这批资料的样本选择是有倾向性的。王美艳(2011)用这批资料进行的研究指出在谷物生产中资本化已经有惊人的发展,我们则认为其结果是不符合实际的。

业雇工的扩展——这确实是18世纪英国农业革命时期的经验事实（当时英国经历了租佃农业资本家和农业雇工的兴起），也是亚当·斯密和马克思的理论前提。并且印度现在正在经历这一过程——1961年印度的农业雇工占农业总劳动力的25%，而在2000年已经达到了45%。（Dev，2006；cf.Rawal，2008）但是中国的发展道路却大相径庭。

与印度相反，中国农业发展的突出特点可以归纳为“没有无产化的资本化”。这一表述意在突出其与广泛接受的经典理论的区别，并且展示该现象的“悖论”实质（称其为悖论是因为这一现象与通常的理论预期存在矛盾）。①

即使是和日本这一“东亚模式”的典范相对比（“东亚模式”一直被认为是以家庭农业的继续维持为显著特征），我们依然发现中国农业存在明显的不同。为了有可比性，我们选择将改革时期的中国（伴随着去集体化和家庭承包责任制的实施）与二战后美国占领时期之后的日本（占领时期进行的土地重新分配基本消灭了之前的土地租佃关系）进行对比。为中日双方分别选取这样的时间段，是因为双方在此期间经历了相似的土地平均分配过程。关于食品消费结构和农业产业结构的转型，日本已经在1960—1990年间基本完成了，而中国目前仍处于这一转型的进程之中。

中日之间的不同是，日本农业的资本主义化程度要高于中国。

① 这里说的“悖论”与黄宗智在长江三角洲地区1350—1950年间的农业经济史中所发现的现象是相似的。在长江三角洲，蓬勃的商业化并没有带来农村的实质性发展，而仅导致了“没有发展的增长”。这种情况下，虽然总产出是增长的，但劳动生产率并没有进步。“悖论”意在指出这样一种现象：一对被理论传统认为是相互矛盾的经验事实的反直觉共存（Huang，1990）。

1990 年，日本占地大于 75 亩（5 公顷）的农业经营单位占全部农户的 6.5%，实现了全部农业产出的 33%，占去了全部种植面积的 21%。而且最重要的是，这些经营单位足足吸纳了全部农业劳动力的 25%。这些事实说明，雇佣劳动可能占日本全部农业劳动力的 20%以上。当然，日本资本主义农业能够达到如此规模，部分是因为其农业劳动力数量一直在下降，1960 年农业劳动力就已经下降到总劳动力的 30%，1990 年进一步下降到 7%（晖峻众三，2011：110、表 6-5）。2006 年，中国全部 2.002 亿个农户中，仅 130 万（0.65%）的农户占地 60 亩以上。① 我们从上文已经看到，长年农业雇工仅占全部农业劳动力的 0.8%，短期雇工则仅占 0.4%。此外，由资本主义农业企业雇佣的劳动力，只占到全部劳动力的 2.2%。这样，长期的、全年劳动的农业雇工最多占 3%。（晖峻众三，2011：128、表 6-10；《中国第二次全国农业普查资料汇编，农业卷》，2009：表 2-7-1）

这一切意味着，为了理解中国近年来农业发展的实质，我们必须把通常的理论预设搁置在一边。我们首先要问的是，怎样才能解释这些悖论现实？经典的理论预期为什么不适用？

五、一个解释

从历史角度来考虑，一个关键的事实是，自明清时期到 20 世纪中叶，中国农业生产日益加深的家庭化趋势。对此，我们可以用

① 第二次全国农业普查用的相关统计指标是 60—99.9 亩地的农户，然后是 100 亩以上的农户。

高度商品化的长江三角洲和较低度商品化的华北地区之间的不同来加以说明。

(一)“内卷化”和农业家庭化

在上述两个区域,正如笔者的农村史研究所展示的那样,以雇佣劳动为主的“经营式农场”在历史上曾经有过一定的生命力。在20世纪30年代的华北平原,总播种面积的10%由经营式农场经营。经营式农场的兴起既因为商品化农作物的发展(尤其是小麦和棉花),也因为这一经营方式有着较高的劳动效率——经营式农场可以调整其雇工数量以适应生产需要,而家庭农场的劳动力在很大程度上则是给定的。经验材料揭示的基本事实是,经营式农场每个劳动力耕作20亩以上的土地,家庭农场的劳动力则只耕作10—15亩。(黄宗智,1986)

而在长江三角洲,大型经营式农场在明末清初时已经开始退出历史舞台,到20世纪差不多已从这一地区绝迹,尽管这一地区的棉花和丝绸经济有着蓬勃的发展。至20世纪30年代,雇佣劳动力缩减至仅占全部农业劳动力的2—3%,而且仅见于小的家庭农场,而不是大型经营式农场。

长江三角洲雇佣劳动衰落的关键在于家庭农场已经发展成为一种极其强韧的生产单位。通过在棉纺、棉织以及养蚕、缫丝中使用便宜的家庭辅助劳动力,它高效率地把农业生产和家庭手工业结合在一起。这些辅助性的手工业活动(被现代汉语形象地概括为“副业”)增加了家庭的收入。笔者使用农业生产的“家庭化”这一概念来描述这个现象。相比经营式农场,家庭化生产使农民家庭能承受更高的地租,即更高的地价。因此,家庭农场逐渐排除了经营式农场。(黄宗智,1992)

与西欧“原始工业化”过程中手工业与农业的分离不同,中国的手工业一直和农业紧密地交织在一起,构成了笔者所说的“两柄拐杖”——农民家庭同时需要这两者才能生存。手工业一直没有像西欧那样从农业中分离开来,没有通过“原始工业化”(以及小城镇的蓬勃发展)而变成一种城市现象。(黄宗智,2011b)

这就是笔者提出的“内卷化”概念的部分含义(黄宗智,1992、2011b),所指的是,人口压力导致平均农场面积不断减小(比最低生存所需的10亩地要低约25%),以至于难以维持生存,因此必须依靠基于辅助劳动力(妇女、老人和儿童)的家庭手工业来补贴家计。最显著的例子是棉纺织业,它吸纳了辅助劳动力的大部分,这些辅助劳动力的工资只相当于农业雇工工资的三分之一到一半。

在世界上的某些地区,如“新大陆”的美国,拥有充沛的土地资源,通过宅地法(1862年美国宅地法允许开垦土地的农户拥有土地所有权,通常为160英亩或960亩),促使家庭农业在其农业史的初始时期成为农业的主要模式(要到20世纪方才逐步让位于企业化农业)。但在中国,这一逻辑正好相反:导致家庭农业成为农业主导模式的动力是高人口密度以及由此带来的对土地的压力。

华北的情况与长江三角洲类似。农业与手工业也是结合在一起的。家庭农业也是主导模式——到20世纪30年代经营式农场仅占全部农业播种面积的10%。除家庭手工业以外,许多贫农家庭为了生存不得不出卖自己的部分劳动力,在农忙季节打短工(这种与人佣工的行为,实际上正是 1950 年中国土地改革法对“贫农”阶级的界定)。在长江三角洲,结合了农业与棉—丝手工业的商业化家庭生产有着更高度的发展,从而完全排除了经营式农业。

当然,部分解释必须溯源到中国土地所有制的性质。分家制度导致了大块土地的分散化(大多数 100 亩以上的经营式农场经过三代就会分解为小家庭农场)。明清以来“上层士绅”(西方学术界之所谓“upper gentry”,即具有举人以上功名、有资格进入官僚阶层者)大量移居城镇,也促使在村大地主数量的减少。假如长江三角洲和华北平原有更多的大地主(并同时假设是长子或一子继承制而非分家制),那么在革命前,这两个地区也许会走上农业无产化的道路。但历史实际是,比较平均化的土地所有状况,促使小家庭农场占据绝大多数,其中“中农”和“贫农”在 19—20 世纪占据全部农业人口的 90%。在人口压力下,这些小农家庭发展出特殊的“两柄拐杖”模式——为了家庭生存,不得不同时依赖农业和手工业或者/以及打短工。这一模式排除了依靠雇佣劳动的经营式农业。

(二)正在进行的隐性农业革命

在目前中国的“隐性农业革命”下,情况当然很不一样。笔者和彭玉生提出并详细研究了中国当前农业发展的“三大历史性变迁的交汇”:1980 年以来出生率的下降在世纪之交终于体现为农村劳动力绝对规模的下降;快速的城市化(大约每年 1%)以及农民工数量的迅速增长;中国人食品消费结构以及农业产业结构的根本转型。(黄宗智、彭玉生,2007)这三大趋势对笔者所提出的“资本与劳力双密集型"农业及高价值农产品产生了旺盛的需求。其结果则是农业的逐渐去内卷化,以及相伴随的农村剩余劳动力的减少。今天,我们可以预测,可能在未来的20—30年内,农业劳动力将不会再就业不足(或隐性失业),农场也将达到更适度的规模(这里,"适度"的正确含义是根据不同生产的不同的"适度"规模,绝对不该简单地等同于大规模)。也就是说,是户均才几十亩的小家庭农场经济。

在上述变化面前,传统方式的"家庭化生产"已经不复存在。最初,20世纪80年代的乡村工业化(不是依赖于手工业,而是普遍利用现代机械生产)冲击了这种生产方式。到2009年,1.5亿农民在"乡镇企业"中工作,旧的"副业"不再像从前那样占据重要地位。其后,农民工"离土又离乡"去城市打工,再次冲击了"家庭化生产",2009年,这部分人占去了另外0.9亿。这就组成了本书所谓的"半工半耕"户籍农民家庭的基本社会形态。

同时,城市和农村人口的收入差距自改革以来日益拉大。根据2009年世界银行的研究,中国城乡收入已经从1985年的1.8∶1扩大到2007年的3.3∶1。(World Bank,2009:34、图2.36)同时,城镇正规职工和非正规人员(如农民工以及乡镇企业的雇佣劳动者)之间存在巨大的不平等。如果以基尼系数作为衡量指标(0标示绝对平等,1标示绝对不平等),根据《联合国人类发展报告2005》,中国已经从1980年的0.30变为2005年的0.45——前者属于最平等的国家之一,后者则属于最不平等的国家之一。(China Development Research Foundation,2005:13)要实现一个完全整合的劳动力市场,而不是现在城—乡、正规—非正规差别悬殊的状况,显然还需要长期的努力(详见黄宗智,2020)。

在目前的情况下,由于大量的非农打工,简单把农户家庭认作一个恰亚诺夫意义上的家庭农场生产单位已经不再合适。今天,几乎每一个农户都有人在外从事非农劳动,且大多是家里的年轻、最有劳动能力的人,他们要么在“乡镇企业”中务工,要么远离家乡去城市打工。家庭的农业则多由辅助劳动力来承担。然而,家庭依然是一个基本的经济单位,并且依然带有主要劳动力和辅助劳动力相互结合的传统特点。过去的“农业+副业”的模式转变为现在的“农业+外出打工”,过去“半耕半副”的家庭单位转变为现在的“半工半耕”。(黄宗智,2010b)不变的是,家庭仍然需要依赖其主要劳动力和辅助劳动力来共同维持生计,两类劳动力仍然分别投入两类不同的生产活动。

与一般意义的个体化工人相比,不同的关键在于家庭单位的辅助劳动力。今天,大部分农业生产是由妇女和/或中老年人进行的,即所谓农业生产的“女性化和老龄化”。这和明清时代的辅助性劳动类似,主要参与那些报酬较低的家庭经济活动。例如,在耿店村(2011 年),在蔬菜大棚受雇佣工的中年妇女每天收入约 30 元,而相比之下,一个男劳动力外出务工一天可挣 50—100 元。现在,主要劳动力要么“离土不离乡”,即在附近的乡镇从事非农劳务,以现金收入补贴农业收入,农忙时回家务农;要么“离土离乡”进城务工,寄钱回家补贴家用和/或在若干年后回家建房。(黄宗智,2011b)绝大多数农民工虽然常年在城市打工,但他们几乎没有希望在城市购房定居(房价从最起码的数十万到北京和上海的数百万)。大部分农民工只能返回家乡“退休”。①

这种情况下,非农务工和农业生产形成了“两柄拐杖”。家庭农场为农民工在城市提供变相的失业保障和变相的老年福利。同时,外出的农民工反过来为在农村的家庭提供现金收入,以补贴辅助劳动力所从事的小规模农业的低回报——否则,小规模农业也难以维系。

只要农村存在剩余劳动力,这种半工半耕的家庭经济单位赖以存在的关键结构性条件就会继续存在。这是城市制造业和服务业能够维持廉价工资的重要原因,也是农村地区低回报农业和面积不足以维持生存的家庭农场能够维持的重要支撑。

这里,土地所有制再次起了重要的作用。中国独特的家庭承包制,将土地的使用权平均分配给农民,并禁止土地买卖。这是小农农场占绝对主导地位的重要前提之一。目前允许通过转让土地的使用权来实现土地的“流转”。在这种政策下,农业企业有稍多一些机会获取耕地,但是土地不能自由买卖的事实仍然是对土地集中和农民无产化的强有力制度性约束,也是维护小农经济的一个基本依据。新自由主义经济学家多提倡农地的更完全私有化。但他们没有考虑到的是,那样的话,中国农业的前景将会成为像印度那样,无地农业雇工将占到越来越高的比例。

① 新生代农民工则是一个不同的问题。大部分 1990 年后出生的第二代农民工从未种过地,返回家乡务农对他们来说并不是一个可能选择。除了官方登记的户籍(和没有或只有低于城市居民的福利保障)是农民以外,几乎在所有其他意义上,他们都是城市人。但是,他们大多没有可能在城市过上体面的生活。(见黄宗智,2020c:尤见第 7 章)国家亟需为他们之中起码一部分的人提供一条看得到、摸得到的融入城市生活的道路。

这个体制性因素强化了中国农民家庭经营的强韧性(并且遏制了农业无产化)。与之相反,印度的土地买卖政策相对宽松(制度经济学者会认为其产权更清晰),导致了更高程度的农业无产化。中国的政治经济制度(土地平均分配、城乡户籍划分)和在高人口压力下形成的独特的农业生产组织模式合在一起促成了“没有无产化的资本化”。这样的经验事实表明,中国更接近恰亚诺夫的,而非列宁、斯密和马克思所预期的情况。

正如笔者过去已经指出的(黄宗智,2010c),目前中国农业和农村社会所面对的选择并非“市场经济还是计划经济”,也非“集体化社会还是‘橄榄型’中产阶级社会”,而是要在印度式的农业资本主义和恰亚诺夫设想的家庭农业发展模式之间进行选择。前者有45%的农业劳动力是无地的农业雇工,类似亚当·斯密—马克思—列宁所预期的情况。后一路径需要的是市场经济环境中的农业现代化和纵向一体化。这需要依靠公共机构与合作组织的协作来实现农产品从加工到销售的产业链条化,而不是依靠新自由主义经济学家们所提倡的由大型资本主义农业企业主导的发展道路。

结　论

总而言之,我们考察可利用的数据发现,农业雇佣劳动虽然相当重要,但长工仅占农业劳动总投入的3%左右(短工占0.4%),这比大多数研究预期的比重都低。农业雇佣劳动如此低的比重表明,一般意义上的“资本主义农业”(的雇工经营)只构成了中国农业总量中非常小的一部分。家庭农场依然占据主要地位。

但是小农家庭经营并没有排除中国农业的"资本化"——即现代投入的大量增加。这一农业资本化的大趋势构成了我们这里所说的"隐性农业革命"——在最近三十年里,农业总产值保持了每年平均6%的增长(可比价格),远远超过了历史上一般的农业革命。

中国农业发展的悖论在于:农业现代化("资本化")并没有带来相应的农业雇工的大规模增加。伴随现代投入的不断加大,占据主导地位的仍然是小规模家庭农场——它们才是高附加值农业生产的主体。"没有无产化的资本化"这一悖论现象或许是近年来中国农业发展的最显著特点。

参考文献:

都阳、王美艳(2010):《农村剩余劳动力的新估计及其含义》,载《广州大学学报(社会科学版)》第9卷第4期。

高原(2011):《小农农业的内生发展途径:以山东省聊城市耿店村为例》,载《中国乡村研究》第9辑,第172—194页,福州:福建教育出版社。

韩文璞(2011):《2010年烟台地区苹果生产与销售情况》,中国农资人论坛,http://www.191bbs.com/simple? t219223.html,最后访问时间:2012年1月10日。

黄宗智(2020c):《中国的新型非正规经济:实践与理论》。

黄宗智(2011a):《重庆:"第三只手"推动的公平发展?》,载《开放时代》第9期,第6—32页。http://www.lishiyushehui.cn。

黄宗智(2011b):《中国的现代家庭:来自经济史和法律史的视角》,载《开放时代》第5期,第82—105页。http://www.lishiyushehui.cn。

黄宗智(2010a):《中国发展经验的理论与实用含义》,载《开放时代》第 10 期，第 134—158 页。http：//www.lishiyushehui.cn。

黄宗智（2010b）：《中国的隐性农业革命》。北京：法律出版社。

黄宗智（2010c）：《中国的新时代小农场及其纵向一体化：龙头企业还是合作组织？》，载《中国乡村研究》第 8 辑，第 11—30 页，福州：福建教育出版社。亦见黄宗智，2010b。http：//www.lishiyushehui.cn。

黄宗智（2002）：《发展还是内卷？18 世纪英国与中国》，载《历史研究》第 4 期，第 149—176 页。

黄宗智（1992）：《长江三角洲小农家庭与乡村发展》，北京：中华书局（2000、2006 年再版）。

黄宗智（1986）：《华北的小农经济与社会变迁》，北京：中华书局（2000、2004 年再版）。

黄宗智、彭玉生（2007）：《三大历史性变迁的交汇与中国小规模农业的前景》，载《中国社会科学》第 4 期，第 74—88 页。

晖峻众三（2011）：《日本农业 150 年（1850—2000）》，胡浩等译［「日本の农业 150 年（1850—2000）」，东京：Yuhikaku Publishing Company，2003］，北京：中国农业大学出版社。

毛树春（2010）：《我国棉花种植技术的现代化问题》，http：//gxs.ww.gov.cn。

《全国农产品成本收益资料汇编》，2002，北京：中国物价出版社；2005，2006，2007，2008，2009，2010，北京：中国统计出版社。

王美艳（2011）：《农民工还能返回农业吗？——来自全国农产品成本收益调查数据的分析》，载《中国农村观察》第 1 期，第 20—30 页。

赵小平（2004）：《在全国农产品成本调查二十周年纪念座谈会上的讲话》，11 月 24 日，http：//qzprice.gov.cn/5-xinxi/jgcbdc/lt/9.html。

《中国第二次全国农业普查资料综合提要》，2008，北京：中国统计出版社。

《中国第二次全国农业普查资料汇编:农业卷》,2009,北京: 中国统计出版社。

《中国劳动统计年鉴》,2007,北京:中国统计出版社。

《中国农村统计年鉴》,2008,北京:中国统计出版社。

《中国农村统计年鉴》,2010,北京:中国统计出版社。

《中国农村统计年鉴》,2011,北京:中国统计出版社。

《中国农业产业化发展报告》,2008,北京:中国农业出版社。

《中国畜牧年鉴》,2010,北京:中国农业出版社。

中华人民共和国国家统计局(2010):《2009 年农民工监测调查报告》,http://www.stats.gov.cn/tjfx/fxbg/t20100319_402628281.html。

Chayanov, A. V. (1986[1925]). *The Theory of Peasant Economy*, Madison: University of Wisconsin Press.

China Development Research Foundation. (2005). *China Human Development Report*, United Nations Development Programme, China Country Office.

Dev, S. Mahendra. (2006). "Agricultural Wages and Labor since 1950," in Stanley Wolpert ed. 2006. *Encyclopedia of India*, v.1: 17–20. Detroit: Thomson Gale.

Gao Yuan. (2011). "Rural Development in Chongqing: The 'Every Peasant Households Income to Grow by 10 000 Yuan Project'," *Modern China*, 37, 6: 623–45.

Gulati, Ashok. (2006). "Agricultural Growth and Diversification since 1991," in Stanley Wolpert ed. *Encyclopedia of India*, v.1: 14–17. Detroit: Thomson Gale.

Hanley, Susan B. and Kozo Yamamura. (1977). *Economic and Demographic Change in Preindustrial Japan*, 1600－1868, Princeton, N.J.: Princeton University Press.

Huang, Philip C. C. (1991). "The Paradigmatic Crisis in Chinese Studies: Paradoxes in Social and Economic History," *Modern China* 17, 3: 299－341.中文版见《中国研究的规范认识危机——社会经济史中的悖论现象》,作为《后记》纳入黄宗智《长江三角洲小农家庭与乡村发展》,北京:中华书局,2000、2006,http://www.lishiyushehui.cn。

Lenin, V. I. (1956[1907]). *The Development of Capitalism in Russia*, Moscow: Foreign Languages Press.

Perkins, Dwight and Shahid Yusuf. (1984). *Rural Development in China*, Baltimore, Maryland: Johns Hopkins University Press.

Rawal, Vikas. (2008). "Ownership Holdings in Land in Rural India: Putting the Record Straight," Economic and Political Weekly(March 8): 43－7.

Shanin, Teodor. (1986). "Chayanov's Message: Illuminations, Miscomprehensions, and the Contemporary 'Development Theory'," In A. V. Chayanov, 1－24.

Smith, Adam. (1976 [1776]). *The Wealth of Nations*, Chicago: University of Chicago Press.

World Bank. (2008). "World Bank Updates Poverty Estimates for the Developing World," http://econ.worldbank.org/WBSITE/EXTERNAL/EXTDEC/EXTRESEAR CH/0, contentMDK: 21882162 ~ pagePK: 64165401 ~ piPK: 64165026 ~ theSitePK: 469382, 00.html; see also www.globalissues.org/article/26/poverty-facts-and-stats#src3.

World Bank. (2009). "China: From Poor Areas to Poor People—Chinas Evolving Poverty Reduction Agenda," Report No.47349-CN, http://www-wds.worldbank.org/external/default/WDSContentServer/WDSP/IB /2009/04/08/000334955_20090408062432/Rendered/PDF/473490SR0CN0P010Disclosed0041061091.pdf.

第七章　中国农业资本化的动力：公司、国家，还是农户[①]

新自由主义经济学家通常假设，农业发展是由市场导向的企业（或者企业性质的家庭农场）推动的，而计划经济的政策制定者则往往认为，只有国家投资（或者补贴）才能够最有效地促进农业发展。这两种观点分别指出了过去几十年间中国农业变迁背后的两种重要动力，但是，还有第三种更重要的动力起着作用，但它却在很大程度上被忽视了。中国农业近年来的发展所必须的资本投入，实际上主要不是来源于企业或国家的投资，而是来源于小农户，而其所投入的资金，主要来源于非农打工收入。这可能是最近十多年来中国农业发展最出人意料的一个特点。

---

① 本章原稿是黄宗智、高原 2013 年（载《中国乡村研究》第 10 辑第 1 期，第 28—50 页）发表的论文。原稿由黄宗智执笔，大部分计量工作由高原承担。纳入本书时经过了少量的修改。

随着中国整体经济的发展，农民外出务工的机会越来越多，工资逐渐上升。这就推高了农业劳动的机会成本。一方面，它促使农民期待获得更高的劳动收益。旧农业（或者称为大田农业，主要包括粮食、棉花和油料作物）中，由人工进行播种、耕地、收割以及除草所得到的劳均回报或单位工作日回报要远低于外出务工所得到的收益。另一方面，青年农民外出打工促使农业的"老龄化"——目前农业就业人员多是中老年男女农民。这也加大了农业劳动机械化的需求。农民越来越普遍地购买机械化服务来进行机耕、机播和机收，也使用更多的除草剂来控制杂草的生长（主要是水稻生产），免去除草的劳动投入。在粮食生产中，根据国家发展改革委员会 68000 个样本户的成本收益调查（比较偏向被认为是"示范性"的农场），上述流动资本投入在过去十五年里增加到原来的 5 倍。类似的现象同样见于棉花、大豆、油菜籽和花生等其他"旧农业"作物的生产中。

国家发展改革委员会成本收益调查所选择的样本户，一定程度上偏重于那些较为先进的农户（见本书上一章）。关于这一点，接下来我们还会在后文进行详细讨论。然而，即便是基于 1996 年和 2006 年两次农业普查资料所作出的保守估计，也有力地证明，这十年间农业机械和塑料薄膜（主要用于控制温度和湿度，有些情况下也用来控制杂草）的使用有显著增加。在 1996—2006 年间增加到原来的 2 倍，到 2010 年估计达到 3 倍。

与此同时，20 世纪 70 年代以来的生育率下降以及大规模的农民外出打工促使农村就业人员数量显著下降。世纪之交以来，先是以每年约 500 万之数递减，2006 年之后更加速减少到每年将近

1000 万人。同时，农村范围内的非农就业也快速扩增。结果是，农村的农业就业人员在最近十年间每年平均减少了 1200 万人，从 2001 年的将近 3.2 亿减到 2010 年的不到 2.0(1.96)亿。

上述变迁趋势意味着农业生产正在发生一场悄然的革命。相比之下，1995 年之前农业的发展，主要是 20 世纪 60 年代以来“绿色革命”的扩展，其主要内容是增加化肥使用和采用科学选种以增加产量，并没有太多节约人力的考虑。而过去十五年间，农业生产加速使用机械和农药，其目的则主要是节约劳力。因为目前对这一问题的研究甚少，我们必然要给出大量的，甚至繁多的数据。我们整理和计算的数据显示，在 2010 年，旧农业中流动资本投入上限估计为 4073 亿元，而下限估计为 2440 亿元，真实情况可能更接近于后者。这一数据揭示出相当程度的“资本化”(本书定义为单位劳动力资本/现代投入的增加)。而这种“资本化”的趋势已经从根本上改变了旧农业的面貌。

另一主要的农业变迁是新农业(高产值的蔬菜、水果、畜肉、家禽、水产、鸡蛋和牛奶等)的大发展。和旧农业相比，新农业通常需要更多的流动资本投入，以便购买更多的肥料和其他现代投入品(例如蔬菜生产需要更多的肥料，畜禽养殖需要购入商品饲料，高品质的苹果培育需要果袋等)。根据我们的计算，小规模农户生产的八种主要新农业品种(蔬菜、苹果、生猪、奶牛、肉羊、肉牛、肉鸡和蛋鸡)，其流动资本投入在 2010 年达到了 12186 亿元。因为这里讨论的是较为先进的新农业，因此不存在前述样本偏向先进农户可能对总量估计造成偏差的问题。

新农业也需要固定资本投入，例如蔬菜生产所需要的塑胶棚

（往往被称为“设施农业”）、果园、畜禽养殖所需要的房舍、鱼塘等。农户的固定资本投入在2010年达到了2305亿元。

农户的资本投入（包括固定资本和流动资本，新农业和旧农业）在2010年总计为16931亿元。这些投入初始阶段主要来自农民的非农打工收入（2010年总计大约50000亿元），尤其是“离土不离乡”的农民工，之后部分来自新农业的高回报。如此的农户资本投入的数量使国家和企业的投入相形见绌。换言之，农户才是过去十五年间推动农业资本化/现代化的主力。

毋庸赘言，以上所说的现象当然在相对高度发展的东南沿海以及各地的城郊地区更显著，而在内地、边远地区、山区等则不那么显著。

不可置疑的是，尽管遭受诸多不公平的待遇——进入城市后因身份差异而不得不在非正规经济（即没有或少有劳动法的保护、低工资、长劳动时间、很少或没有城市居民的福利）中劳动，但农民实际上仍是中国近年来农业发展的主要推动力量。这一事实说明，未来的政策应该给予农民更大的支持。

一、旧农业中机械和农药投入的增加

根据国家发展改革委员会68000个样本户的成本收益调查，1996—2010年间，粮食生产（我们使用水稻、小麦、玉米作为粮食作物的代表）中机械的使用，急剧增长到了原先的5—6倍（但我们需要指出，这比较偏向“示范”农户）。按照1996年不变价格计，从10—20元/亩增加到60—100元/亩，如图7.1所示。与此同时，除

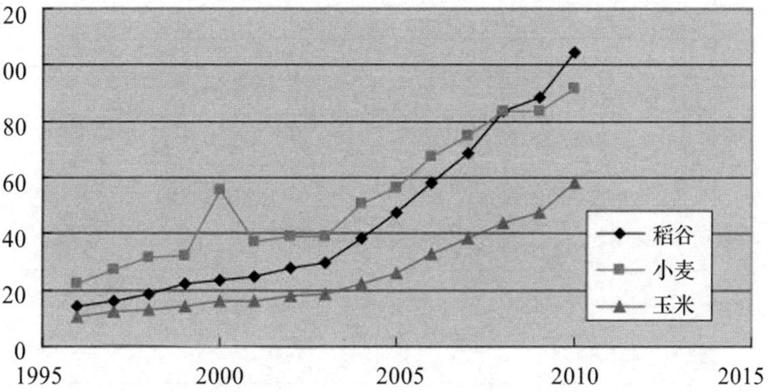

图 7.1　**粮食生产的机械投入**，1996—2010（**元/亩，按** 1996 **年价格计**）

数据来源：以当年价格表示的机械作业费来源于《全国农产品成本收益资料汇编》（以下简称《全国农产品》），2007、2011：表 1-2-2、1-7-2、1-8-2；为得到不变价格，我们使用农业生产资料价格分类指数中的"机械化农具"项目对当年价格进行了平减，农业生产资料价格分类指数数据来源于《中国农村统计年鉴 1997—2011》，1997—1999：表 7-8；2000—2006：表 8-7；2007—2011：表 8-4。

草剂（用来控制杂草生长，以节约除草劳动，主要用于水稻生产）和杀虫剂的使用增加了 2—3 倍，从 5—15 元/亩增加到 10—45 元/亩，如图 7.2 所示。

相比之下，同一时期的另外两种资本投入——化肥和良种，仅有少量的增加。这两类资本是 20 世纪六七十年代"绿色革命"最主要的功臣。（参见图 7.3、图 7.4）这样的结果是十五年来机械和农药投入占全部投入的比重增加，从 1996 年的 26%（15% +11%）增加到 2010 年的 54%（37% +17%）。

类似的变化趋势亦见于"旧农业"的其他主要作物：花生、油菜

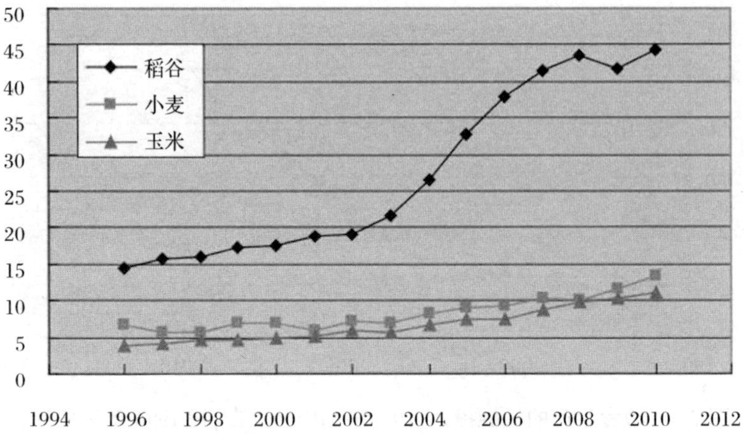

图 7.2　粮食生产的农药投入,1996—2010(元/亩,按 1996 年价格计)

数据来源:以当年价格表示的化学农药投入费用来源于《全国农产品》,2007、2011:表 1-2-2、1-7-2、1-8-2;为得到不变价格,使用"农业生产资料价格分类指数"中的"化学农药"项目对当年价格进行了平减,农业生产资料价格分类指数数据来源于《中国农村统计年鉴》,1997—1999:表 7-8;2000—2006:表 8-7;2007—2011:表 8-4。

籽等油料作物以及大豆(2009 年共占总播种面积的 8.6%)和棉花(3.1%)的生产。这些作物生产中机械投入的增加趋势和粮食非常接近。对于棉花和大豆,机械投入从 1996 年的 5—10 元/亩增加到 2010 年的 50—60 元/亩(按 1996 年不变价格)。(《全国农产品》,2007、2011:表 1-9-2、1-11-2、1-12-2、1-13-2)农药投入也有相当的增长,不过不如机械投入急剧。(同上:表 1-9-2、1-11-2、1-12-2、1-13-2)化肥和种子投入的增加同样慢于机械。(同上:表 1-9-2、1-11-2、1-12-2、1-13-2)

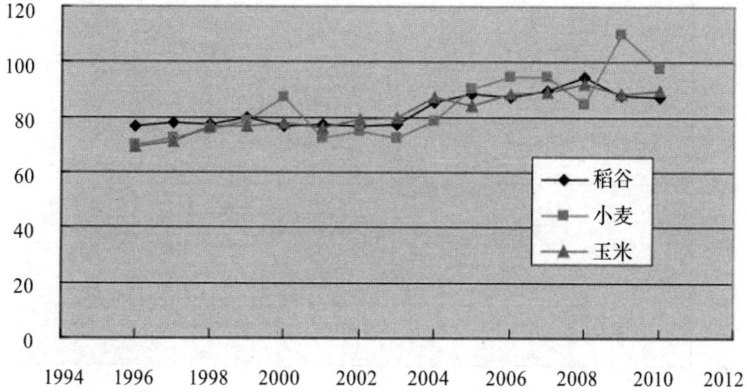

图 7.3　**粮食生产的化肥投入,**1996—2010(**元/亩,按** 1996 **年价格计)**

数据来源:以当年价格表示的化肥投入费用来源于《全国农产品》,2007、2011:表 1-2-2、1-7-2、1-8-2;为得到不变价格,使用“农业生产资料价格分类指数”中的“化学肥料”项目对当年价格进行平减,农业生产资料价格分类指数数据来源于《中国农村统计年鉴 1997—2011》,1997—1999:表 7-8;2000—2006:表 8-7;2007—2011:表 8-4。

根据 2010 年成本收益资料,棉花生产中四种现代投入平均为 307 元/亩(机械、化肥、农药和种子合计)。大豆(约占总播种面积的 5%)的四种投入为 146 元/亩,花生(占 2.8%)289 元/亩,油菜籽(占 4.6%)125 元/亩。

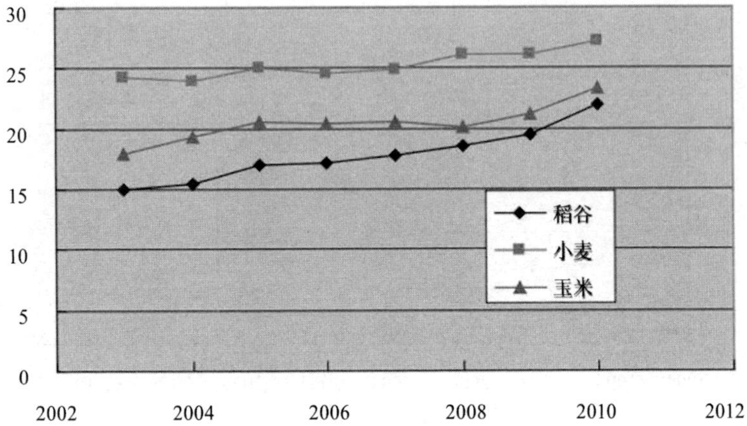

图 7.4　**粮食生产的种子投入,**1996—2010(**元/亩,按** 2003 **年价格计**)

数据来源:以当年价格表示的种子投入费用来源于《全国农产品》,2007、2011:表 1-2-2、1-7-2、1-8-2;为得到不变价格,使用"农业生产资料价格分类指数"中的"农用种子"项目对当年价格进行平减,农业生产资料价格分类指数数据来源于《中国农村统计年鉴》,2003—2006:表 8-7;2007—2011:表 8-4(年鉴仅 2003—2011 年份有农用种子的价格指数)。

表 7.1 统计了几种主要的旧农业作物在 2010 年的流动资本投入,包括三种粮食作物(水稻、小麦、玉米)、棉花、大豆和两种油料作物(花生、油菜籽)。这些旧农业作物在 2010 年占总播种面积的 69.6%,其四种现代化投入(机械、化肥、农药、种子)总计为 4073 亿元。该数字可以作为传统"大田农业"总流动资本投入的一个估计。

表 7.1 主要旧农业作物的流动资本投入与播种面积(2010 年)

品种	播种面积(亿亩)	占总播种面积比重	机械投入(元/亩)	化肥(元/亩)	农药(元/亩)	种子(元/亩)	四种合计(元/亩)	流动资本总计(亿元)
稻谷	4.48	18.6%	104.9	106.0	43.2	36.2	290.2	1300.3
小麦	3.64	15.1%	91.8	118.5	13.1	44.7	268.1	975.5
玉米	4.88	20.2%	58.1	108.4	10.9	38.3	215.8	1051.9
大豆	1.28	5.3%	58.1	46.4	11.6	29.9	146.0	186.5
花生	0.68	2.8%	42.4	103.2	21.8	121.9	289.3	196.5
油菜籽	1.11	4.6%	28.4	72.8	9.5	14.7	125.5	138.7
棉花	0.73	3.0%	53.8	152.5	56.1	44.6	307.1	223.3
旧农业合计	16.78	69.6%						4072.9

数据来源:《中国农村统计年鉴》,2011:表 7-2;《全国农产品》,2011:表 1-2-2、1-7-2、1-8-2、1-9-2、1-11-2、1-12-2、1-13-2。

二、另一组不同的数据

如上一章已经说明,我们认为成本收益数据需要根据更为全面的农业普查数据(1996 年和 2006 年)来进行修正。农业普查是对全部农户所做的系统调查。正如我们早前所详细论证的那样(黄宗智、高原、彭玉生,2012;亦见本书第 6 章),这两次普查要求对每一农户进行直接调查,由调查员和被调查者在调查地共同填写标准化的问卷。在设计、规模和细节上,农业普查和十年一次的人口普查相似。我们早前的研究发现,根据成本收益资料可以得出,农业雇佣劳动占全部劳动投入的 5—10%;而根据农业普查得到的结果则要低得多——仅 3%。我们最后的结论是,应该采用由农业普查得出的数据。实际上,国家统计局也利用农业普查的数据来矫正《中国农村统计年鉴》中的数据,正如他们使用更为可信的人口普查数据来矫正人口、就业和其他数据那样。

我们之前已经指出,调查样本的选择反映出两种不同的目的和倾向。一种——正如其主导机构的负责人在一次讲演中所说——是为了树立榜样,为其他农民指出一条致富的道路(赵小平,2004;亦见黄宗智、高原、彭玉生,2012:149;本书第 6 章)。另一种倾向,则可能来自参与调查统计人员的专业意识,意在捕捉全国农业的真实面貌——因此使用了十年一度的普查数据来校正旧有数据。两种倾向间的矛盾看来尚未完全解决。我们因此需要农业普查的数据来修正成本收益调查的数据。

然而,虽然更为系统和全面,农业普查数据却不如成本收益数据那样专注于农户经营的细节。农业普查数据并不和成本收益数据的统计范畴相一致。因此我们只能使用不同范畴的统计数据进行推断。表 7.2 给出了农业普查和成本收益调查关于机械投入变动的一个比较。农业普查数据统计的是拖拉机的年末拥有量(按照大中型和小型划分),成本收益数据则统计的是单位面积的机械投入费用。

很明显,两组数据所展示的增速是不同的。根据农普数据,1996—2006 年间农用机械总量大约增加了一倍;而根据成本收益数据,机械投入费用增加了两倍。按照上述趋势,至 2010 年,则前者增加两倍,后者增加四倍。这样,前者意味着 7% 的年均增长率,后者则意味着 18%。

表 7.2　1996 和 2006 年拖拉机总数(农业普查资料)与机械投入费用(成本收益定点调查)(单位:元,按 1996 年价格计)的比较

年份	大中型拖拉机(台)	增长百分比	小型拖拉机(台)	增长百分比	小麦、水稻机械投入(元,按1996年价格计)	增长百分比
1996	680 000	—	11 800 000	—	20	—
2006	1 400 000	207. 5%	25 500 000	216%	60	300%

数据来源:《中国第二次全国农业普查资料综合提要》,2008:6—7;上述图 7.1。①

另一个有用的指标是农用薄膜的使用量。薄膜用来覆盖作物,以控制温度和湿度,一定情况下也可抑制杂草生长。表 7.3 给出了农业普查和《中国农村统计年鉴》关于薄膜用量的一个比较:

表 7.3　使用薄膜的耕地面积,2006 年(亩)

年份	农业普查	《中国农村统计年鉴》
1996	无数据	0.98 亿
2006	1.20 亿	2.10 亿

数据来源:《中国第二次全国农业普查资料综合提要》,2008:表 3-2-11。

① 2010 年的统计年鉴(表 13-5)给出的 1996 年数据是 671 000 台大中型拖拉和 9 190 000台小型拖拉机;2006 年 1 718 000 台大中型和 15 679 000 台小型拖拉机。我们这里采纳了"普查"的数据,因为它是基于全国所有农户的按户调查,而统计年鉴的数据则来自根据抽样农户的推算。

可以看出,《中国农村统计年鉴》根据成本收益调查的数据,多半夸大了薄膜的使用量,这是因为其样本选择倾向于较先进的农户。①

至于化肥投入和农药投入,农业普查和成本收益资料所揭示出的变化趋势并没有太大差异。(《中国第二次全国农业普查资料综合提要》,2008:表3-2-11;《中国农村统计年鉴》,2008:表3-9)这可能是因为在这两种要素的投入量上,一般水平的农户和较为先进的农户并无太大的差别。这也许是因为这两种水平的农户都接近于实现了在给定生态条件和要素价格下的最优投入。

在目前没有更好数据的情况下,我们可以将农业普查数据作为对现代化投入(机械和农用薄膜)的一个可信度较高的下限估计,而将成本收益数据作为一个可信度较低的上限估计。将1996—2006年的变化趋势延伸推至2010年,根据农普数据,现代化投入增加大约2倍,达到原先的300%,而依据成本收益数据则增加4倍,即原先的500%。我们认为,农普数据更为可信和准确。这样我们将成本收益数据所得到的2010年旧农业流动资本投入总量按五分之三进行折算,得到2440亿元(4073亿元乘以0.6),作为一个更为可信的估计。

① "普查"还有更重要的"设施农业"(指温室和拱棚蔬菜)的统计数据。(《中国第二次全国农业普查资料综合提要》,2008:10,table 7)可惜《中国农村统计年鉴》没有给出这样的数据,无从比较。

三、新农业中的资本化

本书将高产值新农业的发展以及由此而来的农业产业结构大转型称为“隐性农业革命”。新旧农业的资本化共同构成了过去十五年间中国农业最基本的转型。因为我们在这一节关注的只是农业中较为先进的部分，因此可以依靠成本收益数据，而不用考虑对其进行修正。

（一）固定资本投资

新农业首先涉及固定资本的投入（例如对蔬菜大棚、畜禽养殖舍、果园、鱼塘等设施的投入）。对于这类投入，一个较好的统计范畴是“固定资产投资”，它一般进一步划分为“第一、二、三产业”，亦即农业、工业、服务业。对于农业的固定资产投资，又按照来源划分为国有经济、集体经济（包括农村集体和非农集体）、个体经济（包括农村个体和非农个体）。

如表 7.4 所示，国家和农村个体是农业固定资产投资的两大主要来源。国家投资从 1996 年的 100 亿元增加到 2010 年的 2400 亿元。这显示出国家在农村基础设施建设中作用的增加，其中最大的投资是水利建设。（《中国农村统计年鉴》，2010：表 5-2）农户投资的主要用途前文已经具体列出，这一部分投资的增加则是因为从旧农业向新农业的转型。农户投资从 1996 年的 380 亿元增加到 2010 年的 2305 亿元（如果加上非农村个体投资，则达到 3214 亿元），增加了约 5 倍。出乎意料的是，农户投资总额和国家投资总额相差无几。

表 7.4 固定资产投资,按来源分类(单位:亿元)

年份	第一产业固定资产投资总额	国有经济	集体经济	集体(农村)	个体经济	个体(农村)
1996	589.09	108.39	85.09	81.15	382.5	382.5
2000	859.7	303.8	129.94	122.51	386.21	380.39
2005	2323.66	521.43	505.68	476.11	1115.37	1004.37
2010	7923.09	2440.72	747.84	464.08	3213.84	2305.09

数据来源:《中国固定资产投资统计年鉴》,1997—1999、2001、2003—2011:表"全社会固定资产投资主要指标"。

(二)流动资本投入

流动资本的投入更为显著,它构成了新农业资本化的主体。蔬菜,尤其是温室塑胶棚蔬菜所使用的化肥通常要两倍于粮食作物。如图 7.5 所示,2010 年化肥投入费用,蔬菜超过 200 元/亩,而三种粮食作物的平均值不足 100 元/亩。蔬菜的种子投入也明显超过粮食。2003 年,蔬菜种子投入是粮食作物的 3.5 倍,2010 年大约是 1.5 倍(60 元/亩对 40 元/亩,参见图 7.6)。农药投入方面的差距也很明显。2010 年蔬菜的农药投入大约是 100 元/亩,而三种粮食平均大约是 20 元/亩,前者是后者的 5 倍。(参见图 7.7)

新旧农业流动资本投入总量的一个粗略估计,可见于成本收益资料中"物质与服务费用"栏目(但这一栏目不仅包括前述机械、化肥、农药等现代化要素投入,也包括比较旧型的水费、交通以及电费等项目)。如表 7.5 所示,2010 年蔬菜"物质与服务费用"是水稻的 3.2 倍、小麦的 3.6 倍,是大豆油菜籽的 7 倍以上,以及棉花的2.7倍。

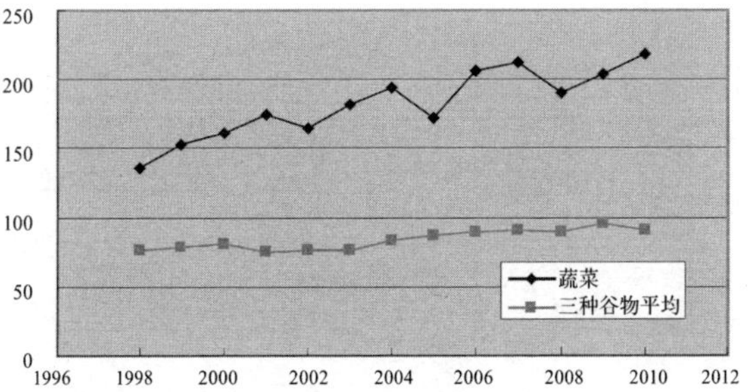

图 7.5　蔬菜生产的化肥投入,与三种粮食(水稻、小麦、玉米)平均的比较,1998—2010(元/亩,按 1996 年价格计)

数据来源:以当年价格表示的化肥投入费用来源于《全国农产品》,2007、2011:表 1-1-2、1-21-2;为得到不变价格,使用“农业生产资料价格分类指数”中的“化学肥料”项目对当年价格进行平减,农业生产资料价格分类指数数据来源于《中国农村统计年鉴》1997—1999:表 7-8;2000—2006:表 8-7;2007—2011:表 8-4。

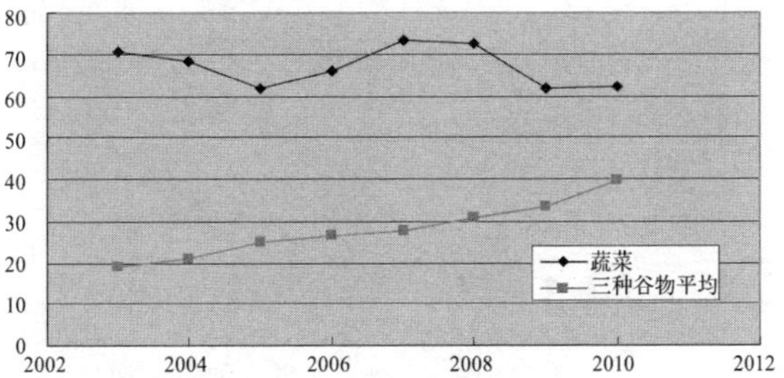

图 7.6　蔬菜生产的种子投入,与三种粮食平均的比较,2003—2010(元/亩,按 2003 年价格计)

数据来源:以当年价格表示的种子投入费用来源于《全国农产品》,2007、2011:表 1-1-2、1-21-2;为得到不变价格,使用“农业生产资料价格分类指数”中的“农用种子”项目对当年价格进行平减,农业生产资料价格分类指数数据来源于《中国农村统计年鉴》,2003—2006:表 8-7;2007—2011:表 8-4(仅 2003—2011 年的年鉴有农用种子的价格指数)。

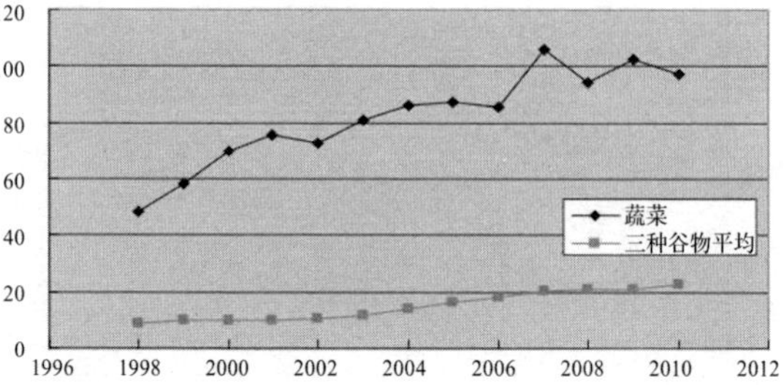

图 7.7　蔬菜生产的农药投入,与三种粮食平均的比较,1998—2010(元/亩,按 1996 年价格计)

数据来源:以当年价格表示的农药投入费用来源于《全国农产品》,2007、2011:表 1-1-2、1-21-2;为得到不变价格,使用“农业生产资料价格分类指数”中的“化学农药”项目对当年价格进行平减,农业生产资料价格分类指数数据来源于《中国农村统计年鉴》,1997—1999:表 7-8;2000—2006:表 8-7;2007—2011:表 8-4。

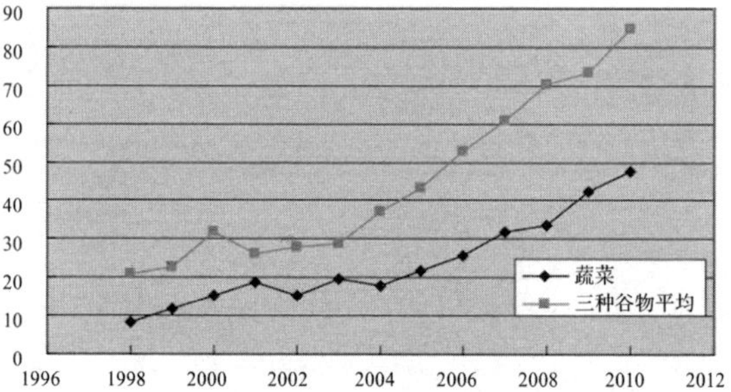

图 7.8　蔬菜生产的机械投入,与三种粮食平均的比较,1998—2010(元/亩,按 1996 年价格计)

数据来源:以当年价格表示的机械投入费用来源于《全国农产品》,2007、2011:表 1-1-2、1-21-2;为得到不变价格,使用“农业生产资料价格分类指数”中的“机械化农具”项目对当年价格进行平减,农业生产资料价格分类指数数据来源于《中国农村统计年鉴》,1997—1999:表 7-8;2000—2006:表 8-7;2007—2011:表 8-4。

表 7.5　物质与服务费用投入：粮食、棉花、大豆、油菜籽与蔬菜和水果（苹果）的比较（当年价格，元/亩）

年份	稻谷	小麦	玉米	大豆	油菜籽	棉花	蔬菜	苹果
1996	232.9	203.2	172.0	107.5	117.1	282.2		658.2
2000	199.2	229.0	158.5	96.5	116.0.	260.0.	748.7	563.1
2005	242.5	216.4	176.1	113.8	107.9	295.5	877.4	559.2
2010	358.6	318.4	260.5	165.1	162.7	419.9	1133.0.	1882.5

数据来源：《全国农产品》，2007、2011：表 1-2-2、1-7-2、1-8-2、1-9-2、1-11-2、1-12-2、1-13-2、1-18-2、1-21-2，按当年价格计。

表 7.6　新农业蔬菜和苹果种植中的流动资本投入（2010 年，元/亩）

农产品	播种面积（亿亩）	单位面积流动资本（元/亩）	总流动资本（亿元）
蔬菜	2.85	888.0	2530.7
苹果	0.32	1882.5	604.2
合计	3.17	2770.5	3134.9

* 计算时，流动资本按照“物质与服务费用”中的“直接费用”计算，而不考虑“间接费用”（包括固定资本折旧和税费）。

数据来源：蔬菜、苹果播种面积来源于《中国农村统计年鉴》，2011：表 7-12、7-30；“物质与服务费用”中的“直接费用”来源于《全国农产品》，2011：表 1-18-2、1-21-2、1-23-2。

蔬菜和水果的总流动资本投入，可以用单位面积“物质与服务费用”乘以总播种面积得到，参见表 7.6。

水果中，有详细数据的仅有苹果。如表 7.5 所示，在市场需求的驱动下,苹果生产已经成为一项高度资本密集的活动,在2010年需要的流动资本投入是蔬菜的1.7倍、水稻的5.2倍。

不过蔬菜投入的机械要少于粮食。这也是意料之中的现象,因为蔬菜培育一般在小地块上进行(相比之下粮食则是"大田"作物),更依赖于手工劳动。蔬菜生产机械一般用于建造大棚时的土方作业,在更先进的大棚上也用于日常操作,例如升降保温帘。

由上表7.6可知,这两种主要的新农业种植业产品2010年总流动资本投入达到了3135亿元。

至于肉类生产,猪肉无疑占有最重要的地位。近年来,生猪饲养也发生了根本性的变化。传统的饲养方式,主要是用泔水来喂猪(而猪的粪便形成的厩肥则是主要的有机肥)。现在,生猪饲养已经迅速现代化了,同时也在相当程度上资本化了。这一变化首先体现在大量使用制造的精饲料上。传统上的精饲料一般指粮食,以与秸秆、植物茎叶等区分。而现在精饲料主要指高品质的、商品化生产的饲料。其次则是饲养越来越依赖购买高价格的仔猪。根据成本收益资料,现在散养和规模生猪饲养都主要依赖于精饲料和高价值的仔猪。数据显示,每100千克或每1.5头猪的流动资本投入约为900元(散养和规模养猪平均),这是旧农业中粮食生产每亩投入的3倍。(《全国农产品》,2007、2011:表1-20-2,1-19-2)

为了对养殖业总体流动资本投入有一个全面了解,表7.7给出了主要养殖项目的流动资本总量(其中,单位产品流动资本使用"物质与服务费用"中的"直接费用"来近似)。为了区分小农户与所谓的"大户"以及农业公司/企业,我们使用统计资料中所采用的规模划分。对于生猪饲养，我们选取 99 头作为一般农户饲养规模的一个上限。一般小农户完全可以轻易地饲养 10 头猪，有条件的（例如新型的猪舍）还可以饲养更多。对于小农户来说，饲养几十头猪绝非罕见。如果使用最先进的自动饲养设备，一个劳动力甚至可以管理两百多头猪。对于奶牛饲养，我们选取 9 头作为小农经营的上限，肉牛则定为 49 头。类似的，肉羊定为 99 只，肉鸡和蛋鸡定为 1999 只。这样的规模可以大致作为普通小农户（亦即主要使用自有劳动力的农户）和所谓“大户”和农业企业的一个划分，后两者经常性地雇佣劳动或者主要依靠雇佣劳动进行生产。（各种养殖规模实例见宜都市扶贫创业项目库，2012）

如表 7.7 所示，2010 年农户养殖业流动资本投入大约是 9051 亿元。这显然是一个不完全的统计（成本收益调查 2007 年之后没有水产数据），[①]但也许可以作为近似新农业中养殖业流动资本投入的一个估计。

加上之前蔬菜和水果的流动资本投入——3135 亿元，我们得到新农业流动资本投入总计为 12186 亿元。再加上固定资本投入 2305 亿元，得到 14491 亿元，这是新农业中来自农户的总资本投入。如前所述，因为统计的不完全性，这一数字其实是一个保守的估计。

① 2004—2007 年数据显示，“淡水鱼精养”的劳动投入中平均有 26% 是雇工，和“规模养肉鸡”与“规模养猪”相似（《全国农产品》，2004—2007：表 1-23-2；亦见黄宗智、高原、彭玉生，2012：14、图 2、15）。

表 7.7 新农业中农户小规模养殖业的流动资本投入(2009 年)

品种	饲养规模	出栏数(万头/万只)	单位产品流动资本(元/只、元/头)	总流动资本(亿元)
生猪	1—49 头	34 061.0	973.7	3316.3
	50—99 头	11 394.7	1008.1	1148.8
奶牛	1—4 头	445.6	8395.0	374.1
	5—9 头	264.1	8395.0	221.7
肉牛	1—9 头	3409.4	4160.7	1418.6
	10—49 头	1124.7	4160.7	468.0
羊	1—29 只	17 277.3	359.3	620.8
	30—99 只	9115.0	359.3	327.5
肉鸡	1—1999 只	134 823.2	18.4	248.0
蛋鸡	1—499 只	53 322.2	69.7	371.5
	500—1999 只	51 292.1	104.5	536.1
总计				9051.4

* 计算时,流动资本按照“物质与服务费用”中的“直接费用”计算,而不考虑“间接费用”(包括固定资本折旧和税费)。

数据来源:不同规模出栏量来源于《中国畜牧业年鉴》,2010,单位产品流动资本来源于《全国农产品》,2010:表 5-1-2、5-5-2、5-6-2、5-7-2、5-10-2、5-13-2。

再加上旧农业(向下修正过的)总流动资本投入 2440 亿元,我们得到 2010 年农户投入农业的总资本为 16931 亿元(包括流动资本和固定资本,涵盖了新农业和旧农业)。这占到了当年农业 GDP(40534 亿元)的 41.8%,这一数字远远超过了国家和企业的投资。

表 7.8　乡村就业人员数，1980—2010（万人）

年份	原数	调整数*	增减	乡镇企业	私营企业	个体	农业
1980	31836	—	—	3000			
1985	37065	—	—	6979			
1990	47708	—	—	9265	113	1491	36839
1995	49025	—	—	12862	471	3054	32638
2000	48934	—	—	12820	1139	2934	32041
2001	49085	48674	−411	13086	1187	2629	31772
2002	48960	48121	−839	13288	1411	2474	30948
2003	48793	47506	−1287	13573	1754	2260	29919
2004	48724	46971	−1753	13866	2024	2066	29015
2005	48494	46258	−2236	14272	2366	2123	27497
2006	48090	45348	−2742	14680	2632	2147	25889+
2007	47640	44368	−3272	15090	2672	2187	24419
2008	47270	43461	−3809	15451	2780	2167	23063
2009	46875	42506	−4369	15588	3063	2341	21514
2010	—	41418		15893	3347	2540	19638

＊国家统计局根据 2010 年的人口普查，对之前（2001—2010）年的数据作了相当规模的调整、矫正。

＊根据 2006 年的全国农业普查，该年有 2.12 亿劳动力全年从事农业劳动 6 个月以上，0.91 亿 6 个月以下（《中国第二次全国农业普查资料汇编，农业卷》，2009：表 2-1-15）。由此可见，后者之中有相当比例被归纳为乡镇企业、私营企业或个体为主业的就业人员。

数据来源：《中国统计年鉴》，2011：表 4-2；2010：表 4-2。

在上述资本投入扩增的同时，近年来，农业就业人员显著递减。如表 7.8 所示，农村就业人员总数在 1995—2000 年间一直接近 5 亿人，来自自然增长的人员数和源自城镇化而流出的人员数基本平衡。但之后，先是以每年平均约 500 万之数递减，2006 年开始则达到每年将近 1000 万之数。由此，农村总就业人数从 2001 年的 4.87 亿减到 2010 年的 4.1 亿。在此之上，农村本身的非农就业（乡镇企业和私营企业，尤其是私营企业）快速扩增，总数从 2001 年的 1.43 亿增加到 2010 年的 1.92 亿。结果是，农业就业人员从 2000 年的 3.2 亿极其快速地下降到 2010 年的 2 亿以下（19638 万）。

农业就业人员减少三分之一，结合以上说明的资本投入扩增，这当然意味着单位劳动力资本投入的增加，其幅度比上述资本投入增加量还要高出半倍。毋庸说，这本身也是农村劳动力价格上升的一个重要动力。

四、资本投入的工资起源

本章所勾勒的上述变迁，其背后的主要动力是非农就业机会的增加和工资的提高。农民所期待的，不再是每天 20—30 元的收入，而是 50—100 元。收入预期的改变，使农民投入越来越多的资本于旧农业，以节约劳动时间；同时其日益转向新农业，以获取更多的收益。

农村居民收入统计中的“工资性收入”，主要是 0.8 亿“离土不离乡”的农民在乡镇企业劳动所得的收入。（《中国农村统计年鉴》，2011：表 11-5）2010 年这些收入总计为（平均 2431 元/农村居民×7.5 亿农村居民）17557 亿元。这一收入应该和"离土又离乡"的农民工收入相区分。根据《2011 年我国农民工调查监测报告》，农民工总数为 1.53 亿，平均月收入 2049 元，每年平均工作 9.8 个月，由此这部分收入总计为（2049 元×9.8×1.53 亿）30722 亿元。这两部分收入加起来将近 50000 亿元，这就是 9 亿农村户籍居民全部的工资性收入。

显然，农民的工资收入足以解释农民农业投资的很大部分。正是工资收入促使农民在旧农业中使用机器耕—播—收来替代手工耕—播—收以及借助农药来替代手工除草。这是支付固定和流动资本投入的主要来源。

农民的抉择固然可以用机会成本来理解，但其背后的逻辑也许并不那么简单明了。在选择非农就业来替代旧的农业手工操作（诸如手工耕地、播种、除草和收割）的时候，一个农户等于是在用非农就业的工资来支付节约劳动力和更高劳动回报的投入，亦即农业资本化的投入。有的是"离土不离乡"地把自家工资的大部分投入自家农场的经营和资本化费用，借以达到更高的农业劳动力回报。有的是"离土又离乡"地进入城市打工，把自己所攒的钱的一部分汇回老家，等于是协助支撑老家农场的经营费用。鉴于这些农民工所承受的不公平待遇，我们（如果想特别突出这样的事实）也许可以把这种资本称作"血汗资本"，以此用来区别于普通意义的、由企业或国家来积累的（固定和流动）资本。

五、新型的农业革命

在改革时期，农业总产值以平均每年6%的速度增长(按照可比价格)。这一增速比历史上经典的农业革命(例如18世纪英格兰农业革命和20世纪60年代的绿色革命)增速都要高。

本书第二章已经详细论证(见表2.2)，农业总产值增加主要来源于新农业。种植业达到原先4倍(407%)的增长反映出高产值蔬菜和水果生产的发展。“大农业”(包括农林牧渔全部)达到原先将近6倍(587%)的增长则主要来源于畜牧业，达到原来的不止10倍(1043%)和渔业，达到原来的19倍(1904%)的大发展——但这两者分别被纳入“牧业”和“渔业”来统计，在一定程度上掩盖了新农业所带来的变化。

在产值上，菜果每亩产值是粮食的3倍。从第2章的表2.4我们看到，2010年谷物产值所占比例(15.9%)只有其所占播种面积比例(55.9%)的不到三分之一，而菜果在产值上所占比例则与其所占播种面积比例大致相当。至于肉类，我们不能计算其所占播种面积的比例，但其所占农林牧渔业的总产值比例在2010年已经达到30%。加上渔业所占的9%，已经达到农林牧渔总产值的39%。[《中国农村统计年鉴》，2008：99(6-13)]与1978年相比，当时牧业+渔业才占到(大)农业总产值的17%，这也是非常激剧的变化。综合菜—果(约占“大农业”的20%)和肉—鱼来看，2010年达到“农、林、牧、渔”总产值的66%。在三十多年前的1978年，菜—果+肉—鱼在(大)农业总产值中占的比例只约六分之一，今天则占到将近三分之二。这足够显示“新农业”在中国新时代的农业革命中所扮演的角色。

六、适度规模的农业

基于出生率下降、非农就业增加和农业就业减少、食品消费结构变化这三大趋势，笔者和彭玉生在2007年的文章中预测，25年后（2030年），中国农户经营将会达到适度规模。我们可以把后者理解为旧农业15亩（包括粮食作物、棉花、油料等）、新农业3亩（包括温室蔬菜、食用菌、水果、花卉等）的农场。在当前新旧农业的技术条件下，如此的规模意味着农业从业者的充分就业，同时也会带来收入的提高。（黄宗智、彭玉生，2007）

2006年，全国的农业普查可以作为我们估算的一个基线。被直接调查的农户总数是2亿（200159127）户。调查把他们划分为不同土地规模的农户，并没有区分新旧农业。我们如果按照旧农业适度规模的标准（旧农业所占播种面积的比例是70%），土地经营规模在15亩或以上的农户总数占全部农户数的7.7%。（《第二次全国农业普查资料：农业卷》，2009：表2-7-1）此外，农业普查还有“设施农业”的数据，指的是（种植蔬菜的）温室、大棚、中小拱棚，一共有1170万亩（11655000），共约390万农户（假设平均每个劳动力种1.5亩，每户2个劳动力），这占到农户总数的2%。（《第二次全国农业普查综合提要》，2008：7）这样，旧农业和新农业（蔬菜水果等）适度规模农户总计达到10%左右。笔者和彭玉生在2007年估计达到适度规模的农业就业农户每年可能增加2%，这意味着,到 2010 年为 18%,到 2030 年接近 58%。当然这是非常粗略的估计,更准确的估计还有待 2016 年农业普查的新数据。

七、从宏观层面看

我们现在对农业投资做一宏观层面的考察。国家毫无疑问地发挥着重要的作用,其投资包括基础设施的投资、农业科技研发的支出、支援农村生产支出和农业事业费。这些投资在 2010 年总共达到 8580 亿元(《中国农村统计年鉴》,2011:表 5-1)。但是,如果刨除科研、支农以及事业支出,只考虑固定资产投资,2010 年这一数目为 2440 亿元。而农户对固定资产的投资(主要是新农业中)同期为 2305 亿元,如表 7.4 所述。这样农户的固定资产投资实际上和国家相差无几。

在流动资本投入方面,农户则明显高出国家和农业企业。这是因为农户经营着绝大部分的土地,而国有农场只占全部耕地的 5%(0.9 亿亩/18 亿亩 =5%,见《中国主要年份国有农场基本情况》,2010),基于雇工劳动的农业"经营单位"则仅占全部耕地的 3%。农户的流动资本投入无疑要比国家和私营企业高出很多。

我们已经看到,2010 年,农户的旧农业总流动资本投入达到了 4073 亿元,蔬菜和苹果达到 3135 亿元(新农业最大的两个种植业品种),养殖业为 9051 亿元,合计 12186 亿元。

但遗憾的是,对于农业企业的资本投入,我们目前还没有好的可参考数据。从农业部农业产业化办公室 2008 年推出的报告,我们可以得到一些不完全的信息。根据这份报告的附表 4,农业企业的固定资产总值在2000—2004年间每年增长825亿元（固定资产总值从2000年的3070亿元增加到2002年的4690亿元，到2004年增加到6370亿元）。2005年则急剧增加了2340亿元。（《中国农业产业化发展报告》，2008：附表4）如果上述数据基本准确，那么2005年的农业企业固定资本投入与近年的国家和农户的投资相等。但是2008年报告之后未见新报告出版，数据仅截至2005年，更准确的估计还有待新的数据。

根据上述农业产业化数据，农业龙头企业“带动”了相当比例的农户进入产业化农业生产（根据上一段引用的农业部产业化办公室的报告，总计达8700万农户，占全部农业户的43.5%）。（《中国农业产业化发展报告》，2008：附表4；《中国第二次全国农业普查资料汇编：农业卷》，2009：表2-1-14）但必须指出的是，龙头企业带动的大部分农业户是通过合同、订单和契约农业的方式来实现的。在这种情况下，主要是农业户而不是农业企业来完成流动资本的投入。只有主要依靠雇佣劳动直接进行农业生产的企业才会自己承担流动资本投入。前文我们已经指出，这一部分企业，劳动投入仅占全部农业劳动投入的3%，国营农场只占全部耕地的5%。农民家庭经营的土地占全部耕地的绝大部分，而我们所估计的农户流动资本投入达到16931亿元，这明显超出了国家和农业企业。

八、国家对农业的财政支出

如图7.9、图7.10所示，中国政府对农业的支出远远小于西方发达国家（如美国、英国、澳大利亚、加拿大、西班牙和挪威），这些

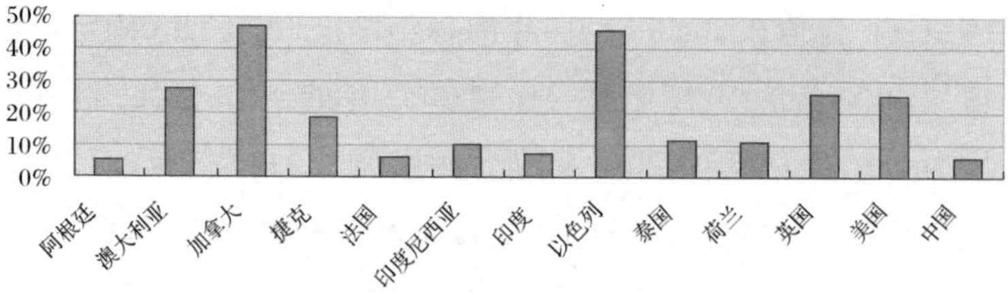

图 7.9　各国涉农支出,作为农业总产值百分比(1996 年)

数据来源:引自郭玉清,2006;转引自朱刚等,2000:131(根据其表 5.5 作出)。

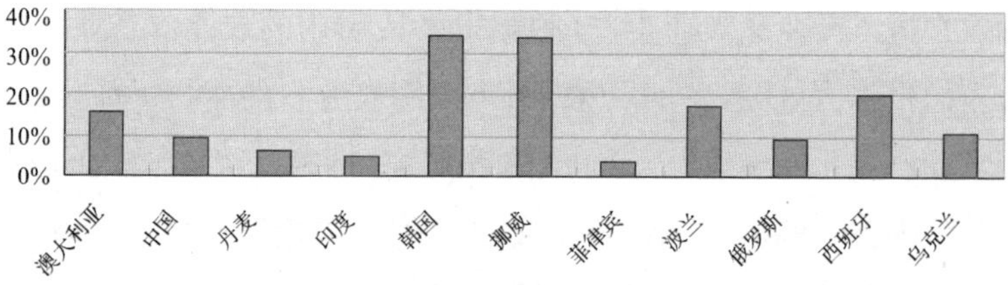

图 7.10　各国涉农支出,作为农业总产值百分比(2006 年)

数据来源:Government Finance Statistics Yearbook (GFSY), 2008, InternationalMonetary Fund, 各国统计表;World Development Indicators (WDI), 2008, WorldBank, 表 4-1。

国家的涉农支出均占农业 GDP 的 20% 以上。无疑,中国政府在农田水利建设和农业科技服务方面相对发达,但对农业的补贴则远少于发达国家。最近几年,中国政府对于农业的投入有显著增长,到 2006 年约达到农业总产值的 10%,已经和泰国、印尼及俄罗斯相差不多。1996 年,中国的数据还小于印度(大约 7%—8%),而到 2006 年,已经明显超过了印度。同时,中国从 2004 年开始大规模减免农业税费,到 2006 年 1 月 1 日正式免除全部农业税,起了积极作用。但是考虑到中国农业人口所占比重极高，政府对农业的投入依然很低，两个可以特别突出这一点的数字是，2010 年，农业从业劳动力占全部劳动力的 26%，但该年国家投资于农业的固定资产仅占国家全部固定资产投资的 2.8%［中国 2010 年全社会固定资产投资统计（一），http://www.bjinfobank.com/IrisBin/Text.dll? db=TJ&no=535213&cs=9946559&str=全社会固定资产投资］。

通过与西方发达国家、中国台湾地区和韩国相比，中国大陆农村金融的落后状况也非常突出。虽然这方面最近稍有改善，但在此之前，农民几乎完全没有可能从国家正规银行获得贷款。他们不得不依靠非正规融资渠道，如亲戚、朋友、邻居甚至高利贷。

然而，中国大陆农业在过去十五年里确实经历了快速的现代化。农业总产出每年增长 6%，这一增速比 20 世纪六七十年代的绿色革命要快得多。我们上面的分析指出，农业现代化或资本化的主体是农户的 16931 亿元资本投入，其资金来源主要是农民的非农工资性收入（在 2010 年总计约为 50000 亿元）。虽然外出务工的待遇对于农民而言是非常不公平的，但是它却出人意料地导致了传统人工劳动被淘汰的结果，推动了旧农业中机械使用和农药投入的增加。与此同时则是新农业中现代化固定资本投入的增加（例如塑胶棚、牲畜饲养舍和果园等），以及新农业的高值农产品生产所需流动资本投入的增加。这一农业革命既出人意料也意义深远。不过，它还有被进一步推进的空间。

九、结论

本章的量化研究得出的最重要的结论是,农业投资的主体其实是农民家庭,其资金来源主要是外出务工收入。这构成了中国农业过去十五年增长的源泉,同时这也是一个被普遍忽视的资本化来源。

但农业内部却几乎没有发生"无产化",也就是说,农业总劳动投入中雇佣劳动所占份额非常之低——仅仅大约3%(本书第6章;亦见黄宗智、高原、彭玉生,2012),但"半无产化"的现象却十分普遍——即部分家庭成员脱离农业而进入了第二、三产业而成为农民工。大部分农民家庭处于笔者所说的"半工半耕"状态。如此的农民家庭"半无产化"(部分家庭成员从事非农务工而不是农业雇佣劳动)不仅仅改变了乡村生活和乡村社区,同时也给农业带来了巨大的转变。

农民在农业投入中的地位是如此重要,他们应该被视作推动农业发展最关键的动力。然而我们现在还没有清晰地认识农民和农业,更毋庸说充分支持和发挥农民所可能起的作用了。

现在应该是探寻更充分发挥农村人力资源的方案之时了。虽然是在恶劣和不公平的城镇就业环境之下,是在严重的城乡差别、悬殊的正规职工与非正规农民工的差别之下,但农民们已经证实了自己的能动性和创造性。

真正能够彻底改造农村的是一个针对小农户的方案,尤其是针对可能达到适度规模农户(旧农业中经营规模达到15亩以上;

新农业中达到大中型蔬菜拱棚规模）的举措。农户已经为中国农业的现代化做出了巨大的贡献，并且还能贡献更多。唯其如此，城乡差距以及城乡劳动者之间的不平等才能逐渐缓解。唯其如此，一个广阔而深厚的国内市场才能真正形成，支撑起中国经济的长期发展。

参考文献：

郭玉清（2006）：《中国财政农业投入最优规模实证分析》，载《财经问题研究》第5期。

黄宗智（2009）：《中国被忽视的非正规经济：现实与理论》，载《开放时代》第2期，第51—73页。

黄宗智、高原、彭玉生（2012）：《没有无产化的资本化：中国农业的发展》，载《开放时代》第3期。

黄宗智、彭玉生（2007）：《三大历史性变迁的交汇与中国小规模农业的前景》，载《中国社会科学》第4期，第74—88页。

《全国农产品成本收益资料汇编》，2007、2011，北京：中国统计出版社。

宜都市脱贫创业项目库，第五期，2012.6.26，载宜都市人民政府扶贫开发办公室网站，http://fpb.yidu.gov.cn/col/col19610/index.html。

赵小平（2004）：《在全国农产品成本调查二十周年纪念座谈会上的讲话》，载泉州市物价局网站，http://qzprice.gov.cn/5-xinxi/jgcbdc/lt/9.htm。

《中国第二次全国农业普查资料综合提要》，2008，北京：中国统计出版社。

《中国第二次全国农业普查资料汇编：农业卷》，2009，北京：中国统计出版社。

《中国 2010 年全社会固定资产投资统计(一)》, http://www.bjinfobank.com/IrisBin/Text.dll? db=TJ&no=535213&cs=9946559&str=全社会固定资产投资。

《中国固定资产投资统计年鉴》,1997—1999,2001,2003—2011,北京:中国计划出版社。

《中国农村统计年鉴》,1997—2011,北京:中国统计出版社。

《中国农业产业化发展报告》,2008,北京:中国农业出版社。

《中国畜牧年鉴》,2010,北京:中国农业出版社。

中国国家统计局(2011):《2011 年我国农民工调查监测报告》,FA 国家统计局网站,http://www.stats.gov.cn/tjfx/fxbg/t20120427_402801903.htm。

《中国主要年份国有农场基本情况》,2010, http://www.infobank.cn/IrisBin/Text.dll? db=TJ&no=513622&cs=4816971&str=国有农场。

朱刚、张元红、张军(2000):《聚焦中国农村财政》,太原:山西经济出版社。

Government Finance Statistics Yearbook (GFSY), 2008, International Monetary Fund.

World Development Indicators (WDI), 2008, World Bank.

第八章　大豆生产和进口的经济逻辑[①]

近二十年来,中国的大豆播种面积变化不大,在缓慢上升约15%之后又下降到原位(见图8.2);但每年进口的大豆则直线上升,2012年达到5300万吨,四倍于该年中国自己生产的1300万吨。这相当于中国所消费大豆的80%是进口的。在20世纪上半期,中国曾经是全世界最主要的大豆生产和出口国,而且直至1995年,中国消费的大豆基本由国内生产提供。其后的戏剧性变化到底是怎么发生的以及为什么会有如此的转变?是像有的观察者所强调的那样,由于国外跨国资本凭借转基因大豆入侵和倾销,从而占领了中国市场,中国政府则因加入世贸组织,迫不得已地接纳了不利的关税和贸易条件,由此协助外国跨国公司获得了绝对的优势?还是单纯因为高科技的优质转基因大豆压倒了中国的天然大

① 本章原稿是黄宗智、高原:《大豆生产和进口的经济逻辑》,载《开放时代》2014年第1期,第176—188页。纳入本书时做了一些细微的调整,并添加了关于中国农产品价格相对国际市场价格问题的“后记”讨论。

豆,反映的是农业必然的“现代化”和“高科技化”的全球趋势?还是另有别的更根本的原因?

2013 年 9 月 7 日,生物化学博士方舟子发起提倡公众“品尝”转基因食品的活动,自称是一项“科普”工作,引起电视节目主持人崔永元的激烈抨击,导致两人的“五轮激战”,一时间转基因食品问题成为公众关心的热点,其中大豆问题特别突出。(《方舟子 vs.崔永元——就转基因问题微博五轮激战》,2013)方舟子主要从科学主义和现代主义角度来看待问题,而在同一时段,王绍光、严海蓉等知名“左派”学者则主要从反对跨国资本和提倡民族主权角度出发来论证转基因食品对小生产者、中国农业和相关产业所带来的破坏性冲击,同时也把问题纳入长远的食物安全和环境污染框架内来进行讨论。(王绍光,2013;严海蓉、陈义媛,2013;亦见佟屏亚,2013;李鹏,2011;郭于华,2005)本章重点在于论证未曾得到双方重视的两点:一是当前大豆生产和进口背后的经济逻辑;二是中国政府政策中可取的抉择及其所隐含的、有可能成为充满建设性潜力的未来出路。

一、大豆生产

首先要明确的是,大豆生产是占用相对较多土地和使用相对较少劳动力的农业生产,其单位面积产值较低。它的单位面积产值要远低于高值农产品——诸如(我们称之为)“新农业”的拱棚/温室蔬菜、水果和肉鱼养殖。与大豆生产不同,后者是“劳动和(非机械)资本(如肥料、优质种子、拱棚、薄膜等)双密集”的农业,用地

表 8.1 农林牧渔总产值指数(以 1952 年为 100)

年份	总产值	农业产值	林业产值	牧业产值	渔业产值
1980	224.9	203.6	1014.8	306.4	1270.7
1985	333.4	291.2	1572.1	508.2	2263.0
1990	420.5	356.7	1601.1	704.4	4238.2
1995	602.2	439.7	2298.8	1237.7	8915.6
2000	807.8	549.6	2808.5	1811.4	14074.0
2006	1100.7	704.2	3550.5	2649.3	19496.5
2010	1320.2	828.3	4681.9	3195.5	24198.4

* 按可比价格计算。

数据来源:《中国农村统计年鉴》,2008、2011:表 6-22。

相对较少——其单位面积产值要远高于大豆和粮食生产的“旧农业”。新农业是中国近三十年来的农业革命——农业总产值(不变价格)达到了之前的足足 6 倍——的基本动力。(详细论证见本书第 2 章;亦见黄宗智,2010:第 6 章)

由于这个农业革命并不广为人知,因此笔者称之为“隐性的农业革命”:和历史上的农业革命,特别是 18 世纪英国的农业革命和 20 世纪六七十年代的“绿色革命”不同,它不是体现于主要作物的单位面积产量的增加,而更多是体现于从低值农产品转向越来越高比例的高值农产品。表 8.1 说明近二十年来的“隐性农业革命”的主要内容。

显然,这三十年来的农林牧渔“大农业”总产值提高的来源主要不在于种植业的亩产量(亦即传统意义上的农业革命)的增加,而在于农业结构的重组，主要是高值农产品在农业中所占比例的提高，尤其反映于“牧业”和“渔业”产值所代表的养殖业的大规模扩增。这期间，种植业的产值虽然增加了 307%，但“牧业”增加了 943%，渔业更增加了 1804%。

对于种植业本身而言，最能代表新农业的是拱棚和温室蔬菜，它们在产值增加方面起到远高于旧农业的谷物种植所起的作用。表 8.2 首先分析了种植业中的大豆和蔬菜所占的播种面积比例和产值比例。显而易见，蔬菜产值（相对农林牧副渔总产值的）比例要比其占用土地面积的比例高出甚多，而大豆的产值则只是其所占土地面积比例的约六分之一。我们如果能够区分旧式的露地蔬菜种植和新型的拱棚或温室蔬菜种植（但目前的统计数据不允许这样做），其间差别会更加悬殊（我们缺乏关于水果的精确数据）。如表 8.1 所示，相对高产值的蔬菜和相对低产值的谷物种植间有很大的不同：蔬菜中的“设施农业”基本与新型养殖业、渔业相似，其按亩产值要数倍于谷物和大豆种植的旧农业。显而易见，在旧农业的谷物和大豆种植面积所占比例基本稳定的同时，其所占产值比例日益收缩，从不止四分之一收缩到不到六分之一。同时，新农业——蔬菜、养殖、渔业——的产值则和农业总产值的快速增加同步扩增，所占总产值比例已经快速扩增到谷物的四倍。这个农业结构的转变正是近三十年的“隐性农业革命”的核心。而在旧农业的谷物和大豆种植之中，大豆是单位面积产值最低的作物：其产值所占农业总产值的比例只是其播种面积的约六分之一，比谷物平均的四分之一还要低一半。

表 8.2　新、旧农业播种面积(占农作物总播种面积)及产值(占农林牧渔总产值,按当年价格)比重 1995—2011(单位:%)

年份	大豆播种面积	大豆产值	蔬菜(含菜用瓜)播种面积	蔬菜(含菜用瓜)产值	谷物播种面积	谷物产值	牧业产值	渔业产值
1995	5.4	无数据	6.3	无数据	59.6	26.1	29.7	8.4
2000	6.0	无数据	9.7	14.4	54.6	17.4	29.7	10.9
2005	6.2	无数据	11.4	14.3	52.7	16.9	33.7	10.2
2009	5.8	0.9	11.6	15.7	55.7	14.9	32.3	9.3
2010	5.3	0.9	11.8	16.7	55.9	15.2	30.0	9.3
2011	4.9	0.8	12.1	15.3	56.1	14.9	31.7	9.3

数据来源:《中国农村统计年鉴》,2012、2011、2010、2006、2002、1996:表 6-14、7-3、7-32。

从土地使用(播种面积)的角度来考虑,变化也非常显著。牧业,包括小农场的种养结合以及渔业所用鱼塘的耕地面积不好统计,但蔬菜和水果面积的变化则非常突出。如表 8.3 所示,蔬菜的播种面积从 1980 年的 0.47 亿亩扩增到 2010 年的 2.85 亿亩,达到之前的 606%。同时期,水果播种面积从 0.27 亿亩剧增到 1.73 亿亩,即 641%。1980 年,蔬菜只占到总播种面积的 2.2%,水果占 1.2%,菜果共占 3.4%;2010 年,蔬菜占到总播种面积的 11.8%,水果占 7.1%。两者合起来达到 18.9%。这是个非常明显的变化。

表 8.3 蔬菜、水果播种面积(亿亩)和比例

年份	蔬菜(含菜用瓜)	蔬菜(含菜用瓜)%	果园	果园%
1980	0.47 亿亩	2.2%	0.27 亿亩	1.2%
1990	0.95	4.3%	0.78	3.5%
2000	2.28	9.7%	1.34	5.7%
2010	2.85	11.8%	1.73	7.1%

数据来源:《中国统计年鉴》,2011:表 13-1;《中国农村统计年鉴》,2011:7-3;《中国主要年份主要农作物播种面积、产量和单产统计(1949—2008)》,2008.12.31。

显然,在人多地少的中国,农业结构越来越多地转向高值农产品。这也是中国农业越来越依赖大豆和谷物进口的基本经济原因,更是中国积极在巴西购买土地来生产大豆的基本经济动因。①纯粹从经济角度来考虑,用新农业替代旧农业是划得来的。将用地较少、产值较高的新农业产品(蔬菜、水果、肉鱼)的出口与用地较多、产值较低的旧农业的进口来交换,也是划得来的。

我们也可以这样来考虑:如果中国想要完全由自己来生产每年所消费的大豆,每年需要另外播种多少亩大豆,占用全国总播种面积多少?表 8.4 和图 8.1 按照历年大豆进口量和国内大豆单产量来估算答案。显而易见,2009 年以来,每年需要另外播种约四亿亩以上的大豆,占到全国总播种面积的 15%—20%。这意味着必须

① 2010 年,重庆粮食集团公司在巴西以 57.5 亿美元购买 300 万亩(2000 平方公里)的大豆产地(见何清平《"十一五"国企"托底"重庆发展》,载《重庆日报》2010 年 12 月 8 日,第 A3 版)。

表 8.4 中国大豆进口量、国内大豆单产及进口大豆所替代耕地的估算(1994—2011)

年份	国内总播种面积(亿亩)	国内大豆单产(千克每公顷)	进口量(万吨)	进口大豆所代替的耕地(亿亩)	相当于国内播种面积的比例
1994	22.24	1735	5.2	0.004	0.02%
1995	22.48	1661	29.8	0.03	0.1%
1996	22.86	1770	111.4	0.09	0.4%
1997	23.10	1765	288.6	0.25	1.1%
1998	23.36	1783	320.1	0.27	1.2%
1999	23.46	1789	432.0	0.36	1.5%
2000	23.45	1656	1041.9	0.94	4.0%
2001	23.36	1625	1394.0	1.29	5.5%
2002	23.20	1893	1131.5	0.90	3.9%
2003	22.86	1653	2074.1	1.88	8.2%
2004	23.03	1815	2023.0	1.67	7.3%
2005	23.32	1705	2659.1	2.34	10.0%
2006	22.82	1721	2827.0	2.46	10.8%
2007	23.02	1454	3082.1	3.18	13.8%
2008	23.44	1703	3743.6	3.30	14.1%
2009	23.79	1630	4255.2	3.92	16.5%
2010	24.10	1771	5479.7	4.64	19.3%
2011	24.34	1836	5264.0	4.30	17.7%

计算说明:进口大豆所代替的耕地面积=进口大豆总量/国内大豆单产。

数据来源:《中国农村统计年鉴》,2012:表 7-1;《中国农业发展报告》,2012,转引自"中国资讯行",http://www.infobank.cn/IrisBin/Text.dll? db=TJ&no=558671&cs=9042914&str=%B4%F3%B6%B9+%BD%F8%BF%DA+%C0%FA%C4%EA。

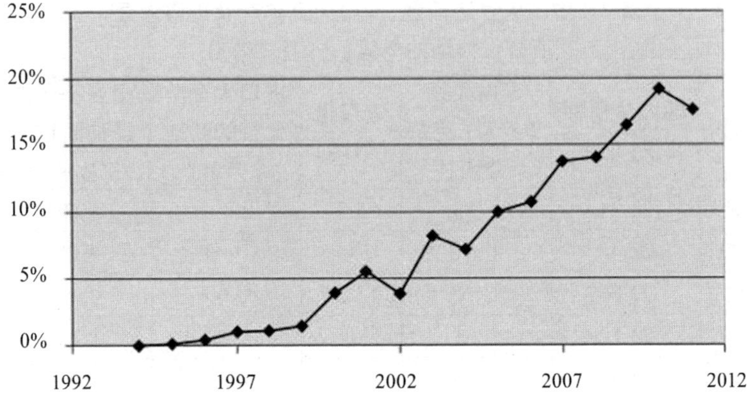

图 8.1　进口大豆所代替的耕地相当于国内播种面积的比例（1994—2011）

数据来源：见表 8.4。

减少如此幅度的谷物或高值新农业产品，实际上根本就不可考虑。这是国内大豆产量没有显著增加而大豆进口快速增长的根本原因。

而近二十年来大豆的播种面积之所以没有更多地缩减（只上下于 15% 幅度之内——见图 8.2；虽然，最近几年——2009—2013 年——也显示了令人担忧的急剧下降；这个问题下面还要讨论），主要是因为国家出于保证基本食品供应独立性的考虑，一直都在补贴不那么高效益的大豆和谷物种植（包括粮食种植按亩补贴和机械购买补贴），并大规模储备粮食借以稳定价格（在价格过低时买进、过高时抛出，2008 年所储备粮食达到总产的 20% 以上）。①

① 该年收购粮食 882 亿市斤，另外临时购储 1170 亿市斤，共 2052 亿市斤。（熊万胜，2011：42，脚注 3）是年粮食总产 10600 亿市斤（《中国统计年鉴》，2009：表 12-2）。

在大豆主产区，如黑龙江，大豆和小麦、水稻、玉米享受一样的种粮补贴。[①] 在内地非大豆主产区，大豆一般不享受种粮补贴，这和那些地区大豆种植面积小和零散有关。但近年来各地政策执行中出现一种趋势，即按照承包地面积进行种粮补贴而不考虑实际种植品种。同时，国家最近正在针对大豆设计所谓的"目标价格补贴"制度。其主要内容是，如果市场价格低于"目标价格"，按两者的价差核定补贴额，由政府直接补贴给农民；如市场价格高于"目标价格"，则不启动补贴。预计"目标价格补贴"制度将成为大豆这一农产品最主要的补贴方式，未来也许可以起到稳定大豆生产的作用。[②] 国家的保护措施是大豆播种面积在近二十年来没有更大幅度缩减的基本原因。如果简单按照中国劳动力相对丰富和便宜，以及美国、巴西等国家的土地相对丰富和便宜的"比较优势"逻辑来考虑，更为经济的结合是更高度的分工和交换：由中国来负担更多的劳动相对密集的蔬菜、水果和肉—鱼养殖，由美国—巴西—阿根廷来负担更多的土地密集粮食生产。但是，粮食结构从来就不是简单地取决于经济因素，政治因素也起了一定作用。

对中国进口大豆的来源地美国来说，其经济逻辑则正好相反。转基因大豆占到绝对优势的一个重要原因是 RR（Roundup

---

① 大豆被当作粮食，这体现于《中国农村统计年鉴》和成本收益资料中大豆被当作粮食作物，包括种粮直补、良种补贴。关于黑龙江大豆和小麦、水稻、玉米享受同样补贴的资料，参考王杨：《黑龙江粮食补贴政策问题研究》，东北林业大学 2011 年硕士学位论文。

② 信息来源于高原对农业部农研中心相关人士的访谈。另见徐雪高、沈贵银、翟雪玲：《我国大豆目标价格补贴研究》，载《价格理论与实践》2013 年第 3 期，第 35—36 页。

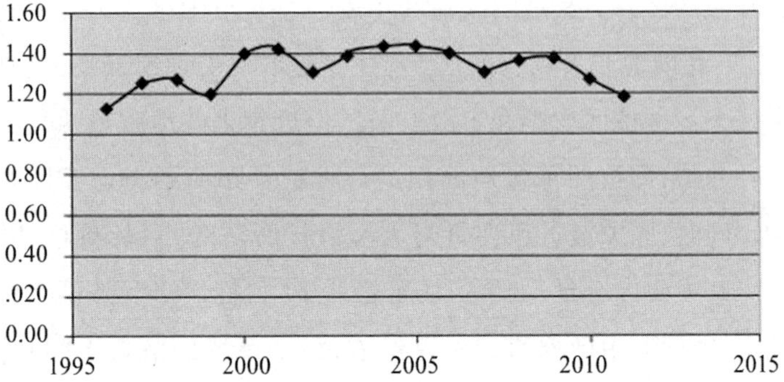

图 8.2　**大豆播种面积(亿亩)**1995—2015 **年**

数据来源:见表 8.2。

Ready)转基因大豆的一个关键特征:“农达”(Roundup)草甘膦是美国最广泛使用的除杂草剂,而所谓的“抗农达”(Roundup Ready)的含义就是 RR 转基因大豆具有抗拒这种除草剂的能力。这是个关键特征,因为对地多人少的美国农业来说,节省劳动力而不是节省用地才是最关键的因素。这里应该说明,迄今为止转基因大豆并没有能够实现比天然大豆更高的单位面积产量。美国之所以能够相对价格低廉地生产这种转基因大豆,主要是因为它借草甘膦的使用而节省了除草所需的劳动成本,而不是因为它提高了单位面积产量。这也是美国这种转基因大豆之所以能够占据其本国 90% 的大豆生产以及大规模占据中国进口大豆市场的重要因素。(钟金传、吴文良、夏友富,2005:44—47、49)

二、大豆需求

当然,促成当前大豆经济结构背后的另一主要经济动力是市场需求。从这个角度来考虑,其中的关键因素是近三十年来伴随人民收入提高而来的中国食品消费的转型,从原来的 8∶1∶1 的粮食∶蔬菜∶肉食比例朝向(笔者和彭玉生根据目前中国大陆城市中上层收入人群以及台湾地区消费状况预测的)4∶3∶3 的演变。图 8.3 显示了 1980 年以来这些不同食品所占的总食品消费比例的演变。近三十年来,中国人均肉—鱼消费有显著增加,水果同样,蔬菜消费的变化则体现于不是简单的量性增加而是越来越多的不同品种和高档蔬菜的消费,而粮食消费则在大规模减少。(详细论证见黄宗智、彭玉生,2007)

大豆消费总量在近二十年来所增加的部分(约四倍)主要并不是大豆或传统豆制品(豆腐、豆皮、酱油、腐乳等)消费的增加,而是新式豆制品消费的增加,主要是人们食用的豆油和养殖业所用饲料中的豆粕。豆油消费的增加主要来自伴随人们收入提高而来的更多食用油的需求。与菜油相比,豆油脂肪含量较低,比较健康。之前,菜油一直是中国的主要食用油,近年来已经逐渐被大豆油取代。虽然如此,近年来油菜的播种面积仍然基本稳定,豆油消费的扩增是加在之前的菜油消费之上的,反映了人们伴随收入增加而增加食用植物油消费的大趋势。

豆油之所以多用进口转基因大豆,不仅是因为其原料相对便宜,也因为其含油量(19%)要高于中国的天然大豆(17%)。(钟金

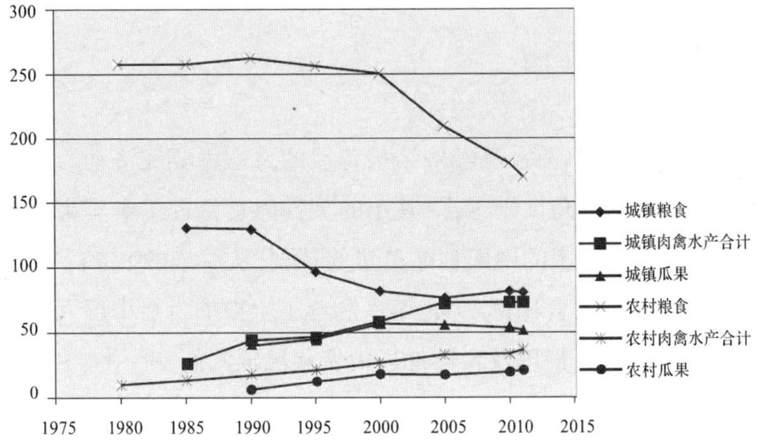

图 8.3 **城乡居民食品消费** 1980—2012(**单位:公斤**)

*图中农村粮食消费量为原粮,城市粮食消费量为商品粮。数据来源:《中国住户调查年鉴》,2012:表 2-1-4。

传、吴文良、夏友富,2005;《进口大豆再加新品种》,2013;亦见 Gibson and Garren,2005;郭于华,2005)图 8.4 对比近年来各种不同食用油的消费量,说明了豆油使用扩增的总体趋势。今天其总量已经达到将近 1000 万吨,消耗的大豆原料在 5000 万吨以上,一部分来自国内自产,更多来自进口大豆和豆油。

豆粕用于饲料则主要源自肉食消费增加及其所导致的养殖业的快速扩增,由此促使饲料需求的大规模扩增。而大豆被用于饲料的关键原因在于大豆豆粕所起的作用:动物营养科学研究发现,一份豆粕加上四份玉米或其他饲料,能够使猪、牛、鸡、鸭、鱼更高效地把饲料转化为蛋白质。近年来新添加的饲料使用基本属于这种新的高效豆粕饲料。(Brown,2013)图 8.5 说明近年来进口的大豆约三分之二是用于生产饲料的。

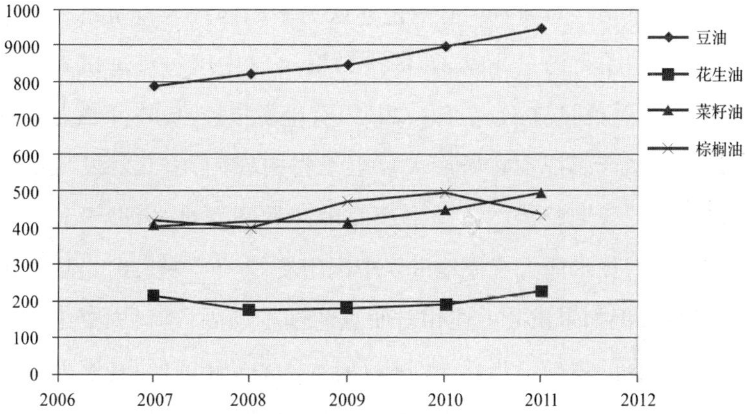

图 8.4　**食用植物油消费量** 2007—2011(**单位:万吨**)

数据来源:《中国商业年鉴》,2012。

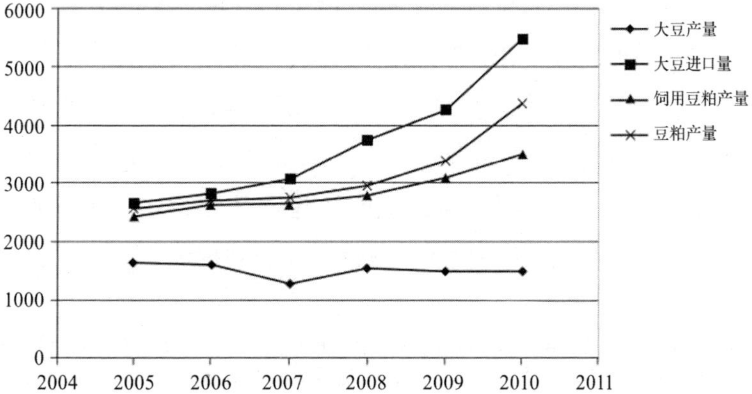

图 8.5　**中国大豆和豆粕的产量与进口**　2005—2010(**单位:万吨**)

数据来源:《中国饲料工业年鉴》,2011。

饲料中的“饲用豆粕”之所以主要依赖进口转基因大豆，主要是因为其价格相对便宜。有的论述认为中国因加入世贸组织而在大豆方面迫不得已只征收3%的进口税。（《中国每年进口大豆是国产五倍，关税只有3%左右》，2013）有论者指控，1995年黑龙江省因其大豆减产而把本省所产大豆限于省内使用，由此触发从境外进口大豆的长期趋势。美国生产商由此看到商机，借助于其先进的饲料生产技术而大规模地进入中国市场。①（李鹏，2011）这些观察都没错，但如果没有上述相对便宜的基本动因，进口大豆绝对不会达到如今的规模。当然，美国政府大力补贴出口的转基因大豆生产也起了一定作用。② 但对中国来说，地多人少的国家所产的大豆既然比地少人多的中国便宜，那更便宜的价格只会更加强中国采用进口大豆的动机。也就是说，中国政府继续接受低关税是有其经济考虑的。当代中国政府主权性较强，也精打细算，绝对不应错认为是类似于帝国主义时期关税完全受人摆布的政府。

至于中国的土产天然大豆（迄今国家不允许转基因大豆在国内种植③——原因之一是转基因大豆与天然大豆混合的话，很可能会导致天然大豆基因的变异），其与转基因大豆相比，一个重要的优点是，天然大豆的蛋白质含量普遍要比转基因大豆高。（《大豆

① 更有人争论美国和其跨国公司借用各种各样的手段——除了资本和技术之外，还包括提供留学资助来培训中国专家、提供研究资助来影响研究、在国内提供奖学金等——来建立其转基因产品和话语的霸权（佟屏亚，2013）。

② 美国政府从1999年开始，大规模扶持大豆种植，每年直接和保险补贴达到10亿—20亿美元的幅度（“Soybean subsidies in the United States”，2013）。

③ 农业部：《迄今为止中国未种植转基因大豆》，载《人民日报》2012年12月21日，http://www.farmer.com.cn/xwpd/jjsn/201212/t20121221_787798.htm。

蛋白》,2013)这是中国能够出口大豆蛋白的一个重要原因。近年来,中国天然大豆蛋白出口快速增长,2010 年达到 22 万吨的规模,占全球总大豆蛋白出口量的一半以上。虽然如此,大豆蛋白的出口量还只相当于进口大豆的较小比例:2010 年总值才约 4 亿美元,只是进口大豆总值 250 亿美元的 1.6%。(《欧盟终止对华大豆蛋白反倾销调查》,2012;《中国农村统计年鉴》,2011:表 9-6)

目前中国的大豆蛋白产业尚处于一个相对落后的阶段,几乎单一地全是作为肉制品所附加的凝胶型大豆蛋白[亦称"组织化大豆蛋白"(textured soybean protein),简称 TSP],可以达到肉制品30%的重量,并提高其蛋白含量(因为大豆蛋白含量一般要比猪、牛、鸡肉高一倍)。(韩飞、刘勇,2013;《大豆蛋白》,百度百科,2013)它之所以能够进入国外市场,迄今主要靠的是廉价(约 2 万元人民币一吨,相对于国外高档大豆蛋白的 3—5 万元一吨),因此甚至引起欧盟对中国可能在倾销大豆蛋白的控诉和调查——但结果被裁定是没有根据的控诉。(《欧盟终止对华大豆蛋白反倾销调查》,2012)它尚未能够与美国和日本花样众多的高档保健大豆蛋白产品竞争。(韩飞、刘勇,2013)

中国大豆长远的、真正的出路其实主要在于保健食品。相当高比例的亚裔人士不容易消化奶制品,因而倾向较多依赖豆制品(豆浆、"豆奶")的蛋白。另外,大豆蛋白含有雌激素,可以调节更年期妇女体内的激素,缓解更年期综合症,这也是其中的一个因素。此外,大豆蛋白不含胆固醇,有助于防止心血管疾病。再则是大豆蛋白不含淀粉,对糖尿病患者特别适用。(《大豆》,百度百科,2013:"食用价值""食用功效";《大豆蛋白》,百度百科,2013)由于诸如以上的原因,大豆在全世界消费者心目中具有健康食品的较高声誉。而关心和使用健康食品者,绝少会愿意食用转基因食品,冒人们尚未能够确切知道的风险。① 在世界上越来越多人关心健康和食品安全问题的今天,中国的天然大豆和其制品其实具有广阔的发展空间。

在全世界主要产区都转产转基因大豆的大趋势下,中国未来完全可以占据天然大豆作为保健食品主要供应地的地位。作为保健食品原料,天然大豆带有高于转基因大豆的经济效益和可能的经济效益:2013 年美国本国的转基因大豆价格是 500—600 美元/吨,而从中国进口的有机天然大豆的市价则约 1000 美元。("Organic soybean price",Alibaba.com,2013;亦见李鹏,2011)作为大豆加工产业,大豆蛋白产业在中国国内的利润要远高于大豆压榨(油)产业,超过一倍或更多。(《欧盟终止对华大豆蛋白反倾销调查》,2012)近年来,国外大豆保健食品市场快速扩增,而伴随中国经济发展和城市高收入人群的进一步增加,天然大豆在国内也将具有更宽阔的市场。这是一个能够将大豆从旧农业的低值生产逐步转向类似于其他高值新农业和农产品加工业发展的康庄大道,是个值得国家积极投入和特别鼓励与扶持的产业领域。

三、种植小农与相关产业

在国外转基因大豆大规模输入中国的演变过程中,生产大豆

---

① 张雨鑫 2013 有简单明了的讨论。

的中国小农以及与大豆相关的产业(尤其是榨豆油产业)毋庸说是受到强大冲击的。(严海蓉、陈义媛,2013;李鹏,2011)在中国,天然大豆主产区的黑龙江,最近几年来大豆种植面积一直锐减,从2009年约6000万亩减至2013年约3000万亩,主要是因为在现有价格结构下,大豆净利润远低于玉米:2012年,黑龙江省大豆每亩净利润为256元,而玉米则为495元,粳稻为695元——因此该地越来越多的农民不愿意种大豆,而当地大豆压榨企业也随之大规模停产。(《黑龙江非转基因大豆产区面积锐减;九成豆企停产》,2013)如此的大幅减产确实令人担忧。

虽然如此,上文已经看到,中国政府一直有意识地在维护中国的天然大豆经济,最关键的举措是禁止国内生产转基因大豆。这就造成了和巴西、阿根廷等国很不一样的局面,它们在短短的十来年中,已经被美国孟山都公司的RR转基因大豆完全侵占,其种植面积已经和美国一样,达到所有大豆的90%以上;而全中国的天然大豆种植面积则基本维持之前的面积。(见图8.2)这方面,近年来正在形成针对全国豆农的“目标价格补贴”措施,用意是保证豆农收入的基本底线,这也许会起到必要的保护作用。至于相关的大豆压榨(豆油)产业,黑龙江压榨企业的萎缩需要置于全国的总体框架中来理解:中国的大豆压榨业曾经在外来竞争和资本的进入下,一度几乎崩溃,但之后在国家的积极扶持下重新恢复活力。在2007年美国榨油业达到其顶峰(年产将近5000万吨)之后的五年中,中国的榨油业在同时期扩增将近一倍,占到全世界大豆压榨业的28.3%,到2012年成为全球产量最高的国家,其占比不仅高于南美的巴西(15.9%)和阿根廷(16.1%),也高于美国(18.9%)。(王绍光,2013:95)虽然如此,新型榨油业一度曾有被跨国资本控制的忧虑,但经过一番努力,目前已经成为中国国企、民企和外资三分天下的局面。虽然如此,面对一些大规模跨国公司试图控制、垄断中国榨油业来扩大、确立转基因大豆原料在中国的市场,这是一个仍然需要警惕的问题。(王绍光,2013:96—97)

此外则是大豆蛋白的生产。上面已经看到,中国自20世纪90年代以来快速发展了大豆蛋白产业,目前占到世界总出口量的一半。在这方面,国家也起了重要作用,但到目前为止,其生产主要限于肉制品的附加物,尚未能真正进入与美国和日本花样众多的保健食品领域内竞争。

有的论者特别强调在全球资本面前中国大豆生产和相关加工业所面临的困境,同时也特别强调由全球农业资本为其利润追求所带来的对发展中国家的小规模农业的强力冲击所导致的不健康饮食习惯(包括转基因大豆和其产品)以及环境污染,因此呼吁要建立"食物主权"(food sovereignty)。(严海蓉、陈义媛,2013)这是动机很好的学术研究,但是,我们还要看到,中国的国家政权是当今世界上极少数有可能与跨国资本抗衡的权力机构之一,是极少数在全球资本面前有可能争得另一种发展道路的权力机构之一。在大豆经济方面,中国政府这些年来所展示的其实不是脆弱地任凭全球资本侵占和宰割,也不是弱势政府面对世界外贸组织压力下的委曲求全,而是在面对不利的基本经济逻辑(即人多地少国家相对地多人少国家所占的"比较优势"),同时考虑了粮食安全这样的政治因素之后,所作出的一些抉择,同时也是在自身(劳动和资本双密集的)新农业的总体发展趋势下所做出的合理抉择。而中国政府的抉择,出发点更在于中国广大的小农户出于最基本的经济逻辑所作出的缩减“旧农业”和增加“新农业”的抉择。我们在上文中已经看到,中国近三十年来的“隐性农业革命”的基本动力是越来越多的小农户趋向“劳动和资本双密集”的高值农产品生产——它是节省土地和更充分使用中国的丰富劳动力资源的经济抉择。

中国的大豆经济,与其说已经在全球资本的冲击下全面崩溃,不如说是具有另一种选择的可能潜力。其中最基本的事实是,与其他大豆生产国家不同,中国种植的仍然是天然大豆。仅从天然大豆来看,中国仍然是全球最大、最主要的产地。如果中国真能大规模地朝着绿色的天然大豆以及保健的豆制品方向走出一条路来,其意义将会超出大豆经济的领域。

四、结论

以上论述说明,我们不应该忽视大豆生产和销售背后的经济逻辑和动力,而把大豆经济简单看作一种“外国资本对中国主体性”——所谓的“食物主权”——之间非此即彼的对立。同样,也不应把它简单看作“科学的西方”和“落后的中国”之间非此即彼的对立。

在大豆经济上,中国政府所采用的基本政策是:一方面,保护中国原有的大豆经济(经过粮食和大豆种植补贴以及价格调控和建立大豆、粮食等基地的政策来适当维持一定程度的食物独立性),不允许在中国种植转基因大豆;另一方面,允许市场和经济逻辑,包括低额的关税,来决定近年来的大豆进口。这样的政策抉择虽然多有不足之处(例如,尚未更充分扶持、维护豆农和豆制品产业,也未更充分投入大豆蛋白加工企业的发展),但其基本的经济战略应该可以说是现实的、合理的,因为它等于是为中国的高值新农业争得更多可资使用的土地、更多的发展空间。一定程度上,它等于是凭借高值农产品的出口(蔬菜、水果、肉鱼)来换取相对廉价的大豆和谷物产品的进口。我们甚至可以说,它还是为中国的养殖业争得带有美国政府补贴的廉价高效饲料,等于是借助美国和巴西宽大的土地资源来推进中国特色的小而精新农业的进一步发展。在笔者看来,这样的经济决策是无可厚非的。虽然如此,但我们还需要更强力的保护、发展大豆经济的措施。

今后最大的挑战是,中国的大豆经济能否从仅是维护原有的传统型大豆经济而更多地转向具有光明发展前途的新型大豆经济。用天然大豆蛋白所制造的保健食品是具有宽阔前景的,也是很自然会和(不用化肥和农药的)绿色农业配合的道路,所意味的是高值的农产品和制成品、健康的食品和可持续的发展,这也符合中国农业总体发展趋势的新农业方向。今后,一方面要看在生物技术上中国能否进入国际前沿并发明出特别适用于中国天然大豆及其制品的技术,另一方面要看政府能否更有效地与社会资本共同为其天然大豆重新建立经济优势。这是一个需要冷静思考和扎实的科学研究,而不是一个靠意识形态或感情用事所能解决的问题。

后记:中国农产品价格为何高于国际市场价格?

2017 年秋,中央农村工作领导小组办公室前主任陈锡文在一个论坛上,突出了中国“农产品价格普遍高于国际市场”的问题,所讨论的实例主要是近年来大豆和玉米进口的极其快速扩增。报告重点在于提出问题,而没有进一步论析中国农业为什么会呈现这样的现象。笔者对这个问题的理解是,如今中国旧农业中的大豆和玉米种植,实际上多使用较廉价的劳动力,特别是农户家庭的辅助性劳动力,按理说其产品价格应该会因此远低于生活水平比中国高得多的美国,但其产品价格为什么会在国际市场上反而高于劳动力价格很高的美国?乍看起来,这确实是个反直觉的难题。我们该怎样来理解?

笔者的观察首先是,中国大豆价格之所以高于国际市场,主要是由于大豆乃是一个需要相对大量土地投入(土地密集)的农产品(因为其单位面积产出较低,需要大量土地来达到需要的产量)。在地多人少的新大陆国家,土地价格要比地少人多的中国低得多;正因为如此,中国(重庆市)政府才会在巴西购买 300 万亩的耕地来种植大豆。因此,中国虽然在农业劳动力价格方面远低于美国,乃至于巴西和阿根廷等其他主要(转基因)大豆出口国,但后者能够借助相对廉价的耕地和大规模机械化—自动化来扩大其每劳动力的产出,借此克服其劳动力价格相对昂贵的问题。这是新大陆国家大豆价格低于中国的根本原因。玉米同理。

其次,我们还要考虑到一些别的因素。一是美国、巴西和阿根廷生产的“转基因大豆”比中国种植的天然大豆更能节省劳动力。正如本文已经论析，“转基因大豆”的主要特征是其“抗农达”的能力，可以大规模使用草甘膦除草剂来进一步节省（除草所需的）劳动力，借此协助其扳平，乃至胜过中国廉价劳动力的优势。再加上本文论述的转基因大豆的另一基本特征——中国如今对大豆需求的绝大部分来自饲料和豆油的需求，而转基因大豆比中国生产的天然大豆更适用于饲料和豆油的生产。

二是中国近年来的打工浪潮，及其“劳动与资本双密集”的高附加值“新农业”的兴起，在一定程度上拉高了中国农业劳动力的价格（其市场机会成本）。非农打工收入普遍高于农业劳动，而在农业中，从事新农业的收入也要高于旧大田农业。这就不可避免地连带拉高了旧农业中对农业劳动收入的预期，也影响了国家对其产品估量的定价，因为国家所定的“目标价格”如果过分低于新农业，便不会有人愿意种大豆/玉米。这样就一定程度上削减了中国由于劳动力价格相对低廉在大豆生产中所占据的“比较优势”。

最后是中国相对昂贵、低效的农产品纵向一体化体系。根据国家发展改革委员会公布的数据，中国的物流费用要比美国高约一倍。（占到 GDP 的 16%，相对于美国的 8%——国家发展和改革委员会，2016）这里当然有基础设施，尤其是紧密的高速公路网的因素。在新农业生鲜产品中，由于物流条件（尤其是冷藏设备）的欠缺，中国的损失率要远高于美国（达到销售价的 25%，相对于美国的 5%）。另外则是中国目前新农业中的小农户→小商小贩→产地批发商→销售地批发商→小商小贩→消费者的低效、高成本纵向一体化体系。在其生产和加工、储藏、运输、配送成本之上，还要添加层层叠叠的小商小贩的收益，以及大批发商通过与小农户的不平等交易而获取的收益。至于旧农业的大豆和玉米的生产中，由国家建立的供销社体系（详细讨论见本书第13章），带有臃肿和运作官僚化等弱点，其所提供的纵向一体化也同样是个相对低效和高成本的体系。

要克服这个问题，不能像如今的政策那样试图通过借鉴美国而建立横向和纵向一体化的大企业公司来解决，因为对目前的中国来说，那是个不实际的设想。更实际的做法应该是，探寻怎样才可能建立一个更高效和低成本的新型纵向一体化体系，借此来克服如今“种菜赔、买菜贵”和“粮农穷、粮价贵”的困境。

参考文献：

陈锡文（2017）：《陈锡文：当前中国三农问题的形势与任务》，载观察者网，http://www.snzg.cn/article/2017/0927/article_41968.html.

《大豆》，百度百科，http://baike.baidu.com/view/30289.htm，最后访问时间：2013年10月。

《大豆蛋白》，百度百科，http://baike.baidu.com/view/1321671.htm，最后访问日期：2013年10月。

《方舟子 vs 崔永元——就转基因问题微博五轮激战》，http://tieba.baidu.com/p/2665109568? see_lz=1，最后访问日期：2013年10月31日。

国家发展和改革委员会（2016）：《2015年全国物流运行情况通报》，http://yxj.ndrc.gov.cn/xdwl/201605/t20160531_806054.html。

郭于华（2005）：《天使还是魔鬼：转基因大豆在中国的社会文化考察》，载《社会学研究》第1期，第84—112页。

韩飞、刘勇（2013）：《中国大豆蛋白产业现状及发展方向》，载《大豆科技》2013 年第 4 期,第 13—16 页。

《黑龙江非转基因大豆产区面积锐减;九成豆企停产》,载《京华时报》2013 年 11 月 1 日,http://www.chinanews.com/gn/2013/11-01/5450337.shtml。

黄宗智(2014):《中国乡村:明清以来的社会经济变迁》,三卷。第三卷,《超越左右:从实践历史探寻中国农村发展出路》,北京:法律出版社。

黄宗智(2010):《中国的隐性农业革命》,北京:法律出版社。

黄宗智、彭玉生(2007):《三大历史性变迁的交汇于中国小规模农业的前景》,载《中国社会科学》第 4 期,第 74—88 页。http://www.lishiyushehui.cn。

《进口大豆再加新品种;国内大豆产业困局加剧》,2013 年 6 月 21 日,载新浪财经,http://finance.sina.com.cn/nongye/nyhgjj/20130621/212415877386.shtml。

李鹏(2011):《加入 WTO 后,中国大豆第一个壮烈牺牲》,载《北京科技报》,http://www.weiweikl.com/SSYW72.htm。

《农业部:迄今为止中国未种植转基因大豆》,载《人民日报》2012 年 12 月 21 日,http://www.farmer.com.cn/xwpd/jjsn/201212/t20121221_787798.htm。

《欧盟终止对华大豆蛋白反倾销调查》,载《第一财经日报》2012 年 5 月 24 日,http://finance.sina.com.cn/nongye/nygszx/20120524/013812132704.shtml。

佟屏亚(2013):《转基因作物能增产是骗人的!》,10 月 26 日,http://www.szhgh.com/article/transgenes/201310/35296.html,最后访问日期:2013 年 10 月 31 日。

王绍光(2013):《大豆的故事——资本如何危及人类安全》,载《开放时代》第3期,第87—108页。

王杨,《黑龙江粮食补贴政策问题研究》,东北林业大学2011年硕士学位论文。

熊万胜(2011):《市场里的差序格局——对我国粮食购销市场秩序的本土化说明》,载《社会学研究》第5期:第31—54页。

徐雪高、沈贵银、翟雪玲(2013):《我国大豆目标价格补贴研究》,载《价格理论与实践》第3期,第35—36页。

严海蓉、陈义媛(2013):《呼唤人民食物主权——从大豆谈起》,载人文与社会网,http://wen.org.cn,9月20日。

张雨鑫(2013):《转基因大豆挺进中国　国产天然大豆出路何在》,载《生态经济》第9期,第18—23页。

《中国每年进口大豆是国产五倍,关税只有3%左右》,2013,http://shipin.people.com.cn/n/2013/0706/c85914-22101023.html.

《中国农村统计年鉴》(2012、2011、2010、2008、2006、2002、1996),北京:中国统计出版社。

《中国农业发展报告》(2012):转引自"中国资讯行",http://www.info-bank.cn/IrisBin/Text.dll? db = TJ&no = 558671&cs = 9042914&str =%B4%F3%B6%B9+%BD%F8%BF%DA+%C0%FA%C4%EA。

《中国商业年鉴》(2012):转引自"中国资讯行",http://www.infobank.cn/IrisBin/Text.dll? db = TJ&no = 578673&cs = 3888695&str =%D6%B2%CE%EF%D3%CD+%CF%FB%B7%D1。

《中国饲料工业年鉴》2011:转引自"中国资讯行",http://www.infobank.cn/IrisBin/Text.dll? db = TJ&no = 537921&cs = 7045211&str =%B6%B9%C6%C9+%B2%FA%C1%BF。

《中国统计年鉴》(2009、2011),北京:中国统计出版社。

《中国主要年份主要农作物播种面积、产量和单产统计(1949—2008)》,2008.12.31。http://www.infobank.com.cn

《中国住户调查年鉴》(2012),北京:中国统计出版社。

钟金传、吴文良、夏友富(2005):《转基因大豆发展及中国大豆产业对策》,载《中国农业大学学报》第10卷第4期,第43—50页。

Brown, Lester R. (2013). "Chinas Rising Soybean Consumption Reshaping World Agriculture," in Data highlights, Earth Policy Institute, January 8, http://www. earthpolicy.org/data_highlights/2013/highlights34.

Gibson, Lance and Garren Benson. (2005). "Origin, history, and uses of soybean (glycine max)," http://agron-www. agron. iastate. edu/Courses/agron212/Readings/Soy_history. htm.

"Organic soybean price," Alibaba. com, http://www. alibaba. com/showroom/organic-soybean-price.html, 最后访问日期:2013年10月31日。

"Soybean subsidies in the United States," 2013, http://farm. ewg. org/progdetail.php? fips=00000&progcode=soybean.

第九章　小农户与大市场①

以上几章证明,小规模家庭农场既是今天中国农业的主体,也是未来中国农业所应选择的道路。既然如此,中国农业和农村的实际便与现有两大主要理论传统的认识和预期都十分不同。

首先是马克思主义理论。它所特别关心的"生产关系"在当今中国农村其实并不十分重要。无论是("封建的")租佃关系还是("资本主义的")雇佣关系,都处于次要地位,因为农业生产主体主要是土地承包权(使用权)所有者的小农户,绝大多数既非佃农也非雇工。比生产关系更重要的是(我们可以称作)"流通关系"。对处于大市场环境中的小农户来说,对其切身利益影响最大的是与市场打交道的流通关系。

但是,小农户在市场所处的地位及其所交往的中间商之间的

---

① 本章是根据笔者《小农户与大商业资本的不平等交易:中国现代农业的特色》(黄宗智,2012)以及之后改写的《小农户与大市场:纵向一体化的不同道路》(黄宗智,2014:第10章)进一步删节、修改、更新、综合而成的。

关系,其实并不符合传统马克思主义所认识和预期的流通关系。在马克思眼里,前资本主义社会的流通关系是小生产者和小商业者在“小商品”流通中的关系(就像中国明清以来至“社会主义建设”革命前夕那样),而资本主义生产方式中的流通关系则主要是雇佣的大生产者与大商业资本在“商品”流通中的关系。马克思没有想象到的是,在当今中国这样高度发展的经济中,农业生产仍然会以小农户为主体。

其次,中国的实际也不符合今天在中国占据经济学霸权地位的“新制度经济学”的建构。科斯关注的公司是高度发达的市场经济中的(我们可以称作)“横向”和“纵向一体化”的公司,它们组织规模化雇工生产,同时也组织加工(和包装、运输等)以及销售。科斯完全没有想象到中国今天的农村情况,在“大市场”面前没有或极少有“横向一体化”的雇工大农场,而几乎全是小农家庭生产。他的理论系统特别突出发达资本主义国家中(产业)公司与(商业)公司间的“交易成本”的关键性,考虑的主要是对等的、合同化的交易关系。他没有想象到,中国今天的小农户和大商业资本间的不平等交易关系。

虽然如此,小农户依然十分需要科斯分析的公司在生产之后的加工和销售环节所起的“纵向一体化”作用。在过去的十多年中,中国国家(中央和地方政府)的抉择是集中招引、扶持大商业资本公司(即所谓“龙头企业”),借以推动农业的纵向一体化(亦称“产业化”)。在那样的政策下,相对忽视其他的组织可能。这就意味越来越多的小农户只能依赖“龙头企业”型的,或大批发商的商业资本公司来进入市场,但这样,他们就只可能处于不平等关系中的弱者地位,只可能被大商业资本摆布,只可能获得自家产品市场利润的较小部分。占据产品利润大头的是大商业资本(包括跨国公司),它们经营的是利润较高的加工和销售环节。小农户从事的则是利润较低的耕作环节。而且,两者权力悬殊,大商业公司可以凭借压价和提价等手段来扩大其利润,甚至与其他公司串通好来控制市场价格,借此牟取暴利。结果是,小农户只获得其生产产品的较小部分收益。今天,中国农村亟需的是大商业资本之外的、不同的纵向一体化渠道。

固然,在中国目前的商业资本之中,我们还应该区别两种不同的运作机制和逻辑:第一种是旧型的商业资本,它主要凭借"贱买贵卖"来营利,与小生产者的利益关系基本是敌对的,因此会形成大商业资本相互串通以控制市场价格的现象,也会出现对小生产者压价、对消费者抬价等行为,并因此使得合同履行率低到仅约20%。我们需要区别如此的商业资本和近年来的新型商业资本,后者更多依赖扩大销售额(而不是简单地尽可能拉大购买与销售的差额)来营利。它们最关注的,不仅是商品交易两端的购买和销售,更重视其间的物流,凭借降低物流成本来为顾客提供品质不错的廉价商品。第二种的典型是沃尔玛(Walmart),其"贱购贱卖"经营模式与以往的"贱购贵卖"模式有一定的不同。"贱购"是凭借外包(主要是在中国)来降低购价,贱卖则既依赖相对廉价的中国劳动力和购价,又依赖公司创建的大规模借助信息技术的新型高效、低廉的物流体系,并由此达到总销售额全球第一。它的经营模式主要凭借大销售量(而不是每件商品的高利润率)来增大其利润总量。再者是借助类似逻辑但主要从事电子商务的大商业资本,其典型即亚马逊(Amazon)。相比来说,旧型商业资本的运作逻辑主要是榨取性的,而新型商业资本则带有一定程度的创业性和开拓性。

在中国迄今的商业资本中,旧型商业资本仍然占据较大比例。其中部分原因是,中国仍然不具备发达国家的充分物流设施,如发达的高速公路网。对生鲜农产品来说,则缺乏良好的冷冻储藏和运输条件以降低损耗率(在中国约 25%,在美国则才 5%)。同时,其物流还需要依赖无数的零售小商小贩,因此总费用远高于发达国家。根据国家发展改革委员会公布的数据,2015 年,中国物流费用所占 GDP 比例是 16%,相对于美国的 8%。(国家发展和改革委员会,2016)即便是沃尔玛公司,其在中国经营的分公司也因此远远没有像其在美国本土那么成功。在农产品纵向一体化的物流体系上,旧型的商业资本及其运作逻辑仍然占据主要地位。新型的模式,则仍然只限于大城市并只占总交易额的较小部分。因此,本章主要聚焦于对旧型商业资本的分析。

一、马克思主义理论

众所周知,马克思政治经济学理论的重点为“生产(阶级)关系”中的“剩余价值榨取(剥削)”。在理论上,一切价值源自生产者的劳动。“封建主义”的核心是租佃关系,地主通过地租榨取佃农生产的、其生活所必需以上的价值。资本主义的核心则是雇佣关系,资本家通过只付给工人其生活所必需的工资,而榨取其生产的剩余价值。在 18 世纪英国的农业革命中,经济主体是新兴雇工经营的资本主义佃农农场主:他们投入资本、雇佣劳动来获利,由此促使资本主义雇佣生产关系取代封建制度下的租佃生产关系。不仅在城市,也在农村,剩余价值的剥削从封建生产方式转为资本主义方式。这是马克思主义政治经济学的经典观点。

但需要指出的是,这一切是以一定的财产关系为前提的。唯有在土地私有的前提下,才可能有地租剥削的生产关系;也唯有在土地和资本私有的前提下,才可能有农业雇佣关系。但在今天的中国,农民只有土地经营权,没有土地所有权(土地理论上属于集体;国家保留征用权),因此遏制了农村租佃关系的扩展(除亲邻朋友间的使用权流转之外,只有少量的转让,诸如企业公司或城郊客耕佃农等租赁小农的承包地来经营等)。同时,在联产承包制度下,均分土地使用权,不允许土地买卖,遏制了大资本主义农场的扩展。我们在本书第6、7章已经论证,根据2006年的全国农业普查数据(比全国农产品成本收益的抽样调查更系统、全面),农业(全年)雇工的劳动投入只占全部农业劳动投入的3%(另有0.4%的短期雇工)。在如此的客观情况下,农村其实几乎没有古典马克思主义理论中的租佃和雇佣"生产关系"。也就是说,基本没有马克思所说的通过资本主义(或封建主义)生产关系而"剥削"的"剩余价值"。

虽然如此,我们知道,农民一般只获得其产品最终售给消费者的价格的相对低比例,相当部分的可能利润被别人占有。然而所谓的"别人",既非地主也非产业资本家,并不涉及传统意义的"生产关系",他们主要是大"中间商"。后者依赖掌控商业资本的强势以及农户的弱势,从流通中的物流、加工和交易环节获得收益。众所周知,农产品生产后,需要通过产地中间商(的运输和连接,部分产品更需要加工和冷冻储存)才能进入(遍布全国的4000多个)批发市场。这里,有大规模的批发商和公司,也有许多小中间商,包括个体农户(贩子)进行收购。经过他们之后,又要通过出售地批发市场的中间商才能进入零售商或超市,之后才把产品卖到消费者手上。其流通模式是:生产农户→产地中间商→市场批发商→市场中间商→零售商→消费者。

在整个流通过程中,大商业资本举足轻重。大商业资本如果是以(加工与/或销售的)"龙头企业"的面貌出现并直接与小农户打交道,那就能比较简单地体现本章主题的大商业资本与小农户间的关系。如果是以大批发商的身份出现,通过小商小贩与农户打交道,大商业资本的强势则更多地显示在其与小商小贩的关系中(例如2011年在山东金沙县大蒜市场呈现的:大批发商串通好来压低收购价,小中介们因此排队多日而无法出售买来的大蒜;之后,大批发商才炒高出售价)(黄宗智,2012;亦见《大蒜等菜价遇过山车困局中间商炒作价格翻十倍》,2011)。如果是通过经纪商与小农户打交道,其经纪商很可能会对小农户占据垄断的强势地位。[例如今天日益众多的、为大公司收购牛奶的"奶站"。"面对小农户,基本由他们说了算。"(钟真、孔祥智,2010;亦见黄宗智,2012)]

我们如果简单用"剩余价值"的概念来理解商业资本与小农户间的关系,也许可以说,今天的"剩余价值榨取"形式仍然主要是商业资本通过压低农产品收购价格、拉大收购与销售价格间的差额来获得"剩余""价值"。但是,我们一定要清醒认识到,古典马克思主义"剩余价值"或"剥削"所指的是生产领域中的关系,而不是流通领域中的关系。“商业资本不直接生产剩余价值”，只通过流通领域而获得产业资本在生产领域中所榨取的“剩余价值”的一部分。(马克思，1894)简单把商业资本视作与产业资本同样性质的榨取“剩余价值”的“资本”，会混淆产业和商业资本，引起众多误解(下面还要讨论)。另外，正如有的反驳意见指出的，“中间商”不仅是大规模的批发商和公司，也包括众多为薄利而疲于奔命的农民工小中介和贩子。此外，我们还要考虑到政府建设的批发市场欠缺服务和公益观念的因素(下文还要讨论)。

这里应该附带说明：即便是今天的所谓“龙头企业”，被称作“带动”了许多农户进入市场化生产的企业，实际上也不是马克思所看到和预期的规模化雇佣劳动生产单位，而大多是与小家庭(承包地)农场主定下销售“合同”或“订单”的公司。有的由公司提供种苗，由小农户种植或饲养，然后由企业负责加工、运输、销售。在这样的生产和交易/销售关系中，企业所起的作用与其说主要是生产，不如说是流通中的加工和销售。其所代表的与其说是产业资本，不如说是商业资本。它的作用主要是连接小生产户和大市场，包括产品加工和运输、销售。

马克思的《资本论》所分析的资本主义经济中的流通是由成规模的产业资本和成规模的商业资本组成的，这区别于“前资本主义”的“小商品生产”。后者要么由小生产者直接销售，要么由(较小规模的)“商人资本”(merchant capital)销售。(Marx，1894)马克思没有想象到的是中国今天的悖论现实：由小农户和大商业资本(commercial capital)——不是小农和小商人，也不是大农场和大商业资本——所组成的流通关系。这是中国今天农业经济的悖论特点。

由此可见,简单援用马克思主义的“生产关系”及其连带的“剩余价值剥削”概念来理解农户与中间商的关系,是不可取的。马克思分析框架的重点是生产环节中的产业资本下的“生产关系”,以及由规模化产业资本和规模化商业资本所组成的流通。但今天的中国小农所面对的既不是马克思分析的产业资本中的“生产关系”,也不是其分析的资本主义经济中的“流通”。它主要是,马克思没有想象到的小农户与大商业资本间的关系。因此,使用古典马克思主义政治经济学的原理来理解中国今天的农业经济,难免“驴唇不对马嘴”。

如果坚决要使用,则必须先突破上述马克思主义政治经济学的一些基本前提概念。笔者认为,一个可能路径是抛开字面的劳动价值论和生产关系论,而灵活援用其背后的逻辑——源自占有“资本”(包括商业资本和土地)而拥有对直接生产者(劳动者)的强势权力,借此压低对方所得而增加自己所得。

二、新制度经济学理论

我们如果把经典的马克思主义政治经济学理论置于一旁,而改用当前十分时髦的新制度经济学,后果又会如何?

以科斯为代表的新制度经济学理论的核心概念是“交易成本”,主要只适用于流通领域而非生产领域。应该明确,科斯心目中的(涉及交易成本的)经济主体是企业公司(firm),绝对不是什么小农户。他指出,此前的经济理论仅关注生产环节,忽视了流通/销售环节。实际上,一个公司必须为其产品的“交易”掌握市场信息、达成并拟订契约以及验收、执行契约等交易环节付出一定的成本。在如此情况下,许多产业企业会直接介入物流和销售领域,直到其所要付出的边际成本大于在市场上通过与别的(商业)公司签订合同来操作同一事情,才会转用中介/销售公司。(Coase,1990[1988])科斯论证的要点是,除非有明晰的产权和法规(他说:我们只需想象一个涉及众多交易而没有法规的交易所,便会理解法规的必要性),交易成本会非常之高。要降低交易成本,需要明晰的产权和交易法规。(Coase,1990[1988]、1991)

可以看到,科斯所指的交易者主要是一个资本掌控者,要么是产业公司,要么是商业公司,绝对不是一个任人摆布的小农“弱势”者。这当然和他所认识到的市场经济生产者——主要是资本主义企业公司——主体有关。他没有想象到类似于今天中国农业这样的情况,即面对“大市场”和大商业资本的小生产农户。后者缺乏谈判条件,缺乏自主权,因为他们不掌控资本,习惯被掌握资本者摆布。小农户所要付出的“交易成本”,其实主要不是科斯所看到的获取信息和达成、拟订、执行契约的成本,而是因不对等权力关系而受人摆布导致的高成本。对他们来说,更明确的产权和法规并不足以解决问题;他们需要的是建立对等的权力关系。

在科斯分析框架的影响下,研究者很容易把权力不对等的关系想象为权力对等的“契约”(“合同”)关系,把“霸王合同”想象成平等、自愿性合同,由此掩盖基本事实。有的更会被误导,以至于为不对称的交易作辩护——譬如,片面强调中间商起到完全是正面的(为企业公司)降低“交易成本”的作用,完全忽视其(通过不平等关系获取利益的)负面作用。一句话,即以中国的现实削足适履,塞进西方发达国家的资本主义市场经济理论。

还有一种做法是,将西方的现有框架尽可能修改成可以容纳中国现实的"理论"。例如,刘凤芹(2003)试图以"不完全的合约"的概念来理解中国农户和企业公司之间的极端不对等关系。文章的经验研究其实做得相当扎实,令人起敬。但是,如此的理论使用,最多只能起到协助西方经济学家、用他们的框架来理解中国现实的作用。其副作用之一是:卫护"契约"/合同和交易成本理论。这也许可以说是某种意义的"与国际接轨"。

实际上,这样的分析掩盖了最基本的事实——中国农村现今的流通关系与西方的契约和交易理论并不相符。小农户面对的问题不是由于产权不明确和法规不完全导致的高交易成本,而是由于双方权力不平等而导致的高交易成本。对小农户来说,"交易成本"的组成不是科斯看到的信息获取和契约拟订,而是因缺乏谈判权而受人摆布的成本。在笔者看来,更简洁的理解是,清楚指出双方权力的不对等完全不符合"契约"的基本设想。如此,则更可以指出科斯理论对理解中国的局限,更可以清楚突出科斯理论的实质内涵,并更清楚地说明中国独特的小农户面对大市场的基本实际。否则,只会误导人们想象一个完全类似于美国经济的现状和未来。

也就是说,无论是马克思主义政治经济学,还是新古典(新自由主义)的制度经济学,都没有想象到,在今天的全球化资本主义市场经济中,中国农业"产业"生产主体居然还是人均两三亩地的小农。面对这个事实,我们需要的不是硬搬不合适的理论,而是探索符合这种经验实际的新概念。

硬套不合适的西方分析框架所导致的一个连带问题是，由马克思主义和新自由主义（的微妙结合）所主导的中国统计系统，基本无视农产品的“流通关系”的统计。首先是，广为学者们使用的《全国农产品成本收益调查》（例见王美艳，2011）：它的总体框架集中于生产领域，计算的成本主要是“物质费用”和“用工（作价）”，由此得出“生产成本”（更详细的讨论见本书第7章），而完全不考虑“流通/销售成本”，更不用说源自不平等交易的成本。它的“产值”概念是农户出售农产品给中间商的平均价格，完全不考虑中间商因拉大收购和最终销售价格差额所获得的利润。

因此，我们极难从现有统计材料中获得一个关于流通领域的关系的量化概念，很难明确抓住农户因与中介、中间商人“交易”而付出的“成本”。这是因为，现有的经济学源于过去马克思主义遗留的包袱，也由于今天新制度经济学的包袱，这些都已经成为我们认识今天真实情况的一种障碍。统计数字根本就没有关注今天对农户来说最关键的“关系”，即其与中间商在流通领域中处于不平等地位的（可以称作）“流通关系”（circulation relations），而不是经典的“生产关系”（production relations）或时髦的、基于理想化竞争市场的平等“交易［成本］关系”（transactional relations）。一句话，我们需要面对中国的实际，方才有可能积累有助于理解现实的数据。

在这方面，武广汉（2012）用农民食品经营收入剔除生产成本，得出农民所获纯利润；另外，用全国城乡食品总消费剔除农民经营收入，得出“中间环节增值”，接着减去中间环节成本，得出中间商所得纯利润。再把两个纯利润相比，其历年所占两者利润总和之比例，列图对照，论证农户所得利润，相对于商业实体所得利润，已从 1999 年的 56%下降到 2010 年的 43%。如果剔除农民“家庭用工折价”来计算，农民所占纯利润的部分在 1999 年只有 29%，2010 年更降到 20%。（武广汉，2012：图 2、3）这是个创新性的计量尝试。当然，要充分说明以上问题，我们还需要更精确的计量。譬如，区别小中间商与大中间商的利润；更精确地区别政府积极平抑价格波动的旧农业与价格波动比较激烈的高值新农业（下文还要讨论）；区别旧型（主要是）榨取性商业资本与新型（带有一定程度创业性的）商业资本；以及，比较商业资本投资回报率与产业资本投资回报率等。

三、不平等交易的成本与收益

虽然如此，我们仍然可以得出这样的初步结论：当前的实际是，小农户与大商业资本（大中间商/企业）之间权力极端不平等。对农民来说，这种交易带有高昂的（可以称作）“不平等交易的成本”。之所以称作“不平等”，部分原因是：它使我们联想到中国鸦片战争之后的“不平等条约”——其在西方当时的意识形态（经济学“理论”）中是平等互惠国家关系下的“自由贸易”，但实际上是凭战争而强加于中国的不平等贸易关系。中国今天的（国内外）公司+农户的“订单”和“契约”农业，同样美其名曰自由平等的“契约”/“合同”农业（或在这个领域的研究中被相当广泛采用的“合同治理”概念），但实质上是不平等的垄断或近乎垄断对弱势的关系。对掌握商业资本的（大）中间商和公司来讲，它获得的是（诸如通过压价的)不平等交易的“交易收益”(一个尤其显著的例子是:雀巢公司在黑龙江双城市的垄断行为——见郑风田,2011;亦见黄宗智,2012)。

简言之,新古典经济学把市场交易构建为平等自愿的个人间的契约关系,而新制度经济学则将其设想为平等的公司与公司(产业公司和销售公司)间自愿的契约关系。两者显然都不符合中国实际。中国今天的农业生产主体仍然是分散的、人均两三亩承包地的“小农”,但其市场流通领域中的主体则不仅仅是小贩子和小中介,而越来越主要是举足轻重的大批发商和大加工与销售(或两者之一)的“龙头企业”。小农户和大商业资本的悖论共存与结合,可以说是今天中国农业经济的基本结构。我们与其从不符合实际的理论虚构出发,再试图把实际硬塞入其中,不如从实际出发,然后由此得出交易双方之间权力悬殊的“不平等交易”的基本事实和概念,由此看到小农户必须付出高昂代价的现实,以及大中间商和大企业公司能够获得超额收益/利润的现实。这就是当前农户和商业资本在流通关系中所呈现的基本“规律”或“逻辑”。这也是我们下文要讨论的规模化资本主义雇工农业不发达的原因之一。

四、小农户+大商业资本 vs.资本主义规模化生产

目前,我们虽然缺乏系统的统计数据,但如果以上的分析——在日益全面深入的市场化大趋势下,对今天中国越来越多的农户来说,最关键的“关系”并非生产关系,而是他们在流通领域中与大批发商、大中间商以及大流通公司间的不平等“流通关系”——基

本正确,那么,我们面对的下一个问题便是:为什么会如此?资本掌控者为什么会选择这样的商业资本公司+小农户的经营方式,而不是传统的(斯密、马克思、韦伯等经典理论家所假定的)资本主义雇佣劳动的、产业化的、规模化的生产经营方式?也就是说,在市场竞争的环境下,为什么公司+农户模式会有更高的竞争力,将规模化经营遏制于农业生产总劳动力投入的仅仅3%?解答这个问题将有助于我们更清楚地理解今天的现实。

一种思路当然是通过考察土地制度史来理解当前的实际。长期以来,人口压力促使中国农村的人均耕地越来越少,新世纪以来虽然逐渐改善,但今天人均仍然只有两三亩。同时,由于均分土地的革命传统和联产承包责任制的改革"传统",农村基本没有大土地所有者。而联产承包的所有制(农民只有使用权;所有权归集体,但国家保留征地权力),在制度层面上确立了"小农户"生产的现实。同时,全球化的市场经济导致农产品高度商品化以及规模化商业资本的进入和兴起。两者结合,便产生了今天中国的小农户+大商业资本的悖论现实。

但我们也可以从经济效率角度来理解当今的小生产现实。在笔者看来,此间道理再一次和笔者过去提出的内卷化/过密化和"家庭化"生产相关。明清时期直到20世纪30年代,长江三角洲的家庭化过密型生产完全消灭了雇工经营的资本主义"经营式农场"。其理由是:家庭农场依赖廉价的家庭辅助劳动力(妇女、老人、儿童)来吸纳低报酬的"家庭副业"(长三角地区主要是纺纱和养蚕、缫丝,再加上报酬较高的织布),借农耕"主业"和手工"副业"以及打短工,来作为"两柄拐杖"的经营、生存方式。如此的小农生产单位凭借其更廉价的劳动力，能够支撑比雇工经营的经营式农场更高的地租，即地价，因此完全排除了资本主义农业。（黄宗智，1992[2000，2006]）

今天，情况不同但道理相似。很大程度上，农业已经变为副业，呈现出显著的“女性化”和“老龄化”；青年劳动力，尤其是男劳动力，大规模外出打工，其所得变成了家庭的主要收入来源。前者的工资一般才30—50元/天（2011年数据），后者则约80—100元/天。（陈锡文，2011；亦见本书第7章）如此的“两柄拐杖”“半工半耕”经营模式，再次赋予家庭经济单位比资本主义模式更强韧的竞争条件。在“订单”和“契约”农业模式中，中间商和龙头企业一是能够借助家庭的廉价辅助劳动力，而获得高于雇用全职工人经营的资本主义规模生产的利润；二是能够把生产农产品所不可避免的风险，很大部分转移到小农户身上；三是获得“额外”的、源自“交易”中占据垄断优势的收益。（参见本书第5章）

当然，规模化公司也可雇用价格较低的妇女和老年劳动力，借此来与小农户竞争；但是，即便那样做，规模化公司仍然必须面对另一大问题，即农业生产的特殊激励和监督问题。在生产者与经营者合一的小家庭农场情况下，激励和监督问题基本不存在；商业资本可以依靠农户谋求自身利益的动力。在雇佣经营的情况下则不同，经营者必须面对农业与工业不同的特殊情况，即在广大的空间里监督分散生产——怎样有效监督一个几十亩、几百亩乃至千万亩农场的雇佣人员？陈锡文给出一个生动的例子：一位五十来岁的老乡被一个大公司雇佣除草，但他只除掉地表上的草，没有除根。陈锡文问他：“你为什么这样除草？”这位（正在打麻将的）老乡回答说:"我要是把草根都弄掉了,那下个礼拜就没钱挣了。所以我一定要留着草根在那里,它长出来,叫我又去除了。"(陈锡文,2011)

正是在上述两大约束(高劳动力价格和监督难)之下,"资本下乡"在今天的中国仍然不是雇工经营的规模化生产,主要还是(商业)公司+小农户生产的模式。在商业公司+小农户的模式下,资本逐利的行为主要呈现为:对农业生产户压低收购价和对消费者提高销售价。其惯用方法是,试图把收购价压低到接近生产户盈亏平衡点,把出售价提高到消费者所能承受的最高点,借以达到最大的商业资本利润。为了追求利润的最大化,如此的商业资本也会参与组织生产,借以更好、更完全地掌控收购和销售额,但其基本经营模式和经济逻辑是商业资本性的而非产业资本性的。作为商业资本,它们更倾向于利用市场的供求关系来压低收购价,并借同样的手段来提高出售价。它们促使交易成本最低化的手段,不是高效率的生产与高效率的合同签订与执行,而是垄断性的价格控制,甚或对小农户的欺压。更有甚者,一旦成为掌控大量资本的"企业",就常常会为了追求资本的更高回报率,而被引入更高报酬的产业,如房地产、电子、金融、医药等,不一定会长期致力于农业。(较详细的论析见杜吟棠,2002)

小农户和大商业资本间的不平等关系,使我们可以理解为什么企业公司和小农户之间"合约"的履行率会如此低——一般低于20%。(刘凤芹,2003;张晓山等,2002)商业资本方既然占据垄断性的地位,在市场价格低于合约价格的情况下,就可以采用多种不同手段和借口(例如,产品不达标或产品低于预期等级而拒绝收购)来压价,而分散的小农户不可能进行有效抗争。当然,在市价高于合约价的相反情况下,农户也会借用一些“弱者的武器”,如隐瞒耕作面积或收获量、偷偷卖给另一中介人,甚或(像劳工史上的工人那样)采取集体行动来为自己争得多一点的收益。在这样的实际运作情况下,“契约”“合同”等概念本身便只是一种虚构。① 这样的关系的实质性内容应该更简洁明白地被称作“不平等交易”,而不是基于高度发达的市场经济中的平等交易而建构的合同与“交易成本”理论。对农户来说,“不平等交易”所附带的是更高昂的、处于科斯理论所设想的“交易成本”之外的成本;而对企业公司来说,“不平等交易”所附带的,与其说是成本,不如说是“收益”。

以上的分析,当然不能简单地应用于所有的农业部门。我们虽然缺乏精确的统计,但也许可以初步以此来理解不同的农业部门。一般来说,大商业资本的垄断行为较少见于“旧农业”的粮食、棉花、油菜籽等生产过程,主要是因为国家所采取的措施。在从计划经济向市场经济的转化过程中,政府逐步从直接“统购统销”粮食和棉花退居到间接调控的角色——主要是平抑这些大宗农产品的市场价格波动。其所采用的手段是储备和放出——于价格过低时买入,过高时抛出。2000 年,国家成立专门的中国储备粮管理总公司。2008 年,其总储备量(以最低收购价收购的,加上临时收购的)达到粮食总产量的 20% 以上。② 国家的总收购量则占到商品粮

---

① 即便在我们城市居民的生活中,大家也多曾经历过“卖方市场”环境下的“霸王合同”,例如,参与稀缺职位的竞争、争取在所谓的“核心刊物”上发表文章或从大开发商处购买稀缺房子等。

② 该年收购粮食 882 亿斤,另外临时购储 1170 亿斤,共 2052 亿斤(熊万胜,2011:42,脚注 3)。是年,粮食总产 10 600 亿斤(中国统计年鉴,2009:表 12-2)。

全额的50%左右。（熊万胜，2011：49）2003年，国家成立类似的棉花储备公司，所储备的比例和粮食相近。①（《棉花价格突破历史极值数据欠真困扰国家调控》，2010）当然，作为"自负盈亏"的企业型公司，这些机构也会显示资本式牟利行为（谭砚文、温思美、孙良媛，2006），但总体来说，它们所起的主要作用是稳定价格、维护农民最低收入（当然，同时也把上涨幅度控制在一定范围内）。这就为生产这些大宗农产品的旧农业农户制造了与生产高值新农业产品（肉、鱼、菜、果、蛋、奶等）农户不一样的市场环境。一定程度上，这限制了中间商可能的非正当牟利行为。（更详细的论述见本书第13章）

高值新农业的小农户农场（例如三五亩规模的拱棚蔬菜，五到十亩的种养结合生产，包括"秸秆养殖"、二三亩的果树等）面对的则是，比较松散的市场和更剧烈的价格波动。在一致性要求较高的农产品中，如冻藏畜—禽肉、牛奶、鸡蛋、茶、糖、高端水果等，或者可以储存一定时间的产品，如上述产品以及大蒜、烟草、咖啡等，大商业资本具有更多垄断市场的机会，更可以利用小农户的弱势来操纵市场，获取更高的利润。②（亦见第13章）

也就是说，我们亟需在概念层面上清楚区分产业资本和商业资本，以分析中国今天的农业，而不是像大部分现有研究那样把两者笼统称为"工商资本"，而后要么不恰当地援用经典的"生产关

① 国家也储备（冻藏）猪肉（尤其是在2007年猪肉价格暴涨之后），但其规模远远不及粮食和棉花（所占总产的比例）那样的幅度，仅相当于约七八天的供应，亦即约总产的2%（唐新宇，2011）。

② 城郊地区的蔬菜，一是一致性要求不那么高，二是可能储存的时间也十分有限，其市场多由较小的中介来运作，较少有大商业资本垄断的现象。

系”理论,要么同样不恰当地套用“交易成本”理论来分析中国新型的小农经济。我们需要的是,聚焦于流通领域中的小农户与大商业资本间的不平等关系来分析中国的农业。

五、纵向一体化:不同层面的不同最佳规模

在发达国家,生产的“横向一体化”以及加工和销售的“纵向一体化”多来自同一“公司”(the firm)组织。这里,科斯的相关理论具有一定的解释力。根据他的分析,公司之所以存在,是为了节省“交易成本”——在市场上订立不同生产和销售合同所需的成本。无论信息、交涉、执行等,都需要一定的成本。一个生产食品的企业,需要分别为储藏、运输、加工、销售等签订不同的合同。农业企业公司之所以存在,便是为了把这些不同部分整合于单一公司,借此来节省交易成本,而其规模则取决于进一步扩大公司规模以及在市场上分别交易间的不同边际成本。[①] (Coase,1990:尤见第1章)在发达国家,如此由生产到加工再到销售的“纵向一体化”一般都伴随着同一公司的“横向一体化”——组织大规模农场——而进行,由此达到斯密型的规模经济效益。

但在中国,这一切都很不同。我们已经看到,小农场仍然是主要的生产单位,部分是因为中国独特的土地承包制度,部分是因为

① 笔者认为,科斯的公司理论要比其“社会成本”理论,亦即一般之所谓“科斯定理”重要得多。中国的经济学家们多强调他们所认为的要点,即必须确立私有产权赖以促使交易成本最小化——参见“科斯定理”www.baidu.com.这里的理解,毋庸说和他们很不一样。

其自身在生产畜—禽—鱼和菜—果所显示的经济优越性（如单一半工半耕家庭结合两者的生产活动、自家劳动力在密集和不定时劳动投入生产中的优越性、无需像雇工那样的监督等）。实际上，他们已经几乎排除了经典理论中具有“规模经济效益”的“横向一体化”大农场。但是，如此的小农场，如果必须单独在市场上为运输、储藏、加工和销售而分别签订合同，其所需要付出的加工和销售成本无疑会非常之高。也就是说，在加工和销售（而不是生产）层面上，它仍然需要类似于资本主义公司所提供的“纵向一体化”来与“大市场”打交道。这方面，我们也许可以用“不同层面的不同最佳规模”（“differential optimums”of different levels）来表述中国新时代小农经济在这方面与资本主义公司的不同。它指的是，在纵向一体化中的不同层面上的不同最佳规模。① 在耕种的层面，现实和相对的最佳规模是小家庭农场，不需要或不可能实现“横向一体化”，把它们变为大规模农场来达到规模经济效益。但在加工的层面上，有许多食品加工（以及纺纱、缫丝等）程序可以用工场/工厂式的组织而实现规模经济效益。中国的食品产业在这方面仍然比较落后。最后，也许是最重要的，销售本身也需要一定的规模经济效益。中国消费者和外国消费者的要求都日益苛刻；一个广为人知、成规模的品牌，必然具有个别小生产者所不具备的规模效益。在这样的需求下，中国的地方政府所采用的方法是想方设法来打造地方性品牌，更甚于推进某公司品牌。有的地方政府在努力创

---

① Differential optimums 是恰亚诺夫的理论概念，最新的讨论参见 Shanin，2009。它也可以用来表达同一生产层面上的不同产品的不同最佳规模。笔者这里突出的是，产、加、销不同层面上的不同最佳规模。

建一村、一镇甚或一县的品牌。以上这种不同层面上的不同规模和组织方式的结合,乃是今天中国农业纵向一体化的特色之一。

六、结论

在目前关于中国农业的思考中,一个被忽视的基本实际是:由小家庭农场所组成的“小农经济”至今仍然是中国农业的主体,占据中国农业整体的绝大比例。而且,在“农民工”非农就业的大潮流下,农业已经成为非农打工的一种副业,具体体现于半工半耕的农户,其中主要劳动力在外打工,而作为农村辅助性劳动力的妇女和老龄农民已经成为农业的主要劳动力。这样局面的结果之一是:赋予了如此半工半耕小农家庭的小农经济更强韧的竞争力,凭借使用廉价的辅助性劳动力,从而达到高于使用全职雇用劳动力的大农场更为顽强的生命力,基本压倒了“横向一体化”的大农场经营模式。

当然,改革期间的联产承包责任土地制度,也是个关键的因素。由于比较平均分配的土地使用权,大企业很难获得连片大面积的土地,而必须依赖小农户所有的土地来进行规模化生产。否则,就要负担比一般小农户间(亲邻朋友)高得多的地租。高劳动力费用加上高地租,也是大(横向一体化)农场的重要障碍。涉农资本因此多被引入商业性(流通领域)的经营,而绝少像经典理论所预期的那样,成为创办具有规模效益、雇工经营大农场的产业资本。

虽然如此,由于意识形态化的左右经典理论的深层影响,研究者和决策者多未从上述基本实际出发，而是把中国的实际想象为新自由主义所设想的规模化大农场，或认为中国必须朝那样的方向发展。论者因此多错误地照搬不适合中国情况的理论来硬套中国的实际，如科斯的"交易成本"理论及与其连带的私有产权、合同关系（治理）等理论，结果完全偏离了中国的最基本实际。至于马克思主义论者，他们往往也同样把中国新型的小农经济实际想象为类似于西方资本主义兴起中的大资本主义企业，因而没有认识到中国农业中商业资本+小农户（即一般所谓的公司+农户模式，而不是产业资本的大雇工农场）的基本实际。两种观点都严重忽视了中国农业的特征。

决策者同样长期受困于仅凭理论的想象和认识，一直没有认识到新型小农经济这个基本实际，没有认识到新农业的革命以及小农户在其中所起的关键作用，也完全无视小农户家庭的"半工"部分对推动小农场新型投入的"资本化"所起到的关键作用。研究者和决策者多陷于意识形态化的理论前提的错误认识之中，从而导致长期以来既忽视了新型小农经济的基本实际，也忽视了其中的关键动力，并且一直都以为小农户必定是个落后的单位，是个需要消灭的、管制的、最终被"现代化""发展"所遗弃的单位。因此，也把农村村庄社区连带视作需要淘汰的单位。在如此的认识之下，"三农"问题至今仍然是中国社会经济所面对的头号问题。

参考文献：

陈锡文（2011）：《当前农业形势与农村政策》，http://www.snzg.cn。

《大蒜等菜价遇过山车困局　中间商炒作价格翻十倍》（2011.6.

29)：《东方时空》，记者刘力、徐进、郝亮报道。

杜吟棠(2002)：《“公司+农户”模式初探——兼论其合理性与局限性》，载《中国农村观察》第1期，TX30-38。

国家发展和改革委员会(2016)：《2015年全国物流运行情况通报》，http://yxj.ndrc.gov.cn/xdwl/201605/t20160531_806054.html。

黄宗智(1992[2000、2006])：《长江三角洲小农家庭与乡村发展》，北京：中华书局。

黄宗智(2012)：《小农户与大商业资本的不平等交易：中国现代农业的特色》，载《开放时代》第3期，第89—99页。

黄宗智(2014)：《明清以来的乡村社会经济变迁：历史、理论与现实》，第三卷：《超越左右：从实践历史探寻中国农村发展出路》，北京：法律出版社。

刘凤芹(2003)：《不完全合约与履约障碍——以订单农业为例》，载《经济研究》第4期，第22—30页。

《棉花价格突破历史极值　数据失真困扰国家调控》(2010)，载《经济参考报》，10月22日。

谭砚文、温思美、孙良媛(2006)：《棉花储备在市场风险管理中的作用及中国的棉花储备问题》，载《农业技术经济》第1期，第24—29页。

唐新宇(2011)：《浅析如何完善省级猪肉储备制度——以黑龙江省猪肉储备为例》，载《商业经济》第6期，第19—20页。

王美艳(2011)：《农民工还能返回农业吗？——来自全国农产品成本收益调查数据的分析》，载《中国农村观察》第1期，第20—30页。

武广汉(2012)：《“中间商+农户”模式与农民的半无产化》，载《开放时代》第3期，第100—111页。

熊万胜(2011)：《市场里的差序格局——对我国粮食购销市场秩序

的本土化说明》,载《社会学研究》第 5 期,第 31—54 页。

张晓山等(2002):《联结农户与市场——中国农民中介组织探究》,北京:中国社会科学出版社。

郑风田(2011):《雀巢双城为什么对奶农那么横?》,http://blog.sina.com.cn/zft2000。

《中国统计年鉴》,2009,北京:中国统计出版社。

钟真、孔祥智(2010):《中间商对生鲜乳供应链的影响研究》,载《中国软科学》第 6 期,第 68—79 页。

Coase, R. H. (1990[1988]). *The Firm, the Market, and the Law*, Chicago: University of Chicago Press.

Coase, Ronald H. (1991). "Ronald Coase Nobel lecture," http://www.nobelprize.org.

Marx, Karl. (1894). Capital, vol. III, part IV, Conversion of Commodity-Capital and Money-Capital into Commercial Capital and Money-Dealing Capital (Merchants Capital), Chapter 16, Commercial Capital. http://www. marxists.org/archive/marx/works/1894-c3/ch16.htm.

Shanin, Teodor. (2009). "Chayanov's Treble Death and Tenuous Ressurection: An Essayabout Understanding, about Roots of Plausibility and about Rural Russia," *Journal of Peasant Studies*, v.36, no.1(January): 83-101.

第三编

中国农业发展的经验与未来

第十章　农业合作化路径选择的两大盲点：东亚农业合作化历史经验的启示①

人们大多认为，改革时期的农业合作化必须是由下而上的农民自发进程——国家不应介入，最多是略加鼓励或引导。这既是对集体时代的反应，也是一种“市场化”的决策。其背后的想法是，借鉴美国和西欧的自发农业合作组织。如今，它已经成为既是政府部门也是民间乡建运动的一个基本信条。

本章将论证，这其实是个矫枉过正的意见。首先，它不符合日本、韩国和中国台湾地区的东亚合作化历史的成功经验，这些国家和地区合作化都源自政府的积极介入、组织和扶持，并且把之前政府所控制资源的相当部分转让给民主化的合作社来管理，由合作社来吸纳之前的基层农政，借此来推动合作化。在整个过程中，政

① 本文原载《开放时代》2015 年第 5 期，第 18—35 页。收入此书，做了一些修改、补充和调整。

府其实起到了决定性的作用。

在中国改革期间的政党—国家体制之下,政府政策显然仍旧至为关键。在如此的现实下,不积极领导的实际效果其实绝对不等于是放任,因为,相比于地方政府非常积极的“招商引资”——全力配合资本而借此来追求经济发展——大潮流,国家不十分积极的扶持所起的实际效果其实等于是排挤、阻碍合作组织。我们只需考虑到,在融资方面,地方政府和企业占据绝对优势,而合作社则很难向国家金融机构贷款,由此便会看到,其实中国合作化运动的相对弱势所说明的并非合作化运动自身的不足或不符合客观需要,而是国家政策实践大力偏重于企业。如今的合作社与企业间的竞争,其实是一种极其不平等条件下的竞争。要改变这个局面,政府需要积极参与合作社的建设,而不是放任/无为——这是本章集中讨论的第一个盲点。

此外,我们更可以看到,国家决策的另一个盲点是对“规模经济效益”的“迷信”。由于受到左右经典理论影响,决策层普遍认为“现代化”必须是伴随“规模化”而来的。如此根深蒂固的信念,既源自亚当·斯密的经典理论,也来自马克思的经典理论,更来自盲目援用工业经济的理论于农业经济。而中国甚至整个东亚的基本现实是:在人多地少的资源禀赋条件下,小家庭农场必然是其农业的主体,这既和英国农业现代化中的古典资本主义农业(规模化的佃农资本家农业)不同,也迥异于地多人少的美国农业的大型企业化“家庭农场”和公司化农场。中国如今需要走的仍然是笔者称之为“小而精”的东亚农业现代化历史经验的道路,不是英美的“大而粗”模式。在人多地少资源禀赋的情况下,小农场其实能够达到更高效的土地生产率。规模经济效益规律其实只适用于第二、第三产业，并不适用于农业。农业并不需要“横向一体化”的规模化，只需要“纵向一体化”的加工和销售一体化，而后者并不一定要依赖企业公司，完全可以由合作社来实现。

在中国目前的政党—国家体制下，合作化运动根本不可能像在欧美国家那样，成为一个纯粹由下而上的自发性组织。2006 年《农民专业合作社法》公布之后，在频繁兴起合作社过程中，“异化”的“伪”合作社要多于真正为社员谋求利益的“真”合作社。所谓的“伪”合作社多是由商业资本所办的“翻牌”合作社，它们以此名义来争取国家的“项目”、补贴和优惠，但实际上主要由非产业性的商业资本控制，基本由其出资者和理事长说了算，农户社员缺少发言权。

虽然如此，我们还要看到，上述大环境下仍然有一定比例的真正为社员利益服务的合作社。这说明社区“公益”的追求在中国仍然具有顽强的生命力，也说明中国对这样的合作社有着迫切需要。

今天要做的首先是把我们对“自发性”和“规模化”的两大误区置于一旁，而借鉴东亚农业合作化的历史经验。它主要源自历史上的巧合——日本农政传统和美国占领（或决定性影响）下的民主化的结合，组成了既是由上而下的国家设立的服务体系，又是被民主化的由下而上的农民合作社。本章把这个模式称作国家领导+农民自治的联结体。它起到了非常广泛的作用，包括联合众多小农场的农资购买，合作的农产品加工、储藏、运输、销售的纵向一体化（区别于横向一体化的规模化种植）。同时，通过国家机构的积极介入，更具有从基层直至全国中央级的金融组织为小农户以及合作社提供国家补贴的低息贷款。它依赖的是公益化私利的激励，而不是简单的一己私利的追求。

东亚农业合作化历史成功的最好例证是：它的社员虽然全是自愿参加的农民，但仍然涵盖几乎所有的农民。除上述服务之外，还起到维持、重建、发展农村社区和文化的作用。其最终还为建立民主制度起到了奠基性的作用。

一、国家领导+农民自治的东亚农业合作化历史经验

19 世纪后期兴起的日本农业合作社，原先主要受到来自西方由下而上合作思想的影响，但在 1900—1920 年间，被完全纳入了日本国家由上而下的农政体系。日本基层政府的主要任务转为促进农业的现代化，包括化肥施用、科学选种、机械使用和新技术的推广以及基础设施建设，而合作社则成为政府实施新型农政的主要工具。作为现代化农政的一部分，政府还通过合作社为农民提供低息贷款和销售服务，由此奠定了后来的综合性农协的基础。①（Kurimoto，2004：116—117）这个制度在 1900—1920 年的 20 年间，推动了日本农业的持续发展。（Hayami and Yamada，1991：表 1-2、19）其后，为了战争的需要，日本的农政趋向更集中和更综合的统一管理。

不仅在日本，该农政更被实施于日本占领下的韩国和中国台湾地区。根据比较客观和严谨的中国台湾地区、韩国和西方学者

① 此文——排除其制度经济学包装——是比较全面和精确的史实叙述。

的研究，在 1917—1937 年间，主要由于日本殖民政府所提供的化肥——其使用量在 1910—1940 年间提高到之前的足足 7.3 倍，台湾地区的农业产出在农业人口年增长 2% 的情况下，达到每年平均 3.7% 的增长幅度。（Ho，1968；Amsden，1979）（当然，日本殖民政策主要是为了日本本国及其“大东亚共荣圈”的利益，而不是为了其侵略地人民的利益。）这是传统农业所不可能达到的增长率，譬如，18 世纪英格兰的古典农业革命，农业产出年增长率才不到 0.7%。韩国的经验几乎和中国台湾地区一样。在化肥以外，韩国更有水利基础设施建设的因素，在 1930—1939 年间，其农业产出在农业人口年增长 0.9% 的情况下，达到年增长率 2.9% 的幅度。（Ban，1979：92—93；亦见 Kang and Ramachandran，1999：尤见第 792 页、表 6；以及黄宗智，2014a：114）两地农业这样的“绿色革命”的较早到来，无疑为其在 20 世纪 80 年代末便进入发达国家和地区的行列提供了关键性的基础——中国大陆的农业要到 20 世纪 60 年代才较多使用化肥、科学选种和机械，但其带来的增长大部分被快速增长的人口蚕食掉，导致劳动生产率和报酬的长期停滞不前。（黄宗智，2014a：113—116）

再其后，在美国的占领下，日本的农业合作组织经历了根本性的改革。其开端是 1945 年的“第一次土地改革”和 1946 年的“第二次农地改革”，而后定型为 1952 年的《农地法》。它们是由一批认同美国总统罗斯福在世界经济大萧条下实施的“新政”（New Deal）的美国官员所设计和推动的。（Cohen，1987）他们特别关注社会公平，确定日本农业应该以自耕小农户（当时平均为 1.5 公顷，即 22.5 亩耕地）为农业主体。新法律明确把土地所有权基本限定于自耕小农,每户耕作土地不可超过(约)45 亩(3“町”)(相对地广人稀的北海道除外),在村地主出租土地不得超过 15 亩,收租不得超过农地产出的 25%,禁止不在村地主,借此遏制土地流转以及外部公司资本的进入。(Moore,1990:288,290)由此,奠定了一个由小规模自耕家庭农户为主的农业制度,基本终结了之前的地主经济。

同时,在 1947 年的《农业协同组合法》中,美国占领军总司令部确定了将之前官方主宰的合作社民主化的方针——制定合作社必须为社员利益服务,必须由农民自愿参与,社员必须具有同等的投票权利(一人一票)等基本民主管理原则,让农民社员通过选举来监督和参与合作社的决策(Kurimoto,2004:118—120)。占领军总司令废除了所有之前建立的由上而下的合作社,将其所掌控的资源完全转给了新建立的、由下而上的民主化合作社,并明确声明,其目的是为了在日本建立民主政治。(General Headquarters, Supreme Commander of the Allied Powers,1945—1950,尤见第 1—3、58—65 页)经济人类学家穆尔(Richard H. Moore)为我们提供了一个比较典型的水稻地区(“本州”北部)20 世纪 80 年代基层农协运作的具体细节:基层农协理事长和理事的选举是民众广泛参与、竞争激烈的公共大事。农协的理事长在社会和官场上都享有相当崇高的地位,譬如一个“郡区”在接待上级官员来访的场合,农协理事长一般是第二位发言者,仅次于当地的首要官员。(Moore, 1990:137、165)

此外,在合作社的组织方面,美国占领军总司令部则与日本政府的“农林水产省”达成妥协,没有以美式的民间专业合作社为主体，而是采纳了日本战前的、基于农村社区的综合型农协组织形式。新的民主化合作社功能，其实相当于之前的基层政府农政。（Kurimoto，2004：118）这是一个由政府主导的、让合作社吸纳基层农政的改革。

正是在那样的历史背景下，日本的农协［“全国农业协同组合联合会”，简称“农协”（JA）或“全农”（Zen-Noh）］为社员提供了下列各项服务：统一购买农业生产资料，如化肥、机械、农药、良种，并借此为社员争取有折扣的相对低廉的价格；提供储藏、加工、运输和销售等纵向一体化服务，协助小农户绕过中间商而直接与买方对接——“农协”甚至成为一个具有较高声誉的品牌；提供技术服务，包括协助农场制定生产计划，并借此较好地估计成员的农资需要以恰当系统地购买（包括进口）农资（如农机和饲料），同样通过规模化购买而获得最好的优惠折扣；组织、承担各地的基础设施建设，如水利和整地；合作社还特别推动、组织农户在农资使用方面的合作，尤其是大型机械的使用（日本在 1970 年平均每 45 个男劳动力才拥有 1 台拖拉机——见表 10.1）。同时，在最基层的农村，农协还起到了维护农村社区的作用，如建立社区活动中心、提供社会保障、组织活动——包括每年一次的运动大会（有多项村与村之间的比赛），并为社员组织温泉度假、国内外旅游等活动。（Moore，1990：152—154、166；Esham，Kobayashi，Matsumura and Alam，2012：946—948；亦见 Esham and Kobayashi，2013）

表 10.1 美国、英格兰、日本和中国农业现代化过程中人地关系及生产技术的演变(1880—1970 年)

	每男劳动力耕种面积(单位:公顷)		每公顷产量(1 吨小麦等量)		每男劳动力产量(1 吨小麦等量)		每公顷用化肥量(单位:公斤)		每台拖拉机相对男劳动力数量	
	1880 年	1970 年	1880 年	1970 年	1880 年	1970 年	1880 年	1970 年	1880 年	1970 年
美国	25	165	0.5	1	13	157	/	89	/	1
英格兰	17	34	1	3	16	88	/	258	/	/
日本	1	2	3	10	2	16	/	386	/	45
中国	1.5	0.7	1.7	2.7	2.6	1.9	/	157	/	960

数据来源:参见本书表 11.1 及关于其数据来源和计算方法的论述;亦参见黄宗智,2014a:437、表 1。

这些基层的农协更组织了信用社,并扩大了之前的基层政府通过合作社为社员所提供的金融服务。在 20 世纪 50 年代中期,“农林水产省”更组织了两种专为农民服务的金融机构:一是农业金融公司,为农民提供低息的长期贷款,其实际运作都是通过合作社来与农民交接;二是为合作社提供带有国家拨款资助性质的低息贷款,凭此来进行基础设施建设。在那样的制度下,基层农协组织的信用社广泛成为社员存款的主要去处,也是其贷款的主要来源,起到为农民提供金融服务的主要“银行”的作用。在穆尔调查的 20 世纪 80 年代后期,每位社员都能以 0.5%/月的低息从信用社贷款或从农协的农资商店赊购农资。在这些基层信用社基础上建立的全国性“农林中央金库”(简称“农林中金”)是一个规模庞大的全球化机构,是当时日本第六大银行,其投资组合包括相当比例(当时利率较高)的美国财政部债券,而农协则可以为基础设施建设向其贷款。(Moore,1990:137、152、154;Kurimoto,2004:121)与今天的中国相比,这是一个特别关键的不同。

正是以上描述的制度,促使日本农业进入其近现代一个世纪(1880—1980)中农业发展最快速的25年黄金时期(1945—1970),其间,农业产出在农业人口有减无增的情况下,年平均增长率达到3%以上(1945—1955年,3.1%;1955—1970年,3.2%)(Hayami and Yamada,1991:表1-2、19;亦见Esham and Kobayashi,2013),二十余年中增加了一倍多,由此奠定了国民经济快速发展以及进入发达国家行列的基础。它是一个通过合作化来促进、维护小农与大市场衔接的体系,也是一个成功避免农村人口大规模无产化(如18世纪英国的经典资本主义农业革命)的模式。它赋予小农场农民有尊严的生活,避免了悬殊的贫富不均(系统的基尼系数见下文的讨论)。

这样,日本的农协便成为一个既是民间的组织,也具有政府功能的半政府组织。它更是一个代表农民利益、具有相当强大政治力量的组织——长期以来,成为执政的自由民主党的重要选民基础。同时,它还起到了谋求、维护农民利益的政治压力集团的作用,例如通过推动立法来提高国家设定的某些农产品的价格(尤其是大米和牛奶)。在每年一度的"米价运动"中,基层农协社员相当广泛、积极地参与其群众集会,而后通过农协组织由基层一步步上达中央,为社员争取更高的米价。领导如此的"运动",乃是基层农协理事长每年7月份的一项重要职责。(Moore,1990:156-157,

165;Kurimoto,2004;亦见 Esham,Kobayashi,Matsumura and Alam,2012)

再其后,在日本经济高度发达以及世界经济全球化的背景之下,日本的农协面临了新的挑战。在农业所占从业人员比例和GDP(国内生产总值)比例大规模减缩(1985 年只占 GDP 比例的3.9%,见表 10.2)的趋势下,政府首先于 1970 年和 1980 年两次修改了 1952 年的《农地法》,主要是逐步取消了之前农户的农地规模限制,允许规模化农业(Moore,1990:293、304),但其经济效果并不明显:农业产出增长率从 1945—1970 年的 3.0%,下降到 1970—1985 年的 0.9%。(Hayami and Yamada,1991,表 1-2、19)其后,在国民经济和人均收入持续增长的趋势下,农协的金融组织也呈现了较大的变化:一方面是大规模发展了保险(主要是土地保险、房屋保险、生命保险)和理财等其他金融服务;另一方面是基层农协纷纷合并成为更大规模的组织,来适应新的国际竞争形势,从 1955 年的 12834 个基层合作社合并为 1985 年的 4303 个、2002 年的 1111 个(Kurimoto,2004:123、图 1;亦见第 126—127 页),直到 2010 年的 719 个——由此可见其变化的激烈性(Esham,Kobayashi,Matsumura and Alam,2012:945)。新近这些变化的效果以及农协未来的发展方向,尚有待观察。

对本章来说,日本经验的关键时期乃是其 20 世纪 60 年代和 70 年代,也是其农业所占国内生产总值比例、每劳动力耕地面积、农业就业人数占全体就业人数比例,以及人均 GDP 等基本条件和今天的中国相比最为近似的时期。(见表 10.2)

表 10.2　日本 1965 年、1985 年、2013 年与中国 2013 年农业基本条件的比较

	日本，1965 年	日本，2013 年	日本，1985 年	中国，2013 年
农业占国内生产总值（GDP）的比重	10%	10%	3.9%	1.2%
每劳动力耕地面积	0.6 公顷（9 亩）	0.67 公顷（10 亩）	1.2 公顷（18 亩）	/
农业就业人数占全体就业人数比例	23.5%	33.6%	8.7%	/
人均 GDP（今日美元）	/	6807	10 787	38 634

数据来源：日本 1965 年、1985 年数据来自 Hayami and Yamada，1991：表 1-1，A-5、A-6；日本 1985 年人均 GDP 数据、日本 2013 年数据以及中国 2013 年数据来自 World Bank，2015。

以上的简短总结说明的是，所谓的“东亚模式”，确切地说，在农业发展方面指的是第二次世界大战后于特殊的历史情境下所形成的、具有很大的历史偶然性的，日本明治时代后期的现代化农政模式（由国家积极进行农业基础设施建设，并为小农户提供农业现代投入，合作社所起的作用是作为国家实施其现代化农政的工具）。在战后美国的占领下，经过土地改革与合作社法的民主化，它形成了一个以小自耕农为主体、民主化的合作社，基本终结了地主经济，并由农协体系来掌控和实施之前的农政资源与功能。正是它们，实现了农业产、加、销纵向一体化，由此形成一个由下而上的合作社组织，但也同时纳入了日本农政机构原有的综合性特征和功能（完全不同于美国和一般西方的专业型合作社）。

而且,韩国和中国台湾地区,通过日本占领所实施的农业现代化政策,而后同样是美国的决定性影响,也先后形成了基本相同的模式。首先,两地都进行了“耕者有其田”的土地改革。在台湾地区,关键是1953年的“耕者有其田”改革,强迫地主出售其土地,并和日本的土地改革同样:禁止不在村地主。结果是出租土地从耕地面积的44%减缩到14%,确立了以小自耕农为主体的农业经济。(Fei et al.,1983:42—43,尤见表2-3)韩国也同样。首先是在美国军政府的控制下,把日本所占有的土地分给了农民。而后,韩国政府在1950—1952年进行了进一步的改革。和日本同样,韩国限定农场面积不得超过45亩。总的结果是,佃耕土地从60%减缩到15%,同样确立了以小自耕农为主体的农业经济,这基本终结了之前的地主经济。(Ban,Moon and Perkins,1980:285)

同时,两地采用了相似的半官方组织性质的合作化路径。在台湾地区,合作社自始便以乡、县、省级行政机构为基本单位。20世纪70年代,合作社涵盖了台湾地区145万农业人口中的90万,到80年代,更达到了全农业人口的90%以上。(Burmeister,Ranis and Wang,2001:11)合作社的一个关键作用是农产品销售:以其“青果运销合作社”为例,其最先组织了全省的香蕉销售,之后纳入了芒果、荔枝、葡萄等,基本完全覆盖、控制了这些产品的销售。(Nien-I Lee,1991;亦见张德粹、姜荣吉,1974)在韩国,其合作社同样组织了全国的农产品销售(Chang-Woo Lee,1991)。和日本同样,韩国也建立了全国性的农民金融组织,在为农民提供贷款,农资购买,组织储藏、加工、销售等方面起到了关键的作用。(Rao,2004:尤见104—107)

需要说明的是,日本、中国台湾地区和韩国合作社的民主化程度和时期有一定的不同。最高度民主化的是日本,并且是伴随其整个政治体制民主化而进行的。而后是台湾地区,国民党政权严密控制的主要是其最高行政当局,在省、县、乡级则允许台湾当地人民有一定程度的自主空间,给予农民自主的合作社一定的发展空间。虽然,在国民党实施"戒严法"的年代,民主化程度是有一定限度的。在韩国,则基本是一个由上而下的制度,自主的基层合作社要到 20 世纪 80 年代后期才真正形成气候。(Burmeister, Ranis and Wang, 2001: 9—20)虽然如此,但就其发展趋势整体来看,中国台湾地区和韩国的农业合作社都与日本同样是半民间、半政府机构化的独特的农业合作化模式,并且最终成为民主化的农民组织。正是如此的制度,奠定了韩国和中国台湾地区在 20 世纪 80 年代末便进入发达国家和地区行列的基础。

以上总结的重点在日本农协的战后黄金时期,它区别于战前的农政模式,也区别于日本农协在其国民经济和人均 GDP 高度发达,以及农业所占 GDP 比例快速减缩(2013 年仅 1.2%,见表 10.2)后面临的新变化趋势。战前和 21 世纪日本农协的模式,并不适用于中国今后的短、中期。目前,中国需要借鉴的是日本战后几十年农业黄金时期的经验。它展示的是一个国家领导与农民自治相结合的合作社经验,既非纯粹由上而下的日本战前经验,也不是英美和西欧纯粹自发的合作社经验。它组织的是小规模家庭农场的纵向一体化,绝对不是美国的大面积横向一体化农业企业,包括企业型的高度规模化和雇工的"家庭农场",更不是古典英国的雇佣资本主义企业型农场。这才是"东亚农业合作化模式"的核心。

正是这样的东亚合作化模式,才可以说是历史上人多地少小农经济现代化最成功的例子。这才是中国合作化最需要借鉴的历史经验,而非不符合中国国情的美国或英国—西欧模式。这是本章希望阐明的第一点。

二、规模化的英美“大而粗”与东亚“小而精”的农业现代化模式

第二个盲点是,人们相当普遍地认为,农业现代化必须凭借具有规模经济效益的横向一体化大农场为其主体。这个信条既来自英格兰的古典雇佣大农场模式,也来自美国的资本主义企业型大家庭农场模式,更来自工业经济的经验。但它实际上并不适合中国的小农经济。对今天的中国来说,最具可比性和借鉴性的不是18世纪的英国或19、20世纪的美国,而是日本农业现代化黄金时期的历史经验。

如表10.1所示,回顾美国、日本和中国的农业现代化历史,美国模式明显不适用于中国。1970年,美国农业的每男劳动力(不包括女劳动力)所耕种的土地面积足足是日本的82倍多。其间的差别是两种完全不同的现代化模式:美国农业现代化所依赖的主要是节省劳动力的机械化——1970年已经达到每男劳动力一台拖拉机的程度,而该年日本则每45个男劳动力才用一台拖拉机。因此,美国每男劳动力的产出(以小麦等量计算)差不多是日本的10倍。但日本的每单位土地产出,反过来则是美国的10倍。其中关键原因是节省土地“小而精”的农业生产,完全不同于美国的“大而

粗”模式。其“小而精”性质也可见于日本更多使用提高地力的化肥,约是美国的 4.3 倍,但节省劳动力的拖拉机使用才是美国的 1/45。

显然,中国则更是如此,更加需要节省土地而不是劳动力的“小而精”模式。1970 年,中国每个男劳动力的耕地面积才约是美国的 1/236。如此人多地少的基本国情正是决定中国必然要更多依赖日本/东亚模式,而不是美国模式(及其高度机械化和一定程度依赖雇佣劳动)的企业型农场,包括其企业型的大“家庭农场”。如今,美国 9% 最大的农场占据其农业总产出的 73%,并雇佣美国农业雇工——总共 80 万的美籍雇工,以及 100 万—200 万的(“非法”)移民雇工——中的大多数。(详细论证见本书第 11 章;亦见黄宗智,2014b:第 2 节,《美国模式的误导》)

适用于中国的,也不是英国经验中的雇佣劳动的资本主义大农场。如表 10.1 所示,英格兰的土地资源禀赋虽然和“新大陆”美国有一定的距离,但与日本和中国相比,仍然明显是相对地多人少的国家。1880 年,英格兰每个男劳动力耕作的面积接近美国(17 公顷相对 25 公顷),远远超过日本(1 公顷)和中国(1.5 公顷)。1970 年仍然如此,英格兰每个男劳动力耕种 34 公顷,而日本是 2 公顷,中国是 0.7 公顷。

适用于中国的是战后日本的农业发展经验。如表 10.2 所示,今天的中国农业和 1965 年的日本农业具有一定的可比性。首先是农业占国内生产总值的比重:1965 年的日本是 10%,2013 年的中国也是 10%。其次是每劳动力(包括妇女)平均耕种面积:日本是 9 亩,中国是 10 亩。再次是农业就业人数占全部就业人数的比例:日本是 23.5%,中国是 33.6%。

表 10.3　中国大陆与相比国家和地区的人均 GDP,
1700—2003 年(以 1990 年"国际美元"计算)

	中国大陆	日本	中国台湾	韩国
1700 年	600	570		
1820 年	600	669		
1913 年	552	1387		
1950 年	439	1926	936	770
1978 年	978	12 584	5587	4064
1998 年	3117	20 413	15 012	12 152
2003 年	4803	21 218		

数据来源:Maddison,2001:90、表 2-22a;Maddison,2001:304、表 C3-c;2003 年数据来自 Maddison,2007:44、表 2.1。

至于具体什么年代的日本经验最适用于今天的中国,除上述农业占 GDP 比例之外,最能说明问题的是人均 GDP 的历史数据,它足以说明两个经济体不同的发展阶段。如表 10.3 所示,日本在 20 世纪初已经进入相当快速的经济发展阶段,1913 年人均 GDP 已经达到该年中国的约 250%,并超过 1978 年中国的人均 GDP 约 42%。1978 年,日本人均 GDP 已经达到该年中国的约 1287%,并达到 2003 年中国的约 262%。即便是中国台湾地区和韩国,在 1978 年也已经达到同年中国大陆的约 571% 和约 416%。如表 10.3 所示,2003 年日本的人均 GDP 是中国的约 4.4 倍,2013 年则为约 5.7 倍(见表 10.2),没有太大的可比性。中国大陆需要借鉴的经验是 1965 年前后的日本农业黄金时期,以及 1970 年前后几十年台湾地区和韩国的历史经验，亦即以上集中叙述的“东亚农业合作化”模式。

已经有众多的研究证明，在今天的中国，小家庭农场的每亩净收益仍然高于规模化的大农场。这首先是因为，在目前的家庭联产承包责任制下，规模化的农场需要支付相当昂贵的地租（转包费）而种植自家承包地的小家庭农场则不用。其次，更重要的是，规模化的大农场需要依赖全职的雇工，而小家庭农场则可以依赖自家的劳动力，如今一般是相对廉价的家庭辅助劳动力（老人和妇女）。最后，可以依赖农民为自己的利益而耕作的激励机制，无需雇用监督人员。这也是为什么许多流转了大量土地的农业企业公司会放弃大规模经营，而采用更高效的，通过包买、协议、合同等方式借助小家庭农场的优势来提高其经济效益（见本书第 5、6、9、11 章；亦见黄宗智，2014b；黄宗智、龚为纲、高原，2014）。

应该说明，机械化本身并不足以促使农场规模化——这是因为伴随劳动力“机会成本”（外出打工所能获得的工资）的上升，即便是中国的粮食小农场，如今也多雇用机耕、机播和机收服务。但是，在农场管理方面，则仍然多用手工操作，并且多依赖较廉价的家庭辅助劳动力，而不是全职的雇工。（见本书第 6 章；亦见黄宗智、高原、彭玉生，2012；高原，2014）更有进者，正如高原在鲁西北的扎实调查证明，机械化的耕—播—收工序中，仍然需要辅助性的劳动力。例如播种时向播种机里补充种子，收割时把玉米或小麦转移到三轮车里等。在这些方面，小农户也具有一定的优势，可以更多依赖自身或（通过社区关系而聘请的）本村较廉价的家庭辅助劳动力，而不是像企业化大公司那样，主要依赖全职雇工。（见本

书第 6 章;亦见黄宗智,2014a:448;高原,2014)

在笔者和协作者自身的研究之外,我们还可以看到不少其他的研究也得出了同样的结论。譬如,陈洁、刘锐、张建伦根据安徽两县 10 村 70 个种粮户的调查访谈研究说明,种粮 10—100 亩的小农户的亩均产量(剔除复种因素)和每亩净收益都明显高于 100—1000 亩的大农场。(陈洁、刘锐、张建伦,2009:表 2、表 6)王德福、桂华调查了安徽南部林村的种粮情况,举出姚某夫妇的情况为代表:之前,通过从本村亲邻转包土地,种植 40 亩地,稻谷亩产是 1200 斤;之后,在该地政府积极推动的土地流转下,转包更多土地,经营 300 亩,但亩产却只达到 800—1000 斤,并且严重亏本。(王德福、桂华,2011)其中道理显而易见:使用自家劳动力的小农场会在管理方面"精耕细作",因此达到更高的亩产量,而依赖雇工的大农场则达不到同等的水平,所以才会显著减产。同时,以雇工和流转土地来经营,其成本要远高于使用自家辅助劳动力的小家庭农场。这就是人多地少的"小而精"耕作与地多人少的"大而粗"耕作的基本差别。

也就是说,国家长期以来大力扶持、推动规模化的"龙头企业",在 21 世纪则更积极支持超过 100 亩的所谓"家庭农场"(其实大多是至少部分使用雇工经营的农场),而基本忽视真正意义的小家庭农场,其实是个不经济的决策。相关官员为其所做说辞及所引用的数据是被意识形态化的信念推动的,其实是一种没有根据的假证据和逻辑。(详细论证见第 11 章;亦见黄宗智,2014b:尤见第 3 节)

以上举的是粮食种植的例子。至于在近二十年蓬勃兴起的、笔者称之为“隐性农业革命”中的“资本和劳动双密集化”的“新农业”（即高附加值的“设施蔬菜”、水果、种养结合等），则更是“小而精”的农业（譬如1—5亩的小、中、大拱棚蔬菜），而家庭农场组织则特别适合其高密度、频繁且非固定的劳动需求。从亩均收益角度来考虑，要远高于“旧农业”的粮食种植。显然，其更不适用大面积的“规模经济效益”信条。（详细论证见本书第2章；亦见黄宗智，2010a；黄宗智，2014a：尤见第6章）

究其根源，政府偏向规模经营背后的错误信条，这既来自过去马列主义对农业现代化的认识（认为资本主义规模化生产必定会取代小农生产），也来自改革期间盛行的新自由主义经济学（以英国资本主义农场经验为依据）的认识。它更是误用源自工业经济的理论于农业经济，没有认识到依赖有机能源（人力、畜力与地力）的农业经济的限制，错误地将其等同于使用无机矿物能源、能够大幅度提高产出的工业（详细论析见黄宗智，2014c；亦见本书下一章）。我们需要借鉴的，不是那种不符合中国实际的理论和错误信条；我们真正需要借鉴的是东亚农业合作化的成功历史经验，是以小家庭农场为主，辅之以政府领导+农民自治的纵向一体化合作模式（亦见黄宗智，2010b）。

引入战后日本的东亚农业现代化模式，首先能够解决中国今天的一个重要社会问题。它可以协助农民绕过现今中间商所攫取的利益，提高农民的收入。它更可以协助小农户融资，来进行更高度现代化的经营，同时可以让民主化的合作社融资来推进各地的基础设施建设。结合起来，它能够为绝大多数的农民带来真正有尊严的小康生活。同时，它也可以协助维护作为中国传统文化依据的村庄社区。这一切，无疑将促使中国社会脱离危机型的基尼系数（美国中央情报局得出的数字是2013年47.2，中国国家统计局得出的是2014年46.9，CIA，2015；《中国2014年GDP增速7.4%为1990年后最低》，2015）。其要做的是朝向较公平的社会结构发展，譬如，日本的37.6（2008年，第65名）、中国台湾地区的34.2（2011年，第47名）、韩国的31.1（2011年，第29名）。（CIA，2015）同时，农村大多数人收入的提升无疑会大规模扩大中国的国内市场（内需），由此推进全国民经济的可持续发展。

正如王小鲁最近详细、有说服力的论证，中国之过度依赖投资尤其是政府投资来拉动经济增长，在国内消费（内需）不足和出口收缩的情况下，已经导致一定程度的"产能过剩"以及资本要素生产率的下降，亦即全国民经济的结构性"失衡"。面对如此困境，最好的对策是深入推进社会公平，包括财富的再分配以及社会福利的改善，由此来推动国内消费（即国内市场）的发展。这是因为，消费在社会中下层的收入中所占比例较高，在富裕阶层所占比例则低得多。所以，社会分配越不公平，消费所占GDP的比例就越低。因此，解决今天日益严重的分配不公乃是克服中国经济之"失衡"及其可能陷入"中等收入陷阱"问题的关键。（王小鲁，2015）

三、中国合作社的现状：私利与社区公益机制

2006年国家颁布《农民专业合作社法》以来，合作化运动似乎进入了一个蓬勃发展的时期。根据2014年国家涉农的"九部门"（农业、发改、财政、水利、税务、工商、林业、银监、供销）所发布的

《让农民合作社运行更好实力更强》，如今中国已有 121 万个合作社，入社农户约 8985 万，平均每合作社 75 户农民会员，其总数达到全国农户数的 34.6%。其中，“九部门意见”认为有 10%，即 12 万个合作社堪称“示范性”合作社。（《让农民合作社运行更好实力更强》，2014）经过 2006 年合作社法以来十多年的努力尝试，中国的合作化运动似乎获得了新的动力。

然而，根据一些比较具体的调查研究，今天所谓的专业合作社实际上良莠不齐。楼栋、孔祥智关于北京、河北和黑龙江三省（市）的 72 个合作社的问卷调研显示：理事会成员和普通成员之间的差别（尤其是投资差别，有的合作社一般成员根本没有出资）——“异质性”——越大，理事会的权力便越大，一般社员根本没有参与决策的权力。在调研的 72 个合作社中，有不止一半（37 家）的理事会成员出资超过全社的 50%，有 60 家理事长的出资是全社最多的。72 家合作社中，有足足 40 家的收益分配是完全由理事会确定的，普通成员根本没有发言权，甚至知情权；而这 40 家中，有 9 家是由理事长一人说了算的。也就是说，被调查的合作社中有不止一半基本是由资本而非农民社员操纵的。（楼栋、孔祥智，2014：36—37）

正如仝志辉、温铁军的分析说明，在“资本下乡”的大潮流中，有两大资本来源。一个是简单逐利的（产业和商业）资本，追求的是资本所有者最高的回报率。另一个是在国家战略性的“招商引资”决策下，县级和以下政府的主要涉农部门——农业局、科技局、供销社等——全力配合，参与招商引资的总战略，为其提供国家资本的扶持。对投入私人资本者来说，获得国家的配合与扶持来为其挣得更高的回报，何乐而不为？对部门来说，其激励一方面是部门本身(由于招商引资所获得的国家资助)的增收;另一方面是官员们个人的政绩。在这样的大潮流下,出现了农村社会分化,亦即仝、温所称的“大户吃小户”的现象。其部分表现则是,被招引的资本(或部门的资本)借用合作社的名义来争取更多的国家补贴和优惠。相比之下,真正由农民自发组织的合作社则完全没有如此强势的动力,也不可能从现有金融制度中获得合作化所需的贷款。(仝志辉、温铁军,2010;亦见赵晓峰、何慧丽,2013;杨雅如,2010)

正是如此的结构性逻辑,促使了“假”合作社的兴起。有学者认为,现今的合作社中,只有 20% 是真正代表农民利益的合作社,其余全是伪合作社;而刘老石则根据多年参与乡村建设工作的经验论辩,其实所谓的“假”合作社中有不少是半真半假的,具有半公司半合作社的双重性质。一方面,在某种程度上,它们确实是由资本投入者掌控的;但另一方面,它们也为小农户社员带来一定的利益。刘老石估计,比较规范且为农民利益服务的合作社可能达到总数的 20%;而实质上是产业或商业公司的“翻牌”合作社,没有什么社员参与,办合作社主要是为了获得政府的项目支持,其所占合作社总数的比例可能约有 30%;另有约 40% 是介于两者之间的半真半假合作社,不可简单认作“假”合作社。(刘老石,2010)

苑鹏根据其研究积累,对当今的合作社做出以下的类型概括:一是资本加工企业与为其提供原料的农户的结合,实质上是一种包买制度。二是商业购销组织,商业资本为了增加客户而与农民签订协议,组织名义上的合作社。三是土地开发商凭借合作社的名义来流转、承包土地,真正的目的是旅游、房地产等非农业开发。四是主要由村干部组织的合作社。(苑鹏,2013)

此外,黄祖辉等人的一项根据四川和黑龙江两省58个"示范"专业合作社的研究指出,其中较高比例的合作社是被干部或技术人员发起和掌控的,农民自身所起作用比较有限。在58个"示范"合作社中,只有7个执行了"一人一票"的制度;而在所有这些合作社被调查的社员中,只有一个社员认为他举手投票是起作用的。同时,合作社的致命弱点是很难融资。(黄祖辉等,2012)

郑丹、王伟根据青岛和青海合作社的237份有效问卷调查发现,由供销社、龙头企业、农技部门"领办"的合作社分别占到总数中的10%—15%,也就是说,合计占总数约30%—45%;其余则由"农民组建"(包括种养殖大户、经纪人、运销户以及乡镇干部),占58.2%。显然,通过"外部介入"而组织的合作社不少,甚至可能占到大多数。调查显示,在34.4%的合作社中,一般社员根本不必投入任何资本来参加合作社,其在合作社决策中基本没有发言权。(郑丹、王伟,2011:139—140)

虽然如此,同一研究也说明,接受他们调查的大部分合作社都组建了民主化的制度:基本都设立了成员大会,每年平均召开成员大会2.9次,其中有71.6%的合作社采用一人一票的方式;81.4%开展了销售活动,71.4%为成员提供技术服务,68.6%为成员提供种子、种苗、化肥、农药、农膜。(郑丹、王伟,2011:139)显然,这些接受调查的合作社大多数相当规范化和民主化,能做到为社员服务,不该简单地被认作"伪"合作社。

更有进者,阎占定等经过多年调查,包括在2010年以问卷形式调查了湖北省四县一市413名合作社成员(阎占定、白照坤,2010),以及2011年和2012年以问卷调查了湖南、湖北两省的388

个合作社的党组织情况（阎占定、王镇，2013），提出了一个总结设想，特别突出了两类被认为是具有强大生命力的合作社发展方向：一是由供销社或农机部门能人带领建设的合作社，多是在比较贫困的村庄；二是由村庄干部带头发起的“村社合一”合作社，或由（成功的）合作社支持社员竞选村干部的“社村合一”合作社。阎占定强调，这些都是带有“政治参与”的合作社，有的更具有“社会参与”，包括基础设施建设和捐助教育、文化、体育活动。在他调查的湖南、湖北的合作社中，甚至有合作经济组织的领导人为社员和其他村民调解纠纷，赢得被调查的44%社员的好评，认为其在这方面起到了比村干部更好的作用等。阎占定认为，这些是最近几年在合作化实践中呈现的具有强大生命力的发展方向。（阎占定，2015）

另外，黄祖辉等对云南等七省的烟叶合作社进行了调查。发现国家烟草部门对烟叶合作社的蓬勃发展起到了至为关键的作用，而又比较坚决执行社员利益第一的政策——虽然它们在民主管理方面有一定的欠缺。据此，作者们认为，如果民主管理能够和外部介入达到某种“均衡”，则不失为一种好的发展方向。（黄祖辉等，2012）

焦长权关于湖北省恩施市烟农的细致调查在微观层面更详细地证明，国家烟草部门在该地专业合作社的发展中起到了极为关键的作用，为烟农提供新型烤烟厂，组织农机合作社和服务队，建立为烟农供应烟苗的育苗场，供应最新农药乃至组织整地修路等，大力推进了该地烟叶的发展。虽然如此，烟农仍然以小家庭经营为主，平均是适度规模的“劳动和资本双密集”的18亩，绝少超过

30 亩,而正是如此的“新烟农”(“新农业”),成为了该地农村社区的重要中坚力量。(焦长权,2018)

最后是一项关于河北省邯郸市永年县蔬菜种植的成功案例的调查报告。该地从 20 世纪 80 年代开始,在地方政府的带领下,至今已经形成了 80 万亩的“设施蔬菜”种植基地,完全以比较简单廉价的 1—3 亩“中小拱棚”的家庭生产为主,其中 40% 以上组织了共 236 家合作社,为社员提供加工和销售服务,并且具有“已认证无公害、绿色有机食品 198 个”,其“社员不仅能享受到合作社的各项技术、销售和信息服务,而且菜价高出一般市场价的 5%—10%”。(《长治市赴河北省邯郸市永年县蔬菜发展学习考察报告》,2013)

以上的简单总结虽然只是现有大量文献中的一部分,但应该可以当作如今存在的合作社的一个简单写照。首先,“伪”或“翻牌”合作社普遍存在。应该说,这个现象其实很好理解:20 世纪 90 年代中期以来,国家的“招商引资”经济战略使各地政府争先恐后地为外来资本提供各种各样的优惠条件(在廉价劳动力之外,加上廉价土地、税收优惠、贴息贷款、法规的宽松实施等),中国由此为招引的资本提供了高额的回报。(黄宗智,2010c)根据美国著名智库布鲁金斯研究所(Brookings Institute)的一项研究,1993—1998 年达到 25% 回报率的幅度,之后有所下降,但仍然维持在高额的 20%。(Bai,Hsieh and Qian,2006:62)中国因此被广泛认为是全球最理想的投资目的地,而外国资本大规模进入中国无疑强力推动了中国 GDP 的高速增长。(详细的讨论和分析见黄宗智,2010c;黄宗智,2015)在初始阶段,招商引资以省、市级地方政府为主体,到 21 世纪则大规模渗透到县、乡/镇和村级。同时,国家更采用了

“项目治理”制度,用中央政府的财政转移支付来激励下层政府,包括村庄政权组织,以落实中央的政策,包括大力扶持乡村龙头企业和大户(世纪之交以来,更包括100亩以上所谓的“家庭农场”——详细讨论见本书第12章;亦见黄宗智、龚为纲、高原,2014)。前后一贯的是,主要依赖逐利的激励机制,无论是私有资本还是地方官员(为了地方财政增收、个人政绩)都如此。

实际上,谋求“私利”已经成为改革后期社会经济中的重要的价值之一,而新自由主义经济学则为其提供了理论依据:追求自身最大利益的企业家,也是最有本事、最能为社会做出最大贡献的人。而同样追求自身最大经济利益的“理性经济人”,则是推动市场经济整体发展的最基本条件。在如此的激励机制和人生观之下,“假”合作社的广泛兴起不足为奇。

事实是,“真”合作社在今天面对的是十分强大的制度性障碍:国家全力招商引资,偏向企业和大户,偏向借助个体逐利的激励机制来促进经济发展。国家虽然也支持合作社,但力度相对小得多,最关键的是,其金融机构基本上只为企业公司和政府部门提供贷款——正如众多研究者指出,“融资难”是合作社发展的主要瓶颈。在这些方面,研究者们没有什么争议,有争议的是对合作社现状的评估:有的认为是“汹涌澎湃”、使人受鼓舞的现状;有的则认为是踟蹰不前,甚或基本错误的实践。

在笔者看来,在充满障碍的客观环境下,居然有至少24万个(约占121万个合作社总数的20%,涉及农民社员可能达到约1800万户)相当民主化的合作社兴起和正常运作,说明了这不是合作化的无望,而是其迫切的需要以及社区“公益”价值观在中国社会经济中所具有的顽强生命力。与其责问合作社大多数没有做到民主管理的现实，我们其实应该反问：中国的政治经济环境十分不同于西方国家，要求农业合作社一枝独秀地建立起那样的制度，是不是有点过分苛求？是不是不合实际地以西方的制度作为中国应有的现实？拙以为，在现今的制度环境下，24 万个达到民主化要求的标准已经是出乎意料的、了不起的绩效。国家要强力推动合作化的话，如此 24 万个合作社的理事长及其他关键人员便是现成的骨干。

连带相关的问题是，有的论者对干部和政府部门带领的合作社表示了一定的保留态度，认为那样的合作社不符合由下而上的自发性要求，也许还因为那样的合作社使人联想起过去国家过度干涉的集体制度。在笔者看来，这也是一种过分苛求。在中国的现实环境中，最成功的工程，包括民间企业，几乎都是政党—国家体系所积极推动和扶持的工程。我们为什么要作茧自缚地要求国家不要介入合作社的建设？当然，有的地方组建的只是谋求一己私利的“翻牌”合作社，该当别论；但如果是出于农村社区公益动机并且为普通农民带来实际收益，即便没有做到真正的民主运作，也是值得认可的，而不应简单否定所有非农民自发建立的合作社。

上述的国家烟草部门近年来推动的合作化，便是一个鲜明的例子。烟草有其特点——国家专卖的产业，因此烟农无需忧虑加工和销售方面的纵向一体化，因其完全由国家烟草部门来承担。同时，部门和产农之间利益一致，应该也是上述烟草发展形式的一个动因。虽然如此，坚持广大普通烟农的利益，无疑是烟草部门的一个有益决策，其重要性不可埋没——没有凭借脱离实际的“理论”来制定政策,譬如全面向大户倾斜。同时,烟草的例子也可以说明,管理者和生产者之间利益的一致性可以防止违反烟农利益的官方决策(如种植双季稻——见第12章)。从这个角度来考虑,其中逻辑与国家将支农资源和管理权让予民主化的合作社其实是一致的:民主的农民组织不会损害农民自身的利益,不会导致“大户吃小户”的现象。

从大局整体来看,也许最终还是东亚的合作化历史对我们的启示最大。它一开始便实事求是地把小规模的家庭农场确定为其农业应有的主体。它虽然认识到工业产业需要规模经济效益,但没有因此被误导为农业也必须遵循同样的规律,从而盲目追求西方横向一体化的规模化大农场。同时,它也非常清楚地认识到,在市场经济的大环境中,小农户需要合作化的产、加、销纵向一体化服务,为分散的小农户争取到和大市场平等打交道的权力,尽可能争取为农民保留其应得利益,使其产品能和客户直接对接,而那样的一体化是需要规模效益的。但它没有误以为只有企业公司和商业资本才能为小农户提供其必要的纵向一体化,而是积极建设了民主化的合作社来实现小农户的纵向一体化。(亦见黄宗智,2012)

同时,也许更加关键的是,要借助合作社来逐步将基层涉农部门的资源、管理和运作权力的相当部分转移到农民自愿组织的合作社手中。这是一个可被称作“国家的社会化”的进路,也是“社会的国家化”的进路。它维持了综合统一的“农林水产省”国家机构,为农业(个体农民和合作社)积极提供国家补贴的低息贷款,通过合作社来与农民对接。

政府完全可以像东亚合作化模式那样由上而下地组织、建立类似于日本历史经验中综合统一的涉农机构，综合统一中国现今"九部门"的涉农资源和功能，更加高效地为农民和合作社提供服务。特别重要的是，日本农林水产省20世纪50年代中期以来，为农民和合作社提供的金融服务，为个体农户提供农业现代化金融资源，并为合作社提供基础设施建设金融资源，而不是像如今中国的金融政策那样偏向企业公司，基本任由金融机构把个体农民和"真"合作社排除于其服务范围之外。如果中国真能为农业合作社创造和东亚经验相似的"外部条件"，合作社将可以做到像历史上的东亚模式一样的成果，大量农民都自愿参与，而如今各种各样的"异化""翻牌""假"合作社现象也会消失。

四、结论

第一，人们普遍地认为，好的农业合作社必须是完全自发性的，就像欧美国家的合作社那样，否则便可能导致中国（和苏联、东欧）集体化时期那样的错误，完全剥夺了农民的主体性和创新性。殊不知，世界历史与中国最紧密相关的合作社经验并不是与中国大陆资源禀赋完全不同的欧美国家，而是日本、韩国与中国台湾地区的东亚经验。后者的特点绝对不是农民纯自发性的合作社，而是来自历史偶然的、由上而下的、高度干预性国家农政与后来（在美国占领或决定性影响下的）民主化的联结。其关键不在于消除由上而下的农政机制，而在于其让权和让资源于自下而上的农业合作社组织。其原有的农政框架和资源，大力推动了后来的农民自主的(综合性)农协的兴起。而以农民为主体的农协组织之所以如此成功,并吸纳了几乎所有的农民,正是因其原来的制度基础。这是中国今天真正需要借鉴、模仿的经验。事实是,在中国改革时期的体制之下,缺少国家积极推动的组织很难形成气候。中国的合作社运动之所以迄今只能够做到较小规模、占较小比例、起较小作用,正是因为缺乏像国家给予营利性企业公司那样的大力扶持。

第二,人们相当普遍地认为,现代化和市场化必须依赖规模经济效益,就像工业生产那样。殊不知,在人多地少的国家,其中关键在于最高效率地使用最稀缺的资源——土地。小家庭农场其实并不需要规模效益来实现高效的农业生产。虽然如此,小家庭农场仍然需要"纵向一体化",而且在加工和销售层面确实需要照顾到规模效益,但这一切并不一定要依赖企业公司或大户来提供和实施,而可以像东亚历史经验那样,凭借合作社来实现。

今天,中国农业应该选择的路径并非不符合中国实际的以"龙头企业"为主体的西方古典资本主义农业发展模式,也不是新大陆型的规模化、极其高度机械化和相当程度雇工(尤其是外来"非法"移民工)经营的美国农业企业和企业型的"家庭农场"模式。这两种模式明显不符合中国人多地少的基本国情。我们要做的是,实实在在地面对现实——即将近两亿农业就业人员的每劳动力10亩耕地(播种面积)的现实。而他们才是中国农业的主要实体。幸运的是,中国实际上已经顺利完成了东亚合作化经验所依据的土地改革——由小规模家庭农场组成的农业主体。中国也具有比战前日本农政更完全、更有力的农政体系。如今需要做的是战后日本所实施的合作化改革:由国家确定合作社的民主自治,由农民作为主体并通过由他们主宰的社区公益性合作社来追求其自身的利益，由国家来让他们成为掌控信用社、供销社、农技服务等机构的资源和功能的实体。在这样的基础上，更要建立像战后日本农林水产省所组织的金融服务体系，让国家机构为合作社和小农户提供低息贷款，甚至保险、理财等服务。

今天需要的是，国家现有农政机构与农村社区紧密结合以形成的基层合作社，并借助现有的村庄民主制度框架（选举和监督社区两委领导）来创建能够吸纳绝大多数农民自愿参与的合作社。同时，在那样的基础上，像日韩等国家的农协那样，逐步建构以农民利益为主旨的县、市、省和中央级综合农协组织，要做到像东亚历史上的合作社经验那样的全国规模的组织。由此，更可以像东亚历史经验那样，建立国家补贴的金融机构来为农民及其合作社提供低息贷款。如此的制度框架，自然会做到和东亚历史经验类似的社会建设——包括社区中心、社区活动、社会保障以及政治参与（党和政府更积极地代表农民利益）等。更长远来看，如此路径更可能会成为整体去官僚化和去形式化改革的突破口，使政府真正从一个管控的体系转化为一个服务的体系。

参考文献：

陈洁、刘锐、张建伦（2009）：《安徽省种粮大户调查报告——基于怀宁县、枞阳县的调查》，载《中国农村观察》第 4 期，第 2—12 页。

高原（2014）：《大农场和小农户：鲁西北地区的粮食生产》，载黄宗智主编：《中国乡村研究》第 11 辑，福州：福建教育出版社，第 126—144 页。

《长治市赴河北省邯郸市永年县蔬菜发展学习考察报告》,2013,山西蔬菜网,http://www.xscw.org/newsview.aspx? id=1434。

黄宗智(2010a):《中国的隐性农业革命》,北京:法律出版社。

黄宗智(2010b):《中国的新时代小农场及其纵向一体化:龙头企业还是合作组织?》,载黄宗智主编《中国乡村研究》第8辑,福州:福建教育出版社,第11—30页。

黄宗智(2010c):《中国发展经验的理论与实用含义——非正规经济实践》,载《开放时代》第10期,第134—158页。

黄宗智(2014a):《明清以来的乡村社会经济变迁:历史、理论与现实》第三卷《超越左右:从实践历史探寻中国农村发展出路》,北京:法律出版社。

黄宗智(2014b):《"家庭农场"是中国农业的发展出路吗?》,载《开放时代》第2期,第176—194页。

黄宗智(2014c):《明清以来的乡村社会经济变迁:历史、理论与现实》第一卷《华北的小农经济与社会变迁》,"总序",北京:法律出版社。

黄宗智(2015):《中国经济是怎样如此快速发展的?——五种巧合的交汇》,载《开放时代》第3期,第100—124页。

黄宗智、高原、彭玉生(2012):《没有无产化的资本化:中国的农业发展》,载《开放时代》第3期,第10—30页。

黄宗智、龚为纲、高原(2014):《"项目制"的运作机制和效果是"合理化"吗?》,载《开放时代》第5期,第143—159页。

黄祖辉、高钰玲、邓启明(2012):《农民专业合作社民主管理与外部介入的均衡——成员利益至上》,载《福建论坛(人文社会科学版)》第2期,第44—48页。

焦长权(2018):《从"过密化"到"资本化":"新农业"与"新农

民”——以湖北省恩施市烟叶种植农户为例的讨论》，载《中国乡村研究》第14辑，第343—373页，福州：福建教育出版社。

刘老石（2010）：《合作社实践与本土评价标准》，载《开放时代》第12期，第53—67页。

楼栋、孔祥智（2014）：《成员异质性对农民合作社收益分配控制权归属的影响分析——基于京、冀、黑三省72家农民合作社的调查》，载《农林经济管理学报》第1期，第32—40页。

《让农民合作社运行更好实力更强——农业部有关负责人就引导和促进农民合作社规范发展相关政策答记者问》，2014，载《农民日报》9月27日，http://szb.farmer.com.cn/nmrb/html/2014-09/27/nw.D110000nmrb_20140927_3-01.htm。

仝志辉、温铁军（2009）：《资本和部门下乡与小农户经济的组织化道路——兼对专业合作社道路提出质疑》，载《开放时代》第4期，第5—26页。

王德福、桂华（2011）：《大规模农地流转的经济与社会后果分析——基于皖南林村的考察》，载《华南农业大学学报（社会科学版）》第2期，第13—22页。

王小鲁（2015）：《关于中国经济结构失衡的探讨》，载爱思想网，http://www.aisixiang.com/data/86695.html。

杨雅如（2010）：《当前我国农民专业合作社发展的外部条件调整研究》，载《青岛农业大学学报（社会科学版）》第3期，第14—19页。

阎占定（2015）：《嵌入农民合作经济组织的新型乡村治理模式及实践分析》，载《中南民族大学学报（人文社会科学版）》第1期，第96—101页。

阎占定、白照坤（2011）：《新型农民合作经济组织乡村政治参与状况分析》，载《农业技术经济》第5期，第72—77页。

阎占定、王镇（2013）：《新型农民合作经济组织内部党组织建设分析》，载《学习论坛》第4期，第16—19页。

苑鹏（2013）：《中国特色的农民合作社制度的变异现象研究》，载《中国农村观察》第3期，第40—46页。

张德粹、江荣吉（1974）：《台湾农会与农村合作组织对农业发展应有任务之研究》，台北：台湾大学农学院农业经济系，抽印本。

郑丹、王伟（2011）：《我国农民专业合作社发展现状、问题及政策建议》，载《中国科技论坛》第2期，第138—142页。

《中国2014年GDP增速7.4%为1990年后最低》，2015，载财经网，http://economy.caijing.com.cn/20150120/3802814.shtml。

赵晓峰、何慧丽（2013）：《农民专业合作社发展面临的结构性困境与突围路径》，载《农业经济》第1期，第24—26页。

Amsden, Alice H. (1979). "Taiwan's Economic History: A Case of Etatisme and a Challenge to Dependency Theory," *Modern China*, vol.5, no.3(July): 341-379.

Asian Productivity Organization. (1991). *Agricultural Cooperatives in Asia and the Pacific*, Tokyo: Asian Productivity Organization.

Bai, Chong-en, Chang-tai Hsien and Yingyi Qian. (2006). "The Return to Capital in China," *Brookings Papers on Economic Activity*, vol.2006, no. 2: 61-88, published by the Brookings Institution.

Ban, Sung Hwan. (1979). "Agricultural Growth in Korea, 1918-1971," in Hayami, Ruttan and Southworth (eds.), *Agricultural Growth in Japan, Taiwan, Korea, and the Philippines,* Honolulu: University of Hawaii Press, 90-116.

Ban, Sung Hwan, Pal Yong Moon and Dwight H. Perkins. (1980). *Rural Development: Studies in the Modernization of the Republic of Korea, 1945-1975*, Cambridge, MA: Harvard University Press.

Burmeister, Larry, Gustav Ranis and Michael Wang. (2001). "Group Behavior and Development: A Comparison of Farmers Organisations in South Korea and Taiwan," Center Discussion Paper No.828, Economic Growth Center, Yale University, http://papers.ssrn.com/paper.taf?abstract_id=275298.

CIA. (2015). "Country Comparison: Distribution of Family Income-Gini Index," https://www.cia.gov/library/publications/the-world-factbook/rankorder/2172rank.html, accessed March 20, 2015.

Cohen, Theodore. (1987). *Remaking Japan: The American Occupation as New Deal*, New York: Free Press.

Esham, Mohamed, Hajime Kobayashi, Ichizen Matsumura and Arif Alam. (2012). "Japanese Agricultural Cooperatives at Crossroads: A Review," *American-Eurasian Journal of Agriculture and Environmental Science*, vol.12, no.7: 943-953.

Esham, Mohamed and Hajime Kobayashi. (2013). "Sri Lanka: Lessons from Agricultural Cooperatives in Japan", *Millenial Asia*, vol. 4, no. 2: 117-133.

Fei, John C. H., Gustav Ranis and Shirley W.Y.Kuo. (1979). *Growth with Equity: The Taiwan Case*, Washington, D.C.: World Bank, by Oxford University Press.

General Headquarters, Supreme Commander of Allied Powers, History of the Non-military Activities of the Occupation of Japan, V. XI, Agricultural

Cooperatives(1945 though December 1960) (available at the University of Virginia Library, in microfilm) .

Hayami Yujiro and Saburo Yamada. (1991). *The Agricultural Development of Japan: A Century's Perspective* , Tokyo: University of Tokyo Press.

Hayami Yujiro, Vernon W. Ruttan and Herman M. Southworth. (1979) . *Agricultural Growth in Japan, Taiwan, Korea, and the Philippines* , Honolulu: University of Hawaii Press.

Ho, Samuel. (1968) . "Agricultural Transformation under Colonialism: The Case of Taiwan, " *Journal of Economic History* , vol. 28 (September) : 311-340.

Kang, Kenneth and Vijaya Ramachandran. (1999). " Economic Transformation in Korea: Rapid Growth without an Agricultural Revolution?, " *Economic Development and Cultural Change* , vol. 47, no. 4 (July) : 783-801.

Kurimoto, Akira. (2004). "Agricultural Cooperatives in Japan: An Institutional Approach", *Journal of Rural Cooperation* , vol. 32, no. 2: 111-118.

Lee, Chang-Woo. (1991). "The Current Agriculture and Fisheries Situation in the Republic of Korea, " in Asian Productivity Organization, *Agricultural Cooperatives in Asia and the Pacific* , 253-267.

Lee, Nien-I. (1991). " Taiwan Provincial Fruits Marketing Cooperative, " in Asian Productivity Organization, *Agricultural Cooperatives in Asia and the Pacific* , 153-168.

Lee, Teng-hui and Yueh-eh Chen. (1979). "Agricultural Growth in

Taiwan, 1911 – 1972," in Hayami, Ruttan, and Southworth (eds.), *Agricultural Growth in Japan, Taiwan, Korea, and the Philippines*, Honolulu: University of Hawaii Press, 59–89.

Maddison, Angus. (2007). *Chinese Economic Performance in the Long Run(Second Edition)*, Revised and Updated: 960–2030 A.D., Organization for Economic Cooperation and Development(OECD).

Maddison, Angus. (2001). *The World Economy: A Millenial Perspective*, Organization for Economic Cooperation and Development (OECD).

Moore, Richard H. (1990). *Japanese Agriculture*: Patterns of Rural Development, Boulder, Colorado: Westview Press.

Rao, R. M. Mohan. (2004). *Growth and Rural Transformation: A Comparative Study of Republic of Korea and India*, New Delhi: Concept Publishing Company.

World Bank. (2015). GDP per capita(current US MYM), http://data.world-bank.org/indicator/NY.GDP.PCAP.CDaccessed February 1, 2015.

第十一章 “家庭农场”是中国农业的发展出路吗？[①]

2013年初，国家提出要发展（100亩以上的）“家庭农场”，之后全国讨论沸沸扬扬，其中的主流意见特别强调推进家庭农场的规模化，提倡土地的大量流转，以为借此可以同时提高劳动生产率和土地生产率。其所用的口号“家庭农场”是来自美国的说辞，背后是对美国农业的想象。本章将论证，这是不符合世界农业经济史所展示的农业现代化经济逻辑的设想，它错误地试图硬套“地多人少”的美国模式于“人多地少”的中国，错误地使用来自工业时代的经济学于农业，亟需改正。它也是对当今早已由企业型大农场主宰的美国农业经济实际的误解。美国农业现代化模式的主导逻辑是节省劳动力，而中国过去三十年来已经走出来的“劳动和资本双

① 本章原载《开放时代》2014年第2期（3月），第176—194页。收入此书时做了细微的调整并补入了一个“后记”。

密集化”的小而精模式的关键则在于节省土地。美国的“大而粗”模式不符合当前中国农业的实际,更不符合具有厚重传统的、关于真正的小农经济家庭农场的理论洞见。中国近三十年来广泛兴起的适度规模的“小而精”的真正的家庭农场,才是中国农业正确的发展出路。

美国式的工业化农业模式将把不少农民转化为农业雇工,压缩农业就业机会,最终会消灭中国农村社区,这是一条与中国历史和中国现实相悖的道路。而中国过去三十多年来的小而精农业现代化模式,则是维护真正适度规模的小家庭农场、提供更多的农业就业机会,并可能逐步稳定、重建农村社区的道路。未来,它更可能会成为更高收益并为人民提供健康食物的、同样小而精的绿色农业道路。

一、农业现代化历史中的两大模式:地多人少与人多地少

农业经济学者速水优次郎(Yujiro Hayami)与其合作者拉坦(Vernon Ruttan)在20世纪七八十年代做了大量的计量经济研究,用数据来比较世界上一些重要国家的不同的农业现代化历史经历。他们搜集和计算的数据包括本章主题人地关系与现代化模式的数据,用小麦等量来比较1880—1970年将近一个世纪的单位面积和单位劳动力产量演变,并计算出不同的单位劳动力的拖拉机使用量和单位面积的化肥使用量。总体来说,他们的计量工作做得相当严谨,可信度较高,但因其关注的问题、理论概念和数据过分繁杂,没有清晰地突出人地关系方面的数据,更未有针对性地阐

释明白这些关键数据的含义。(Hayami and Ruttan,1971,数据见附录A,B,C:309—347;1985,数据见附录A,B,C:447—491)之后,他们的数据曾被丹麦农业经济理论家博塞拉普(Boserup,1983:401;亦见1981:139)重新整理和总结。由于博氏长期以来特别关注人地关系与技术变化之间的关联(Boserup,1965、1981),因此特别突出了这方面的数据。遗憾的是,她该篇论文论述的是全球各地有史以来不同时期的农业经济历史轮廓,处理议题太多,因此没有从这些数据中提炼出鲜明的、有针对性的概念(Boserup,1983:数据和整理见401;亦见1981:139)。其后,"文化生态"理论家内汀(Robert McC. Netting)注意到博塞拉普整理出的数据的重要性,特地在其著作的导论中转引了整个列表,正确地突出了小规模、相对劳动集约化小家庭农场的重要性。但他关心的重点不是农业经济而是农业社会的"文化生态",也没有清晰地说明那些数据的经济逻辑。(Netting,1993:数据见第25页)为此,我们有必要在这里重新检视速水优次郎和拉坦四十多年前提出的数据,进一步说明其所展示的农业现代化历史中的两大代表性模型。兹先将其关键数据列于下表。为了更清晰地突出这些数据所包含的理论含义,讨论将先集中于美国和日本的比较,然后再讨论英格兰、丹麦、法国、德国和印度的数据,并进入笔者添加的中国数据。

表 11.1 7 个东西方国家和地区以及中国农业现代化过程中人地关系和生产技术的演变,1880—1970

	平均每男劳动力耕种面积(公顷)		每公顷产量 1 吨小麦等量		每男劳动力产量 1 吨小麦等量		每公顷用化肥量(公斤)		每台拖拉机相对男劳动力数量	
	1880 年	1970 年	1880 年	1970 年	1880 年	1970 年	1880 年	1970 年	1880 年	1970 年
美国	25	165	0.5	1	13	157	/	89	/	1
英格兰	17	34	1	3	16	88	/	258	/	—
丹麦	9	18	1	5	11	94	/	223	/	2
法国	7	16	1	4	7	60	/	241	/	3
德国	6	12	1	5	8	65	/	400	/	—
日本	1	2	3	10	2	16	/	386	/	45
印度	—	2	—	1	—	2	/	13	/	2600
中国*	1.5	0.7	1.7	2.7	2.6	1.9	/	157	/	960

＊中国相关数据计算方法和出处见附录。

数据来源:Boserup,1983:401;1981:139;Hayami and Ruttan,1971:309—347,附录 A、B、C;Hayami and Ruttan,1985:447—491,附录 A、B、C;Netting,1993:25。

显而易见,美国代表的是一个地多人少国家的农业现代化道路。在表 11.1 列出的 1880—1970 年间 90 年的变化中,我们可以很清楚地看到,它的土地资源(相对劳动力)特别丰富:1880 年美国每个男劳动力种地 375 亩(25 公顷),日本则是 15 亩(1 公顷),是 25 : 1 的比例。之后,美国主要通过使用机械,来进一步扩大每个男劳动力所耕种的面积。1970 年，其使用机械是日本的 45 倍，平均每个男劳动力一台拖拉机，而日本则是 45 个男劳动力一台。随之而来的首先是，每个劳动力所种面积的悬殊差别：到 1970 年，美国每个男劳动力种地 2475 亩，日本才 30 亩，是 82.5 ∶ 1 的比例。美国农业的要素组合意味的是，每劳动力产量（以小麦等数计算），亦可说是“劳动生产率”，远高于日本，并在这期间显著提高，1880 年是日本的 6.5 倍，到 1970 年达到 10 倍。但其单位土地产量则较低，到 1970 年只是日本的 1/10。从劳动力和土地的配合角度来说，美国的模式是比较“粗放”的，单位劳动力用地较多，单位面积用劳动力较少，因此其单位劳动力产量较高，但单位土地面积产量较低。笔者把这样的农业及其现代化道路称作“大而粗”的种植模式。

反过来说，日本所代表的则是相对人多地少的模式。日本每劳动力耕种面积在 1880 年是美国的 1/25，到 1970 年则更只是其 1/82.5。日本每劳动力的产量在 1880 年是美国的 1/6.5，到 1970 年更只是其 1/10。但是，日本每亩产量在 1880 年是美国的 6 倍，在 1970 年则达到其 10 倍，就劳动力和土地的配合来说，日本的模式是比较“劳动力密集”的，因此其单位土地面积产量较高，但由于每劳动力用地较少，单位劳动力产量较低。它是一个“小而精”的农业现代化模式。

在现代化的农业“资本”投入中，我们还需清楚区别两种不同性质的现代投入。第一种是机械，主要是拖拉机（可称“机械资本”），它是促使每劳动力能够通过规模化提高其产量的关键因素。上文已经看到，1970 年美国单位劳动力使用的拖拉机量是日本的

45 倍(是中国该年的 960 倍),这是因为美国的农业现代化模式主要是机械化,其关键是节省劳动力。它的前提条件是地多人少的资源禀赋,即“新大陆”“得天独厚”的基本国情。但这并不意味“现代化”必定是这样的规模化。日本反映的则更多是类似于中国的人多地少的基本国情,其所依赖的主要不是节省劳动力的机械,而更多是下文要分别讨论的尽可能提高地力、节省土地的化肥。至于中国,其人多地少的起点和日本相似,但进入现代,情况要比日本更加严苛。如表 11.1 所示,1970 年其每个男劳动力耕种的平均面积才 10 亩,是日本的一半。时至 2013 年,中国仍然远没有达到日本在 1970 年便已达到的每个男劳动力的平均耕地面积,即 30 亩。中国今天如果像表 11.1 那样不计妇女劳动力,充其量也只是每个(男)劳动力 15 亩(黄宗智,2010b:75、122)。如果与美国相比,差异当然更加悬殊,其节省土地的激励只会比日本更加强烈。

第二种现代农业投入是化肥,与机械的性质有一定不同。它的主要目的是提高地力。另外,它的使用也和劳动力投入有一定关联:譬如,每茬作物可以比较粗放地依赖机械或自动化来施用,但也可以更精密地手工施用,或手工配合机械来施用。它可以仅施肥一次,也可以施肥两次或三次。同时,不同作物的化肥需要量是不同的。众所周知,蔬菜所需肥料(化肥)和劳动力都要比粮食高得多,水果基本同理(见本书第 7 章:图 7.5;亦见 Huang and Gao,2013:48、Figure 5;黄宗智、高原,2013:图 5)。日本 1970 年的单位面积化肥使用量是美国的 430%,反映的正是节省土地的激励,与美国以节省劳动力为主的模式完全不同。日本按亩使用化肥量比美国精密,最重要的因素是其高值农作物在所有农作物中所占比例要比美国高得多。这个道理和中国近年来兴起的高值“新农业”产品是一样的:它们普遍使用比粮食高出甚多的化肥量,而且施肥比较精细,反映的正是“小而精”——与美国“大而粗”的农业现代化不同——的道路。它是(非机械)资本和劳动双密集化的模式。1970 年,中国每公顷的化肥投入量已经超过美国,今天则达到将近日本 1970 年的幅度(345 公斤/公顷——见《中国农村统计年鉴》,2011:表 3-4、7-1;近三十年来蔬菜的化肥和种子投入与粮食的不同,见第 7 章:图 7.5、7.6;亦见 Huang and Gao,2013:48—49;黄宗智、高原,2013:37)。

这里,需要进一步说明一个人们常常忽视的道理。正如经济史理论家瑞格里(E. Anthony Wrigley)所说,农业说到底是一种依靠“有机能源”的生产,不同于使用“无机的矿物能源”(inorganic, mineral-basedenergy)的现代工业“产业”。一个劳动力通过使用畜力充其量可以把投入生产的能源扩大到 8 倍,但远远不到一个矿工一年挖掘 200 吨煤所能产生的能源的幅度。(Wrigley,1988:77)这里,我们需要补充说明,其实“地力”——来自中国厚重农学传统的概念和用词——也主要是依靠有机能源的。即便借助机械和化肥与科学选种,单位土地面积的产能仍然会受到地力的限制,其可能提高的幅度也比较有限,不比机械能源可以大幅提高。因此,在给定的人地比例下,农业生产量可能扩大的幅度比较有限,与无机能源的机械生产十分不同。与工业相比,农业更严格地受到人地比例自然资源禀赋的制约,不可能像工业那样大幅突破其制约。这是农业与工业的一个基本差别。但今天,经济学界则普遍倾向不加区别地使用来自“无机能源”机器时代的经济学理论于农业,广泛地把农业当作一个机器时代的“产业”来理解和分析,以为它可以如机械世界那样几乎无限度地大规模扩增产量(更详细的讨论见黄宗智,2014,第1卷:三卷本总序)。

实际上,人力和“地力”远远不可能与机器时代以百匹、几百匹马力来计算的拖拉机或汽车相提并论。美国那样的模式,通过使用拖拉机来推进农业的“现代化”,虽然可以克服人力的局限,但并不能克服“地力”的局限,因为作物生产是生物生产,最多只能达到几倍的增幅(譬如用更多肥料,或一年从一茬到两茬、三茬),和现代使用无机能源的工业十分不同。美国农业之所以能够做到十倍于日本的单位劳动力产量(以及今天几百倍于中国的单位劳动力产量——下文还要讨论),靠的不仅是机械,而更主要、更基本的是大量土地——多至日本和中国目前不能想象的每劳动力耕种面积的土地。没有美国那样的土地相对劳动力的资源禀赋,每劳动力配合再多的拖拉机也不可能做到那样的劳动生产率。(详细论证见黄宗智,2014,第一卷:三卷本的“总序”)说到底,人地比例资源禀赋及其约束乃是农业发展的决定性因素。

当然,上文以美国和日本为代表的两大农业现代化模式是比较突出的“极端”(而中国则比日本还要人口密集、还要极端),而大多数发达国家的实际经历介于两者之间。表11.1还纳入了速水—拉坦所搜集的欧洲其他几个国家的数据,按照其土地/劳动力不同比例顺序排列为:英格兰、丹麦、法国、德国。显而易见,那些国家在土地/劳动力的资源禀赋上介于美国和日本之间:英格兰最接近美国,其19世纪后期的劳均耕地面积仍然和美国相差无几(但到1970年由于农业机械化程度和人地比例的不同,其劳均耕地面积只是美国的1/5)。德国要低于英格兰,虽然如此,1970年德国的劳均耕地面积仍然是日本的6倍。显然,与日本和中国相比,欧洲发达国家的人地比例资源禀赋总体上要宽松得多,基本上仍然是一种相对地多人少的模式。

表11.1也显示,在人多地少的资源禀赋方面,与日本相差无几的是印度。印度在1970年的农业劳均耕地面积和日本一样:30亩(2公顷)。但印度的农业现代化进程远远滞后于日本,1970年仍然尚未使用机械和化肥(平均2600个男劳动力一台),在这方面比中国还要落后(中国该年是每960个男劳动力一台大型或中型拖拉机,或四台小拖拉机)。本书已经说明,日本的经济发展起步较早,而且得益于其人口在18、19世纪已经进入低增长状态,在20世纪上半期的蓬勃工业化过程中,在拖拉机、化肥和科学选种等现代投入进入农业的过程中,其农业人口基本稳定,而不是像中国(和印度)1950—1970年代那样,现代投入所带来的土地和劳动生产率的提高基本被人口(由于医疗卫生的进步)的扩增(而耕地没有多大扩展的情况下)和农业的进一步内卷化销蚀掉。1952—1978年间,中国的农业总产增加了约三倍,但人口增加了三分之二,而且由于集体制度下被动员的妇女劳动力和农闲时的水利工程等劳动力投入,每亩劳动力的投入其实增加得更多,达到3—4倍的幅度。因此,农业劳动力的按日收益长期停滞不前。(亦见黄宗智,2010b:5;黄宗智、高原、彭玉生,2012:22—23)

笔者和彭玉生已经详细论证,中国要到20世纪80年代之后,由于"三大历史性变迁的交汇"——人口增长率的降低,伴随收入增加的食品结构转型(从8∶1∶1的粮食∶蔬菜水果∶肉鱼逐步转向城市中上收入群以及中国台湾地区的 4 : 3 : 3 模式)而转入更多的劳动与资本双密集的高值农业生产,以及大规模的农民进城打工,劳动力对土地的压力才开始得到缓解。农业从低值粮食生产转向越来越高比例的高值菜果、肉禽鱼生产,从而形成了小而精“新农业”的发展,推动了中国的(笔者称之为)“隐性农业革命”,其产值在三十年中达到之前的 6 倍,年增长率约 6%,远远超过历史上其他的农业革命[如 18 世纪英格兰的农业革命,一百年中,年增长率充其量才 0.7%(一百年才翻了一番),以及 20 世纪六七十年代的“绿色革命”,年增长率才约 2%—3%]。(见本书第 2 章;亦见黄宗智,2010b:第 5 章;黄宗智、彭玉生,2007)

在同一时期,印度也经历了性质相同的变化,只是没有中国那么快速。另外,由于土地的家庭联产承包责任制度,中国没有经历与印度相同程度的农业劳动力的“无产化”[如今印度农业劳动力的 45% 是无地雇农,中国则约 3%(2006 年数据)],而是一种比较独特的“没有无产化的资本化”的农业现代化进程(见本书第 6 章;亦见黄宗智、高原、彭玉生,2012)。但在人多地少资源禀赋约束所导致的农业滞后发展以及“小而精”模式方面,中国则和印度基本相似。

与日本相比,中国也有一定的不同。其中一个重要的差异同样源自中国平均分配土地的承包制度。日本的无地农业雇工今天已经达到农业劳动力的 20% 以上,而中国则一直维持着没有无产化的资本化的农业模式(仅约 3%)。(黄宗智、高原、彭玉生,2012:22—23)但在“小而精”而非美国式的“大而粗”特征上,中国则和日本基本相似。最后,与类似于日本的农业变迁历史的韩国和中国台湾地区相比,由于他们的特殊历史条件(更早的农业现代化,虽然是在日本殖民政策下实施的)以及中国和印度更沉重的人口负担,中国大陆要滞后几十年。(详见黄宗智,2010b:6—8)

这一切说明的基本道理是:我们不能混淆使用无机能源的机器时代的工业产业和前机器时代使用有机能源的农业。后者的生产要素,特别是人地关系以及人力和地力的自然约束,基本是给定的自然条件,其劳动力既可能是相对稀缺的,也可能是相对过剩的、多余的,而不是像新自由主义经济学理论(如舒尔茨——见本书第 3 章)那样假设所有的生产要素都稀缺,而后通过市场机制而达到最佳配置。农业的人地关系基本是给定的自然条件,而不是由市场机制配置来决定的。它对后来的农业现代化进程起到了决定性的影响。这就和现代经济学理论的出发前提很不一样。

由于人地关系的决定性作用,农业经济历史展示的不是现代经济学理论所设想的单一发展模式,而是两种由于人地关系资源禀赋不同而导致的迥异的发展模式。当然,机器时代的拖拉机扩大了人力的可能扩增幅度——美国高度机械化的农业中一个劳动力可以耕种几千亩地便是例证。但是,那种扩增幅度的前提条件是地多人少,对与其情况相反的人多地少的中国来说,是不可能做到的。我们绝不可以根据现代机器时代经济学的理论建构而误以为,中国农业可以简单通过市场机制的资源配置便走上美国模式的道路。事实上,符合中国国情的农业现代化道路绝对不是美国地多人少的那种"大而粗"的模式,而是日本率先展示的人多地少、"小而精"的现代化模式。

以上所说的事实和道理其实是个常识性的认识,但在新自由主义经济学的霸权话语(详细讨论见本书第三章;亦见黄宗智,2012a:61—65;68—70)的支配下,人们相当普遍地认为(新自由主义)经济学乃是一门比较“硬”的“科学”,不是一般人所能理解的,而新自由主义经济学专家为了提高自己的身价,当然也特别宣扬那样的观点。结果是,在科学话语威势的压抑之下,许多人都以为经济不可以用常识性的真实感来评价,而必须由专家们来谈论和解释。殊不知,所谓的专家们的认识大多深深受到不合实际的抽象形式化理论的主宰,把经济想象为一种在世界任何地方都遵循同样基本逻辑的(工业)存在,普遍忽视农业最基本的常识和道理。今天,这种态度和误识影响非常深远,已经不知不觉存在于我们之中。它是国人相当广泛地错误地认为农业现代化道路必须是一个像美国那样的规模化道路的主要原因。

二、美国“模式”的误导

中国之前曾因模仿苏联而走错了农业发展的道路。集体化的社队组织,虽然有其一定的成绩(尤其是在社区水利、卫生、教育和社队工业方面),但确实遏制了农民的创新性,也掐死了市场动力。在大跃进时期,更受到“越大越好”的错误信念的影响。在市场化的今天,中国已经抛弃了之前过分偏重计划与管制的认识和做法,但仍有可能会再一次犯类似的错误——由于过度模仿某一种模式并过度信赖某一种理论而走上错误的道路,即今天被认为是最“先进”的美国“模式”及其“普适”的经济“科学”。

多年来国家极力支持“龙头企业”,便是一个例子。那样的政策误以为,中国必须模仿美国的先例,依赖大农业产业公司以及规模化经营来推动中国农业,忽视了这些年来最重要的、真正的农业经济发展动力,即"小而精"的小规模家庭"新农业"。事实上,即便是名义上的大规模农业企业,也多采用和小家庭农场签订定购协议或合同的操作模式——可以称作"合同农业"(contract farming)(见本书第6、9章;亦见 Forrest Zhang[张谦],2008、2013),实质上仍然是以"小而精"的小规模农场作为主要生产单位的模式。这是因为,小家庭农场的自家劳动力至今仍然比雇工经营的劳动力便宜和高效。实际上,"龙头企业"所提供的更多、更重要的是纵向的加工和销售方面的链条,而不是横向的简单规模化的雇工农业生产。而其关键弱点则在于,将市场收益大多划归商业资本而不是农业生产者(本书第6、7、9章;亦见黄宗智,2012b:94—96;黄宗智、高原、彭玉生,2012)。

在国家政策向"龙头企业"倾斜的偏向中,通过合作社来为"小而精"的农业提供产销纵向一体化的另一种可能道路,其实一直都未曾得到适当的支持。对于合作社,中国政府过去所做的要么过于管制,要么过于放任,真正需要的政策则是由政府引导和投入资源、由农民为自己的利益来参与并主宰的合作社。这是日本和中国台湾地区农业所展示的先例。它们的出发点是:日本(殖民)统治下基层政府管理农业的制度。其后,在美国统治(或决定性的影响)下,走上了基层政府通过农民的合作组织而逐步民主化的道路。结果,基层政府将其权力和涉农资源逐步让渡给由农民为自身利益而组织起来的农民协会,由此来推动农协的发展,也由此推动农村治理的民主化。这是一个由历史条件的巧合所导致的、具有一定偶然性的结果,但也是中国今天应该有意识借鉴的模式。第十章已经详细讨论过这个问题,这里不再赘述。(亦见黄宗智,2014,第三卷:第10章;黄宗智,2010a)

在2013年2月发布的“一号文件”要大力发展“家庭农场”的号召下,各地政府纷纷响应,媒体也大做宣传。其中,关键的想法是要克服被认为低效的小农场,进行规模化,鼓励土地流转,其中不少人明显是想模仿美国农业的发展模式。农业部更把“家庭农场”具体定义为经营土地超过100亩的“大”农场,①其基本用意是要积极支持这些较大规模的农场,将它们视作未来的发展典型。这种设想背后的主导思想明显是把成规模的农场看作中国农业发展的必然道路,没有充分重视中国农业“小而精”的模式。和之前向“龙头企业”倾斜的思路一致,其想借助这样的规模化农场来拉动农业的现代化发展。其背后所想象的图景,则是美国模式。因此选用的“家庭农场”口号也是来自美国农业的说辞,而非中国自身的当代小农经济。

这里,我们首先要说明,美国的农业其实不是所谓的“家庭农场”口号所虚构的事情。它确实曾经主要是一般意义上的家庭农场,即主要依赖自家劳动力的农场,但半个多世纪以来,早就被大规模的依赖机械资本和雇佣劳动力的企业型农场取代。根据美国农业部的数据,美国农业总产值的一半是由其最大的2%的农场(40000家)所生产的,73%是由占据所有农场的9%的平均10000

① 也有试图更精确地,把一年一茬地区的规模地定义为100亩,一年两茬的定义为50亩(农业部,2013)。

亩的“大农场”所生产的[①]。(USDA,2005:图3、图5)美国总数200万个农场共雇佣60万—80万(具有美国公民或长期居留身份的)农业雇工,另加100万—200万来自墨西哥和其他地区的外来移民工(migrant worker)的农业短工/季节工。(Rodriguez,2011;亦见“Facts about Farmworkers”,2013)

美国的文化和历史确实深深地认同于“家庭农场”,将它们视作为美国“国性”(national character)的一个主要代表和象征,但在实际的经济历史中,“家庭农场”在农业中的主导地位其实早已被大规模的企业农场取代。今天,“家庭农场”在美国是虚构多于实际、文化幻想多于经济实际的象征。广为中国国内讨论所引用的2012年7/8月期的《大西洋月刊》(Atlantic Monthly)发表以《家庭农场的胜利》为标题的文章,其所引用的孤例“家庭农场”,其实是一个拥有33600亩(5600英亩)耕地的、极其高度机械化和自动化的农场。它有3名全职劳动力,1个是农场主——经营者本人,2个是全职职工,另外雇用临时的季节性短工,是个十足的高度资本化、机械化、自动化的农业公司,其实完全不应视作“家庭农场”。(Freeland,2012)

但在美国农业部的统计口径中,对“家庭农场”(“family farm”)所采用的定义只是经营者及其家人(血亲或姻亲)拥有农场一半以上的所有权。(USDA,2013:47)对中国读者来说,这是个充满误导性的定义。在国内,以及对国际上大多数的农业研究者来

① 这里对“大农场”的定义是,年总销售量超过25万美元(150万元人民币)的农场,其(2003年的)平均经营规模是1万亩(1676英亩)(USDA,2005:11,表3)。

说,一般对家庭农场的定义则是,主要依赖自家劳动力的农场。即便在新近打出的“家庭农场”口号下,中国农业部调查中的定义仍然是主要依赖自家劳动力的才可称为家庭农场。(《家庭农场认定标准　扶持政策认定工作启动》,2013)按照如此定义,美国大部分所谓的“家庭农场”已经不是家庭农场,最多只能称作“部分产权属家庭所有的企业型农场”。美国农业部的研究宣称,今天仍有 96% 的美国农场是家庭农场,所用的是以上这个定义而非一般人所理解的定义。(USDA,2013:47)这本身就说明,美国农业模式是不适用于中国的。

两国所谓的“大”农场,其实根本不是同一回事。上文已经提到,美国农场的经营面积与中国截然不同。美国农业部定义的“大农场”的平均面积是 10000 亩(1676 英亩)(USDA,2005:11、表 3),而中国农业部定义的大家庭农场只有 100 亩。两者对规模的不同想法和演变,可以美国所使用的农业机械为例:美国 1970 年使用的耕地和播种机,一天可以种 240 亩地(40 英亩);到 2005 年,其广泛使用的机械一天可以种 2520 亩地(420 英亩);到 2010 年,更达到 5670 亩(945 英亩),是 1970 年机械的 24 倍。其最新、最大的农业机械价格可以达到每台 50 万美元。同年,收割机的效率/功能也达到 1970 年的 12 倍。(USDA,2013:23;Freeland,2012)

美国的规模化大农场的基本模式是谷物种植的大农场。2007 年,“大田作物”(“field crops”——在谷物之外还包括棉花、干草、烟叶等)仍然占据美国总播种面积[“收割面积”(harvested acres)]的 96.4%。(USDA,2013:11、表 1)这个事实与其农业基本特征紧密相关:正因其土地资源(相对农业劳动力)特别丰富,其农业的现代化主要体现于通过机械的使用而规模化，而最适合机械化的农业是“大而粗”的大田谷物种植，此种植可依赖上述的大拖拉机、播种机、联合收割机自动化地浇水和施肥，以及农药化的除草，其中的关键经济逻辑是凭借机械和农药来节省(相对)昂贵的劳动力，尽可能多地使用机械和农药，尽可能少地使用劳动力。这正是上述《大西洋月刊》所引“典型”的模式。其中秘诀正是美国“得天独厚”的土地资源。这样的农业是其农业的绝大部分主体，来源正是以上叙述的“大而粗”的农业现代化主导模式。

当然，这并不意味着美国农业全是谷物农业。它还有剩下的3.6%耕地用于种植高值农作物(high-value crops)，主要是蔬菜、瓜果、木本坚果(tree nuts)、花卉。这些可以说是美国(相对)“小而精”的农业。它们是相对劳动密集[也是(非机械)资本密集]的农业。这部分的农业不能主要依赖机械，必须使用一定比例的手工劳动来收割、摘果、浇水、施肥、施药。对劳动力相对稀缺(昂贵)的美国来说，它自身无法提供、满足这样的劳动力需求。这就是美国每年雇用100万—200万外来季节工和移民工的主要原因，其中包括较高比例的所谓“非法”移民。

美国移民政策长期纠结于非法移民禁而不止的问题。历史上，加利福尼亚州所依赖的廉价外国劳工，先是19世纪的中国劳工，而后是20世纪初期日本的——最终是墨西哥的——包括高比例的所谓“非法”移民。一方面，不少美国人反对允许非法入境，觉得会不利于美国公民的就业机会；另一方面，农业企业(此外，尤其是建筑业)需要廉价劳动力来支撑。所以，无论其政策表述如何，在实践层面上，对非法入境的控制时松时紧。“非法”劳动力的广泛使用,其实早已成为美国农业(和建筑业)不可或缺的组成部分。其间关键是实际需要,尤其是劳动密集的高值农业。(Chan,1986;亦见 Huang,1990:66)根据美国农业部的数据,2007 年用地 3.6% 的高值农业所生产的产值已占到美国农业总产值的 36.8%。(USDA,2013:11、表 1)

这些高值农产品的产值要比其所占总播种面积的比例高出 10 倍;虽然如此,它所占耕种面积的比例仍然只有 3.6%。这个事实本身便说明了美国土地资源丰富的特征:它的农业结构不是出于节省土地的考虑而是由节省劳动力的考虑来主宰的。也就是说,它最关心的不是单位土地产量的最大化,而是单位劳动力产量的最大化。大田作物的单位面积产值虽然要比其播种面积所占比例少一半(63.2% 相对 96.4%),但仍然是美国农业的主要形式,所占耕种面积是高值农产品的足足 27 倍。相比之下,中国的谷物种植面积所占比例今天已经减缩到总播种面积的 56%。谷物的产值只占农业总产值的约 16%,而非谷物的高值农产品已经占到 66%。(见本书表 2.4;亦见黄宗智、高原,2014:表 2)也就是说,中国农业的主导逻辑和美国正好相反:是单位土地产量的最大化,而不是单位劳动力产量的最大化。这是两条截然不同的农业现代化道路。

美国的谷物生产是主要依赖机械的“大而粗”的农业,其少量的高值农作物生产则是主要依赖廉价移民工的相对“小而精”的生产。在后者之中,即便是小规模的(主要依赖自身劳动力的)真正意义的家庭农场,一般也会雇佣季节性移民雇工。规模越大,雇工越多(但这方面没有系统的数据,因为雇佣“非法”移民是介于法律灰色地带的行为,不容易统计)。根据在册的正式记录,高值农产品中的“小农场”(300 亩以下)雇佣的劳动力在其投入总劳动力中占比例较低(7%—24%);而 600 亩以上的则雇工较多,达到(在册劳动力的)一半以上,另加季节性临时工。至于谷物农场,即便是规模化的大农场,其在册雇佣劳动力也仅仅 20%(小麦)—36%(大豆)。当然,另加未经统计的季节性临时工。(USDA,2013:18-19,表 6、表 7)

对于人多地少的中国农业来说,美国这两种农业代表的模式其实都不适用。美国谷物种植的丰富土地资源以及用机械资本几乎完全地替代劳动力,都是不可模仿的。其高值农产品所依赖的国外移民和非法劳动力也是不可模仿的。中国农业没有如此丰富的土地资源,也没有如此来自外国的廉价劳动力。中国的家庭农场可以雇佣一些本地和外地(而不是外国)的较廉价短工,但不可能像美国那样使用和本国公民工资差别如此悬殊的劳动力,也不可能雇佣到几乎和本国农业从业人员同等数量的外国雇工。所以,美国模式不符合中国实际。

即便是今天已经相当高度机械化的中国大田农业,其机械化—自动化程度仍然和美国的大田农业有基本的不同。中国的机械化局限于替代比较昂贵的主劳动力的工作环节,没有进入比较廉价的(可以利用家庭)辅助劳动力的生产环节,其实和上述美国的真正企业化、完全机械化—自动化的大农场仍然很不一样。其实,即便是中国的机械化大田农业,今天在管理方面仍然主要依赖手工操作,一定程度上也是“资本和劳动双密集化”的农业。

许多国人对模仿美国模式的误解和幻想,其依据的不是美国实际的农业历史和现实,而是被误解的经济学理论。不少人以为在市场机制的资源配置下,经济会达到最优规模,具体体现于具有规模经济效益的大公司和农场,由此得出中国政府政策必须向“龙头企业”和成规模的“大家庭农场”倾斜的结论。有的则更把农场规模化以及确立私有产权、推动更大规模的土地流转挂钩连接。说到底,其所希望模仿的是想象中的美国模式,并错误地把这种图像描述为“家庭农场”。

今天需要国家提供扶持的关键农业主体,其实并非可能成为美国式的千万亩以上的大规模公司和大规模企业型“家庭农场”,而是中国式的目前才几亩到十几亩、数十亩小而精的、真正(主要依赖自家劳动力)的家庭农场。在高附加值的新农业——如拱棚/温室蔬菜、水果、秸秆养殖——生产中,从几亩到十几亩(主要依赖自家劳动力的农场)已经是适度的规模,也是近三十年来的“隐性农业革命”的生产主体。此外,在低附加值的粮食种植中,几十亩到百亩的半机械化—自动化、半家庭劳动力的农场已经是适度的规模。今天如此,在近期、中期的未来也将如此。

这里需要补充说明的是,“适度规模”和“规模化”是两个截然不同的概念。“适度规模”主要针对中国在“人多地少”基本国情下的农业“过密化”和农民就业不足,其所指向的是“去过密化”(即非递减的)收益以及农民的充分就业。这样的“适度规模”绝对不是“规模化”概念下的“越大越好”,而是实事求是的、根据不同客观条件、针对不同生产需要的不同最佳、最适度规模。关于这一点,下文将进一步用实例来说明。

三、实际案例

2013年中央“一号文件”出台之后,各地涌现出不少关于所谓“家庭农场”的“调查报告”。目前我们固然尚未掌握全面的、系统的信息,但根据已经发表的一些比较扎实的实例,其中的经济逻辑已经相当清楚。以下是一个初步的讨论。

首先,根据媒体的相关报道,此次中央“一号文件”的发表与2012年由国务院发展研究中心农村经济研究部带头(中央农村工作领导小组办公室、国家发展改革委员会、农业部等18个部委参与)的、在2012年7月于上海市松江区泖港镇的试点和调查研究直接相关。根据报道,试点和调查的重点是粮食(水稻和小麦)生产,其基本设想是突破小规模生产而进入规模化生产,认为后者既会提高土地产量,也会提高劳动力收益;同时,也非常明确地说明“家庭农场”乃是舶来词,被借用来突出此番试点和调查背后的设想。对其中不少成员来说,其背后的图像无疑乃是美国模式。(《上海郊区的家庭农场》,2012)

但是,根据报道本身所举的实例,我们可以清楚地看到,其实这些百亩以上被称作“大家庭农场”的单位面积净收益和产量都要低于小农场。最明显的是,松江区调查所举的主要实例:承包、转入200亩土地来种水稻的李春华。李春华所种水稻,除与小规模家庭农场基本一致的支出(肥料、农药、种子、灌溉等)之外,还需负担土地转让费(约700元/亩)和雇工费(250元/亩)。因此,其每亩水稻的净收益才184元,明显远低于无需付租金和雇工费的小规模家庭农场的数字(下文还要讨论)。此外,李春华从稻田的三分之一面积上复种(作为越冬作物)的小麦中获得200元的净收入(但小农场也种越冬作物)。在两茬作物之外,他还获得450—500元的各级财政补贴,借此达到1000元/亩的净收入(据报道,“2011年,松江区各级政府提供的农业补贴约2607万元,来自中央财政、上海市财政和松江区财政的补贴分别占14%、40%和46%,而根据调研组对100个家庭农场的数据分析,户均获得补贴56746元,亩均补贴498元”。——同上)。也就是说,李春华的主要收益其实并非来自其经营模式的经济优越性,很大程度上是来自政府的补贴。至于单位面积产量,该报道没有明确地与小规模农场作比较,但我们可以从其他地方的调查看到,其实这些规模化的“大”农场,充其量也只能达到与小农场同等的单位面积产量,一般情况是低于小农场。

贺雪峰在安徽平镇的实地调查,说明的首先是与上海松江区同样的情况:企业型农场和大“家庭农场”的亩均净收入要远低于小规模的中农家庭农场:315元:520元:1270元。其间,关键的差别在于大型农场必须支付土地租金(土地转让费,而种自家承包地的小家庭农场则大多不用)和雇工费用。在雇工费用方面,企业型的农场除了支付一般的(主劳动力)雇工费(90元/亩),还要支付代管费(监督费)(80元/亩);大家庭农场则只需支付(辅助劳动力)雇工费(50元/亩);而小规模的中农(真正意义的)家庭农场则基本完全依赖自家的劳动力,没有雇工支出。(贺雪峰,2013a:表3、4、5)因此,小农场的每亩净收益要高出大型农场甚多。

至于单位(耕地)面积产量,企业型农场总产(水稻和小麦)是

1100 斤,大家庭农场是 1600 斤,小的中农家庭农场则是 1800 斤。显然,大面积的管理比较粗放,小的则比较精细。因此,小农场的单位面积产量较高(同上)。这是与上文讨论的农业现代化两大模式相符的经济逻辑,也是常识性的认识。

但是,农业部种植司司长则对媒体宣称,“家庭农场”使用7.3%的耕地,但生产的却是全国 12.7% 的粮食。他要强调的是,规模化生产远比小规模生产高效,无论从单位面积产量还是从单位劳动力产量来考虑都如此。(《种粮大户和生产合作社:种了 1/10 的地产了 1/5 多的粮食》,2013 年 3 月 25 日)这和我们上文论述的农业经济历史和逻辑完全相悖,显然是一个来自理论先行的建构,与真实的经验数据无关。

我们再看学者陈义媛在湘南平晚县实地调查的实例。地方政府在平湖镇选定 1800 亩地作为双季稻示范地。陈文的主要案例易天洋来自该处,他在那里承包了 200 亩(2012 年)土地。我们已经知道,早在 20 世纪 60 年代中期,上海市松江区(当时是县)曾经大力推广双季稻(当时的口号是“消灭单季稻!”),但面临的现实是比较严重的“边际效益递减”——早稻和晚稻需要与单季稻几乎同等的肥料和劳动力投入,但按日收益(质和量)远不如单季稻,因此乃是“过密化”的行为。之后,其在去集体化时期进行了大规模的“去过密化”调整,放弃了之前大部分的双季稻种植,强调更适度的劳动力投入。(黄宗智,2000:224—225、241、245)但如今,由于国家要求尽可能提高粮食单位面积产量,湘南地方政府遂重新试图推广双季稻。但陈义媛的材料说明,双季稻是划不来的,而易天洋之所以这样做,主要出于两个因素:一是政府的补贴(150 元/亩),二是靠规模化来抵消递减的按亩收益,借此使自己的收益最大化。其代价则是较低的按亩收益,也是较低的按劳动日收益。但这些对易天洋来说并不重要,因为他个人(得自自身资本)的收益比常人要高。2011 年,易某经营 131 亩,每亩收益仅 545 元,与贺雪峰在安徽调查的大型家庭农场基本一样,远少于小规模的家庭农场,但他个人的年净收益是 6 万元,高于小规模的家庭农场主,当然也高于村庄其他人。陈义媛的第二个案例易龙舟和易天洋基本相似,只是规模更大,达到 270 亩,因此其个人收益也更大。(陈义媛,2013:142—143)

这两个案例展示的是规模化“家庭农场”的真正含义。这不是经济学中的“资源最佳配置”,而是通过政府行为扭曲了经济逻辑的资源配置。陈义媛指出,这个政府“举措的直接后果是排挤了只耕种自家承包地的农户”。(陈义媛,2013:143)贺雪峰更形象地把那样的后果称为“政府支持大户打败小户”。(贺雪峰,2013b)这是只对资本拥有者才有好处的行为。对适度结合土地和劳动力使用以及(人多地少的中国的)农业总体布局来说,乃是不经济的行为。

本章提倡的适度规模经济,在大田农业中,其实已经展示于近年来兴起的“中农”小规模家庭农场。他们相当于过去(土地改革后)所产生的(自耕农)中农。今天,在旧农业的粮食种植中,他们有不少像规模化的农场一样,采用机耕、播、收(但不会去用自家所有的机械,而是雇用机械服务),再辅之以(比较廉价、精密的)自家管理,包括施肥、浇水、施药、除草等。像这样的农场,如果达到 20 至 50 亩的规模,其实就已经达到了自家劳动力的充分使用,乃是最符合中国国情的、最能高效使用土地的、最能为农业从业者提供充分就业和"小康"收入的真正意义的家庭农场。在笔者 2012 年组织的《中国新时代的小农经济》专辑讨论中,已经有相当详细的经验和理论论证。(黄宗智编,2012)这些中农农场一定程度上已经是相当高度"现代化"的农场,也是相当高收入的农场。虽然,与美国的大规模"家庭农场"相比,还只是部分机械化—自动化的农场,远远没有达到美国的程度。它们是一种结合"大而粗"机耕、机播、机收和"小而精"管理来生产的农场,在管理方面,一定意义上也是"资本和劳动双密集化"的生产。伴随农业从业人员近十年来比较快速的递减,这样的中农未来完全有可能占到农村农业人员的多数。

这些"中农"一般也是最关心本村社区事务的阶层,是可赖以稳定、重建农村社区的核心力量。(黄宗智编,2012)笔者认为,国家应该积极扶持这样的农场,应该更积极地通过鼓励、扶持农业合作社来为这样的农场提供更好的产—加—销纵向一体化服务,让它们可以占到更高比例的市场收益,并为这样的农场提供融资、贷款的渠道,让更多的农民可以成为"小康"的中农。从更长远的角度来看,国家更应该鼓励他们进入更高产值的、同样是"小而精"的绿色农业经营。那样的方向,才是中国广大农村人民的最佳发展出路。

至于在高值的新农业领域,全国也早已自发兴起大量的适度规模的农场。上述 2012 年的专题讨论中有一定的具体案例。这里,我们可以以河北省邯郸市永年县的蔬菜种植为例。正如报告指出的,该地从 20 世纪 80 年代开始,至今已经形成了 15 万亩的大蒜和 80 万亩的"设施蔬菜"种植基地,但其种植主体不是大农场而是“中小拱棚蔬菜”,亦即用地1—3亩、基本由家庭自家经营和自家劳动力全就业地操作的“适度规模”的新农业。报告指出,这些拱棚蔬菜“一是投资小、见效快。拱棚以竹木结构为主,亩成本6000元左右,一次建造可使用3年左右,折合每年每亩使用成本约2000元,生产亩投入1500元。二是种植茬口灵活。一年可种植5—6茬,主要品种有甘蓝、芹菜、西红柿、莜麦菜、西葫芦等70多个品种。三是土地利用率高。拱棚构造可以充分利用土地,间距小,土地利用率在95%以上。四是抗风险能力强。大雾、冰冻等天气对拱棚蔬菜生产影响较小”。(《关于赴河北省永年县学习考察蔬菜产业发展的报告》,2013)报告没有特别指出但十分明显的是,这也是中国农村相当高比例的普通农户能够做到的经营模式,与新提倡的“大规模家庭农场”模式那种限定于超过100亩规模和掌握一定资本的极少数农民完全不同。

四、对家庭农场理论和实际的误解

2013年被媒体广为宣传的所谓“家庭农场”,其实还带有对“家庭农场”历史实际的深层误解,以及对其相关理论的完全曲解。学术界今天依然有不少人把“小农经济”等同于前商品经济的“自然经济”,并把小农经济最重要的理论家恰亚诺夫提出的关于“家庭农场”的理论视作局限于前市场化的自给自足自然经济的理论(这样的意见甚至包括明智如内汀那样的理论家——Netting,1993:16、第10章)。根据同样的思路,许多国外研究中国农业的学者,都用英文“farmer”(农场主,也是美国历史中一贯使用的词)

而不是“peasant”(小农)来翻译中文的“农民”一词,而中国自身的英文刊物,也几乎完全采用了同样的话语。正如上文所述,许多人认为:适用于中国农业的是基于工业经济的“现代”经济学,尤其是今天所谓的“主流”或新自由主义经济学(包括认为私有产权是一切发展的关键因素的所谓“新制度经济学”),而不是恰亚诺夫的“小农经济”理论,以为这只适用于不复存在的前商品“自然经济”。

这是对经济历史实际的基本误解。“小农经济”从来就不是自然经济,长期以来一直都是一个部分商品化、部分自给自足的经济。在具有厚重传统的国际“农民学”(peasant studies)中,一个最基本的概念和出发点是对“小农经济”的定义:小农经济是部分商品化、部分自给自足的经济(经典的教科书论述见 Eric Wolf, 1969)。这点在中国经济史中非常明显。尤其是在明清时期,通过“棉花革命”(1350 年几乎无人种植棉花、穿着棉布;1850 年几乎所有中国人都穿着棉布、棉衣)及桑蚕经济的扩增,中国农业经历了蓬勃的商品化。长江下游的松江府变成了“衣被天下”的棉纺织品主要产区,全国小农普遍参与粮食与棉布的交换,并且形成了全国性的市场。同时,像太湖盆地那样的蚕桑农业、农户的缫丝以及城镇的丝绸加工业,为全国的上层阶级提供了所惯用的衣着商品(农民则主要穿着布衣)。在粮食中,越来越区分出上层阶级所食用的“细粮”(大米和小麦)和农民所广泛食用的“粗粮”(小米、玉米、高粱,甚至以甘薯来替代粮食)。前者早已成为高度商品化的、应被称为“经济作物”的粮食。在华北,细粮和棉花成为其两大“经济作物”。以上列举的商品经济实例是经济史学界的常识,也是中国 20 世纪 50—80 年代数十年的学术研究,包括国内的“资本主义萌芽”

学术研究,以及国外上两代学术研究所积累的基本知识。唯有完全依赖理论而忽视历史实际的学者,才会拥抱“小农经济”是“自然经济”的误解。

即便在理论层面,马克思、恩格斯早有(生产资料自有者的)“小商品生产”(亦称“简单商品生产”或商品的“简单交换”)的概念,他们认识到农民的商品生产以及集市和市镇中的商品交易。20 世纪 50—80 年代,中国史学界以“资本主义萌芽”的概念来扩大马克思、恩格斯原有的“小商品经济”概念,借以理解明清中国的经济实际。其实,更有学者借用“萌芽论”于唐宋(以日本“京都学派”内藤湖南为主),甚至战国时期(傅筑夫)。诸如此类的学术理论和经验研究,拙作《明清以来的农业历史》三卷本(特别是第 2 卷《长江三角洲小农家庭与乡村发展》)多有涉及,这里不再赘论。

即便是新自由主义的农业经济学,也早已使用市场经济理论来理解、分析(西方的)“家庭农场”和农业经济,它将前现代农业经济看作一个由市场机制来配置资源的高效率经济。(Schultz, 1964)这样的理论误区在于简单套用基于机器时代的经济学于农业经济,没有了解到有机能源经济和无机能源经济的差别——不可能大幅扩增的人力与地力要素与可以大幅扩增的机械、技术、资本要素的不同,因此,也没有理解到人地比例资源禀赋对农业所起的决定性影响。它更会促使人们通过(夸大了的)市场经济机制,来认识小农经济或“传统农业”。

至于实体主义的理论家(区别于新自由主义的“形式主义”理论和马克思主义理论)恰亚诺夫,其出发点是对 19 世纪后期和 20 世纪初期部分商品化的“小农经济”实际的精确掌握,读者只需进入他著作中大量的具体经验论证,便会立刻看到这点。对恰氏来说,小农经济是一定程度商品化了的经济这个事实,是不言而喻的实际。而他之所以把实际中未曾商品化的部分作以抽象化的理论分析,主要是为了展示家庭农场的特殊组织逻辑。这是高明的理论家所惯用的方法:抽象出其中部分经验才能够掌握、展示、阐释其所包含的逻辑。而恰氏特别关心的是,小农经济所包含的与资本主义生产单位在组织上的不同逻辑。

首先,他说明,一个家庭农场既是一个生产单位,也是一个消费单位,其经济决策会同时取决于这两个方面;一个资本主义生产单位则不然,它只是一个生产单位,其员工自身消费的需求不会影响到企业的经济决策。这是个关键的不同。(Chayanov,[1925]1986:1—28)恰亚诺夫虽然没有将"人多地少"的小农经济作为研究的核心,但他仍然极具洞察力地指出,一个家庭农场如果没有适度面积(相对其劳动力而言)的土地,其会在报酬递减的条件下于现有的土地上投入越来越多的劳动力,借以满足自家消费的需求。而一个资本主义经营单位则不会这样做,一旦其边际劳动成本变得高于边际收益,便会停止投入更多的劳动力(雇用更多的劳动力),因为那样做是会亏本的。但家庭农场则不同,因为必须满足其自家的消费需要。(Chayanov,1986:118)同时,正因为它投入的是自家的劳动力而不是雇用的劳动力,所以不会像一个资本主义企业那样,计算劳动力和劳动时间的成本收益,而会主要关注其最终收成是否满足其家庭消费的需要。基于此,恰氏构建了其著名的消费满足度和劳动辛勤度之间的均衡理论,来突出这种非资本主义性质的经济决策和行为。(Chayanov,1986:尤见82—84)其目的不是要说小农家庭农场完全遵循如此的逻辑,而是要说明,这样的逻辑在小农经济中起到一定的作用。

其次,恰氏还系统分析了一个家庭农场在何种经济情况和刺激下,才会进入手工业生产(包括其卖出的部分)来辅助其种植生产(同上,第3章),以及何种情况和逻辑下会投入更多的“资本”(肥料、畜力等)来提高其生产和收益(同上,第5章)。恰氏要证明的是,这些决策都有异于一个资本主义的生产单位,会受到其特殊的“家庭农场”(既是一个生产单位也是一个消费单位的组织结构)的影响,也就是既考虑其收益,也考虑其消费需要,而不考虑雇用的劳动成本,这是因为家庭农场会基于使用自家已经给定的家庭劳动力来决定其经济抉择。这一切绝不是说家庭农场是自然经济、与市场不搭界、与收益考虑不搭界,而是要指出,家庭作为一个经济决策单位与雇佣劳动的资本主义生产单位有一定的不同。

再次,恰氏确实反对资本主义纯粹为追求利润最大化而经营的基本逻辑,认为那样的经济组织不是小农经济的最佳出路,但他绝不因此拒绝市场、拒绝盈利。他最终的设想是,通过以家庭农场为主体的合作社来提供从农业生产到农产品加工再到销售(即他所谓“纵向一体化”)的服务,其目的不是资本的盈利,而是把从市场所获得的收益更公平地分配给小农家庭而非仅仅拥有资本的公司或资本家。(同上:第7章,尤见263—269)也就是说,他试图为小农摸索出一条介于集体化计划经济和资本主义企业(雇工)经济之间的道路。但这绝不是因为他认为小农经济是没有商品经济、没有交换和交易的“自然经济”。作为19世纪和20世纪之交的经济理论家,如果他真的把当时的小农经济视作一个非商品的“自然经济”，这意味的将是对事实情况的完全忽视和误解。恰氏绝没有这么无知或愚蠢。

最后，恰氏的最关键贡献在于其理论特别适用于理解人多地少的中国农业经济，这更甚于他自己最关注的、相对地广人稀的俄国及其小农经济。拙作三卷本已经详细论证了由人口压力所推动的“内卷型商品化”（为消费所需，从相对稳定但低收益的粮食改种总收益更高但风险更高的商品化棉花和蚕桑，并加入棉纺织以及缫丝的手工业生产，随之而来的是单位劳动日收益的递减、单位土地收益的扩增）。（黄宗智，2014：第 2 卷；黄宗智，[1992、2006]2000）在应付消费需要的压力下，家庭作为一个生产单位具有特殊的坚韧性和经济性：可以高效、廉价地结合两种不同的生计，像依赖两柄拐杖那样同时从两种生计中解决自己的消费所需——在明清时代是种植业与手工业的结合，今天则是农业与外出打工的结合。在江南地区，它基本消灭了（资本主义企业型的雇工）“经营式农场”。（详见本书第 5 章；亦见黄宗智，2011）这些是对高度商品化和半无产化（“半工半耕”）的小农经济的认识，绝不是把“小农经济”等同于“自然经济”的认识。当然，中国农民半无产化地拨出部分家庭人员进城打工的经验实际，是恰亚诺夫在 20 世纪初不可能清晰认识到的。以上分析是对恰氏理论的延伸和补充，一定程度上也是基于中国历史实际而对其理论的修正。但恰氏聚焦于家庭作为特殊经济组织的洞见和启发，乃是以上分析的出发点。

简言之，将恰氏视作简单的“自然经济”理论家是对恰氏著作的误解，也是陷入马克思主义和新自由主义（以及古典自由主义）经济学的一个共同误区：认为人类的经济只可能是单线地通过商品化而从前资本主义到资本主义的演变,从前市场经济到市场经济的演变。这是拙作第2卷《长江三角洲小农家庭与乡村发展》立论的主要敌手。当然,和古典与新古典(形式主义)经济学理论家们不同,马克思和列宁是基于这个基本认识而提倡社会主义工人革命的,在前资本主义到资本主义的单线演变中,加上了必然会更进一步向无产阶级革命和社会主义演变的信念和理论。但在从前资本主义到资本主义的线性历史发展观上,马克思、列宁和新自由主义的认识基本一致。恰氏追求的则是另一种可能的道路,一种他认为是更平等、更人道和更民主的理念。也正因如此,他才会被新自由主义经济学家敌视,并在斯大林统治时期被杀害。

面对今天中国(男女)劳均仍然仅仅10个播种亩的现实,恰氏的理论给予我们多重的启发。首先,其思路的延伸可以为我们说明人多地少压力下家庭农场的特征,也可以为我们说明,为什么家庭劳动力今天也仍然比雇佣劳动力来得高效和便宜,为什么即便是今天的大型农业企业公司也仍然宁愿与(真正意义上的)家庭农场组织“合同农业”,而不是采用传统资本主义的雇佣方式,以及宁愿从事商业资本而不是产业资本的经营方式。其次,他开启的思路延伸更可以说明,为什么由主劳动力和辅助劳动力组成的家庭生产单位特别适用于需要不定时而又繁杂的劳动投入的“劳动和资本双密集化”的小规模新农业农场,为什么那样的生产组织是高效的、合理的,能够战胜雇工经营、横向一体化大农场的生产模式。最后,他开启的思路延伸还可以说明,为什么基于如此生产单位的农业在今天最需要的不是横向的规模化和雇佣化,而是纵向的生产、加工和销售的“纵向一体化”服务。后者正是当今政府最需要配合、扶持农民自愿和自主的合作社而做的工作,而不是再次于过度简单化的管制型集体生产和放任型资本主义生产之间作出非此即彼的抉择。过去集体化的错误,并不意味着今天一定要走到纯粹的美国式资本主义经济的极端。鉴于中国的国情,“小而精”的(真正意义上的)家庭农场配合政府引导和支持且农民为自身利益而投入和控制的(产—加—销)纵向一体化合作,才是未来的最好出路。(亦见黄宗智,2014,第3卷:第10章;黄宗智,2010b)

新近提出的规模化“大家庭农场”的口号,其实和本书上述的新型小农经济实际完全脱节。它是一个资本主义经济学化了的设想,也是一个美国化了的修辞。它更是一种误解美国模式的设想,是一个以机械化、规模化为主的美国式农业发展设想,又错误地把它表述为所谓的“家庭农场”。同时,它也忽略了农民学、小农经济学和理论,以及中国经济历史实际和中国三十多年来的(隐性)农业经济革命的实际。说到底,它是一个没有历史和实践根据的悬空设想。

我们今天需要的是脚踏实地地对“三农”实际和问题的理解,而非再度受到理论空想主宰的、不符实际的设想和决策。我们需要的是:面对实际、真正考虑中国农村大多数人民利益的决策。首先需要的是:对中国“人多地少”及其相应的“小而精”农业现代化道路实事求是的认识。从那样的实际出发,才是走上符合中国国情的道路。从“小而精”真正意义的家庭农场实际出发,才有可能建立真正适合中国的、真正“适度规模”的、真正的家庭农场。如此才是最能够为中国农村提供充分就业机会的“劳动与资本双密集化”的农业,更是可赖以重建中国农村社区的道路。从长远来看,它更可能是一条自然走向"小而精"的"绿色农业"的道路,能够为人民提供健康食物的道路。这是一条与美国模式的工业化农业、全盘资本主义化以及威胁到全世界食品安全的农业截然不同的道路。

后 记

所谓"家庭农场"的决策,依据的主要是由国务院发展研究中心农村经济研究部带头、18个部委于2012年7月参加的关于上海市松江区的调研。要充分理解这个政策,我们首先需要认识到松江区(和其他上海市区)的特殊情况。松江区是工商业已经高度发达的、高度城市化了的上海市市辖的一个区。当地人民几乎全在第二、三产业就业,只有极少数人(在邻近的奉贤区,才占总就业人数的3%)仍然种地。而且,即便有一定比例的当地人户籍仍然是"农民",但他们已经享有和城镇居民基本同等的福利(奉贤区的养老福利达到每月800元)。所谓的农民,实际上多是城市化了的但不愿放弃承包地权的非农就业者。(夏柱智,2020)两区中的所谓"村",其实基本都是"城中村"(都市里的村庄),且其村民几乎没有愿意种地的,绝对不可被当作一般的村庄来看待。此前,松江等区剩下的耕地多由外来的"客耕农"从本地农民处转租土地来种植。(袁中华,2015)但后来,部分由于外来租佃土地的农民所附带的一些治理问题(夏柱智,2020),也许更多出于一种"本市主义"的考虑,市政府决定要排除外地的佃农,转向推动本地农民来种植剩余的耕地。要落实这个政策,政府需要把耕地收入提高到可以在工商业高度发达的经济环境中占据一席之地的水平，因而推出了成规模的（超过 100 亩的）所谓“家庭农场”的计划。但是，由于农业收入相对较低，也由于成规模农场相对（比本地小农户）高的租金和雇工成本，如此的规模化农场每亩净收益其实才约为小家庭农场的一半（在松江约 500 元相对 1000 元），政府因此必须提供相应的补贴来提高这些农场的净收入（在松江每亩约 500 元），那样才会有人愿意种地。但这些当地的基本事实，并没有被明确说明。

反之，这种所谓的“家庭农场”被虚构为一个可以在全国推广的农业发展政策。其凭借的是人们对规模效益的信赖，对美国模式——哪怕只是虚构的、想象中的模式——的尊崇，以及对新自由主义经济理论的盲目跟从。同时，相关者借助上海市作为全国先进地区的威信，以及虚构的、来自美国的“家庭农场”说辞来推动，居然成功地向全国推广。（详细论述见第 13 章）

以上的分析应该成为我们今后要高度警惕的一个实例。它对我们的启示是：不可凭借意识形态化的理论来决定农业政策；不可盲目信赖“美国模式”，更不可信赖想象和虚构出来的美国模式；在决策过程中，一定要依据掌握实际情况的、脚踏实地的研究，绝不可凭借时髦意识和官僚化的修辞来设计农村的发展出路。究其根本，问题源自长期以来对小农经济和农村的漠视、脱离实际的理论，以及没有农民参与的决策。

附录：中国数据的计算方法和出处

A.1880 年数据

每男劳动力耕种面积：1880 年人口和耕种面积数字转引自珀金斯：《中国农业的发展（1368—1968 年）》中 1873 年和 1893 年数字的平均。（Perkins，1969：16）从人口数字转换为男劳动力数字使用的是 1952 年的比例。（《中国统计年鉴》，1983：103、122）

每公顷产量：用的是珀金斯 1853 年谷物亩产的数字，与其 1933 年的数字基本一致（243 斤/亩和 242 斤/亩）。

每男劳动力产量：用的是简单的耕种面积乘以每亩产量。

B.1970 年数据

每男劳动力耕种面积：该年总耕种面积除以该年总农业劳动者数之半。耕地面积来自《新中国六十年统计资料汇编 1949—2008》，转引自中国咨讯行；农业劳动者人数来自《中国统计年鉴》，1983：122。

每公顷（耕种面积）产量（小麦等量，1 吨）：中国的产量数据主要是播种面积的数据，来自《中国农村经济统计大全（1949—1986）》，1989，148—155。该年稻谷面积约一倍于玉米，小麦（主要是越冬作物）播种面积则约为稻谷、玉米总和的一半。折算为谷物（这里是稻谷、小麦、玉米“三种粮食”）耕种面积产量的估算方法是：[2×（稻谷亩产量+小麦亩产量/2）+（玉米亩产量+小麦亩产量/2）]，再除以 3，得出谷物单位亩产。

每男劳动力产量：集体制度下中国妇女投入劳动要高于其他国家，但这里没有估算妇女劳动力，只估算男劳动力。

每公顷用化肥量（公斤）：化肥总施用量数字来自《中国农村经济统计大全（1949—1986）》，1989，340。耕种面积数字来自《新中国六十年统计资料汇编 1949—2008》。

每台拖拉机相对男劳动力数量：拖拉机总数来自《中国农村经济统

计大全(1949—1986)》,1989,304,即大中型拖拉机数+小型拖拉机数/4。男劳动力数同上。

参考文献:

陈义媛(2013):《资本主义家庭农场的兴起与农业经营主体分化的再思考——以水稻生产为例》,载《开放时代》第4期,第137—156页。

《关于赴河北省永年县学习考察蔬菜产业发展的报告》,2013,http://www.sxscw.org/newsView.aspx? id=1434。

贺雪峰(2013a):《一个教授的农地考察报告》,载《广州日报》2013年10月30日。http://www.snzg. net/article/2013/1031/article_35640.html。

贺雪峰(2013b):《政府不应支持大户去打败小户》,http://news.wugu.com.cn/article/20130517/52525.html。

黄宗智([1992、2006]2000):《长江三角洲的小农家庭与乡村发展》,北京:中华书局。

黄宗智(2010a):《中国新时代的小农场及其纵向一体化:龙头企业还是合作组织?》,载《中国乡村研究》第8辑,第11—30页,http://www.lishiyushehui.cn。

黄宗智(2010b):《中国的隐性农业革命》,北京:法律出版社。

黄宗智(2011):《中国的现代家庭:来自经济史和法律史的视角》,载《开放时代》第5期,第82—105页。

黄宗智编(2012):《中国新时代的小农经济》,载《开放时代》第3期,第5—115页。

黄宗智(2012a):《我们要做什么样的学术?——国内十年教学回顾》,载《开放时代》第1期,第60—78页,http://www.lishiyushehui.cn。

黄宗智(2012b):《小农户与大商业资本的不平等交易:中国现代农业的特色》,载《开放时代》第3期,第88—99页。

黄宗智(2014):《中国乡村:明清以来的社会经济变迁》,三卷。第一卷《华北的小农经济与社会变迁》;第二卷《长江三角洲的小农家庭与乡村发展》;第三卷《超越左右:从实践历史探寻中国农村发展出路》,北京:法律出版社。

黄宗智、高原(2014):《大豆生产和进口的经济逻辑》,载《开放时代》第1期:176—188页。

黄宗智、高原(2013):《中国农业资本化的动力:公司、国家还是农户?》载《中国乡村研究》第10辑,第28—50页。

黄宗智、彭玉生(2007):《三大历史性变迁的交汇与中国小规模农业的前景》,载《中国社会科学》第4期,第74—88页,http://www.lishiyushehui.cn。

黄宗智、高原、彭玉生(2012):《没有无产化的资本化:中国农业的发展》,载《开放时代》第3期,第11—30页,http://www.lishiyushehui.cn。

农业部:《家庭农场认定标准扶持政策制定工作启动》,2013年7月23日,http://finance.sina.com.cn/china/20130723/120116214584.shtml。

《上海郊区的家庭农场》,2012,http://stock. sohu. com/20130523/n376788529.shtml。

夏柱智(2020):《嵌入行政体系的依附农——沪郊农村的政府干预和农业转型》,载《中国乡村研究》第15辑,福州:福建教育出版社。

《新中国六十年统计资料汇编(1949—2008)》,转引自中国咨讯行,http://www. infobank. cn/IrisBin/Text. dll? db = TJ&no = 448125&cs = 8428474&str =% B8% FB% B5% D8% C3% E6% BB% FD +% C0% FA% C4% EA。

袁中华(2015):《“客耕农”与城市郊区的小农农业——基于上海的实证研究》,载《中国乡村研究》第12辑,第198—221页,福州:福建教育出版社。

《中国农村经济统计大全(1949—1986)》(1989),中华人民共和国农业部计划司编,北京:农业出版社。

《中国农村统计年鉴》(2011),北京:中国统计出版社。

《中国统计年鉴》,(1983),北京:中国统计出版社。

《种粮大户和生产合作社:种了1/10的地产了1/5多的粮食》,2013年3月25日,http://www.guancha.cn/Industry/2013_03_25_134016.shtml。

Boserup, Ester. (1983). "The Impact of Scarcity and Plenty on Development", *The Journal of Interdisciplinary History*, v. 14, no. 2: 383–407.

Boserup, Ester. (1981). *Population and Technological Change: A Study of Long-Term Trends*, Chicago: University of Chicago Press.

Boserup, Ester. (1965). *The Conditions of Agricultural Growth: The Economics of Agrarian Change under Population Pressure*, Chicago: Aldine.

Chan, Sucheng. (1986). *This Bitter Sweet Soil: The Chinese in California Agriculture*, 1860–1910, Berkeley: University of California Press.

Chayanov, A. V. ([1925] 1986). *The Theory of Peasant Economy*, Madison: University of Wisconsin Press.

"Facts about Farmworkers," 2013, *National Center for Farmworker Health*, http://www.ncfh.org/docs/fs-Facts%20about%20Farmworkers.pdf.

Freeland, Chrystia. (2012). "The Triumph of the Family Farm," *Atlantic Monthly*, July/August, http://www.theatlantic.com/magazine/

archive/2012/07/the- triumph-of-the-family-farm/308998.

Hayami Yujiro and Vernon Ruttan. (1985). *Agricultural Development: An International Perspective*, Revised and Expanded Edition, Baltimore: The Johns Hopkins University Press.

Hayami, Yujiro and Vernon Ruttan. (1971). *Agricultural Development: An International Perspective*, Baltimore: The Johns Hopkins University Press.

Huang, Philip C. C. (1990). *The Peasant Family and Rural Development in the Yangzi Delta*, 1350−1988, Stanford: Stanford University Press.

Huang, Philip C. C. and Yuan Gao. (2013). "The Dynamics of Capitalization in Chinese Agriculture: Private Firms, the State, or Peasant Households," *Rural China*, v.10, no.1(April): 36−65.

Netting, Robert McC. (1993). *Smallholders, Householders: Farm Families and the Ecology of Intensive, Sustainable Agriculture*, Stanford: Stanford University Press.

Perkins, Dwight H. (1969). *Agricultural Development in China*, 1368−1968, Chicago: Aldine.

Rodriguez, Arturo. (2011). "*Statement of Arturo S. Rodriguez, President of United Farm Workers of America,*" *Before the Senate Committee on the Judiciarys Subcommittee on Immigrants, Refugees, and Border Security*, October 4, https://www.google.com/#q=Statement+of+Arturo+S.+Rodriguez% 2C+President+of+United+Farm+Workers+of+America.

Schultz, Theodore W. (1964). *Transforming Traditional Agriculture*. New Haven: Yale University Press.

USDA(United States Department of Agriculture) , Economic Research Service. (2013) . "Farm Size and the Organization of U.S. Crop Farming," ERR-152, http://www.ers.usda.gov/publications / err-economic-research-report/err152.aspx#.Uo0gt8SfivY.

USDA. (2005) . "U. S. Farms: Numbers, Size and Ownership," *in Structure and Finance of U. S. Farms* : 2005 *Family Farm Report* , EIB-12, http://www.ers.usda.gov/publications/eib-economic-information-bulletin/eib24.aspx #. Uo0fp8SfivY.

Wolf, Eric R. (1969) . *Peasants* , Englewood Cliffs, N.J.: Prentice Hall.

Wrigley, E. Anthony. (1988) . *Continuity* , *Chance and Change* : *The Character of the Industrial Revolution in England* , Cambridge, England: Cambridge University Press.

Zhang, Forrest Qian. (2013) . " Comparing Local Models of AgrarianTransition in China," *Rural China* , v.10, no.1(April) : 5—35.

Zhang, Forrest Qian and John A. Donaldson. (2008) . "The Rise of Agrarian Capitalism with Chinese Characteristics: Agricultural Modernization, Agribusiness and Collective Land Rights," *The China Journal* , no. 60(July) : 25—47.

第十二章 “项目制”的运作机制和效果是“合理化”吗?[①]

一、探讨的问题

中西方学者过去十分突出计划经济时期中国比较特殊的“单位制”,认为这是该时期社会组织的基本单元,也是治理运作的基本单元。而最近几年则有中国学者——主要是几位社会学学者——率先指出,在 21 世纪的中国,“项目制”已经取代“单位制”,成为中国治理的基本方法。

从单位制到项目制“转型”的大背景,当然是大规模的市场化、私营企业的兴起以及经济体制从“指令性”的经济计划向引导性的经济“规划”的转型(后者的讨论见黄宗智编,2013)。社会越来越

① 本章原稿由黄宗智执笔,龚为纲提供平晚县的研究,高原提供大、小农户粮食种植比较的研究。文稿修订经过三人协商。原文发表于《开放时代》2014 年第 5 期,第 143—159 页。收入本书时做了一定的删节和修改。

高度的流动性,特别是2.69亿(《2013年全国农民工监测调查报告》)农民进城打工也是重要因素。如今,“单位”已经不再是政府治理实施以及中国社会的基本单元。

“项目制”的核心在于中央用“项目”的奖励来引导、调动、激励下级政府与项目承包者。自20世纪90年代中期实行分税制以来,中央财政收入大规模提高,无论是绝对收入还是相对地方政府收入,所占比例都远远超过前一段的改革时期。在1980年代中期以后的财政包干制度下,地方政府的财政收入和支出一度超过中央,而在分税制下则由中央再次占到最大比例。(详见周飞舟,2006、2009、2012)在中央掌握前所未有的大量财政资金的现实下,“项目制”成为中央进行财政“转移支付”的主要手段,通过中央部、委、办的“发包”和招标,用项目奖励引导地方政府投入相应的“配套资金”以推动政策实施,已经成为中央借以调动地方政府执行中央设定目标积极性的最主要手段。对于非政府的投标者,企业和个人亦同。

今天,中央各部门在一定程度上已经变成项目发布和管理部门。至于地方政府,其相互之间的项目竞争已经成为地方官员的一项主要工作,与“招商引资”一并成为地方政府工作的两大主线。所涉及的领域不仅是经济,更包括教育、文化、科研、社区组建等众多其他领域,当然也包括“新农村建设”。作为中央提倡的一个综合性目标,“新农村建设”的“八大工程”(亦作“十大工程”)包含不少于94项不同的专项项目(如道路、河流、绿化、社区建设等)。今天,众多村庄都在积极“抓包”项目,形成被折晓叶和陈婴婴称作“项目进村”的现象。(折晓叶、陈婴婴,2011)这是当今“资本下乡”的一个重要方面。

作为话语,“项目”也成为今天中国的一个关键词,成为人们的日常用语。不只地方官员、村干部等如此,即便在高校教师们的话语中,也可以看到“项目制”扮演的关键角色。

渠敬东等[尤其是渠敬东(2012)的理论概括论文;亦见渠敬东、周飞舟、应星,2009]率先点出项目制作为治理手段的关键性。他们敏锐地指出,官方已经采纳并广泛使用这样一种制度,赖以引导、建立其所期望的“发展”和“现代化”。他们的学术贡献在于把问题提到大家的面前,突出了其重要性。对渠敬东来说,单位制和项目制不仅是一种治理手段[如周飞舟所谓的“项目治国”(周飞舟,2006)],更是“一种体制的精神性内涵”,“不仅表现为一种制度化的体制,也刻画着一段特定历史时期的时代精神”。(渠敬东,2012:114)

但是,在渠等上引的文章中,概念的阐释远多于扎实的经验研究。以上两篇文章主要是理论化的论述,也带有话语应用和分析,但没有扎实的关乎实际运作的经验研究。即便是比较关心实际运作的折晓叶和陈婴婴的文章,在考察“项目进村”的现象中,其经验依据也比较有限——在其所举的实例中,我们看不到项目进村的实际运作过程和效果。至于之后一些关于项目制的研究,例如陈家建(2013)的社区改造案例,虽然有关于施政意图的细节,但我们从中仍然看不到活生生的、具有真实感的实际效果的经验证据。

以上转述的学者们的分析,在缺乏实证研究检验的局限下,一定程度上只是为官方的行为提供了学术化的表述,把官方采纳的手段纳入了现有(主要是)西方的理论当中,特别是韦伯经典著作中的现代(西方)理性科层制的理想类型所开启的理论传统中(当然,这样的现象不限于社会学,也可广泛见于经济学、法学等其他社会科学领域,可以说是它们的“主流”倾向)。他们之中,有的对此比较简单地用现代化理论来阐释官方的说辞以及提出一些保留和批评,本章在下一节还要进一步讨论。(尤其是折晓叶、陈婴婴,2011;周飞舟,2009)

这样,学术界研究直到最近所表述的主要论点和近年来“转型”关键词下所阐释的逻辑都大同小异:简言之,计划经济下不考虑激励问题,依赖的是命令,市场化了的今天依赖的则是人们逐利的激励,虽然有个体竞争(竞相获取项目本身便是一种竞争),其中差别类似于过去集体化社队下的农业和改革时期家庭联产承包责任制下的一家一户个体农业之间的不同。同时,项目制及其一系列的配套,包括由上而下的项目制定、审核、分配、监督、检查和再次“发包”,以及由下而上的申请、竞争、变通、应对等,都被等同于现代化、专业化和“合理化”。这样的学术话语归根到底同一般的对“转型”关键词的理解是一致的,对土地承包制度、市场化、治理、法律等诸多方面的叙述都是如此。

我们这里要问的是:在实际运作中,“项目制”所展示的是否真的如其背后的官方设想以及现有学术阐释所指出的那样,是现代化的、市场化的、合理化的,甚至还展示了政府从“管制型”到“服务型”的“转型”?抑或,在实际运作之中,其实另有一套与其表达相背离的实践?一套鲜为学者们分析的逻辑?这是指在一些基本的现存体制性因素下,再好的意图似乎都有可能导致一定的偏差或异化。实践常常被另一种逻辑主宰,不是来自政策自身意图的逻辑,而是一种与之不同的潜在倾向和动力,也是今天非常需要警惕和纠正的倾向。

本章首先借助一个具有较为翔实经验证据的案例来试图勾勒出这种异化的过程,借以展示其中的原因和动力。在这个实例中,我们既能够看到相关政策的意图和形成过程,也可以看到其初步实施摸索阶段中的经验,及其最终形成的运作方式和效果。我们可以看到其不同阶段中的演变过程,以及每个阶段所展示的逻辑。然后,我们将从就此得出的概念框架来重新检视一些其他的实例,最终进入更加宽阔和广为人知的“土地财政”实例。

二、粮食政策中的突出实例:推广双季稻

我们借助的实际案例是:政府通过项目制来推广双季稻种植的政策。它与笔者最近分析的推广规模化的(所谓的)“家庭农场”政策直接相关,但又不完全相同。后者的动力主要来自对一种想象中的“美国模式”的迷信,包括对市场化的资源配置和规模化的经济效益的信仰。(见上一章;亦见黄宗智,2014a)但是,双季稻的实例又比大量推行土地流转和奖励“家庭农场”更为清晰,因为它明显地是一种反经济“规律”的行为,是中央通过地方政府和基层政权而推行的政策。我们先从这个案例出发,来切入项目制问题。

在政府原来的设想中,面对中国越来越大的粮食(尤其是大豆)需求和越来越少的种粮面积——由于快速扩增的养殖业的饲料需求以及农业大规模地从粮食生产转向高值农产品生产的趋势所造成的粮食需求压力——以及越来越大量粮食进口趋势的背景

下,“粮食安全”这个反映中国(清代中期以来)根深蒂固的忧虑的概念,再次被提上中央决策日程。用双季稻的推广来促使单位面积粮食产量最大化,已经成为中央的主要对应决策之一。其中的逻辑似乎无可辩驳:在水稻种植中,从一年种植一茬单季稻(加冬小麦),到一年种植两茬水稻(先早稻而后晚稻,再加第三茬的冬小麦),可一举提高单位面积总产的三分之一到一半。在人多地少的中国,这似乎是一个明智的甚或别无选择的决策。2009 年以来,政府日益加大推广双季稻的力度,采用的主要是项目制的方法。2011 年,国家发展改革委员会更出台《国家粮食安全中长期规划纲要(2008—2020)》,确定了全国要新增 1000 亿斤粮食的规划,为此项目要投资 3645 亿元。(史普原,2014:6)

在龚为纲深入调查的湖南省“粮食大县”——“平晚县”(学术名称),我们可以清楚地看到这个政策所经历的摸索过程、其与“家庭农场”的相互关联,以及其所导致的实际后果背后的机制与运作逻辑。

(一)“平晚县”经历的三种做法和三个阶段

“平晚县”从 2009 年开始大力实施、推广双季稻政策,展示了三种不同的做法,一定程度上也是三个不同的阶段。第一个阶段是主要通过当地农业龙头企业安农公司的承包来推广双季稻种植,由公司来负责每亩地的农活,按亩收费。但这个方案被发现是个高成本、低效率的方法,不为村民们所接受。面对这个方案的失败,第二个阶段是主要通过乡镇政府对基层村庄干部施加压力来推广双季稻种植:有的村庄干部动员了一些村民把他们的土地转包给村干部来种植双季稻,但对村干部来说,这其实是个可一不可再的负担。2012 年之后的第三个阶段,看来也将是最终形成的实际后果,是由基层干部连同“大户”来承担双季稻“项目”。

这个演化过程的动因显而易见。首先,当地的龙头企业安农公司是个低效率的制度安排。由于其企业型的公司组织,它只可能依赖雇佣劳动力来承担种植的所有环节,不仅包括较强力度和较高技术要求的(一般由农村青壮男劳动力来承担,也是较高报酬的)工作环节——如(机)耕、播、收,也包括强度较轻的管理环节的农活,如(一般是由农村辅助劳动力的老年或妇女来承担,也是较低报酬的)浇水、施肥、施农药和除草剂等工作。高原最新的文章细致地分析了这两种不同的农活,以及大农场和小农户在这方面的异同及其所展示的经济逻辑。(高原,2014)问题首先是,被雇的劳动力价格较高,一般是全职的劳动力,并非按需投入的较低廉报酬的辅助性家庭劳动力。同时,公司还要面临对其所雇佣的劳动力的监督和激励问题。正如一般小户的意见所反映的,被雇的劳动力不会像小农户对待自家农场那样投入精细的管理工作。为此,大部分当地的小农户都觉得安农公司没有为他们做到其所承诺的标准,因此到头来都不肯支付公司要求的 350 元/亩服务费,觉得收费太高、效率太低,划不来。同时,公司又要承担相当高的土地转包费用(高于小农从亲邻朋友处转包的费用)。因此,安农公司承包种植双季稻的任务很快便遇到不可持续的阻力。以上是推广双季稻种植头两年(2009 和 2010 年)的状况。(龚为纲,2014:114—189,尤见 173)

为此,在上述压力下,有的村干部十分勉强地承担了组织、种植双季稻的任务。任务是由上级按每村多少亩地分派下来的。举例说,在竹山村,村书记正是如此向村民们解释为什么一定要种双季稻,而面对村民们的抵制,他最终只好动员了几名村民把他们的地转包给村干部来种植双季稻,但对村干部来说,这是个吃力不讨好的沉重负担。相对单季稻来说,双季稻要求的是几乎加倍的劳动和"资本"(机耕、播、收费用,以及水、种子、肥料、农药、除草剂费用)投入,但两茬的净收入合起来还达不到一茬单季稻的净收入。(龚为纲,2014:第 4 章,尤见 135、表 4.8)

这个逻辑在笔者 1992 年的著作中已经分析得相当清楚。笔者研究的松江地区,在 20 世纪六七十年代积极推广了双季稻种植——当时的口号是"消灭单季稻!"但是,双季稻种植是划不来的,部分原因是地力的限制——多种一茬,两茬收成都会递减。另外,早稻和晚稻在质量上都不如单季稻,就连稻草(作为副产品原料)都不如单季稻。结果是,收益的增加与投入的增加不成比例。在改革期间,由于转入家庭联产承包责任制,农民首先是由于闲暇的激励(在集体分配劳动制度下,闲暇不是激励),后来是由于外出打工的激励——无论哪个,都是一种"机会成本"——很快就放弃种植双季稻。至于国家提倡的"粮食安全"、提高单位面积粮食总产(不顾劳动投入和农户实际收益)的指标,对小农户来说是没有意义的。(黄宗智,2006:224—225、228—229、241—242)

在以上的客观实际下,"平晚县"在推广双季稻种植的头几年中,引发了相当广泛的造假现象:乡镇和村政府以及安农公司在主干道的大马路旁边,也就是上级下来检查的官员最可能看到的地方,特地构建出专门为了满足检查的“双季稻生产核心示范圈”,为的是应付检查官员,设置了可以糊弄上级的育秧和双季稻面积。这样的现象促使一位记者详细追踪该地双季稻种植情况,他于2013年4月报道说,上报的和上层按照项目要求而“验收”的双季稻种植面积虽然名义上达到了很高比例(水稻种植面积的90%以上),但实际只有约40%的水稻用地真正种植了双季稻(我们这里只能避免直接引用此篇比较详细但较为敏感的报道)。这种现象使我们联想到周雪光之前对“退耕还林”等项目所阐释的、由地方政府和基层干部联合作假来满足要求的“共谋”现象,而实际情况则完全是另一回事。(周雪光,2008)

但是,在上级坚决施压以及通过“项目治理”而提供的“奖补”制度之下,很快便形成了另一种机制:唯有两种人能够从这种客观情况下获得收益。第一种人是乡镇干部和村干部。这是因为,政府通过“项目制”对完成上级指标的县乡政府和干部有一定的奖励。在县一级,在“以县为主”政策的推动下,县政府是获益较多的主体:被选为“100粮食超级大县”的政府一年可以从中央获得不止1000万元的奖励。对“平晚”这样一个县来说,这是个十分可观的数目,也是其最大的一项预算外财政收入。(龚为纲,2014:38—39)在如此的激励下,难怪村级干部会感受到如竹山村村委书记在一个会议上所描述的那样来自上级的压力:上面要我们这样做,我们必须得做。(龚为纲,2014:第5章,尤见147—153)在这样的情况下,通过层层下达的项目激励制度,每一层的基层政府与政权组织当然也会获得部分相应的报酬,来作为该政策项目的激励动力。

第二种人是当地的承包“大户”。我们在上文已经看到,由公司或村干部来组织、承担双季稻生产是亏本的、划不来的、不可持续的。但对一个掌握一定数目“资本”的当地“大户”来说,他可以运用另一种逻辑来使双季稻变为对其个人来说是合算的工程—项目。我们已经看到,对一个小农户来说,双季稻的种植显而易见是不合算的。但是,对一个有钱、有能力租入百亩以上土地的“大户”来说,他可以承担递减的按亩收入:只要每亩带有一定的净收入,他可以不在乎劳动和其他投入的报酬递减。其中道理说透了很简单:配合上级的奖励,每一亩地所获得的较低收入可以凭借“规模化”来克服——一个小农户可以从种植一亩水稻获得将近千元的纯收入(而且只要投入一半的劳动),而一个大户经营者每茬只能获得不到一半的纯收益。也就是说,两茬水稻的纯收益总额还不到一茬单季稻的纯收益。但对一个这样的大户来说,他并不在乎每播种亩收益的低少和递减。对他个人来说,他只在乎自己的总收益,而总收益是可以通过“规模化”来提升的。哪怕每播种亩只有不到 500 元的纯收益,在上级的推动和帮助下,他也可以承包小户 10 倍、20 倍土地(即 100—200 亩地),甚或更多。这样,他的总收益相对于其他村民来说,可以达到小户的 5 倍、10 倍,甚或更多。对他个人来说,这样一笔账算下来还是划算的,何况还可以通过政府的奖励(超过 50 亩双季稻,每亩奖励 150 元——龚为纲,2014:220—226),将自己的总收益再提高一个层次,约 30%。这样,这事就变成一件他愿意干的事,和当地的小农户不同。(以上的分析亦见黄宗智,2014a:186—188)

(二)干部联合大户的运作逻辑

我们这里要问:为什么当地大规模的安农公司反倒不能依赖同样的逻辑来营利? 首先,我们要说明不同规模的“资本”具有不同回报预期。“安农”的创始资本是1500万(注册资金300万)(龚为刚,2014:209),其运作逻辑和回报预期是和城市中型规模的资本相似的,包括房地产业、观光旅游、出口农业等高回报的经营。该公司的预期和一位村级的种植一两百亩的“大户”是不一样的,后者的对比标准是村庄的小户,而不是城市的大资本。这也是安农公司监管下的农活达不到小农户所要求标准的部分原因。

此外,还有一个重要的考虑:一个本地的“大户”具有一定的当地关系,特别关键的是,他可以利用当地劳动力市场的辅助劳动力和短期雇工(“短工”),使工资成本低于安农公司依赖的全职雇工的人力成本。这样,它可以借用中国比较独特的庞大的廉价家庭辅助劳动力来降低自己的经营成本。(详细论证见高原,2014)而一个“龙头企业”公司则只能通过“合同农业”或“订单农业”——与小农户家庭农场签订种植合同——来获得同样的条件。这也是为什么许多农业公司最终会从纯雇工的“产业模式”改为部分雇工、更大部分合同农业的商业经营方式来降低自己的成本。但总体来说,对安农公司那样的“龙头企业”来说,其真正的兴奋点不会是双季稻种植。我们甚至可以说,他们之所以协助政府来经营双季稻种植,目的并不是物质报酬,而更多地是为了搞好与当地政府的关系,追求的不是简单的物质资本收益,是潜在的、具有高回报潜力的"象征资本"收益。

正是这样的一个机制,促使当地的干部和大户认识到,上级定下的双季稻种植指标,唯有通过上述的干部联合大户的方式,才是最实际的、稳定的和"高效的"。同时,"大户"种植可以获得上级许多官员——由于对"规模效益"的迷信(充分体现于提倡规模化"大家庭农场"的政策项目)——的认可。笔者的《"家庭农场"是中国农业的发展出路吗?》一文(黄宗智,2014a;亦见本书第 11 章),特别突出了政策背后对(想象中的)美国模式以及对市场经济和规模效益的信仰。这里我们可以看到,其实规模化"家庭农场"政策也有一定的"实用"考虑:在现有体制和"项目"奖励执行机制之下,它是一个最实际可行的做法。也因此在 2012 年 7 月由中央 18 个部委参与的上海松江区泖港镇的"家庭农场"试点和调查研究,自始便集中于粮食的种植,而该项调查则与中央 2013 年"一号文件"提倡大力发展规模化"家庭农场"的决策直接相关。(黄宗智,2014:186)

结果是,在"平晚县",经过 2009—2012 年的摸索和尝试,当地乡镇和村干部联合大户模式在实际运作中成为推广双季稻最广为应用的模式。

(三)异化的后果

确实,在某些官员和学者的视角中,这个模式也许符合"合理化""现代化""规模化"逻辑,更符合国家"粮食安全"政策。它和国家正式采纳鼓励"大""家庭农场"的政策也是相符的。有的以为,这是中国走上美国式“家庭农场”的道路。也许,更有甚者会认为这是一个综合、超越左右分歧的理想政策:既符合要求土地进一步流转和私有化以及农业产业化、规模化的设想,也满足了反对把中国粮食生产完全市场化(更大规模地由市场和价格机制来推动更佳的资源配置、更多地进口粮食、更全面地由市场经济来决定中国的农业布局)的思路,要求由政府介入来保证中国的“粮食安全”。国家的目的是增加粮食总产量,双季稻如果总产量比单季稻高,国家便达到了增产的目的。在那样的思路之下,“平晚县”的结果似乎很好地综合了这两种意见,做到了“双赢”的结果。这样的逻辑可能既是2009年推广双季稻,也是2013年推广大型“家庭农场”农业决策背后的逻辑。

但实际效果真的是这样吗?我们根据以上叙述的经验和逻辑可以看到,这样的双季稻种植绝对不是“资源的最佳配置”。大户在那样的情况下种植双季稻,唯有错误地、仅仅从单位耕地面积产出的狭窄视角来分析,其资源配置才是最佳的。正确的经济效率的理解,需要从各种要素配合的效率而非从其中单一要素(耕地面积产出)来考虑。也就是说,我们要同时考虑土地、劳动、资本投入的综合效率,分析其综合的投入、产出以及收益。那样考虑的话,双季稻其实非常明显是不经济的:节省了耕地,但浪费了劳力(因为其[按日]劳动生产率明显低于单季稻),也浪费了“资本投入”(种子、肥料、灌溉、农药、除草剂),鉴于此生产双季稻的效率也是明显低于单季稻的。其综合的生产率比不上单季稻。

这个道理其实很简单。农民关注的正是各种投入的综合考虑,体现于(相对土地、劳力、资本综合投入的)其最关心的净收益。

农民之所以在20世纪80年代不再愿意种植双季稻,绝不是因为懒惰或愚蠢或不爱国,而是因为他们确切知道双季稻的投入是不划算的。它绝对不是部分上层决策者、项目发包者以及部分主流经济学家和社会学家所想象的合理化与现代化。农民其实非常清楚地知道,双季稻种植是不经济的和不合理的,他们没有官员们和学者们的众多模式和专业用词,但他们对经济实际的认识简单直接,其实要比许多官员和学者实际得多。

"规模经济"也同样。农民之所以拒绝安农公司的服务,是因为他们非常清晰地知道,自家的劳动力投入要比公司雇佣的劳动力精细,也便宜得多,尤其是使用低"机会成本"的家庭辅助劳动力来负担管理性的农活(区别于耕、播、收这种高技术、高强度、高价值的农活——高原,2014)。他们清楚地知道官员们所说的"规模经济"其实是不经济的规模(我们也许可以将其称作"规模不经济"),其中关键在于,他们不会像有的官员和学者那样迷信修辞化了的"规模效益",而是更实际地考虑自身的利益。而官方正在全力实施的政策于实际运作中的逻辑其实也很简单:对县乡地方干部来说,无论他们如何想,他们之所以推行双季稻政策主要是因为这是上级要求的,当然也会考虑自己在"目标责任制"体系下的考核,也是因为上级通过"项目制"提供了物质激励——千万元以上的项目奖励。①

而对种植大户来说,逻辑其实也很简单:双季稻虽然划不来,但是,由于上级的奖励和地方干部的推动(帮助他们租入土地),每

① 关于治理制度和方法更全面的讨论,包括中央与地方的关系以及条条与块块的问题,参见龚为纲,2014:第2、3章。

亩还是可以有收益的(虽然不如单季稻)。鉴于这个现实,他们可以借用“规模效益”的信仰而将自己个人的年总收益最大化,超过其他村民。至于这并非最合理的土地、劳动力和资本(农机、种子、农药等)投入的综合使用,他们并不在乎,尤其因为国家通过奖励提供了一部分的投入。这样,无论地方干部还是大种植户,种双季稻的实际运作逻辑其实是通过执行国家的要求来获利,并分享国家项目所提供的奖补。其实质不是规模经济效益,而是其他。国家政策也许不合理,也许是出于对农业实际的不理解,但当今的现实是:借助国家项目的推动以及所提供的奖补,已经成为21世纪(我们可以借用经济史当中的词汇)“力农致富”的首要途径。

具有讽刺意味的是,明清时期力农致富的经营式农场主反倒是凭借市场机制运作(因种植高值的经济作物)而致富的人。(详见黄宗智,2004;第6章、第8章、第9章)而今天被声称为市场化和资本化时期的新兴大户,反倒源自与市场机制相反的机制。这里,我们可以联想到在高等院校凭借项目的“力[立]项致富”者,与政策本身要推动高水平学术研究的目的其实完全是两回事。

这里,最好例子其实是安农公司。我们在上文已经看到,作为推广双季稻种植的载体,这个公司自始便是失败的,因为他们的经营逻辑在中国农业经济现实下是不经济的,比不过高效使用家庭辅助劳动力的小农户。(亦见黄宗智,2014a;高原,2014)虽然如此,在中央和当地地方政府“招商引资”和“项目奖励”两大政策下,大力推动、扶持作为“龙头企业”的安农公司,使其得以在几年之内从一个只有300万元注册基金的小企业,“成功地”转化为一个拥有几千万资金的企业。在应对中央提倡的双季稻种植的任务上,他们采用的一种手段是凭借较小的“代管户”来吸纳种植的风险和低收入，并塑造了“产粮大县迎检验收的核心圈”来应对监督、审查、验收。其真正的回报则不在于双季稻种植，而在于获得与地方政府更紧密合作的机会。由此，他们和当地政府塑造了一个“国家农业科技示范园”，作为争取中央多种项目补贴和奖励的手段，“科技示范园”这个地方政府（汇合多项项目）“打包”而成的项目总投资则达到1亿元（关于项目制中的中央“发包”、地方政府“打包”以及村级“抓包”的分析，见折晓叶、陈婴婴，2011）。2012年，安农公司经营的土地面积达到35000亩。（龚为纲，2014：179）这是个很能说明问题的实例，代表的是当今“招商引资”和“项目奖励”并行政策下，在基层所形成的地方政府、龙头企业和农业大户三角关系之结合，所导致的则是双季稻种植这种规模不经济行为以及大户与小农户之间的分化。

三、其他案例以及土地财政

以上关于湖南“平晚县”的案例，其2009年以来推广的双季稻种植政策和2013年以来推广的通过土地流转来发展成规模的“家庭农场”政策，固然相当翔实，所突出的逻辑也明显具有不只限于农业领域的含义，但我们这里还是要问：类似的机制还能见于别的领域吗？

(一)真伪合作社

学术界已经有一些关于“伪合作社”的研究积累。举其最近突出者,张颖、任大鹏指出:合作社在所有权和运作中,多有“公司化”的倾向,产权和资金使用都由少数甚或理事长一人控制,完全不符合合作社要为大多数成员谋求利益的旨意。(张颖、任大鹏,2010)冯小在新近的研究中,举了这样一个实例:在H市,之前曾在该市当过粮食局局长的某某下海做生意,承包了5000亩土地,其中600亩自己种植,主要是为了形成一个示范区以供上级检查,借此获得了多项“建设社会主义新农村”政策下的政府项目补贴,包括一系列的基础设施(泵站、道路、水渠等)项目补贴以及发展基金。此外,这位经营者还把自己的公司包装成一个合作社,借此获取良种补贴、农资补贴以及农机购置补贴。这位前粮食局局长变农业企业家的实际经营方式,其实主要是“反租倒包”其经政府关系流转入公司的四千多亩地。另外,还用“订单”方式纳入了10万亩地的小户,给他们提供种子和化肥,由公司购买其所种粮食。凭借那样的经营方式,该公司正在争取达到上亿元人民币的经营规模。如此,通过其官僚背景及与H市政府下属一个县的合作,这位前官僚企业家打造出了该地的一个主要的龙头企业和“招商引资”政绩。(冯小,2014b)当然,前粮食局局长的官场背景使这位官商更清楚地掌握了政府的运作逻辑,更有条件借助自己的官场关系并更清楚地掌握“项目致富”的方法。

这个案例为我们上文的多个论点提供了佐证。最关键的当然是权力和资本的联系,哪怕是非经济行为。这既反映了项目治理体制,亦反映了“目标责任制”体制下的官僚体系运作。同时,它说明了小户经营的经济优越性:即便是这样规模的“龙头企业”,仍然主要(在10万亩土地上)采用了“反租倒包”和“订单”农业的经营方法——以小农家庭为主要生产单位的经营模式,为的正是其相对高效的便宜劳动力和“小而精”的耕种方式,借此来克服大规模经营的不经济性。(关于中国“小而精”的农业历史和模式与美国“大而粗”的农业历史和模式之不同的详细论证,见第11章;亦见黄宗智,2014a;高原,2014)但最重要的也许还是,它说明了一项支农政策(农业专业合作社)如何“异化”为一个“伪合作社”——农民社员没有决定权的合作社。现实是,“合作社”以及“三农问题”在一定程度上已经成为一个地方政府和商业资本仅仅可以用来牟利的“符号”和修辞。这正是作者冯小所要说明的中心概念。(冯小,2014b)

冯小的文章有三个更加详细扎实的案例,其中一个在这里值得特别一提。在湖北H市S镇,一位王老板和当地的混混头目刘刚以及一位经济能人陈鹏合伙流转了800亩地用来种植苗木,争得多个项目来建设基础设施。2011年投入生产,由村里的小组长干部协同雇佣、管理、监督苗木公司的苗木种植。(冯小,2014b;亦见2014a)和上述的粮食公司一样,为了获得国家的奖补,这个公司同样把自己包装成一个“专业合作社”来争取国家支农资源,虽然实际上除自己扩大生产和雇佣当地的劳动力之外,公司并没有为一般的小农户提供实际服务,这和表达与理论中的为广大农民服务并以农民为自主主体的“合作社”完全是两码事。

在另一份最新的研究中,许建明敏锐地指出,以往国家和学术界多把合作社等同于一个企业单位来思考,其实这是错误的、不符实际的误区。真正的合作社应为社团组织,其目的应该是为社团的成员服务,而不是为一个被当作企业的合作社来争取最大的利润。为此,许建明把“规范化的合作社”定义为社员拥有股份和“一人一票”的社团组织。随后,他通过对福建省六个县合作社的抽样调查,探索了不同规范化程度的合作社对社员收入所起的作用。他发现,越高度规范化的合作社,亦即越由社员掌控资本和权力的合作社,对社员的收入提高影响越大;反之,越是由(大户或企业家的)资本掌控的(低度规范化)合作社,对社员收入提高的影响越小。(许建明,2014)作为佐证,许建明还系统分析了作为台湾地区农业投资集中点的彰浦县2000—2010年的小农户收入,发现大量的台湾地区农业投资进入该县后并没有提高该地小农户的收入。(同上:第6章;亦见许建明、王文燕、李文博,2015)

本书第10章已经论证,在中国台湾地区和韩国,由于历史的巧合,原来由日本殖民者设立的以农政为主要任务的基层政府机关,后来在美国的治理(日本)或决定性影响(韩国、中国台湾地区)下,逐步把资源和权力让渡给民主化下(即由社员控制)的农协组织,由此形成生气蓬勃的、为农民利益服务的综合农协合作组织,更推进了整个政治经济体制的民主化。它有效地推进了合作社的组建,有效地为小农户组织了“纵向一体化”的服务,更有效地开通了农民自主的农协组织参与高层决策的民主制度。这是一个源自历史上(在日本影响之后,由美国统治或起到决定性影响)的偶然而形成的合作社模式,也是中国大陆所应借鉴的模式。

但中国迄今所实施的,要么是集体时期的管制,要么是改革时期的放任。实际上,在现行体制下,没有国家更积极的引导,根本就没有可能组织真正成气候的合作社("融资难"是一个关键问题),而管制的集体传统和改革时期不积极引导的矫枉过正——源自对之前经验的极端反应以及对市场理论的盲目信仰——则一直是个障碍。譬如,迄今国家的金融制度基本只贷款给以开发建设用地为抵押的开发商,极少贷款给普通农民。事实是,国家一直没有真正让普通农民(小农户)自主地运用支农资源,而那样才是真正能够调动农民积极性的激励,才是真正能够推动农民自主组织的激励。那样才是促使国家和农民真正合作,而不是目前这种既过度放任(如听凭农民自己去组织合作社)又过度管制(如过度限制农村信贷)的体制。

(二)"抓包"和"扶贫"

在最新的经验研究中,尹利民和全文婷根据对赣北一个村的调查,说明了项目竞争中的一个特殊机制。要成功地获得"抓包"项目资助,一个村庄必须首先筹得相应的配套资金。在他们研究的D村的第四组,为了获得总额150万元的项目资助,该组名义上先向工程承包方借债50万元,后又通过村干部私人关系委托个体企业主转入60万元。但这些只是虚假的"借债",其实践方式是,先转入资金来满足项目申请的要求,然后在资金到账、检查完后再把账户"抽空",实际上资金只在账上过了一遍,只是为了满足上级要求的"空转",并没有成为真正可用的资金。另外,第四组还争得扶贫资金 10 万元,借此达到了必需的 120 万元配套资金,由此获得了 150 万元的项目资金。此项工程的实际花费最终将是 230 万元,D 村四组将为此负债 70 万元(230 万元减去项目的 150 万元和 10 万元扶贫基金)。在这之前,D 村的第一、二、三组已经以同样的办法筹得并花费了 170 万元,负债 50 万元。(尹利民、全文婷,2014:54—55)可见,这样的运作机制称不上“合理化”,实质上是由当地的政府、企业和村庄联合起来为获得项目资金而在一定程度上“共谋”的结果。

类似于此,在马良灿研究的贵州 Y 村,扶贫项目结果也同样脱离了项目设计的目的以及该地贫穷百姓的实际需要。首先是地方政府凭项目资金来强力推广蔬菜种植的扶贫工程,但实际上当地冬季干旱,不适合种蔬菜,因此项目很快便以失败告终。其次,Y 村动用了 400 万元的扶贫项目资金,强力推广每户养 3 头牛的脱贫措施,但实际上该地农户承受不了该措施所需的投入,大多在收到种牛之后便直接卖出,整个项目结果同样失败。最后则是危房改造项目,指定给每户 3 万元贷款。当地贫穷户因此多采纳高规格、高标准的方式来建房,结果每户负债 5 万元以上。为了还债,绝大部分的劳动力被迫外出打工,挖空了新盖的社区,使其呈现出一片萧条的景象。据此,马良灿论证,由于贫穷农民本身主体性的缺失,扶贫项目工程多沦为形象的“亮点村”“示范村”,为的多是“路边花”“雪花膏”类型的工程,实际结果只是当地的特殊群体为获得政府项目资助而进行的一种“政权经营”,打造的只是个别“亮点村”的脱贫,而不是真正的扶贫。(马良灿,2013:尤见 216)在那样的运作机制下,难免会出现像 Y 村那样的脱离现实的扶贫工程。

正是以上讨论的这些新一代的实践经验研究,说明项目制的实际运作机制和效果与学术界之前凭现代化(科层制化、专业化、合理化)理论所推想的相去较远。

(三)土地财政

我们可以沿着以上思路去分析许多其他现象,其中最重要的也许是城镇化中的土地征用和开发,这也是具有较多扎实经验研究的课题。中央原来的决策和动机是比较明显的。在城镇化进展的过程中,土地是一个关键的财政收入来源,其实也是城镇化本身的关键资本来源。适当控制地方政府建设用地的扩增,乃是中央从指令性的经济计划体制转向引导性的经济规划体制的一个关键转变。此外,众所熟知,中央特别强调保护 18 亿亩耕地的红线,在这个战略性的决策前提之下,其每年分配给地方政府一定的建设用地指标,其用意在于适当控制建设用地的价格,借以达到稳定发展的战略目的。在实际运作中,要允许地方政府获得一定的来自开发建设用地的财政收入,借以促进地方经济稳定又快速地发展,其借助的是市场化的物质激励和竞争。同时,中央一直认为也要关注到社会公平。

但在实际运作中,土地开发很容易陷入复杂的权钱关系之中。若用抽象化了的数字来表述,在征用农业用地为建设用地的初始阶段,较发达的地区征用一亩地的"价格"可能才 1 万元;而在(地方)政府完成基础设施建设后转让给开发商的阶段,价格已经上涨许多倍,达到不止 10 万元的幅度;而在开发商完成其建筑之后,其市场价格更可能达到100万元以上。(陶然、汪晖,2010;天则经济研究所,2007;陶然、陆曦、苏富兵、汪晖,2009;黄宗智,2010、2011)在这样一个过程中,对地方政府来说,从征地价格和土地出让价格之间的差价所获得的收入,很快就成为地方财政预算外收入的最大项,这直接关系到地方政府和官员的切身利益。而对开发商来说,中国快速城镇化过程中的土地、房地产增值乃是其快速致富的主要通道。加上中央政策用“目标责任制”的管理机制来特别强调地方政府和官员之间的“招商引资”“政绩”竞赛(王汉生、王一鸽,2009),在利益激励之下,地方联合追求其共同利益几乎是很难避免的实际结果。而其中一个重要的激励和治理机制是,中央引导“发展”的各种各样项目奖励。地方政府的各类工业和技术“园区”“基地”等,正是为了更有效地争取中央项目补贴和贷款的“打包”手段。

从理论上说,这是市场化的竞争机制,借以达到最优资源配置和效率。从征地到基础设施建设再到开发商的开发,都是一个市场化竞争的机制,由此做到高效合理的、快速的土地开发。但是,在实际运作中却很难避免地方政府与开发商的“共谋”。对一个开发商来说,其与该地政府的关系乃是能够成功获得开发土地“项目”的最关键因素。

在周飞舟的分析中,所谓的地方“分权”并不是真正的“分权”,只是中央有意的“放权”:目标是中央设置的,资源也是中央控制的,通过其部委的“条条”来“发包”和招标,制造一个由中央紧密控制的“锦标赛”。地方政府官员的委任也是由中央紧密控制的,通过高度集中的人事制度来选拔最符合中央目标的地方官员。在这样的体制下,地方政府竞相试图最高程度地达到中央所设置的目标,中央则通过严密控制的目标责任制来审核地方政府和官员的政绩。在大跃进的极端例子中,更造成下面一层层的浮夸,最终甚至使得中央完全与真正的实际隔绝。(周飞舟,2009)

无论当前体制的起源以及“锦标赛体制”概念的洞察力如何,可以确定的是这个体制所产生的效果。众所周知,2013 年底和 2014 年初,北京市区(五环以内)房屋的实际价格已经超过了 5 万元/平方米,也就是说,购买一套 100 平方米左右的两居一厅“房子”至少要 500 万元。对家里原来没有单位分配房子的,或并不具有较深厚经济基础的人——譬如,一个新近进入“白领”“中产阶级”的就业者——来说,这是一个很不容易筹集的数目。我们在京的高等院校的教师们都知道,在学校大多不能再提供住房的现实情况下,一般新聘的讲师和副教授基本都没有能力买房。这也是北京和上海这样的城市,真正能够进入有房有车“中产阶级”的新白领其实只占新就业人口较低比例的关键原因,那就更不用说蓝领的、没有城市户籍的“农民工”了。我们千万不能把大都市的社会想象为一个“中产阶级”已经占到或行将占到大多数或高比例的“橄榄型”社会。(更详细的讨论见黄宗智,2020;亦见黄宗智,2009:56—59)

以上对土地财政众多研究的简单总结说明,权—钱、官—商结合的反面效果应该说是改革期间呈现的最大、最重要的体制性问题之一。这也是人们相当普遍的共识。此外,还有许多关乎同一问题的佐证,例如由“非正规经济”概念(区别于具有法律保护和社会保障的正规职工与没有或少有这种保护的农民工、“下岗”职工以及新近快速扩展的“劳务派遣工”——见黄宗智,2020)所总结的,以及国际基尼系数所反映的中国一定程度的社会不公问题(黄宗智,2009、2010、2012),以及规章制度部分脱离真正的劳动人民(黄宗智,2020;黄宗智,2013)等现象,都说明在实际运作中,中国还存在着贫富之间差别较大的现象,而其背后的动力正是改革后期由多种因素共同组成的一个相对凝固的“转型”国家“体制”。从这样的视角理解,无论是“项目制”“招商引资”“目标责任制”“锦标赛”等都是这个改革后期形成的政治经济体制运作机制中的关键部分。

四、结论

项目制的核心机制在于,中央以分配和奖补资金的手段来调动地方政府和其他承包者的积极性。这固然可以是一个有效的机制,可以引起一定程度的竞争以及上下层的互动。明确的项目目标,也可能导致招标和申请、监督和运作、验收和效果过程中一定程度的专业化、技术化。这也是西方发达国家政府一直使用的机制之一,虽然远远不到当前中国这样成为主要治理手段的程度。

但需要明确的是,这样的手段容易成为自身的终极目标。它依赖的激励机制是地方政府以及投标人的牟利积极性。项目制所导致的结果往往不是“现代化”“合理化”以及政府从管制型到服务型的“转型”,而是商人逐利以及一定程度的贫富悬殊。

在那样的机制运作中,资本主义价值观以及资本主义经济学实际上成为商人逐利的自我辩护。“理性经济人”的利益追求、由

"经济人"推动的市场机制和最佳资源配置,并由此推动的经济发展、现代化和为民造福,都成为逐利商人的自我辩护和表扬。但其实际的效果和机制不过是纯粹的自利,甚至是损人利己的自利。

当然,其中关键也在于如何实施。"项目制"理论本身也许无可厚非,但它显然需要其他的制度配套和较崇高的价值取向才可能更充分地展示其可能发挥的"现代化"和"合理化"作用。从更长远的视野来考虑,其中的关键因素也许是,理论中的受惠者是否真正能够成为实际运作中的主体。

参考文献:

《2013 年全国农民工检测调查报告》, http://www.360doc.com/content/14/0512/17/1302411_376998538.shtml。

陈家建(2013):《项目制与基层政府动员——对社会管理项目化运作的社会学考察》,载《中国社会科学》第 2 期,第 6—79 页。

冯小(2014a):《资本下乡的策略选择与资源动用》,载《南京农业大学学报(社会科学版)》第 14 期(1)。

冯小(2014b):《农民专业合作社制度异化的乡土逻辑——以"合作社包装下乡资本"为例》,载《中国农村观察》第 2 期。

Gao Yuan (2014):"Large Farms vs. Small Farms: Grain Production in Northwest Shandong", *in Rural China* , v.11, no.2(Oct.):222-243.(中文版见《中国乡村研究》第 12 辑,福建教育出版社 2014 年版,第 136—144 页。)

龚为纲(2014):《农业治理转型》,华中科技大学博士学位论文。

黄宗智(2020):《实践社会科学与中国研究　卷三　中国的新型非正规经济:实践与理论》。

黄宗智(2004[1986]):《华北的小经济与社会变迁》,北京:中华书局。

黄宗智(2006[1992]):《长江三角洲小农家庭与乡村发展》,北京:中华书局。

黄宗智(2009):《中国被忽视的非正规经济》,载《开放时代》第2期,第51—73页。

黄宗智(2010):《中国发展经验的理论与实用含义——非正规经济实践》,载《开放时代》第10期,第134—158页。

黄宗智(2013):《重新认识中国劳动人民:劳动法规的历史演变与当前的非正规经济》,载《开放时代》第5期,第63—84页。

黄宗智(2014a):《“家庭农场”是中国农业的发展出路吗?》,载《开放时代》第2期,第176—194页。

黄宗智(2014b):《明清以来的乡村社会经济变迁:历史、理论与现实》。第一卷《华北的小农经济与社会变迁》;第二卷《长江三角洲小农家庭与乡村发展》;第三卷《超越左右:从实践历史探寻中国农村发展出路》北京:法律出版社。

黄宗智编(2013):《中国的经济计划体系:体系、过程和机制:中西方学者对话(六)》,载《开放时代》第6期,第5—86页。

马良灿(2013):《项目制背景下农村扶贫工作及其限度》,载《社会科学战线》第4期,第211—217页。

渠敬东(2012):《项目制:一种新的国家治理体制》,载《中国社会科学》第5期,第113—130页。

渠敬东、周飞舟、应星(2009):《从总体支配到技术治理——基于中国30年改革经验的社会学分析》,载《中国社会科学》第6期。

史普原(2014):《多重制度逻辑下的项目制:一个分析框架——以粮

食项目为例》，载《华中师范大学学报（人文社会科学版）》第1期，第4—9页。

陶然、汪晖（2010）：《中国尚未完之转型中的土地制度改革：挑战与出路》，载《国际经济评论》第2期，上、下，http://www.usc.cuhk.edu.hk。

陶然、陆曦、苏福兵、汪晖（2009）：《地区竞争格局演变下的中国转轨：财政激励和发展模式反思——对改革30年高增长的政治经济学再考察和来自"土地财政"视角的证据》，载《经济研究》第7期，http://www.usc.cuhk.edu.hk。

天则经济研究所土地问题课题组（2007）：《城市化背景下土地产权的实施和保护》，http://www.unirule.org.cn/Secondweb/Article.asp?ArticleID=2516。

王汉生、王一鸽（2009）：《目标管理责任制：农村基层政权的实践逻辑》，载《社会学研究》第2期，第61—92页。

许建明（2014）：《合作社的政治经济学研究》，厦门大学博士学位论文。

许建明、王燕武、李文博（2015）：《农业企业对农民收入的增益效应——来自于福建漳浦农业企业集群的"自然实验"》，载《中国乡村研究》第12辑，第179—197页，福州：福建教育出版社。

尹利民、全文婷（2014）：《项目进村、集体债务与新时期的农民负担——基于赣北D村的个案分析》，载《华东理工大学学报》第1期，第53—57页。

张颖、任大鹏（2010）：《论农民专业合作社的规范化——从合作社的真伪之辩谈起》，载《农业经济问题》（月刊）第4期，第41—45页。

折晓叶、陈婴婴（2011）：《项目制的分级运作机制和治理逻辑——对"项目进村"案例的社会学分析》，载《中国社会科学》第4期，第126—

148 页。

周飞舟(2006):《分税制十年:制度与影响》,载《中国社会科学》第 6 期,第 100—115 页。

周雪光(2008):《基层政府间的“共谋现象”——一个政府行为的制度逻辑》,载《社会学研究》第 6 期,第 1—21 页。

周飞舟(2012):《财政资金的专项化及其问题——兼论“项目治国”》,载《社会》第 1 期,第 1—37 页。

周飞舟(2009):《锦标赛体制》,载《社会学研究》第 3 期,第 54—77 页。

第十三章　中国农业发展三大模式：行政、放任、合作的利与弊①

中央连续13年(2004—2016)的"一号文件"都以发展农业为主题。它们详细、具体地讨论了农业,但并没有区分旧的"大田"农业(主要是谷物种植,也包括棉花和油菜籽)与新的、资本和劳动双密集的高附加值农业——诸如(高档)蔬菜和水果、肉—禽—鱼和蛋奶。这两种农业其实是在十分不同的制度环境和原则下运行的,一个主要是行政管理的模式,另一个则主要是放任的市场主义模式。探究别两者的异同和利弊,会使我们对其有更清楚的理解。

这些"一号文件"所提出的另一个模式是专业合作社,是个模仿美国的模式,意图围绕某些专业产品而组织纯经济性的合作社。但合作社如今的发展其实并不尽如人意,甚或令人沮丧。在目前

---

① 本文原载《开放时代》2017年第1期,第128—153页。特别感谢一组山东基层、中层农业干部的反馈和鼓励。文章收入此书时做了一些修改、补充和调整。

的制度环境下，以及国家在实践中偏重行政和放任两大模式，现有专业合作社所起的作用其实比较有限。

本章分析此三大模式的利弊及原因，并提出，如今需要结合三种模式各自的优点：放任的市场以继续激发小农户的创新性，国家来领导和设置更合适的制度环境，以及扎根于社区的综合性农协来为小农户提供加工和销售的“纵向一体化”服务，来确保农民权益。

一、高度行政化的旧农业

（一）旧农业及其行政模式

中国的谷物种植“旧农业”在改革期间经历了较大的变化，但仍然是一种主要处于行政管理下的经济（作为统计指标，“谷物”不包括豆类和薯类，区别于包括豆类和薯类的“粮食”范畴）。今天，它运作于一个由国家制定的长期战略下，由国家设定诸多粮食“主产区”及其生产指标的“规划”，借此保证国家的“粮食安全”。在国家近年来“多予少取”的政策下，2006年后完全取消了农业税，并设定了多种补贴，包括给予种粮户按亩的补贴，以及购买各种现代农资投入（如机械和良种）的补贴。此外，中央政府自2005年开始，通过财政转移支付，每年给予粮食（以及油、猪）生产大县“奖励补助”，在2010年给予近千个县共210亿元的奖励补助，翌年增加到225亿元（亦即平均每县不止2000万元）。（《2011年国家支持粮食增产农民增收的政策措施》，2011：第7节）

毋庸说,国家自 20 世纪 50 年代以来便设置了一个庞大的征收、加工、储藏和销售粮食的机构体系,主要是粮管所和供销社。在主产区里种植粮食的小农,一般只需在收割之后把粮食运送到粮管所(或以微薄的代价托粮贩代运)便基本了事,之后由国家的机构来加工、储藏和销售。这和新农业的小农必须自己负责加工、运输和销售十分不同(下文再详细讨论)。

更有进者,国家另外采取了一系列的积极措施来稳定粮价,设定最低价格(临界那样的价格时国家便会收购),并大规模储藏粮食。在最近十多年,为了保证"粮食安全",国家建造了足可容纳一亿吨粮食(相当于粮食年总产量的六分之一)的新型粮仓。[①] [《粮食收储供应安全保障工程建设规划(2015—2020 年)》:第 1 章,第 1 节)][②]这一切和价格经常激烈波动的高附加值新农业十分不同(下文还要讨论)。国家对粮食的特别重视,可以从国家将粮食生产置于"省长负责制"下体现出来。(中央"一号文件",2014)

此外,国家自始便特别强调,要扶持和补贴成规模的粮食农场,认为它们是带动粮食生产发展的关键。2006 年的"一号文件"便已特别突出要发展"龙头企业"和粮食生产的"示范区",之后每年的"一号文件"都一再强调此点(中央"一号文件",2006 以及之后各年)之后,尤其是在 2013 年,更在龙头企业之外添加了"专业大户",即成规模的。(一般超过 100 亩的)"家庭农场"、成规模的

① 据估计,消费者储藏总量的大约一半。

② 2014 年,最低收购价格制度开始让位于一个更具弹性的"目标价格制度",即国家在粮贵的时候抛出粮贱时候购入的存粮(主要是小麦、稻米和玉米),促使价格朝向国家设定的"目标价格"移动,借此来稳定粮食市场(中央"一号文件",2014)。

“专业合作社”以及“其他生产经营主体”。（中央“一号文件”，2013）那样的成规模的农场被认定为国家发展粮食生产政策的示范实体，但实际上只不过是所有粮食生产农场中的一个较小部分（下文再详细讨论）。

（二）成绩

以上的一系列行政措施把粮食种植从 20 世纪 90 年代及 21 世纪初年，在农业税费的重负下成为一种收获无几、不具有吸引力的局面扭转了过来，粮食种植成为可以获得一定收益（如今已达到每亩 500—1000 元净收入）的活动。这主要得益于国家的补贴和维持最低价的行政措施。

在改革初期实施的联产承包责任制下，以及技术（包括良种和其他投入）方面的进步和近年来的行政措施下，中国的谷物亩产量在 1980—2015 年间增加了不止一倍（达到 1980 年的 207%），如表 13.1 所示。这固然是可观的成绩，但如果和新农业产值 590% 的增幅相比，则相形见绌（下文再讨论）。

表 13.1　谷物亩产量，1980—2015 年（斤/亩）

年份	谷物	以 1980 年为 100	以五年前为 100%
1980	385 *	100	
1985	496 *	128	128%
1990	561	146	113%
1995	621	161	111%
2000	638	166	103%
2005	697	181	109%
2010	737	191	106%
2015	798	207	108%

* 只是稻谷和小麦的数据。其他数据包括玉米。

备注：统计数据一般使用两个不同的范畴，一是较狭义的"谷物"范畴，主要是指稻谷、小麦和玉米三种粮食；二是比较广义的"粮食"范畴，在谷物之外还包括近似或可替代谷物的粮食，主要是薯类和豆类。两个不同范畴的数据不同，后者比前者大。本章所使用的主要是比较狭义的"谷物"范畴。当然，在供人消费的谷物之外，也包括作为饲料的谷物。国家统计局给出的数据是公斤/公顷，这里换算为国内一般更为通用的（市）斤/亩。

数据来源：《中国统计年鉴》，2011：表 13-16；2016：表 12-11；1983、1984、1987。

我们还要注意到，"一号文件"虽然一再宣称粮食生产已经连续增产十多年，但在最近的两个五年期间，每五年的总增长率仅分别为 6% 和 8%（表 13.1），平均下来还不到集体化期间（1952—

1979）的平均每年（总产量）增长 2.3%。[①]（见 Perkins and Yusuf 的权威性研究：第 2 章）谷物之中的稻谷播种面积在 2005 年降到最低，那是和新农业的兴起紧密相关的。之后，其播种面积逐渐攀升，主要是由于国家政策积极推动双季稻的种植（下文再详细讨论）。

这些数据证实的是“行政推动的发展”模式的成绩，也说明了其局限。改革时期的不同是，谷物生产已经不再处于简单的行政命令之下，而更多地是由国家来引导农民达到其所设定的指标。其间的变化可以代表从“指令性计划”到“指导性计划（或规划）”的演变。（黄宗智编，2013）

在最近二十年中，现代投入的使用有可观的增长，不仅由于国家的推动，更是由于农业劳动力机会成本的上升。非农就业的收入一旦升到购买机耕—播—收服务的成本之上，种粮小农便会相当普遍地购买那样的服务（如今那样的服务实体已经遍布比较富裕地区的农村），因而导致了农业的“现代化”（亦可称作“资本化”，即单位面积和劳动力的现代/资本投入的增加）。根据 1996 年和 2006 年两次农业普查的数据，拖拉机的使用在该十年间增加了一倍。我们如果依据国家统计局逐年对 1553 县的六万多抽样农户调查的数据（但其多半偏重比较“先进”而不是一般的农户），拖拉机的使用在 1996—2010 年间增加了 4—5 倍，除草剂增加了 1—

① 国家统计局计算亩均产量是以播种亩来计算的。稻谷的播种面积在 1978—2007 年一直显著递减（从 34.4 千万公顷减少到 28.9 千万公顷，总共减少 16%。这是和“新农业”的兴起紧密关联的。之后，稻谷播种面积逐渐攀升，主要是由于国家政策推广了双季稻（早稻、晚稻、冬小麦），借此提高了稻谷总产出，但（播种）亩均产出的增长率则因此下降。（《中国统计年鉴》，2016：表 12-8）

2倍。(见本书第6章:图6.1、6.2;亦见黄宗智、高原,2013:图1、图2)凭借那样的抉择,小农户相当于在用其打工得来的工资支撑更多的现代投入。在部分家人(年轻一代或主劳动力)从事离土不离乡的非农就业的农户中(区别于外出离土又离乡的非农就业者)尤其如此。

2015年的"一号文件"指出,最新的问题是如今中国的谷物价格已经超过了国际市场的价格。(中央"一号文件",2015)这就更促使国家为了"粮食安全"和国际竞争而积极介入谷物生产。在农业劳动成本不断上升以及谷物价格相对低廉的现实下,这样的行政干预模式可能是唯一可以维护谷物生产的做法(其弱点将于下文讨论)。

有的学者认为,中国今天的农业已经完全是,或者主要是,或不可避免地是资本主义模式的,因为国家偏重龙头企业和大户,也因为农业已经高度商品化。他们指向官方2013年的一个数据,数据称中国的耕地已有3.4亿亩被流转,认为这证明了资本主义生产模式已经成为中国农业无可抗拒的浪潮。(Zhang, Oya, and Ye, 2015:308)但是,从众多的实地调查可知,农村大多数被流转的土地不是转入了企业单位,而是流转于离村就业的人士及其留村的亲邻朋友之间。预期前者有朝一日还会返回农村。同时,我们从详尽的1996年、2006年和2016年的三次农业普查得知,国家政策在此期间虽然一直偏重龙头企业和大户,但是直到今天,农业就业人员中其实只有3%是全职的农业雇工。(见第6章;亦见黄宗智、高原、彭玉生,2012)即使我们考虑到近年来,在国家大力推动"资本下乡"以及凭借土地流转来发展龙头企业、大户以及成规模的

“家庭农场”的政策下，土地流转大幅度上升，但是，即便是今天的“规模经营户”，每人员所经营的平均面积仍然才是“小农经济”类型的 37 亩。而其余的全职农业人员则劳均才 10 亩。（见第一、二章的相关讨论）

上文已经提到，国家对谷物经济的高度行政干预来自几个关键的战略性考虑。国家仍然十分关心“粮食安全”，坚持要卫护中国粮食供应方面的自给自足。这是具有深层历史渊源的政策，起码可以追溯到 18 世纪的清代中期，那是一个人口增长逐渐超过粮食产出的时代，它导致了后来的周期性饥荒以及大规模离土离乡“游民”的长期流动。该政策也可以追溯到革命根据地时期，面对敌人的围剿和可能饥荒的斗争。

这里，我们还要指出，迄今中国政府并没有过度僵硬地卫护“粮食安全”。最好的例子也许是其旧农业中关于大豆——这个既是许多农民重要蛋白质营养的来源，也是一个越来越重要的饲料——方面的举措。如今中国所消费的大豆只有五分之一是国产的，其余都是进口的。进口的主要是转基因大豆（主要来自相对地多人少的美国、巴西和阿根廷），在国内则禁止种植转基因大豆。进口的转基因大豆主要用来生产饲料和豆油，这是因为其价格要低于国内，同时，也因为转基因大豆用于饲料和豆油要比天然大豆更高效。国家基本的长期战略似乎是要在国内继续生产天然大豆，等待中国大豆能够更好地进入大豆作为高值保健食品的国际市场。目前，其经济规划似是利用进口大豆来满足国内越来越高的饲料需求，特别是由于牛肉等肉食生产的快速发展带来的消费需求，而进口大豆所释放的耕地则用来生产更高值的农产品。中国如果要自己生产所进口的大豆，需要再用上4亿亩的耕地（总耕地面积的五分之一），因此根本就不可能考虑。如今的情况可以说是，中国借助廉价的进口大豆来将稀缺的土地资源更高效地用于高附加值的农业。也可以说，是凭借出口高值农产品来购买进口大豆。这是合理的经济策略，无疑也是实用和灵活的策略。（详细论证见本书第8章；亦见黄宗智、高原，2014：179及其后）

国内外的马克思主义学者批评中国国家政策目前偏向企业型农业，这无疑是对的。但我们也要看到，企业型雇工农业绝对不是中国如今的主要粮食生产方式。中国粮食经济其实更多地是一种高度行政化的小农经济，所展示的是旧计划经济的延续多于改革性的全面市场化和资本化。它绝对不是一个完全市场化的经济，而是一个国家行政大规模干预的经济。它其实应该被理解为一个主要是国家管理下的小农经济体系，一个主要以小家庭农场为主体的粮食经济。把这样的经济体简单地理解为公司化农业、为追求无限资本积累和扩大再生产的农业，乃是一种错误的认识。当然，从新自由主义理论的角度来理解如此的农业，要么过高估计了资本主义的成功，要么过低估计了国家干预所起的作用，同样也是错误的。

（三）问题

目前，国家政策确实把对未来的主要希望寄予规模化的农场上。之前，国家特别强调对龙头企业的补贴，最近则更加上了大户、（大）“家庭农场”以及公司化的“专业合作社”（主要是一些以合作社的名义来争取国家税收优惠和财政补贴的“合作社”）。我们可以说，决策者们的长期战略性考虑是，要在国际市场上与土地资源禀赋丰富和农业高度机械化的国家竞争，中国必须同样依赖规模经济效益。因此，国家多寄希望于农业公司和公司化的实体来支撑中国的粮食经济。

但这样的思路不仅是对规模效益的错误信赖，也是因为其更强化了旧计划经济的行政思维习惯——即从指令性计划改革成为指导性计划，即从凭借命令型和控制型行政管理改为引导型行政管理，来达到国家设定的目标。此点可见于他们一直没有考虑到最近三十多年来农业发展的真正主要动力——越来越多的小生产者转入高附加值的新农业生产（下文再详细讨论），以及越来越多的种植谷物的小农户以其打工收入来购买机耕播收服务。

过度行政化的思维，很容易呈现为忽视小农意图和利益的政策。双季稻（早稻、晚稻、冬小麦）的种植便是一个鲜明的例子。如此的种植模式其实早已被证实，其所能做到的只是更高的单位耕地面积产量，并不能提高其他的（流动）投入（劳动、肥料、杀虫剂、良种等）的回报。20 世纪 60 年代，种植双季稻曾经被国家强行推广，当时使用的口号是“消灭单季稻！”，但农民都不太愿意，因为双季稻要将近一倍于单季稻的投入，而所获得的则是不成比例的产出和回报。到了 20 世纪 80 年代，国家控制一旦松弛，双季稻便基本被放弃。（黄宗智，1992：224—225，241—242）但最近几年，在保卫“粮食安全”的大潮流下，这一模式再度被国家积极推广。实际上，在现有的制度环境下，小农户由双季稻所获得的净收益其实还不如单季稻。

上一章已经详细论证,其结果可以清晰地见于湖南省“平晚县”(学名)的案例。双季稻政策所导致的是基层大规模的作假。2013年,“平晚县”的基层官员,借助上级项目验收程序中的漏洞,在实际仅仅40%的土地上种植了双季稻并谎报为90%。其最终先被一位调查记者识破并报道,而后被在该处作研究的学者龚为纲证实。(亦见黄宗智、龚为纲、高原,2014:145—150)

结果是,种植双季稻的大农场的兴起不是由于其生产率的优越性,而主要是因其强行达到的经营规模和政府的补贴。当地的双季稻种植“项目”经历了以下三个阶段:先是由一个当地的龙头企业来承包政府设定的政策和指标,但那样的做法很快便失败了,因为该企业必须承担较高的(从小农户处流转的承包地)地租,而其经营模式又必须依赖较高工资成本的雇工。它的耕作水平不能使向公司支付350元的农户满意。其后,项目便改由村庄干部来承担,而他们因为无法动员当地农民参与,只能自己亲自负担上级下达的双季稻种植任务。但实际上两茬双季稻的净收入,由于必需的加倍投入并且只能获得不成比例的增产,最终连单季稻的净收入都达不到。显然,如此种植的双季稻是不可持续的。最后,从2012年开始,便在该地形成了全由大户来承担双季稻任务的局面。

大户之所以愿意承担如此任务是因为,通过乡镇政府的推动而转租大量面积土地,即便按亩收入很低,但总收入可以凌驾于本村其他农户之上:每亩净收入才500元的大户(一般还要算上每亩150元的政府补贴才如此),可以凭借100—200亩的经营规模来达到总共5万—10万元的净收入,远超过从每亩获得1000元净收入但仅种植自己(或加上亲邻)10亩承包地的农户(1万元),借此在本村占到比较突出的经济地位。当然，他们也因此能够获得乡镇政府的青睐。

如此的运作机制显然只能满足当地的大户以及执行国家“粮食安全”政策的地方官员。它必然不能满足当地的小农户，因为他们知道，单季稻能够获得比双季稻高的净收入。整个项目其实只是一个反经济逻辑的工程，只是强制性行政管理所推动的工程。

如此政策揭示的是，行政主导的发展路径如果走到极端，可能会忽视最基本的、并且是农民都知道的经济逻辑（即在农场微观层面上的投入与产出比例）。它说明的是，不顾农民的权益和主体性所可能导致的弊端。

最令人担忧的是，如此的“行政联合大户”模式可能会成为唯一能够执行国家策略的机制。大户更容易被控制，因为 60 个耕种 200 亩地的大户要远比 3000 个分别种植 4 亩地的农户容易控制。而对地方官员们来说，他们在上级面前能够显得更加能干，又能确认上级政策的正当性。这样的机制很容易自我再生产、扩延，而其代价则是劳动和其他各种投入的低效使用，由此妨碍真正的农业发展。它也是一个强迫小农户进行不经济的双季稻种植以及损害他们利益的一个机制。

不少优秀青年学者的扎实研究清晰地证明，如今粮食经济的主体实际上不是国家行政所偏重的大农场，而是 20—50 亩的中等规模、几乎完全依赖自家劳动力的中农农场。他们主要依赖亲邻朋友间的土地流转进而扩大自己经营的农场面积，以比较低廉的地租（常常只是象征性或礼物性的），来种植不然便会被抛荒的外出劳动的亲邻的土地。他们不需要像大农场那样雇工，更不需要雇用监督(雇工工作的)人员。伴随非农就业工资的上升,他们的主要劳动力可以外出打工来获取较高的工资,而用工资的一部分来购买机耕—播—收服务,此外则依赖家庭相对低成本的辅助劳动力(妇女、老人)来管理自家的土地。当然,也有夫妻——尤其是中年和低龄老年夫妻——共同经营这样的农场。正是通过那样的机制,这些中农农户能够从一亩地中获得1000元左右的净收入,这远高于规模化大农场的500元。(更详细的论证见本书第11章,第3节;亦见张建雷、曹锦清,2016;高原,2014;林辉煌,2012;杨华,2012)

正如这些研究所证实的,如今的"中农"农场包括结合非农就业与种植业的(笔者称之为"半工半耕"的农民,见第5章;亦见黄宗智,2006)、在村庄中达到"中等"收入(每年不止2万元)的农户,且已经逐渐达到村庄人口越来越高的比例。(尤见张建雷,2016:第7章)他们也是最关心村庄事务的阶层,不仅是经济上的中坚人物,也是社区的中坚人物。但中央历年的"一号文件"很少提到这些中农农户所起的作用,继续偏重大农场——主要是由于对新自由主义和马克思主义的规模经济效益"规律"的绝对化信念。

此外,我们还要考虑到,依赖行政机构来为粮农提供纵向一体化说到底还是一个相对低效和高成本的安排。作为一个国家机构,供销社很难避免人员臃肿和运作官僚化的体制性通病。它的自我定位是管理小农户的单位,而不是一个为小农户提供高效服务的单位。部分基于此原因,其成本(和旧型榨取性商业资本)同样相对较高。正因如此,其促使今天中国的物流费用将近一倍于发达国家。当然,与新大陆的美国(及巴西和阿根廷)相比,土地要素的相对价格也许是最基本的原因,但这是基本资源禀赋的制约,不可能在短中期内作出根本性的改造,而在纵向一体化的物流条件层面上则可以有更多作为。

总而言之,在中国粮食经济的给定现实条件下(必须养活一个庞大的人口并保证其"粮食安全",小规模农场的长期延续,以及来自地多人少国家的相对廉价粮食竞争的需要),一定程度的政府扶持和对市场经济的行政干预无可避免。需要的是对意识形态化经济理论及过分行政干预的警惕和限制,特别是避免对规模化农场的过分偏重以及对小农场的忽视或对其利益的损害。国家应该更明确地把当代小农户置于其支农政策的核心,并更明确地尊重小农的主体性。

二、放任市场的新农业

(一)新农业

中国的"新农业"(笔者的称谓,指生产高档蔬菜、水果、肉—禽—鱼、蛋—奶等高附加值的农业)和生产粮食的旧农业十分不同。首先,其产值规模不同:如表 13.2 所示,2010 年蔬菜、水果、肉—禽—鱼占到农、林、牧、渔"大农业"生产总值的 66%,不止四倍于旧农业谷物(15.9%)——即便后者的播种面积占据总播种面积的 55.9%。

表 13.2 主要农产品所占播种面积比例与农林牧渔总产值比例

年份	蔬菜播种面积	产值	水果播种面积	产值	谷物播种面积	产值	牧业产值	渔业产值
1990	4.3%	—	3.5%	—	—	31.4% *	15.8%	5.4%
2000	9.7%	14.4%	5.7%	4.2%	54.6%	17.4%	18.6%	10.9%
2010	11.8%	18.8%	7.1%	7.9%	55.9%	15.9%	30.0%	9.3%

* “粮食”作物合计（该年没有“谷物”统计数据）。产值按当年价格计算。

数据来源：《中国农村统计年鉴》，2011：表 6-14；2002：表 6-14。

其次，新农业的规模一般要小于旧的“大田”农业。它尤其包括所谓的“设施农业”，如温室和拱棚农业，一般的规模才 1 亩（小）、3 亩（中）和 5 亩（大）。一个小农户一般只能种植一个这样的拱棚。它也包括果园，但一般也只是差不多如此的规模。饲养禽类或鱼类的设施基本相同。至于结合种植饲料（如玉米）和养殖数十头猪、羊或牛的农场，一般也才 5—15 亩地。总体来说，相比旧农业生产，它们都是相对“资本和劳动双密集”（单位面积劳动和资本投入密集）的生产。（见第 2 章；亦见黄宗智，2016；黄宗智，2010、2014b）

我们缺乏区别新、旧农业在劳动和（固定和流动）“资本”（区别于土地）投入上不同的精确数据，但我们可以用其不同的产值比例来作为一个粗略的对比：大约 4 ∶ 1。譬如，在蔬菜生产中，一亩设施蔬菜一般要用大约四倍于露地蔬菜的劳动和资本。这就意味着，旧农业虽然在播种面积上仍然是最主要的农业生产（不止一半的播种面积），但从劳动和资本投入或产值来计算，则绝对不是。

也就是说，我们需要抛弃把农业主要等同于粮食种植的旧观念。

至于新农业中“资本”投入的来源，由于迄今小农仍然没有可能获得金融机构的贷款，它主要来自于农民的打工收入，尤其是“离土不离乡”的农民。笔者和协作者估计，农民的工资性收入总额在 2010 年达到约 5 万亿元，而农民这样的“非农就业”收入，尤其是“离土不离乡”农民大约 2 万亿元工资的收入，乃是近年来农业中的固定和流动资本投入的主要来源。我们估计，2010 年农民向农业的投入总额是 16930 亿元，其等于国家向“基础设施、农业科技研发支出、支援农村生产支出、农业事业费”总投入（8580 亿元）的将近一倍。也就是说，小农户乃是近年来的（笔者称作）“隐性农业革命”的主要动力，在 1980—2010 年的三十年间将新农业的产值提升到之前的 6 倍。这是还在继续的革命性变迁。（见本书第 7 章；黄宗智、高原，2013）导致这场革命的“三大历史性变迁的交汇”，将在下文再讨论。

（二）新农业的放任市场模式

新农业和旧农业是在十分不同的制度环境中运行的。新农业远远没有像旧农业那种程度的国家行政干预和管理。它没有像旧农业那样的（种粮）补贴，也没有那种农业大机械购买补贴（我们已经看到，新农业农场规模较小，不多使用大型拖拉机）。新农业中也不存在像粮食经济那样国家保证的最低收购价，更不存在大规模的储藏设施来保证“粮食安全”和稳定粮价。它更没有旧型的粮管所和供销社。新农业基本是放任的市场经济，国家主要依赖市场经济和动力来对待新农业。

国家的介入,主要限于建造一些较大的批发市场来“带动”市场的发展。但是,那些批发市场一般都是由多个不同的国家部门或机构建造的,它们各有各的利益和财政考虑,并且都必须面对建设用地的高成本压力,因此,所设置的批发市场几乎都必然是营利性的。批发市场一般都只是比较粗糙的设施,要么仅是一栋建筑,甚或只是个大棚乃至于一块空地,来为生产者、中介和中间商提供一个会合交易的场所,很少提供储藏、加工等服务(曾寅初,2007),与粮食经济方面的设备相去较远。

此外,有的地方政府积极推动了某些专业产品方面的发展,借助聚集的经济效益(Krugman,2008)——不只是小生产者的聚集,也是相关加工和销售实体的聚集——来推动该地围绕某些专业产品的经济发展。两个突出的例子是山东寿光(县级市)——全国第一的蔬菜生产和交易中心(黄宗智,2014b:209—210),以及河北省永年县——该省的第一蔬菜中心(黄宗智,2015:29)。有的地方政府也致力于发展不同村庄的特殊产品,即所谓的“一村一品”。

除此之外,政府的行政干预主要在于扶持其偏好的大型“龙头企业”和“大户”,目的还是其“示范”作用。大型的专业农场能够获得政府(地方政府以及国家农业部)的农资补贴、技术援助、融资贷款协助等。山东莘县的小肉鸡生产就是个具体的例子。(见袁中华,未刊稿)

但即便在这些聚集的生产中心,绝大多数的小生产者也都被忽视,由他们各自与农资公司(为了饲料、种子和技术投入等)、加工公司打交道。他们也要自管自的销售。因此,必须依赖中间商体系,其产品要层层经过产地的小贩到产地的批发商,再到出售地的批发商,再到出售地的小贩和中间商,最终才能到消费者的手里。旧农业多处于行政管理的框架中,而新农业则多处于一个相对放任的自由市场经济体系中。

(三)成绩

上文已经提到,新农业要远比旧农业有活力,这可见于其在1980—2010的三十年间的总产值(可比价格),达到之前足足六倍的成绩,远远超过同时期旧农业亩产量仅一倍的增长。以年增长率来计算,旧农业每年增长2%,相对于新农业产值的6%。前者要36年才增加一倍,后者则每12年翻一番。(见本书第2章,特别是表2.2;亦见黄宗智,2016:表2)正是那样的快速增长使新农业在总产值上能够占到比旧农业多4倍的比例,如表13.2所示。随之而来的是中国人食品消费的结构性转型——以模式化的比例来表述,其粮食、蔬菜、肉食的比例从之前的8∶1∶1转向4∶3∶3。其中,食物消费转型和农业生产转型互为因果。

其背后的动力,一如笔者(和彭玉生)所论证,是三大历史性变迁的交汇:一是1980年以来生育率的下降以及世纪之交以来新就业人数的下降,二是大规模的农民工非农就业,三是中国人伴随收入上升而来的食物消费转型。(黄宗智、彭玉生,2007)正如本书已经论证的,三大变迁的交汇导致劳均耕地面积从1990年的5.9亩扩大到10亩,以及伴随非农就业而来的农户总收入的上升。再则是上述人们食物消费的革命性转型,是伴随收入上升——来自农业外的快速经济发展和农民的非农就业,以及新农业本身的较高收入——而来的变化。

仅从以上的成绩,我们便可以得出如下结论:新农业及其放任市场的模式是一个非常成功的发展经验,而旧农业则显得相形见绌。而其主要动力是农民在市场激励下做出的抉择,从生产低值农产品转向越来越多的高值农产品,由此重构了中国农业的结构。更令人惊讶的是,从事新农业的农民不仅提供了新农业所需的劳动投入,更提供了其"资本"投入——主要来自农民工打工的收入,以此来推动新农业惊人的发展。(详细论证见本书第 7 章)

但是,新农业虽然比旧农业更成功、更充满活力,但国家没有为其提供同等的支持和补贴。新农业不具有旧农业那样的生产和投入补贴,那样的最低价格扶持以及那样的收购、加工、储藏、销售服务。在市场化和放任经济的战略性决策之外,国家只起了比较有限的作用,在一些特定地区推进了围绕某些专业产品的聚集效应,以及提供了对成规模的公司和大户的支持。

国家迟迟没有认识到或承认新农业的革命性发展。细读 2004 年以来历年的中央"一号文件",最初几年它们基本忽视了新农业的发展,显然是因为决策者习惯把农业视作主要是粮食生产。所有的"一号文件"都以粮食生产开头,将其突出为首要问题,其主要内容都是关乎粮食种植的各种措施,包括补贴、储藏和稳定价格。最初的两个"一号文件"(2004 年和 2005 年)基本没有提到新农业。翌年的文件提到了养殖业,但仍然没有提到新型的蔬菜和水果生产。直到 2008 年的"一号文件"才清楚地提到新农业的主要内容:养殖和如今被称作"园艺"的生产(即"非主食"的生产,主要指蔬菜和水果)，但仍然没有清楚地承认新农业在提高农业生产总值中所起的决定性作用。该年已是新农业推动新一场农业革命的将近第30年——从1980年到2010年及其后。(中央“一号文件”，2004、2005、2006、2008)

部分决策者仍然把粮食生产视作农业的最主要部分，这是长期以来的思维习惯使然。在最新关于“一号文件”的介绍和讨论中(2016年)，一位高级领导甚至简单地把中国所有的2亿农业从业人员说成是粮食种植者。事实是，中国只有半数不到的农民仍然以粮食种植为主，而其产值只相当于新农业的四分之一弱。

但在国家的行政体系中，新农业仍然被置于次要的地位。这可见于旧农业的粮食生产明确被置于仅次于中央的“省长负责制”下，而新农业(当今另一个表述是“菜篮子”)仅被置于“市长负责制”下。“菜篮子”直到2012年的“一号文件”才被置于比较重要的位置——在关于粮食的第一段之后的第二段。(中央“一号文件”，2012：1.2)

作为研究者的我们，需要清楚地同时看到新农业与旧农业，以及两者之间的异同。不然，我们就不可能掌握国家对待两者十分不同的思路和政策。对待旧农业，国家采用的主要是以行政手段来推动发展；而对待新农业，其所采用的则主要是相对放任的市场主义，认为应该任由新农业自由运作。前者所展示的是旧社会主义计划经济思维的延续；后者所展示的，则是新自由主义市场经济思维的关键影响。

(四)问题

在国家放任的新农业中,关键问题是众所周知的,其型式一再重现于几乎所有的产品:一个新的高收益产品出现后,人们便会抢着生产,市场很快便达到饱和,而后导致许多过剩产品。其价格因此快速下降,使得不少农民严重亏损,要等到需求与供应重新平衡,价格才会逐渐平稳。它是一个高风险的经济领域,有少数的农民能够获得高利,更多的则会严重亏损,乃至于破产。

我们能看到许多这样的例子。这里仅举一个具体例子来说明其机制。2010 年,在全国最大的大蒜产区和市场——山东金乡县,大蒜价格先是暴涨至 6 元/斤,而后快速下降,直到 2011 年 6 月降到 1 元/斤达到低谷。数百辆三轮车和货车排队 3—5 天,还是不能把大蒜卖掉,因此吸引了全国媒体的广泛报道。记者们后来发现,在市场价格的波动之上,该地的大批发商经串通拒绝购买,有意把价格压到最低,直到 1.25 元/斤的价格方才出手大量购买,而后以 4 元/斤的价格卖掉,由此赚取暴利。这里,市场源自供求关系的价格波动被人为地恶化了。(《大蒜等菜价遇过山车困局中间商炒作价格翻十倍》,2011;亦见黄宗智,2012b:88)

同时,一度与大蒜并行的生姜则没有呈现同样的极端降价,主要是因为生姜可以储藏较长的时间——姜农可将其产品储藏于家中的地窖,等待市场价格的回升。(黄宗智,2012b:88—89)生产过剩是几乎所有市场经济都会面对的问题,不能储藏以待市场价格回升的生鲜商品自然首当其冲。

（五）政府举措

国家对新农业“大市场”的激烈价格波动所做的回应迄今主要是放任，这和粮食经济中的积极举措相去甚远。干预的话，则主要是某种技术性措施，而不是采取像粮食经济中通过保证最低收购价、大量储存等大规模的举措那样干预。譬如，在以生产胡萝卜而著名的（寿光）化龙镇，当地政府投资建立了胡萝卜“深加工”设施，设置了能够储藏 5 万吨胡萝卜的恒温保险库，成功地生产了加工（胡萝卜）的成果蔬片，其市场价格达到胡萝卜的 5 倍，借此吸纳过剩的生产并缓冲市场波动的冲击。（郑林涛，2013）但是，如此的措施对稳定市场和保护小农所能起的作用显然是比较有限的。

迄今，除了特别出色的个别地方政府的举措外，国家还没有考虑到其他的可能措施。理论上，专业合作社能够起一定的作用，但实际上还没有（下文再讨论）。政府还没有采用像日—韩—中国台湾地区那样的模式，通过半政府型的、团结小农的综合合作社来协助小生产者应对大市场：包括连同以较低的价格购买农资、组织加工、提供市场需求信息、组织销售（下文再讨论）。因此，中国大陆的小生产者仍然处于无助的、受中间商摆布的弱势地位。

迄今，政府所采用的对策主要来自理论信条，认为享有规模经济效益的大规模生产实体不仅是生产率最高、最具活力的“现代”组织，更是最能够应对价格波动的实体。因此，无论在旧农业还是在新农业中，国家一直都偏重对诸如此种生产实体的扶持和补贴。其基本思路是：把工业经济的生产和经营原则应用于农业——所谓的农业“产业化”战略思想，归根到底是对规模经济效益“规律”的绝对信赖。

政府的措施几乎一开始便聚焦于如此的规模化经营，为规模最大的实体——龙头企业以及其他资本主导的营利实体——提供了特殊的激励和支持。最近，还纳入了所谓的(超过 100 亩的、成规模的)“家庭农场”。后者是基于上海市松江区的经验而制定的政策，被推广到全国。问题是，这个政策原先是针对粮食生产的政策，而新农业的农场绝少会达到如此规模，由此导致许多误解、困惑和不适用。何况，松江经验本身一开始便没有正视规模化生产的高成本(地租和雇工)问题，而是以意识形态化的理论来夸大大农场的效率和收益，没有将其与小农场做认真的比较。(详见本书第 11 章：第 3 节；亦见黄宗智，2014b：186—189)

对规模化生产盲目信赖的一个生动实例是 W 省的 H 市，华中科技大学乡村治理中心的一组学者(包括 15 位博士生)对其深入实地进行了调查。该市地方政府近年来采用了非常手段来招引“资本下乡”、推动“土地流转”、促进规模化企业经营。至 2014 年第三季度，已经把该市不止一半(56.5%)的耕地纳入了规模化经营。该地政府声称，其已成功地实现了该地的农业横向一体化(雇工经营的大农场)和纵向一体化(提供加工和销售服务)。但研究组发现的却完全是另一回事：其实大型企业因雇工经营的高成本而亏损、失败。而后，企业试图为许许多多小生产者组织加工和销售，也因成本太高而完全失败。也就是说，该地被高度吹捧的“资本下乡”的经验，其实是一败涂地的伪工程。其中一个公司具有一定的代表性：2009—2012 年，该公司试图经营一个雇工性质的大农场,由其组织加工和销售,结果完全失败。到研究组调研的时候,公司所流转入的 1520 亩土地都已经完全被重新转包给小农户,而公司所扮演的角色只不过是收租,并没有为小农户提供任何服务。(见王海娟 2015 年的总结)

在王海娟的分析中,这一切只能以政治而非经济的逻辑来理解。推动整项工程的机制和逻辑是,对地方政府来说,最简易的治理方法是仅与少量的大型生产实体打交道,那样,从治理、控制效果来考虑,比和许许多多分散的小农户打交道效率要高得多。整个“资本下乡”项目所导致的不是真实的农业发展,而是对小农户治理的简易化,试图凭借政府支持和扶助的大企业来管理。(王海娟,2015)

而实际上,推动中国新型农业革命的动力主要是亿万的小农户——他们选择进行高报酬的新农业,以及在旧农业中投入了更多机械服务、除草剂等。但他们的贡献基本被国家忽视。历年的“一号文件”完全没有提到他们的贡献,国家也基本没有为他们提供最需要的纵向一体化服务,最多不过是建造了一些粗糙的批发市场来“带动”市场化,并没有连带提供储藏、加工和销售的服务。此外,小农户基本处于被中间商体系摆布的弱势地位。他们没有被承认为新“隐性农业革命”的主要推动者,没有被当作新农业的主体来扶持。这是改革时期的中国农业政策的一个盲点。

一个特别能说明问题的例子是河北省永年县的调查报告。和一般的官方报告不同,这是一份来自基层农业干部的报告。虽然如此,报告首尾仍然带有关于该县辉煌成就的描述,而且,其包含实质性内容的中间部分是借助一位被访问者的话来表达的。但其对实际情况的叙述扼要且清晰:小生产者的产品必须经过层层的中间商体系才能到达消费者的手里,“要经过经纪人、产地批发市场、批发商、销地批发市场、个体商贩等多个环节”(李凯等,2014:第3.3节)。而大城市(诸如北京、天津、石家庄)的批发市场是用投资者的资本来建造的,它们必须优先照顾到投资者的回报,因此“只能高价位运作,制定高额进场费、摊位费、交易费等”(同上,第3.2节)。这些当然等于是农民产品的附加成本,生产者最终所得只能是从其产品售价剔除这些中间商的附加成本之后的净收入。这正是小农户与“大市场”打交道的关键结构性问题。正因如此,才会普遍出现“种菜赔、买菜贵”的吊诡现象。

另一份来自该县的基层农业干部的调查报告,同样是份比较难得的实在叙述。作者指出,该地最大的批发市场实际上是个“市场管理不力、秩序较乱、菜农利益得不到保障”的实体,促使当地兴起了许多替代性的村边、路边“野市场”。许多菜农根本就“不愿进入(批发)市场交易”。(张永革,2014)

在如今的综合性学术论著中,一个重要的倾向是:坚持认为中国今天的农业已经毫无疑问地、无可扭转地是资本主义的(生产方式),是一种完全被纳入全球资本主义的“转型”过程。这种意见比较笼统,不对新、旧农业作出区分,也不对被普遍采用的“工商资本”范畴作出区分。其理论性推论基本是:一如马克思主义理论(也是新自由主义理论)所认为的那样,商品化(commodification)/市场经济发展只可能导致资本主义产业化经济。

在批评中国国家偏重企业方面,马克思主义的批判者无疑是对的,但他们严重高估了资本主义生产方式在中国农业中的地位。

我们已经看到，中国的旧农业经济仍然是高度行政化的体系，是行政管理下的小农农业。至于新农业，我们需要认识到，其绝大多数农场是更小型的、不到 15 亩（2.5 英亩）的农场，而且，其生产决策与其说是由积累资本和扩大再生产的资本主义逻辑所主宰，不如说是由生计和消费所主宰。他们一定程度上固然是在商业资本的“剥削”之下运作，但这是一种（可以称作）不平等的“流通关系”中的榨取，和马克思原来的“生产关系”理论十分不同。无论如何，将在商业资本榨取下运作的小农农场经济等同于“资本主义”是个充满误导性的论点。（详见本书第 5、6、9 章）

马克思主义学友们之所以夸大了商品化所起的作用，部分原因可能是缺乏对中国历史上小农经济远在（国际）资本主义来临之前便已相当高度商品化这一事实的认识。在 1950 年前的 6 个世纪中，商品化的基础主要是小农农场，是来自他们为城镇人士提供奢侈消费品，如细粮、肉食、优质蚕丝、棉花—纱—布，主要通过地租的形式来获取。但就城镇而言，则基本没有反向农村的商品（除了基本生计用品，如酱油、盐、糖）。那样的商品化的动力机制主要来自小农经济的“过密化”（即以边际劳动报酬递减为代价的进一步农业劳动密集化——特别是从粮食生产转入棉花—纱—布或蚕桑—缫丝的生产，是以 18 倍或 9 倍的劳动投入来换取远远不成比例的报酬），这是在人多地少资源禀赋条件下的生存策略，不仅仅是追求最高利润的资本主义生产经营。更有甚者，其所导致的市场经济绝不是像亚当·斯密在 18 世纪后期的不列颠所看到和概括的螺旋式发展的城乡贸易，而主要是农民与农民之间的交换，其最大的部分是粮食与棉花—纱—布之间的交换。仅凭理论——无论马克思主义的还是新自由主义的,把单一种(现代型式的)市场经济投射于全世界和所有的历史时代并把商品化想象为同一种市场经济和资本主义的发展,是错误的。(亦见本书第3章;亦见黄宗智,1992:尤见第5、6章;亦见黄宗智,2016:21—23)

我们已经看到,这些学者中,有的指向官方在2013年所给出的一个数字——全国总共有3.4亿亩土地被流转——来支撑他们的论点,借此论证资本主义生产方式的发展已经成为中国农业中不可抗拒的洪流。但我们要记得,3.4亿亩土地只是中国总耕地面积的六分之一,而且,我们还知道,大多数被流转的土地是在村庄亲邻朋友之间进行的,主要是由外出打工的农民把自己的承包地转租给别的村民,而不是转租给规模化的大农场主。最近几年,由于地方政府积极招引资本下乡以及推动农村的土地流转,情况固然有一定的变化,但是,如此土地流转中的地租一般都比较高(每亩500—1000元),远高于较低廉的、在亲邻朋友之间的流转(每亩100—300元)——例如在山东聊城。(高原,2014:238)这就造成对资本下乡及其带动的土地流转的严重制约。正因如此,许多农业企业最终选择了与小农户签订合同、协议、订单等方式来经营,借此利用小农户的较廉价(家庭的辅助)的劳动力和自我激励机制,而不是雇工经营大农场。

所以,大农场所占面积只可能是被流转的3.4亿亩土地中的有限部分。我们知道,2006年第二次详尽的全国农业普查证明,国家虽然一直在大力推动龙头企业和规模化农场的发展,但在所有的农业从业人员中,仍然只有3%是全职农业雇工,总共耕种大约6000万亩土地。(本书第6章;亦见黄宗智、高原、彭玉生,2012)第三次的全国农业普查则显示，2016 年全国已有约 3.4 亿耕地（17%）是由“规模经营户”经营的，比 2006 年有较大的扩增。也就是说，全国被流转的 4.8 亿亩的耕地中，有 71% 是被规模经营户（而非由小农户）通过亲邻关系所流入的，比此前要高不少。（国家统计局，宁吉喆，2017.12.14；国家统计局，2018.9.18）

虽然如此，农业雇工人数仍然才约为所有农业经营人员的 3%，其劳均耕地面积才 37 亩。（见第一、二章的相关讨论）这固然显示了更高度的机械使用，但从全国农业的“生产方式”来看，依然是小农经济而不是高度资本主义化的农业，亦即笔者之前已经详细论证的“没有无产化的资本化”农业。一句话，处于压倒性的仍然是“小农家庭农场”。

三、专业合作社：修辞与实际

在行政与放任的两大农业发展模式之外，中央的“一号文件”还打出了专业合作社的模式——这是需要我们另外讨论的议题。2007 年（2006 年颁布，2007 年 7 月 1 日实施）的《中华人民共和国农民专业合作社法》明确声明，专业合作社是由“同类农产品的生产经营者或者同类农业生产经营服务的提供者、利用者，自愿联合、民主管理的互助性经济组织”（《中华人民共和国农民专业合作社法》，2006：第 2 条）。该法更进一步说明，合作社的社员将享有“一人一票”的权利（第 6 条）。

如此的法律表述明显说明，决策者在有意识地借鉴西方，特别是美国的合作社，即一种纯粹的经济组织的合作社，而不是像日—

韩—中国台湾地区那样的("东亚合作社"),自始便承担了许多基层政府职能——主要是推进农业的现代化——并与村庄、乡(镇)、县(市)、省、中央各级行政并行的半政府性组织。如今中国的专业合作社的意图则是和美国一样,是与各级政府完全分开的组织。也就是说,它是把经济和政治—社会实体截然分开的组织。

同时,其法律意图是基于一人一票的民主管理原则的组织。这也是和如今中国的政治—社会实际不符的意图。我们可以说,中国的行政组织中,除权力和资源一般都很有限的村委一级之外,其他单位都绝少有如此的组织,无论是在理论上还是在实践层面上都如此。

因此,法律设定的如此蓝图很少会被真正实施。现有合作社有许多只是借用合作社名称来满足政府的要求。许多实际上是由投资者控制的"合作社",把自身包装为民主的、农民的合作社来争取政府的认可和税收优惠、补贴。一个比较合理的估计是:现有合作社中可能有30%是这样的"伪"或"翻牌"合作社,只有20%左右是真的、符合法律蓝图的合作社,而它们几乎都是小规模的合作社。剩下的是两种性质兼有的合作社。[详细的讨论见本书第10章,第3节之(三);亦见第12章,第3节(一);刘老石,2010;黄宗智,2015:27—32及其后]

此外,这些合作社被设计为与农村村庄社区截然分开的组织。它们不是基于村庄社区,亦即农民社会最基本的自然单位的组织,不像日—韩—中国台湾地区那样是由基层社区沿着各级政府上延的组织。它们被设想为,在纯粹的自由市场经济中,由追求共同经济利益的"经济人"联合组成的实体。这是最终源自新自由主义经济理论的设想。如此的设想,也预定了这些组织将是脱离中国农业现实的组织。

与此相对,在日—韩—中国台湾地区的历史经验中,合作社一直是吸纳了许多之前的政府功能的半政府性组织。与中国大陆今天的专业合作社蓝图不同,它们是综合性的,不仅组织农资的购买和供应以及农产品的纵向一体化(加工与销售),更为其成员提供贷款、组织社区活动和参与社区行政,并上延至乡(镇)、县(市)、省和中央级政府的参与。(详见第 10 章)

中国大陆为何没有选择借鉴日—韩—中国台湾地区历史成绩彰然的模式,是个耐人寻味的问题。也许,部分原因是综合农协会使人联想到如今已经被废弃的集体化农业,当时的生产队和大队都是兼管政治—社会和经济的单位,而在如今话语环境中,西方,尤其是美国把两者截然分开的专业合作社模式显得更有魅力。[①]但是,美国模式之所以无顾村庄,主要是因为:在其农场规模较大、相互隔离较远的客观实际下,基本不可能形成类似于中国这种人际关系紧密的村庄社区。勉强投射于中国,其实等于是完全拒绝了基本政治—社会实际。

中国合作社不可能从金融机构获得贷款是另一关键弱点。我们可以看到,决策者自始便试图将国家金融机构的服务扩延到农村。历年的中央"一号文件"都一再重申此意图,包括指示相关金融机构为农民提供贷款服务。但实际上,金融机构如今几乎都无一例外地采用了贷款必须以能够在市场上轻易变现的固定资产来

① 关于专业合作社把经济和政治—社会功能截然分开的讨论,参见杨团,2013。

作为抵押,这也是一个几乎被全球金融业普遍采用的原则。如果贷款人违约,银行就可以出售其抵押资产而收回贷出的款项。但在现有的产权制度环境中,农民并不具备如此财产。因此,历年的“一号文件”关于这方面的意图,很难付诸实施。

属于个体农户的房屋以及承包地,一般只带有比较有限的市场变现性(当然,已被或行将被“征用”的城郊村庄土地另当别论——见下一章)。与城市的不动产不同,想要买某一村庄某一农民房子的人比较有限。农民的承包地权(的转让权)同样。至于“集体所有”的土地,实际上,如果没有政府的允许,是不可以随便买卖的,因为国家乃事实上的——即便不是法律上的——所有土地的实际所有者。对金融机构来说,如此“财产”是不容易出售以偿还贷款的。所以,国家虽然连续十三年不断声称要为农民提供贷款门路,但如今仍然未能真正实施,仍然停留在探索的阶段。最新的两个“一号文件”在这方面仍然只在探索可能的“试点”中打滚,仍然没有明确提出具体可行的实施方案。(中央“一号文件”,2015、2016)

由中央于2008年所指定的重庆市城乡统筹实验中,当地的领导曾经一度设想通过政府设立的“地票交易所”来为农民提供将宅基地资本化的道路,让农民分享城镇化带来的土地增值,并且以为借此也可以为农民提供抵押贷款的门路。但是结果,该设想并没有真正实施,因为农民宅基地产权最终被确定为属于村庄集体而不是农民,而且在实践之中,必须要有国家的允许才可以买卖。它不可能轻易在市场上变现,不可能达到银行对抵押财产的要求。所以,在重庆政府政策的实施过程中,只有(小量的)农民房屋,而不是宅基地，被金融机构接纳为抵押。原来想为农民宅基地建立市场的意图，很快便被放弃。（黄宗智，2012a：618—619；亦见黄宗智，2014b：367—368）

如今回顾，我们能够看到，重庆的地票交易所交易的，其实并不真正是农民的土地（宅基地），而是中央政府建设用地的指标。这是因为，一块宅基地如果复垦，经过政府验收后，在中央的"城乡建设用地增减挂钩"政策下，可以成为地方政府或开发商增加同面积的建设用地指标的凭证。有市场的实际上是这些指标，而不是宅基地本身。正因如此，农民迄今仍然基本在金融机构贷款服务的范围之外。

所以，历年的"一号文件"虽然一再声称要为农民提供贷款金融服务，但实际运作和设计意图相去甚远。一个新近的研究证实，在地方政府积极推动为农民提供贷款服务的地方，如成都市，当地的市政府最终要从自身的财政中拨款（3000 万元）来为农民的承包地权提供第三方的保证，并且与银行签订协议，由政府来承担 80% 的风险，金融机构只承担 20%。在调查组研究的 S 市，研究人员发现，没有一项现存贷款是仅仅由承包地权单独来作为抵押的，一般都依据多种不同的因素（包括其他财产和借贷人的信誉）来担保，更多是由第三方（担保公司或政府——像成都那样）来担保的。事实是，在现有制度环境下，农民的承包地权根本不能达到金融机构运作逻辑的要求。（王德福，2016）当然，收取或聚合了一组农民承包地权的合作社，也面临同样的困难。

虽然一再宣传专业合作社非常成功，但实际上它们的发展是比较有限的，甚或是令人沮丧的。专业合作社法自 2007 年实施以来,全国已经兴起了121万个专业合作社,总共纳入9000万户农民,相当于所有农户的34.6%。表面看来,合作社浪潮汹涌澎湃,但其中只有约10%是比较成功的合作社。(《让农民合作社运行更好实力更强》,2014)同时,真正由农民管理和为农民服务的合作社基本都是较小规模的,只掌握少量的“资本”,一般限于其所收取的社员费。真正强有力的“合作社”是由企业、大户掌控的伪装为合作社的实体,具有可以作为抵押物的财产(包括机械、设施农业所用的建筑和设备、农产品加工和储藏设备等)。只有那些企业性组织才有能力融资,并为农民提供加工和销售的纵向一体化;许多合作社正是由这样的加工和销售公司所组织的。那些“合作社”实质上是半产业资本性、半商业资本性的企业,不过借用了合作社的名称。正因如此,国家“一号文件”虽然一再声称要扶持合作社,然而运作中的实际是,由小农户所组织的合作社所面对的是国家实际上偏重企业型农业的大环境。对他们来说,缺乏同等的支持,其实等于是面对不平等竞争条件的环境。(见第12章;亦见黄宗智,2015)

作为实例,一些关于全国“模范”之一的寿光的调研,为我们展示了所谓的合作社发展浪潮的真正面目。根据一份2012年的调研报告,许多在册的合作社其实都有名无实:在一个被调查的地点,在61个登记了的合作社中,24个没有真实的办公室;另一处,40个在册合作社中,只有13个真正在运作;还有一处,17个在册合作社中,只有9个真正运作。(陈艳霞,2012:317)

省级模范县永年县,其情况和寿光基本相似。报道称,该处有236个专业合作社在运作并起到重要的作用,但实际上,它们并没有真正起到将小农户与大市场连接的作用。上文我们已经看到,该地的小农户仍然只能依靠自己去和层层的大小中间商体系打交道,并没有获得专业合作社的援助,因此拉大了小生产者所获收益和消费者所付价格之间的差别,造成了广泛的“菜农赔、买菜贵”的矛盾现象。正如该地一位基层农业干部简单实在地概括的那样:在永年县,合作社其实“作用不强”①。(张永革,2014;亦见黄宗智,2015:29)

把专业合作社从村庄社区和地方政府剥离开来,更意味着将个体农民的经济利益追求及其基本政治—社会社区分割开。没有社区网络,意味着村民没有追求一己私利之外的激励,不可能达到公益化或社区化了的私利追求的境界。在专业合作社的框架中,一般都只有个体化的私利追求——这也是目前的制度环境,在政府补贴和倡导私营企业化农业的政策下所导致的结果(见第 12 章)。同时,国家的金融机构拒绝贷款给农民,结果实际上是在农民和融资之间设置了不可逾越的壁垒。

正因如此,对原子化了的、主要在于追求个人私利的村民来说,其一般对村政府选举的兴趣比较淡薄。在大多数的村庄中,集体所有资产较少,而理论上的(而非实际的)集体土地所有权一般并不具有实际的资产,因此也不太可能通过掌控村政府获得较大的利益。唯有在拥有可观集体资产/资源的村庄中(如城郊非农建设用地或林地),才会吸引强势的个人或宗族来竞选。(总结性论述见王小鲁等,2015:301—304)如此情况是由如今的制度环境所

① 据此看来,有的报告夸大了该地合作社所起的作用;促使永年县成为蔬菜生产模范县的真正力量是当地地方政府的行政领导。

塑造的,而基于农民和社区的真正合作社则少之又少。

但这并不意味着反潮流的、真正的农民合作社完全不存在。一个突出的例子是山西省永济市的蒲韩(蒲州镇和韩阳镇)合作社。它长期被中国社会科学院社会政策研究中心跟踪调查,具有比较丰富的文献资料。它起源于该地的寨子村(主要生产蔬菜和水果),由一位村庄的妇女带头为村民组织集体购买农资,很快便发展到5个连锁店的规模,覆盖43个村庄和3800多农户。

其间,合作社与一家借贷公司合作,从每位社员中收取2000元的社员费,借此来为有需要的社员提供贷款,从小额的5000元到大额的20000—30000元。但是,由于理念上的分歧(公司以盈利为主,而合作社骨干则以服务村民为重),双方后来分道扬镳。但合作社在分开之后仍然快速发展,到2012年已经拥有资金3280万元,为约2000农户提供了贷款。那是个有盈利的经营性服务(部分由于合作社根据该地的市场利率来贷款给社员:从6%利息的小额贷款到18%利息的大额贷款),如今已经成为合作社最主要的收入来源。这都是在没有国家支持和补贴,甚至没有国家法律的正式认可下所做到的。合作社其实曾经面对(由之前与之合作的公司控诉的)"非法集资"罪名的控诉,但最终胜诉。在贷款之外,合作社还为社员提供技术咨询和服务,以及加工和销售等服务。(总结性的论述见王小鲁等,2015)但是,该合作社显然规模比较有限,和日—韩—中国台湾地区由基层的村庄一直上延到全国/地区层面的历史经验相去甚远。

蒲韩合作社的实例虽然脱离了官方设计的专业合作社模式,但说明如此的综合农协,如果能够得到国家政策上的明确认可和支持，是可以像日—韩—中国台湾地区的综合农协那样发展的。它也许还能够适当纳入诸如（如今不起太大作用的）供销社似的机构（见下文进一步的讨论），甚至其他的支农机构。此外，我们还知道，即便在偏重脱离社区的专业合作社蓝图下，如今还是有许多专业合作社由村庄干部发起（2011 年占 39%，根据黄季琨等据说是提交了给中央的调查报告——见黄季琨，2011），因此也不可避免地大多连接上了村庄社区。如此的合作社可以填补如今小农户所处的真空。他们有可能可以推广与今天完全不同的原则和运作，借助公益化的私利追求而不是简单的私利追求机制来运作。那样的话，可以振兴如今已经日益原子化的村庄社区。

鉴于如今仍然有数量不小的合作社是真正为农民服务、由农民管理的，其说明这是条具有宽广前景的康庄大道。正如“北京农禾之家”组织——如今已有 18 个省的 108 家合作社参与（杨团等，2013）——的代表性学者杨团、王小鲁指出，如此的综合性农协不仅能够满足小农户的需要，也可以赋予村庄社区以新的生命力。

四、对农民创新性和权益的忽视

总体来说，改革时期三大农村发展模式的关键弱点在于，国家政策要么被困于一个新自由主义的过度放任的模式，要么被困于一个计划经济型的过度依赖行政的模式。两者是主宰国家在农业发展进路问题上的两大基本意见。在决策过程之中，两种意见只能在极少的几点上达成共识，其中之一是认为唯有规模化的生产才可能是现代化的生产，体现于龙头企业、大户或大家庭农场，并没有考虑到新、旧农业中的小生产者的创新和贡献,也没有正视新农业革命的基本实际。国家主要积极支持了大规模的生产者,在一定程度上忽视了小生产者——三十多年来新农业革命的实际主体。(亦见黄宗智,2016、2014b、2010)

国家迟迟没有认识到新的"隐性"农业革命的实际性质有多重的原因,一是长期以来的思维习惯,把粮食生产等同于农业的最大和最主要部分,是不容易改的思维习惯。二是由于长期的灾荒与饥饿的历史经验,国家特别关注粮食安全问题,这也是根深蒂固的思维习惯。把规模经济效益认作铁定的经济规律亦然,因为它既是新自由主义的也是马克思主义的基本设定。国家没有真正理解到的是,在中国"人多地少"资源禀赋的基本国情下(区别于西方,尤其是"新大陆"美国相对的地多人少),小规模农业长期延续是必然的给定条件(不然,会导致大规模的失业),因此,需要不同于西方的制度来协助小农户应对越来越庞大及越来越整合的全球化大市场。由于诸如以上的原因,许多决策者并没有认识到中国由小农户所推动的"隐性农业革命"。(第2、6、11章)

统计数据长期以来的组织原则也是一个认识上的障碍。多年来,统计数据都以产量而非市场化之后的产值为主。同时,许多人仍然把农业看作只是"小农业"(即种植业,区别于农、林、牧、渔"大农业")。养殖业则被置于"牧"的统计指标之下,使人联想到草原上的放牧,而忽视了种养结合的小农户。"渔"则使人们主要联想到江、湖、海的捕鱼业,而忽视了小农户的鱼塘养殖。此外,蔬菜方面的数据充满误导性,因为近年来的变化多来自种植更高比例的高档、高值叶菜类蔬菜和越来越少的低值根菜类蔬菜,而现有统计数据则不能清楚区分两者。至于新型的使用温室和拱棚的反季节蔬菜，区别于旧式的露地蔬菜，以及设施性的养殖，区别于旧式的散养一两头猪，这也没有在统计上清楚区分。因此导致了对新型的农业革命的忽视。（第2、6章）

在更深的层面上，两大发展理论影响强大，而它们都来自与中国不同的历史经验。两者中的新兴者是新自由主义，其认为“理性”的个人在完全自由的市场上追求自身最大利益的竞争，乃是（资本主义）经济发展的终极动力。因此，2007年的《专业合作社法》借鉴了美国的模式。有的论者则更追随近年来影响很大的新制度经济学，认为私有财产（法）制乃是释放个人创新力的不可或缺的条件，因此一再提倡要废除家庭联产承包制，要把中国的土地完全私有化。最重要的也许是，坚决认为市场机制和动力必定会导致大规模的生产实体的兴起，因此，部分新自由主义者和马克思主义者，都坚决提倡聚焦于对它们的支持，在一定程度上忽视小规模的生产者，亦即新时代的小农经济。

这些信条的关键弱点在于，它们不符合中国农业的历史经验实际：明清以来六个世纪的农业商品化并没有导致资本主义农业的发展，而是导致了巨大的社会危机和20世纪中国的社会革命。新自由主义还忽视了中国社会的一个基本单位——村庄社区，以及其根深蒂固的社区成员观念，其对土著与外来者的区分、在本村人员间广泛运用的拟亲属关系、由社区自身来处理成员间纠纷的惯习和机制、在部分地区形成的社区亲邻间的生产互助或自卫组织，或社区的灌溉、排涝合作、修建寺庙等惯习。（例见黄宗智，1992）它忽视了这些实际，而以一个幻想中的、基本没有农户社区的美国式社会来取代之(亦见第10章)。

至于第二种,它曾导致了社会主义的计划经济和集体化的农业,以及它们遗留下来的不少思维上的、实践中的习惯。我们看到,即便在新自由主义经济学占据话语霸权的今天(可见于高等院校经济系普遍以新古典的教科书经济学来取代马克思主义政治经济学),有一些旧的思维习惯和做法依然顽强地延续下来。粮食生产一旦遇到新的压力,部分官员很自然地(再次)采用旧计划经济式的思维方式来应对,在面对国际市场问题(如全球市场的粮食价格低于中国的价格)以及涉及国家(粮食)安全时,重新采用了旧的行政化模式。问题是,那样的进路无论在过去的计划经济时代还是改革的今天,都没有把新型小农户的主体性和创新性纳入其中。

被采纳的政策多来自新自由主义和马克思主义的理论和思维习惯之间的磨合与妥协,而最容易被采纳的则是对立双方能够达成共识的举措。其中之一,正是对规模化生产的信赖——认为小农生产的基本弱点只能凭借规模效益来克服,由此导致了双方都认可的、对龙头企业和其他大户的促进和支持。无论如何,我们已经看到,对规模经济的绝对信赖是多么充满误导性,包括集体化农业时代对其的迷信,也可见于如今对龙头企业和规模化的大户,包括对超过100亩的"家庭农场"的迷信。

专业合作社的设想也可以被理解为源自类似的理论和信念,并在其上添加了本土感情。对有的马克思主义者来说,合作社似乎倾向社会主义多于简单的资本主义(虽然,部分马克思主义者会从阶级关系的观点来批评合作主义)。对有的新自由主义者来说,合作社,特别是美国式的合作社,似乎是和市场主义带有亲和关系的一种次级制度。而对一些本土主义者来说，农民合作社似乎含有可嘉的本土民粹主义成分。这些错综复杂的思想因素以及其间的拉锯，也许能够帮助我们理解“专业合作社”这个建构为什么会被采纳：它似乎同时给予了三种思想源泉部分的认可，即规模效益、放任的市场主义，以及合作与本土民粹感情。

行政模式的关键弱点在于：不能理解和容纳小农的主体性与创新性。新近的农业革命的主要推动力其实来自亿万新型小农：他们进行温室和拱棚生产，特别是高值的反季节蔬菜生产；或经营几亩地的果园、鱼塘、设施养鸡等。此外，还有结合种植饲料和养殖猪、牛、羊的小农，一般也只是不到15亩的农场。然而，一旦行政控制成为其主导意识，便很容易陷入命令主义的错误，不顾小农的权益，一如大力推广双季稻种植那样。

新自由主义模式的关键弱点则是：不符实际地预期作为理性经济人的小农，在市场环境中追求自身利益的最大化，必定会导致规模化资本主义企业性农业的兴起。殊不知，绝大多数的小农在新农业中只种植、经营小规模（相比西方的农场）的农场，依赖自家的劳动力而不主要依赖雇佣劳动力。他们的动机大多是为了维持自家生计，要在自家有限的几亩承包地上获得最大的产出和回报。如果“投资”于设施农业，他们动用的多是自家人打工的收入，再加上新农业的较高回报来支撑。他们追求的首先是在村里盖一间体面的房子、送孩子上大学、办场体面的婚礼或葬礼，而不是资本的利润最大化以及积累资本和扩大再生产。如此的小农大多和新自由主义理论由理性经济人转化为企业家的想象十分不同，因此也没有进入他们的视野。新自由主义者和马克思主义者一样，没有认识到中国最近的新农业革命及其真正的发展动力。

我们还要认识到，即便是旧粮食农业，其最近的发展也主要是由“适度规模”的20—50亩的中等农场，而非国家偏重的（超过100亩的）规模化农场所推动的。这些“中农”农场借助的是中国历史性的三大变迁：（由于1980年以来积极实施计划生育所导致的）每年新就业人数的下降、大规模的非农就业和由此导致的劳均耕地面积从5.9亩的最低点上升到10亩，再加上同村亲邻间的土地流转（由外出打工者流转给留村种地者）。这样的新中农，现今已经越来越成为粮食经济和村庄社区的中坚人物。我们如果加上那些用家人打工所得而购买新农资［如机耕—播—收服务，或化肥、良种、（节省劳动力的）除草剂等］的新、旧农业的经营者，在年收入上至几万元的中等水平的农户，新的农村中等阶层其实已经占到许多村庄人口越来越高的比例，甚至其过半的多数。

阅读近十三年来所有的中央“一号文件”，特别突出的一点是，它们给予国家的行政举措至为详细的叙述，也包括国家支持规模化的龙头企业、大户、大家庭农场以及公司化的专业合作社之比较详细的论述，却很少提到小生产者的主体性、创新性和贡献。唯一的例外是2008年的“一号文件”，其中一段特别突出的文字这样写道：（我们）“必须稳定完善农村基本经营制度，不断深化农村改革，激发亿万农民的创造活力，为农村经济社会发展提供强大动力。”（中央“一号文件”，2008：第6节）但是，文件并没有对此加以进一步的阐释。

简言之，有的决策者、规划者和学者所没有看到的是，小生产者实际上是新农业革命的主体及其主要的动力。因此，他们也没有认识到，如今的小生产者，尤其是新农业中的小农，最需要的是为他们分别、零散的产品提供加工和销售服务，而不是规模化耕作。在纵向的、近似于工业的加工和销售层面，农业确实需要规模化的经济效益；但在耕作的横向层面上，并不如此。决策者只设想横向的耕作规模效益，要么是通过国家行政管理、要么是通过农业企业来进行农业的纵向一体化，而没有考虑到另一种基于小农的农业生产以及基于小农的、真正为小农利益服务的加工与销售合作社。

五、另一种可能：东亚历史经验

有的读者也许会认为，这里要提出的另一道路只是一种浪漫的空想。确实，如果我们没有历史先例来支撑这样一种设想，它真的只是一种没有根据的想象，只是来自对资本主义，也是对中国以及苏联过去计划经济下的集体农业的一种模糊的批评意识而已。

这正是日—韩—中国台湾地区的历史经验之所以特别重要之处，尤其是在其相当于如今中国农业发展阶段的20世纪50年代到80年代所建立的由农民社员掌控的、为农民社员谋求利益的合作社的经验。它们源自一种历史上的巧合：日本明治后期的地方政府把发展农业现代化设定为其最主要的任务，而其后，该传统通过殖民统治而被扩延到韩国和中国台湾地区。（Kang and Ramachandran，1999；Ho，1968；亦见黄宗智，2015）再其后，在美国的占领或决定性影响下，出现了又一次的历史巧合：与一组认同于罗斯福新政的美国占领官员的政策的结合。（Cohen，1967）结果是,日—韩—中国台湾地区都实施了首先确立小农为主体的土地改革,基本消灭了地主经济,并限定农场规模不可超过 45 亩(日本的三“町”)。同时,不允许外来资本购买农地。其次是建立了由农民而不是官员所管理的半政府型合作社,由他们来掌控许多原先属于基层政府的支农资源并执行其功能。最后由此基础来将合作社组织从村庄延伸到其上的各级政府,直到省级和中央。(详见本书第 10 章;日本见 Kurimoto,2004,Esham et al,2012,以及 Moore,1990;韩国见 Ban,Moon and Perkins,1980;中国台湾地区见 Fei et al,1979;亦见黄宗智,2015)

那些由农民管理但具有国家认可和支持的合作社,承担了原先地方政府的许多功能而为小农农业提供了必需的服务:(因集体购买而获得折扣的)比较廉价的农资、技术咨询和服务、信贷服务、社区活动,并提供高效的农产品加工服务。它们还组织了销售,结果使得日本的全国性“农协”成为一个被人们公认的品牌。如此的功能,全由综合农协而非国家机构亦非资本主义企业或商业资本来提供。结果是,得自高市场值的农产品的收益主要归于农民小生产者。(尤见 Moore,1990:152—154、166;Esham et al,2012:946—948;黄宗智,2015)

几乎所有的农民都能看到,由如此的历史巧合所产生的合作社乃是对自己特别有利的组织。他们可以借此获得较廉价的农资、较低成本的加工和销售服务,避免(如今在中国制度环境中困扰小农的)中间商的费用和榨取。同时,这些合作组织更为他们提供了于全国性层面维护自身利益的门路。结果,每年一度要求国家提高米价的游说运动,成为基层合作社每年夏天的主要活动。

从这些维度来看，我们才能理解为什么这些地方几乎所有的农民都参加了合作社，而且其参与是完全自愿的。（详见第10章；Moore，1990：156—157、165；亦见黄宗智，2015）

这一切的关键在于，小农户既不是国家行政控制的对象，也不是企业的雇工，而是其自身产品生产和销售的主体。而那样的地位为农民提供了真正提高其劳动生产率和收入的机会（亦即“现代化”应有的主要含义），由此扭转了长期以来的城乡差别以及日益显著的城市“中产阶级”与农民间差别的趋势。我们可从以下的“基尼系数”看到，日—韩—中国台湾地区在社会公平指数较为合理。根据美国2015年的数据：日本的指数是37.6（2008年的最新数据），全球141个国家与地区中排名第65；韩国31.3，排名第29；中国台湾地区34.2，排名47。（CIA，2015；亦见黄宗智，2015：27）

固然，日—韩—中国台湾地区如今只有较低比例的从业人员仍然务农，和中国大陆颇不一样。但是，这些东亚经济体的历史无疑是和中国大陆相对人多地少的国情基本相似，其特点是较多和较长期的小规模小农经济，与西欧和美国十分不同。同时，毋庸置疑的还有，合作社在日本的历史上做出了重要的贡献，特别是在其20世纪50年代至80年代的农业发展黄金时代——当时农业在其国内生产总值所占比例（1965年是10%）和人均GDP（1985年是10787美元），与中国大陆今天的情况比较相近。（见本书第10章，表10.2；亦见黄宗智，2015：表2、第22页）合作社使日本能在其资本主义工业经济快速发展的时代，避免形成一个人数众多的赤贫农民底层，由此建立了后来比较优越的基尼系数的基础。当然，日—韩—中国台湾地区这些经济体的规模远比中国大陆要小，也使它们能够相对快速地在几十年的期间内便将其农业从业人员比例减少到10%以下,而中国大陆面对的则是要长久得多的小农经济的延续。

今天,决策者应该从承认亿万农民所做出的贡献出发,他们不仅为快速的城镇化建设提供了劳动力,也为新农业的兴起,包括旧粮食经济的现代化,做出了巨大的贡献。决策者对待农民的创新力和积极贡献的最佳方案绝不是无视他们的贡献,当然更不是阻挡或压抑他们,而是尽一切可能来鼓励并支持这些动力和贡献。

过去对待合作化的失误在于:要么做得太多,要么做得太少。在中华人民共和国成立后的早期,合作运动很快便让位于官僚化的、指令性的计划的行政模式。之后,在改革期间,集体农业被一举取消,转向了新自由主义的放任市场主义意识形态。但是,国家很快发现,市场机制下的原子化小农生产不足以维持粮食生产,因而再次采纳了行政干预的模式来支撑小农场,为它们提供纵向一体化服务并稳定市场,但同时也采纳了偏重大农场的政策。至于如今被宣扬的专业合作社模式,国家试图模仿美国模式,使得许多合作社成为只是形式上的而非实质性的合作社。这个失误的部分原因也是合作社运动本身的错误,过分否定了之前的集体模式,因而坚持要求合作社成为完全依赖农民的自发性以及完全放任的市场机制。他们没有看到的是,在国家依然扮演关键角色的改革体制下,政府的无为实际上等于排斥——因为相比政府对农业企业的积极支持,合作社相当于被置于缺乏竞争力的弱势之下。

目前,国家采纳了将村庄和村政权组织与合作社相对分开的做法。如此的抉择具有一定的历史背景。部分原因是,基于村庄社区的合作社使人联想到计划经济时代的集体化大队。在改革时期，这是没有人愿意援用的传统。但我们看到，在日—韩—中国台湾地区的经验中，农协都是在村庄社区，以及原有的、以发展现代化农业为主要任务的地方政府框架内建立的。它们吸纳了之前地方政府的科技、农资和信用服务的资源和功能，并且因此获得几乎是所有农民的自愿参与和支持。这样的做法，如果在中国大陆被采用，同样也会吸引到绝大多数农民的支持。

此外，结合合作社与农村社区，将会赋予合作社如今所没有的社会基础。一个村庄农民之间的社会关系和纽带，即便如今已经弱化，仍然远比仅仅生产同一专业产品的原子化生产者之间的关系紧密得多。后一种设想是来自美国的模式，一个基本没有类似于中国村庄的客观环境，以及远比中国小农户高度企业化的农场体系。但在中国，村庄仍然是一个基本的自然和行政单位。把中国的农村想象为美国的农村是错误的、脱离实际的幻想。这完全是由意识形态化理论引起的误导。新自由主义经济学促使决策者主要考虑到资本、市场和规模经济效益，而马克思主义经济学则使人们更多地关注阶级关系和规模效益，却容易忽视村庄社区这个中国乡村的基本实际。

如今，基于农民选举的村政府制度，是个现存的并且可资使用的框架。村庄的自然社区当然也是。可资对比的是，认同于罗斯福新政的美国占领日本的官员们，居然能够认识到美国模式并不适用于日本，以及韩国和中国台湾地区，而如今中国在借鉴美国经验的大潮流下，一定程度上让意识形态化的建构来替代中国的基本实际。

让合作社像日本综合农协那样,来为农民提供存款和贷款服务,能够赋予合作社所需的资本和影响力,而不必仅仅依赖从社员处收取的社员费。那样,则更可以像日本那样,把基层的农协作为县、省和全国级的金融组织的基础,以及为农产品加工和销售的服务实体,更上延到农民参与全国政治和决策层面以维护其自身利益——像日本的经验那样。而那样的组织更可以克服如今在高度原子化的农村所重现的"一盘散沙"问题,这是一个多世纪前便由早期革命家所指出的问题。

国务院在 2015 年 3 月颁发的《中共中央国务院关于深化供销合作社综合改革的决定》(2015),说明有的决策者已经考虑到要把作为政府机构的供销社和农民更紧密地结合起来,让供销社成为不仅是农资与农产品供应和销售的机构,更是为农民提供金融服务等的信用组织。文件更提到由农民来管理这种组织的可能。但是,一如今天大部分的文件那样,"决定"同时也提到,要发展"企业"和培养能干的公务员来为农村服务并推进农业发展的意图。问题是,如此的"多元"杂烩可能会再次像 20 世纪 50 年代那样,把原意是农民的"供销合作社"再次转化为国家官僚化的行政机构。但至少在概念层面上,"决定"已经提出了发展能够结合政府机构与农民合作社功能的设想,提出了一种不同的农村金融信用社的可能。

我们可以想象,如果国家真能把计划经济遗留下来的庞大供销社体系纳入新型的、基于农村社区的综合性农协,借此克服诸多弊病,如果国家真能凭借把目前具有 2.9 万个基层社、33.8 万个基层网点的庞大供销社体系(中华全国供销合作总社,2017)纳入一个生气蓬勃的、真正为普通小农户服务的新型物流体系，其结果也许能够成为一个功效甚至高于东亚农协经验中的“纵向一体化”的体系。它可以借助国家的力量来设立高效的物流电子信息系统，借助国家的力量来建立和完善不同层级的农产品物流中心和“供应链”，借助电子商务和中国已经相当高度发达的快递产业来为小生产者配送商品等。其结果是，也许真能成为开辟全新货物流通体系的价廉物美的“社会主义市场经济”。

另一个可能具有深远意义的动向是成都市近几年采用的“模式”，由（地方）政府直接拨款给每个村来推进村级公共服务，从2008年启动时的每村“不少于20万元”开始，2014年已经达到40万元，2017年有可能达到60万元。在目前的制度环境下，这不失为一个很好的改革方案：可以跳过市政府与村庄之间的不同层次［区、县（市）、乡镇］对上级下拨款项的“分利”，也可以借此激发社区村民的公益化意识和参与意识，构建一个和目前许多项目中呈现的个人逐利现象不同的体系。目前，成都市对“村级公共服务”的理解重点在水利、道路、桥梁、垃圾池等方面的建设。（田莉，2016）其实，完全可以把新型物流体系（“纵向一体化”）的建设也纳入“公共服务”范畴，逐步上延，与各级地方政府配合，借助信息技术和现代化的储藏和运输来建立一个高效的物流体系。

今天的中国农村政策需要的：一是明确承认农民在农村发展方面已经做出的贡献；二是由国家建立一个更合适的制度框架，来更清楚有效地推动农村合作社的发展，尤其是把部分支农资源转交给以社区和农民为基础的合作社；三是由政府来继续制定宏观的战略性规划，以及领导省和中央级的合作社组织，包括全国性的、参与全球经济的金融组织,如日本的“农林中央金库”。后者在20世纪80年代已经成为日本全国最大的银行之一。(详见第10章;亦见黄宗智,2015:22)

那样的发展进路,才能够结合现有三大模式的至优点。旧农业的行政模式展示了国家可能起的积极作用;放任的市场模式展示了小农通过市场激励的主体性和创新性(包括其非农就业),对国家的农业发展作出了巨大的贡献;合作社的模式指向了在简单的资本主义和计划经济之外的另一种可能。如此,对小农经济将相当长期延续的发展中国家来说,中国有可能成为另一种的、第三条的农村发展道路的实例。

参考文献:

《2011年国家支持粮食增产农民增收的政策措施》,载http://www.moa.gov.cn/fwllm/jjps/201103/t20110328_1956244.htm,访问日期:2016年4月。

陈艳霞(2012):《寿光市农民专业合作社发展壮大的几点建议及对策》,载《商场现代化》9月刊(总695期),第317页。

《大蒜等菜价遇过山车困局中间商炒作价格翻十倍》,2011,中央电视台《东方时空》,6月29日。

高原(2014):《大农场和小农户:鲁西北地区的粮食生产》,载《中国乡村研究》第11辑,第126—144页,福州:福建教育出版社。

黄季焜(2011):《农民专业合作社经济组织发展的成就、挑战和对策》,载http://www.snzg.net/article/2011/1123/article_26361.html,访问日期:2016年2月。

黄宗智(1992[2000、2006]):《长江三角洲小农家庭与乡村发展,

1350—1988》,北京:中华书局。

黄宗智(2006):《制度化了的"半工半耕"过密型农业》,载《读书》第2期,第30—37页;第3期,第72—80页。

黄宗智(2010):《中国的隐性农业革命》,北京:法律出版社。

黄宗智(2012a):《国营公司与中国发展经验:"国家资本主义"还是"社会主义市场经济"》,载《开放时代》第9期,第8—33页。

黄宗智(2012b):《小农户与大商业资本的不平等交易:中国现代农业的特色》,载《开放时代》第3期,第89—99页。

黄宗智(2014a):《"家庭农场"是中国农业的发展出路吗?》,载《开放时代》第2期,第176—194页。

黄宗智(2014b):《明清以来的乡村社会经济变迁:历史、理论与现实》,第三卷:《超越左右:从实践历史探寻中国农村发展出路》,北京:法律出版社。

黄宗智(2015):《农业合作化路径选择的两大盲点:东亚农业合作化历史经验的启示》,载《开放时代》第5期,第18—35页。

黄宗智(2016):《中国的隐性农业革命,1980—2010:一个历史和比较的视野》,载《开放时代》第2期,第11—35页。

黄宗智、高原(2014):《大豆生产和进口的经济逻辑》,载《开放时代》第1期,第176—188页。

黄宗智、高原(2013):《中国农业资本化的动力:公司、国家还是农户?》,载《中国乡村研究》第10辑,第28—50页,福州:福建教育出版社。

黄宗智、高原、彭玉生(2012):《没有无产化的资本化:中国的农业发展》,载《开放时代》第3期,第10—30页。

黄宗智、龚为纲、高原(2014):《"项目制"的运作机制和效果是"合理化"吗?》,载《开放时代》第5期,第143—159页。

黄宗智、彭玉生(2007):《三大历史性变迁的交汇与中国小规模农业的前景》,载《中国社会科学》第4期,第74—88页。

黄宗智编(2013):《中国的经济计划体系、过程和机制:中西方学者对话(六)》,载《开放时代》第6期,第5—45页。

《粮食收储供应安全保障工程建设规划(2015—2020年)》,2015,载http://www.sdpc.gov.cn/zcfb/zcfbghwb/201506/t20150624_69691.html。

李凯、赵涛、王立阳、杜素霞、李晓梅(2014):《引科技提升蔬菜质量抓市场拓宽销售渠道——永年县搞好蔬菜上档升级解决卖菜难问题调研报告》,载《现代农村科技》第15期,第4—6页。

林辉煌(2012):《江汉平原的农民流动与阶层分化:1981—2010:以湖北曙光村为考察对象》,载《开放时代》第3期,第47—70页。

刘老石(2010):《合作社实践与本土评价标准》,载《开放时代》第12期,http://www.opentimes.cn/bencandy.php? fid=170&aid=892。

《让农民合作社运行更好实力更强》,2014,载《农民日报》2014年9月27日,载http://szb.farmer.com.cn/nmrb/html/2014-09/27/nw.D110000nmrb_20140927_3-01.htm。

田莉(2016):《成都市推进村级公共服务和社会管理改革的实践》,载《成都发展改革研究》第3期,载http://www.sc.cei.gov.cn/dir1009/223968.htm。

王德福(2016):《市场化抑或政策性:农地经营权抵押的实践逻辑与反思》,载http://www.snzg.cn/article/2016/0314/article_41539.html。

王海娟(2015):《资本下乡的政治逻辑与治理逻辑》,载《西南大学学报》第4期,载http://www.snzg.net/article/2015/0818/article_41271.html。

王小鲁、姜斯栋、崔鹤鸣(2015):《综合性农民合作组织是实现中国农村现代化的重要组织形式——山西省永济市蒲韩农协调研报告》,载杨团、孙炳耀等著《综合农协　中国“三农”改革突破口（2015卷》，第285—306页，北京：社会科学文献出版社。

杨华（2012）：《“中农”阶层：当前农村社会的中间阶层》，载《开放时代》第3期，第71—87页。

杨团（2013）：《综合农协改革逐渐被官学两界关注》，载《财经》9月2日，载http://finance.sina.com.cn/china/20130902/180216639711.shtml。

杨团、孙炳耀、郑易生、仝志辉、刘建进、石远成（2013）：《探索综合性农民合作组织，促进“三农”改革新突破》，载杨团、孙炳耀等编：《综合农协中国“三农”改革突破口》，第8—42页，北京：社会科学文献出版社。

袁中华（未刊稿）：《农业结构转型与适度规模的生成——基于对鲁西S县小肉鸡产业的历时性观察与思考》，引用得作者允许。

曾寅初（2007）：《农产品批发市场升级改造的难点与对策——基于浙江、山东两省的调查分析》，载《中国市场》第Z4期，第63—66页。

张建雷（2016）：《发展型小农家庭的兴起：市场、制度与农民家庭的互构——皖东溪水镇的小农家庭与乡村变迁（1980—2015）》，华东理工大学博士学位论文，引用得作者允许。

张建雷、曹锦清（2016）：《中农经济的兴起：农业发展的去资本主义化及其机制——基于皖中吴村的调查》，载《中国乡村研究》第13辑，第162—187页，福州：福建教育出版社。

张永革（2014）：《永年县蔬菜生产现状与发展对策》，载《农业科技通讯》第8期，第37—38页、第156页。

郑林涛（2013）：《关于寿光县化龙镇胡萝卜产业发展的调研报告》，载《今日中国论坛》第17期，第174—175页。

《中共中央国务院关于深化供销合作社综合改革的决定》，2015年4月2日，载 http://news. xinhuanet. com/politics/2015-04/02/c _

1114855360.htm，访问日期：2016 年 3 月 7 日。

《中国农村统计年鉴》(2002、2011)，北京：中国统计出版社。

《中国统计年鉴》(1983、1984、1987、2011、2015)，北京：中国统计出版社。

《中华人民共和国农民专业合作社法》，(2006)，http://www.gov.cn/flfg/2006-10/31/content_429392.htm。

中华全国供销合作总社(2017)：《全国供销合作社系统 2016 年基本情况统计公报》，载 http://www.chinacoop.gov.cn/HTML/2017/02/03/112357.html。

中央"一号文件"，(2004、2005、2006、2007、2008、2009、2010、2011、2012、2013、2014)，载 http://www.moa.gov.cn/ztzl/yhwj2015/wjhg_1/. 2015; http://www.moa.gov.cn/ztzl/yhwj2015/zywj/201502/t20150202_4378754.htm. 2016; http://www.moa.gov.cn/ztzl/2016zyyhwj/2016zyyhwj/201601/t20160129_5002063.htm，访问日期：2016 年 4 月 8 日。

Ban, Sung Hwan, Pal Yong Moon, and Dwight H. Perkins. (1980). Rural Development: *Studies in the Modernization of the Republic of Korea*, 1945 – 1975, Cambridge, MA: Harvard University Press, 1980.

CIA. (2015). "Country Comparison: Distribution of Family Income-Gini Index," https://www.cia.gov/library/publications/the-world-factbook/rankorder/2172rank.html, 访问日期：2015 年 3 月。

Cohen, Theodore. (1967). *Remaking Japan: The American Occupation as New Deal*, New York: Free Press.

Esham, Mohamed, Hajime Kobayashi, Ichizen Matsumura and Arif Alam. (2012). "*Japanese Agricultural Cooperatives at Crossroads*: A Review,"

American-Eurasian Journal of Agriculture and Environmental Science , 12.7: 943−953.

Fei, John C. H., Gustav Ranis, and Shirley W.Y.Kuo. (1979). *Growth with Equity* : *The Taiwan Case* , Washington, DC: World Bank(by Oxford University Press) .

Ho, Samuel. (1968). "Agricultural Transformation under Colonialism: The Case of Taiwan," *Journal of Economic History* , 28(September): 311−340.

Kang, Kenneth and Vijaya Ramachandran. (1999). "Economic Transformation in Korea: Rapid Growth without an Agricultural Revolution?" *Economic Development and Cultural Change* , 47.4(July): 783−801.

Krugman, Paul. (2008). "The Increasing Returns Revolution in Trade and Geography," Nobel Prize Lecture.

Kurimoto, Akira. (2004). "Agricultural Cooperatives in Japan: An Institutional Approach," *Journal of Rural Cooperation* , 32. 2: 111 − 18, http://departments.agri.huji. ac.il/economics/jrc-abs-kurimoto. pdf.

Moore, Richard H. (1990). *Japanese Agriculture* : *Patterns of Rural Development* , Boulder, Colorado: Westview Press.

Perkins, Dwight H. and Shahid Yusuf. (1984). *Rural Development in China* , *Baltimore* , MD: The Johns Hopkins University Press(for the World Bank).

Zhang, Qian Forrest, Carlos Oya, and Jingzhong Ye. (2015). "Bringing Agriculture Back in: The Central Place of Agrarian Change in Rural China Studies", *J . of Agrarian Change* , 15, 3: 299−313.

第十四章　中国农业往哪里去

本章原文是为《中国农业往哪里去？》专辑所写的导论，[①]总结并点评了专辑的各篇文章。首先是五篇关于中国农业史的经验和理论文章，其次是两篇扎实阐释三十多年来“新农业”的研究，最后是关于中国农业发展的不同途径的三篇文章。纳入本书是为了借助与不同观点著作的对话来进一步阐明本书的主要论点，试图更好地与来自不同视角的读者沟通。

一、历史背景

本专辑的一个强项是召集了经济史领域的几位优秀学者来共同探讨我们设定的“中国农业往哪里去？”议题。

王小鲁和姜斯栋（王小鲁、姜斯栋，2017）首先为我们提供了一

① 专辑载《中国乡村研究》2018 年第 14 辑，福州：福建教育出版社，第 153—459 页。

个以粮食产量为主线的全面综述（“粮食”作为统计指标需要与“谷物”区别开来，前者在谷物之上还纳入了薯类和豆类产出）。研究明清和民国时期的经济史学家们一般只能依赖一些零碎的产量数据，辅之以人口数据以及人均谷物/粮食消费的合理估算来推测其总产量，再与当代中国比较完整的数据对上，借此来说明其近五六个世纪中的变迁。（例见 Perkins，1969）但在 1949 年之后的当代，我们具有了相当完整的粮食/谷物产量数据。据此，王、姜考虑到众多不同因素，作出了比较中允和有说服力的论述——总体来说，是我们大多数人会赞同的论述。

但在单一点上，他们二位文章的论点和我们其他几篇文章有一定的出入。他们特别突出集体农业和家庭农业之间在生产者的激励问题上的不同，认为前者缺乏激励机制和效率，后者则优越得多（在这一点上，他们和“主流”“新制度经济学”的意见基本一致）。在他们的分析中，改革时期这方面的进步很大，成为其主要的发展动力。此点我们下文还要讨论。

但是，他们的文章继而指出，激励机制改良所导致的增长是有一定限度的。过了 1978—1985 年初期所起的作用之后（这里，我们也许应该再加上国家提高粮食收购价格的因素），激励机制的改进已经无法再带来大幅度增产。之后，关键因素是投入品和产出品的比价，投入品价格相对产出品上升幅度过高，产出会受到影响，产出品价格相对投入品适当提升，又会恢复过来。但近年来，粮食增产显然已经接近极限，各种投入面对的是边际效应的递减，未来需要依赖高值农产品的发展及新的制度。

接下来，王、姜指出，美国型的企业农业（包括家庭企业），规模多以千亩计算，乃是当前政策当作典范的模式，但并不适合中国。我们如果假定中国的城镇化比例从如今的 56% 增加到 78%，中国仍然将会有 1.6 亿人从事农业，人均才十二三亩，户均才三四十亩。两地农业实在不可相提并论。更适合中国的是日本、韩国以及中国台湾地区的以村庄为基础的合作社经验，户均也是几十亩。此点我们将在本文最后部分再讨论。

高原（高原，2017）的文章论证的是一个与王、姜关乎家庭、合作、集体经营激励机制的不同意见。首先，高文指出，20 世纪 50 年代和 1963—1978 年有关键的不同：国家所扮演的角色，尤其在工业与农业的关系方面，前后期十分不同。在前一段时期，国家主要从农业抽取资源来优先发展工业，极少让工业来反哺农业。但在后一段时期，工业为农业提供了重要的支援。其中关键是在国家对支援农业的工业的投资所占比例，前期（1953—1957）只占国家对工业总投资的 2.9%，后期（1963—1978）则占到 9%，主要是 1963 年之后提供了越来越多的化肥（王、姜文章所提供的材料其实也证明此点）。

至于制度方面，高原的文章区别了合作社（包括互助组）和小—中型的合作社/集体制（1955—1957），以及两者与大跃进时期的极端（1958—1961）发展之间的不同。在前两者之下，即便没有国家和工业的支援，直到 1957 年底仍然有一定的增长。显著的下降主要在于大跃进的几年（1958/1959—1961）困难时期。在大跃进之后的 1963—1978 年间，制度安排在“三级所有、队为基础”（小队平均才约三十来户）下基本稳定不变。小队在生产和分配上都与农民利益紧密联结，加上化肥的投入，导致了不错的农业进展，不可简单与大跃进一起被认为缺乏激励而全盘否定。

也就是说,基本问题不仅是在个体化的还是合作化/集体化的耕作,更在于工业与农业间的关系以及制度安排是否紧密结合农民利益。小型的互助、合作或集体可以协助许多缺乏充分生产要素的农民(无论是土地还是劳动力、牲畜还是农具)克服困难而促进生产,一如 1952—1957 年和 1963—1978 年间那样(这也是根据地时期的合作社所起的主要作用。当然,正如高原指出,1949—1952 年的土地改革也起到同样性质的作用)。若用经济学术语来表达,乃是借助合作来克服"要素配比扭曲"("the distortion of inputs allocation"或"inputs mismatch")——是一种用来克服前工业时期的农业"内卷化"问题的方法。(高原,2017)我们需要把它们和由上而下强制执行的超大型的、大跃进时期的人民公社制度区别开来。这是个有说服力的论析。

林刚(林刚,2017)的论文为高原所突出的工农业关系提供了重要的近代史背景和支撑。林文有说服力地证明,20 世纪初期,机器纺纱给中国农村带来的影响不仅是一般人所认为的摧毁了农村的手工纺纱,其实更是激发了新型农村手工业的发展,特别是改良土布的生产。随之而来的是铁轮机的发明和广泛使用,尤其可见于河北的宝坻、高阳两县,以及山东的潍坊。纺纱工业的发展也推动了纺纱工厂的兴起(特别是最早和最成功的大生纱厂)。它们遍布长江三角洲。随之而来的是新型的轧花机和纺纱机,以及针织机(生产毛巾和袜子),以及一系列的新式农机具和农产品加工机器。纺纱业成为中国棉纺织业的最主要产业,乃至于近代工业整体中的最主要部门。它们也是电力和钢铁工业的重要消费者,起到了带动其发展的作用。

根据以上的经验证据，林刚特别强调相互促进的工业与农业间的关系，区别于单一方的发展（譬如机器面粉多限于城镇消费者，以及机制布同样多限于城镇）。鉴于小农经济在中国历史及中华文明中所占的中心地位，以及中国必须在自身的领土中谋求发展的国情（缺乏地中海各国那样程度的国际贸易），城乡关系乃是国家经济整体的重中之重。林刚有说服力地呼吁：要成为一个发达的国家，中国必须要有一个发达的农村。

这里，我们可以进一步指出，近代之前的中国城乡贸易主要是单向的，由农村为城市提供粮食与其他农产品，以及高质纱、布和丝等奢侈品，较少有反向的商品流动。如此的“市场”应该清楚区别于亚当·斯密所描述的18世纪英格兰的城乡双向贸易及其螺旋式发展。同时期中国的城乡关系主要是单向榨取性的，而不是双向相互推进性的，与新自由主义所建构的普世的、高度整合的纯竞争性市场完全是两码事（更详细的讨论见黄宗智，2016a：167—175）。也就是说，农业发展绝对不是简单像如今大多数的西方经济学理论所设定的理论前提那样，是由市场机制与私有产权驱动的最佳资源配置。

林刚的研究给予高原所突出的城乡关系的观点以重要的支持。一如机纱在20世纪上半期推进了农村的经济发展，20世纪60年代和70年代以来，城市工业为农村供应的化肥推进了农业的发展，也反过来推进了城市石油及其相关产业的发展。而20世纪90年代以来，我们更看到，城市为农村提供了节省劳动力的农用机械（以及除草剂）（见本书第2、7章；黄宗智、高原，2013；亦见王小鲁、姜斯栋，2017 中的相关数据），以及农产品的加工工业，同样也是工农业相互推进的例子。

城乡工农业相互推进的一个更大作用也许是，近三十多年来伴随快速经济发展而导致的人民收入的提高，把旧式的粮食：蔬菜：肉食的 8：1：1 的比例改向 4：3：3 模型，一如日本、韩国、中国台湾地区和如今中国的城市中产阶级那样（即便是城市其他阶层以及农村人民的食品消费也正在朝同一方向改变），进而促使中国农业结构的“转型”，从以粮食为主朝向越来越多的（高档）蔬菜—水果、肉鱼禽的（笔者称之为）“新农业”转型。（本书第 2 章；黄宗智、彭玉生，2007；亦见黄宗智，2010、2014a.3；黄宗智，2016c）

郭爱民的文章（郭爱民，2018）补充了聚焦于农业劳动生产率的视角及其方法和数据。说到底，劳动生产率的提高乃是提高收入的最终来源，也是“现代化”至为核心的含义。郭采用的方法是计算每位农业生产者所能支撑的非农业人口，将其当作关乎农业劳动生产率至为关键的量度指标。首先，他把各种粮食的产出换算为同一的卡路里数量，同时，区分农村人口数与农业从业人员数，在后期（越来越多农村人口从事非农就业）则区分非农就业与农业。其次，纳入消费的演变，首先显示伴随粮食增产而来的人均粮食消费的增加，而后是伴随肉禽鱼、蔬菜水果、蛋奶消费的增加而来的粮食消费的下降。他严谨、仔细地处理了以上的数据。根据以上数据，及其在近年来的一些质性实地调查（在河北、山东、天津的调查——譬如，人们已经基本不再食用玉米，而是把其主要用作饲料），来对照前后期的农业劳动生产率，说明一个农业劳动力已经在支撑越来越多的非农人口。这是郭爱民对农业现代化的理解的核心。

郭的数据有说服力地证明,中国农业的劳动生产率在 20 世纪 90 年代以来快速上升。这里,我们可以补充说明,他的论点和中国 90 年代以来,尤其在粮食生产中,越来越多使用节省劳动力的农业机械(和除草剂)是完全相符的(见本书第 2 章、第 6 章、第 7 章)。与其相对的是,之前(和如今仍然)更多依赖的化肥投入——其作用是提高土地生产率多于劳动生产率。

不出所料,这样的数据进一步说明人少地多资源禀赋的新大陆国家与人多地少资源禀赋的中国的农业之间的不同:前者的现代化依赖的更多是提高劳动生产率的机械,而后者则更多依赖提高土地生产率的化肥,即便在今天仍然有明显的差别。(本书第 11 章;黄宗智,2014c:177—182)根据郭爱民的数据,2010 年每一农业劳动力在美国支撑的是 873 人,在中国则仍然才 10 人。(郭爱民,2018:表 12、16)

郭爱民的文章同时关注到日本和韩国由于大规模进口粮食,对他的计量方法所导致的(用他的话来说)“效率假象”。这里我们需要进一步指出,中国以及中国的学者对进口粮食多有误解,这与中国自身特别关注的“粮食安全”意识直接相关。它来源于 18 世纪长期以来人口压力所导致的一再的生存危机,也来源于革命和抗战时期在敌人围剿下的生存压力。我们需要考虑到,日本和韩国在其现代化过程中,在这方面做出了合乎经济逻辑的选择,即在本国国内偏重高值劳动与资本双密集化的新农业产品,如高档蔬菜—水果和肉禽鱼,并借此来和较低值的土地密集型粮食交换。中国如今也已走向了类似的方向,在大豆方面尤其如此(如今进口

80%国内消费的总量,主要用于饲料),主要从新大陆的美国、巴西和阿根廷进口。中国若要生产其所消费的所有的大豆,则必须再投入其耕地总面积的五分之一来生产大豆,这显然不太现实。更明智的决策是出口高值农产品来与低值进口大豆进行交换。未来的出路则是发展天然大豆保健食品,更多地进入国际市场。(本书第8章;黄宗智,2014d)

此中差别和道理需要通过产值来计算劳动生产率,而不仅是其产出的重量或卡路里含量。即便如此,郭文强有力地为我们阐明了中国农业与西欧和美国农业的关键不同。它特别有助于说明其前工业时期的不同及其向使用工业投入的农业的演变,但对高收入的工业化经济体以及(我们可以称作)后工业时期的农业,则不具有同等的洞察力。对后两者来说,劳动生产率更多地取决于其卡路里的品质(诸如味觉、稀缺度、健康效益等),需要凭借其产值而不是卡路里数量来衡量。

裴小林(裴小林,2018)的文章补充并延伸了郭爱民的论点。首先,裴指出,农业研究大多没有充分理解农业与工业的不同。前者面对的是(不同技术条件下的)土地生产率的自然极限,也是人力(和畜力)的自然极限,与工业动力可以几乎无限扩大十分不同。此点亦即瑞格里(E. Anthony Wrigley,1988)所谓的有机能源与无机矿物能源经济之间的不同。没有充分理解两者的不同,使许多人错误地把工业经济的概念和理论使用于农业。他们没有看到中国人多地少的资源禀赋与新大陆的地多人少之间的关键不同。由于裴称作"土地生产率的极限法则",每一种农业技术条件都会受到土地生产率自然极限的约束,到一定程度之后,必定会导致边际产出的逐步递减——裴借用了前美国经济协会会长伊利(Richard T. Ely)的一个表格来阐明此点。中国由于其人多地少的资源禀赋,早已把土地生产率(超过某一点后,在边际效率递减下)推到接近其极限,而新大陆国家则完全不同。(亦见本书第10章;黄宗智,2014c)

其次,裴特别挑战诺斯(Douglass C. North)以及科斯(Ronald H. Coase)所谓的"新制度经济学"的论点,即市场经济中的稳定的私有产权乃是一切经济发展的关键激励机制和终极动力。裴强调,如此观点完全忽视了经济史中的不同类型和阶段,忽视了前工业经济与工业经济的不同,忽视了地少和地多的农业间的不同。它无视有的经济已经把土地生产率推高到近乎其极限,有的则完全不然。裴再次引用伊利说明,在地多人少的经济中,稳定的私有产权也许能够起到推动全社会最大福祉的作用,但在地少人多的经济体中则不然。全社会的最大福祉也许更需要对私有产权的限制。

最后,为了进一步阐明以上各个论点,裴聚焦于对英国农业革命历史背景的分析。根据最有说服力的数据(A. Aristolides 等,2008),裴说明,1348—1349年的"黑死病"导致英格兰总人口的46.5%死亡,直到1600年英格兰方才重新达到1300年的人口数。那样的死亡率扭转了英格兰农业之前(像中国农业那样)的逐步劳动密集化,使其成为一个相对地多人少的经济体,由此为后来的农业革命作了铺垫。而在那场农业革命中,土地使用的劳动密集化是伴随牲畜饲养和畜力使用大规模扩张(由于之前的共有地被"圈地"成为私有地,促使系统饲养牲畜的农耕制度——如诺福克的粮食与饲料轮作制度——成为可能)而来的,进而推动了显著的农业劳动生产率的提高。(黄宗智,2002)用郭爱民的论述来表达,即促使每一户农业人口在自身之外还能够支撑两户非农人口。用瑞格里的表达来说,是把之前农业人口所占总人口70%的比例,降低到36.25%。(Wrigley,1985)而18世纪中国的农业则没有那样的可能,因为它早已把土地生产率推进到近乎其极限。

以上五篇文章对我们主要的启示也许是,不应该过度侧重农业的制度或组织形式单一因素,而无视一些更为基本的经济因素,如土地相对人口的资源禀赋、工业与农业间的关系,以及技术条件。我们也不该简单地认为,改革前的中国农业一无是处,完全拒绝合作社与小型、中型的集体农业可能包含的有效激励。其中关键在于是否能够真正促进农民利益。正如高原的文章敏锐地指出,毛泽东时代偏重组织因素(生产关系),在一定程度上忽视了人口与技术(生产力),所犯错误其实和今天的新自由主义偏重个体化的私有产权有一定的相似之处。我们可以说,在冷战时期,两种错误的意见相互把对方推向了极端。

我们需要做的是,将农业"历史化"。首先,我们也许可以把农业划分为三大阶段:前工业时代的农业,使用工业时代投入(化肥、科学选种、机械)的农业,以及后工业时代的农业(有机农业)。在其中,可以进一步划分"地多"和"地少"的农业。前者在前工业时代使用土地(相对人力)较多,一般也多用畜力。后者则使用人力较多(相对于土地)。它甚至可能达到像中国之前那样,基本排除了牲畜饲养的农业,成为几乎完全以农作物为主的"单一小农经济"(因为用牛奶、乳酪和牛肉来为人提供食物需要6—7倍于谷物的土地),与英格兰种养结合的农业十分不同(黄宗智,2002:150—154)。

其次,两种不同的农业所经历的(使用工业投入的)现代化模式也十分不同。前者(主要是地多的新大陆国家,一定程度上也包括英国和大部分西欧国家)的主要模式是土地和资本(现代投入)双密集化,主要是通过拖拉机的使用来使每劳动力耕作更多的土地和提高劳动生产率,特别是在"大田"粮食生产上;后者则主要是劳动和资本双密集化,主要是通过化肥投入和进一步的劳动密集化来提高土地生产率,主要体现于高值的(高档)蔬菜—水果、肉禽鱼的小规模生产。那是日本和韩国的经历,如今也是中国(和印度)的经历。(见本书第 2、11 章;黄宗智,2014c:177—182;亦见黄宗智,2010、2016c)

我们需要根据以上的历史背景来思考中国农业未来的发展途径。鉴于中国农业的资源禀赋条件及其历史,想要模仿美国的道路实在是十分无稽的思路。它不符合中国历史实际,也不符合真正有借鉴意义的日—韩—中国台湾地区"东亚"模式——主要借助劳动和资本双密集化的小规模农业来发展而不是美国式的土地和资本双密集化大农场。中国大陆和东亚国家与地区,根本就没有新大陆那样的土地资源禀赋。何况,我们如果向更遥远的未来展望,可以看到,今天和未来的(后工业时代)有机农业也将会是劳动和资本双密集化的小规模农业。

二、新农业

以上的文章对"新农业"讨论不多。劳动和资本双密集化的高值农产品——高档蔬菜—水果、肉禽鱼、蛋奶——的生产在过去35年中突飞猛进。1980—2010年间，新农业的产值快速增长了600%。（本书第2、6、7章；黄宗智、高原，2013：43—44，表9、10）蔬菜和水果的播种面积在1990—2010年间从总播种面积的7%上升到19%，达到农业生产总值的27%。同期间肉类生产的重量扩升了560%，其在"大农业"总产值中所占比例从16%攀升到30%。"谷物"（不包括豆类和薯类）虽然仍占播种面积的56%，但其在农作物总产值中所占比例已经缩减到16%。（本书第2章，表2.4；黄宗智，2016c：15、表4）

劳动和资本双密集化的新农业大多只是1—5亩（如小、中、大棚蔬菜或果园）或10—30亩（如种养结合）的小农场，是中国近三十多年来农业产值发展的关键。但决策者和研究者多年来习惯将"农业"主要等同于"粮食"种植，迟迟没有清楚、准确地认识到这些变化。（本书第13章；黄宗智，2018）

本专辑包含两篇扎实及有一定代表性的新农业实例研究文章。刘昶、包诗卿、裴丹青（刘昶、包诗卿、裴丹青，2018）对河南省西峡县香菇生产作了深入的调查研究。西峡是全国第一的香菇生产中心。这里，科学技术和工业产品起到了出人意料的作用。之前，香菇生产是用段木来栽培的，对当地的森林资源造成了较大压力。西峡在当地政府的领导下，把"段木栽培"的方法改为"代料栽培”,使用木屑、秸秆,加上麸皮、米糠等,装在塑料袋中,制成圆柱形的栽培袋来替代段木。之后,又发展出“免割袋技术”,在内层使用幼菇可以轻易顶破的薄袋,免掉花工较大的割袋工序。之前,一对夫妇可以栽培三四千袋,用新技术则可以栽培一万多袋。以约 2 元一袋(当然,随市场行情而变)的净利来计算,一对夫妇一年只用一亩土地可以净挣约 2 万元。如此的香菇栽培,乃是劳动和资本双密集化的小规模、用地较少的新农业的贴切实例。

上述的技术发展和工业产品(塑胶袋等)的使用推动了中国香菇产业的蓬勃发展。1985 年,中国生产香菇才 5000 吨,全球也才 4 万吨。如今,中国一国便年产 735 万吨(2014 年数据)香菇!我们在自己的食物经验中对此便有亲身体会。

香菇的产值相对较高,亩产值是谷物的约 20 倍。它很好地说明了新农业的特点:用地较少的小规模农业(当然,也可以理解为高度密集化的土地使用,每亩的劳动和资本投入远高于谷物),生产的是不可仅凭重量或卡路里来理解的产品,必须从其产值来理解。毋庸说,也是极其高度市场化的产品。

这就清晰地显示了今天的菇农所面对的问题。当其产量与供应扩升到某一点之后,市价便会下降,有时候会把菇农完全置于(控制销售,也包括产品加工的)大批发商的摆布之下。“种菜赔,买菜贵”是几乎所有新农业所面对的关键问题。它几乎在呼唤着农民联合起来组织加工与销售,借以应付大商人、大市场,尽可能为产农保留更多的利润。(见本书第 9 章;黄宗智,2012)但目前政府的政策偏重于香菇业的“产业化”,亦即发展成规模的“龙头企业”,主要想依赖它们而不是农民的合作社来解决加工与销售的问题——这是来自一种高度意识形态化认识的决策,把规模化企业认定为发展经济的最佳动力。如今国家合作化政策的基本出发点是美国式的基于企业成员的专业合作社,而不是中国农村所需要的基于农民及其社区的合作社——这是笔者在本专辑论文中论证的一个要点。(见本书第 13 章;黄宗智,2018;亦见黄宗智,2015)正因为如此,我们在西峡县只能看到一些“伪”合作社(企业伪装成合作社,借以获取政府资助),对广大的菇农基本没起到作用。

与刘昶等的文章相似,焦长权(焦长权,2018)对其家乡(湖北省)恩施市的烟叶种植的研究扎实可信,也充满阐释力。他说明了工业投入的重要性:在这里,起垄旋耕机起到了重要作用。之前,起垄一亩地需要 3 个强壮劳动力一整天的时间,如今则可以大规模地较快完成,成本也低。此外,剪叶机、机动喷雾器等,都起到了重要的作用。虽然如此,烟业生产仍然是个相对劳动密集的活动(约 25 工/亩)。它也是劳动和资本双密集的生产。

另一重要的生产环节是烟叶生产必需的烤房。每 6—8 亩烟叶地需要一个烤房,每一轮约 6 天,共 6—8 轮才能将烟草烤干。一个小烟农,若要凭一己之力来建造和维修如此的烤房,并获取稳定的电源和温度,在目前的客观情况下既昂贵也低效。在这个环节上,政府的烟草部门起到了关键的作用,建造了众多烤厂,每次收费 100 元,为烟农提供了价格低廉的服务。

此外,政府部门在发展烟草种植地及其基础设施,如灌溉、运输道路,也包括统一的育苗场等诸多方面,都起到了重要的作用。

在那样的基础设施和加工服务基础上,今天的主要种植户是规模平均约 20 亩烟草地的“中农”种植户(恩施市 90% 以上的烟农是不到30亩地的小户）——也是“新农业”很好的例子。他们在自己的承包地之外，也会从外出打工的亲邻朋友处廉价租用一些地（如今全国平均每农业劳动力约10亩耕地）。在如此条件下，一户烟农能够从1亩烟草地净挣约2000元（一倍于粮农），这样，一户种植20亩烟草地的“中农”户，每年能够获得约4万元收入。与此不同，大规模的烟叶企业则要负担较贵的地租、较贵的雇工工资（以及监工人员的工资），因此每亩地只能获得较低的净利。很明显，在目前的生产和制度环境下，小农户要比大企业占据更优越的竞争条件。正是上述的“中农”种植户，是至为关心村庄事务的人员，构成了村庄社区的中坚力量。

由于卷烟厂是国家垄断的企业，国家不仅负责加工，也负责销售。整个生产—加工—销售体系其实代表了一种国家、小农和市场三角关系的典范。这主要是由于国家和小农在利益上是一致的：高效和积极的烟农给国家带来了更多的收益；而国家出于自身利益的考虑，也愿意为小农谋求最好的制度安排，不会强加不符实际的制度于小农。国家如今对待农业的错误在于对大规模企业的估计过高，这是由于对新自由主义经济学理论的错误理解，一如过去出于对马克思主义经济学理论的错误理解而把人民公社的超大组织强加于农村，而无视农民的基本意愿和利益。今天的烟叶产业则由于国家与小农的利益一致性而做到了相互间的良性互动。根据案例，我们其实能够想象一种由国家领导和农民主管的良性合作体系。

这里，我们可以指出，高原论析的20世纪50年代的合作社与今天的农业所需要的加工和销售的“纵向一体化”合作社的异同：

前者的目的主要是通过合作来协助许多生产要素不足的农民——如因土地不足而劳动力过剩,或因为农忙时打短工而劳动力不足的贫农,或因贫穷而缺乏牲畜、农具。这些问题可以通过互助或合作来解决。这正是革命和抗日根据地时期的合作社的要点。(高原,2017)如今,在经过了三十多年的"去内卷化"历史性变迁——非农打工、生育率下降以及新农业的兴起(正因为是劳动和资本双密集化的农业,能够吸纳更多的劳动力),合作社的主要目的不再是解决要素配置的扭曲,而主要是要通过合作来解决对小农来说至为困难的加工工业以及规模化销售的"纵向一体化",当然也包括为小农提供规模化的要素购置(可以打折扣)、提供融资渠道等。所谓的规模效益主要是在加工和销售环节特别需要,而不是横向的规模化生产。

固然,在大田农业生产(特别是粮食,也包括上述的烟草)的机械化方面,需要小组、村庄,乃至于多个村庄协同合作,才能提高使用效率。但是,虽然如此,近期的经验证明,如此的合作并不一定需要大型企业或大型集体来实现。在全国范围中,相对小型的商业化或社区化的单位大规模兴起,来为小农提供机耕—播—收服务,农民则按亩支付服务费。1996—2006 年间,机械使用扩增了起码一倍,在抽样的"示范性"农户中则达到数倍。(前者是全国农业普查的数据;后者则是基于国家统计局对六万多农户的抽样调查——偏重较为先进的农户,见本书第 6、7 章;黄宗智、高原,2013:39—46;亦见黄宗智,2018)

更有进者,即便政府一直偏重规模化企业,在农业管理方面——浇水、打农药、除草和细心照顾农作物等,小家庭农场仍然显示了比雇佣劳动力要高的积极性。正因如此,我们经常看到,即便是大型农业企业,仍然惯常把农业管理分包给小农户,而不是采用大规模的雇工模式来生产。此点不仅在上述的香菇和烟草生产中如此,几乎在所有的新农业中都如此。

即便在"旧农业"中,推动了其发展的主体绝不是大型的"龙头企业",而主要是20—50亩的中小型"中农农场",正如我们之前组织的一个专辑所证明的那样。(见本书第13章;亦见黄宗智编,2012,尤见林辉煌、杨华关于旧农业的文章;亦见张建雷、曹锦清,2016a、张建雷,2016b;黄宗智,2018)其中的逻辑和上述一致:小农可以经营自家的承包地,辅之以从外出打工的亲邻朋友廉价租入的土地,能够比要付较高租金、雇佣工人和其管理者的大型企业更经济地运作,达到每亩较高的净收入。这些小农并没有因为农田的碎片化而无法借助于农机,而是一旦在其外出打工所获工资高于雇用机耕—播—收服务之后,便会广泛雇用那样的服务,离土不离乡的农民工尤其如此。也就是说,他们等于是在用其打工所获来支撑农业的机械化。近年来的农业机械化其实主要是由这样的小农来推动和支撑的,所起作用要大于国家在这方面的投入。(本书第7章;黄宗智、高原,2013)但决策者和研究者大多迟迟没有认识到此点,主要是由于其对规模效益和大型企业的意识形态化信仰。(第13章;黄宗智,2018)

三、中国农业往哪里去?

我们最后要讨论的大问题是:中国农业往哪里去?鉴于其过

去和近期的历史,我们应该选择什么样的现代化道路？在过去的经验中,什么是比较成功的经验？什么是比较错误的、失败的？

上文我们讨论了教条化了的新自由主义经济学和马克思主义经济学理论观点,也略讨论了日本—韩国—中国台湾地区经验中的综合农协。王海娟、贺雪峰(王海娟、贺雪峰,2018)的论文则提出了另一个想法,提倡一个“社会主义小农经济”模式,区别于“资本主义小农经济”,两者又分别区别于“社会主义大(集体)农场”与“资本主义大(企业)农场”。这样,他们认为自己提倡的乃是“第四条道路”。至于合作社,他们则凭理论论述,认为(自愿的)合作社理念是不切合实际的,因为只要有少数人员撤出或拒绝加入,便会使全体不能运作。

他们虽然提倡“小农经济”,但同时也明显十分关注“规模效益”,对其理解主要是美国式的大型机械的使用。他们争论,日本—韩国—中国台湾地区的经验其实充满失败和瓶颈,无法达到真正高效的规模效益,而这正是他们所认为的农业现代化的必然的目的。他们争论,其中的关键在土地所有制,是集体/社会主义式的所有还是私有/资本主义式的。他们认为,农场碎片化乃是中国农业至为关键的弱点。在他们看来,最重要的是,集体所有制使规模效益——特别是大机械的使用——成为可能。他们的意见可以被视作对2016年12月26日《中共中央国务院关于稳步推进农村集体产权制度改革的意见》的一种可能理解。

为了综合“小农经济”和土地集体所有之间的明显的矛盾,他们提出了官方常用的“统分结合,双层经营”概念。集体所有乃是其社会主义的一面,而承包制度则是其小农经济的一面。两者的结合乃是中国特殊的发明,代表的是第四条道路。

这里,我们首先需要指出,王、贺心目中的“农业”主要是需要使用大型机械的大田(旧)农业,基本没有考虑到我们上文所说的“新农业”,如一、三、五亩地的小、中、大棚蔬菜,几亩地的果园或鱼塘,小、中型的“种养结合”农场,也包括一二十亩地的高值经济作物,例如上述的烟草种植。我们在上文中已经看到,今天它们的产值已经达到四倍于大田谷物的产值。王、贺无视“中国的隐性农业革命”,这使他们忽略了劳动和资本双密集化的新农业与土地和资本双密集化的旧农业之间的关键不同。前者特别需要“纵向一体化”,而对此,他们基本不予考虑。他们所集中思考的主要是后者(尤其是粮食种植)的“横向一体化”,特别是大机械的使用。

他们所谓的“规模效益”问题其实主要始于大田旧农业中机耕—播—收的来临,与小型新农业关系不大。对前者来说,集体所有制无疑对平整土地和耕地连片等措施起到一定作用,但我们需要将如此相应“碎片化”小农农场的措施与新大陆型的大型机械化—自动化的规模效应区别开来,不可把中国的实际和出路想象为类似于新大陆的巨大农场。在中国的实际之中,上文我们已经看到,农村非农就业工资收入的上升,导致农业从业人员对机耕—播—收服务的需求的增加,为的是要从事更高收入的非农就业。面对那样的需求,农村商业化和社区化的机械服务业大规模兴起。同时,国家机构的一系列行政措施也起到一定作用。(第 13 章;黄宗智,2018)农户的需求和国家的组织共同推动了农村机械使用在1996—2006 年间的成倍增长,甚至可能更多(如上文所论述)。在笔者看来,真正关键的因素是农村劳动力机会成本的上升,使农民为了自身的利益而雇用机耕—播—收，为的是腾出时间来从事更高收入的非农就业。

王、贺虽然提倡“社会主义的小农经济”，但他们实际上还认为，唯有达到他们心目中的大机械使用才可能实现农业真正的“现代化”。正是基于这个核心观点，他们认为，日本的农业一直没有能够真正达到高效的规模效益，一直都运作于低效的困境之中。这里，我们要问：日本和韩国（和中国台湾地区）的经济体和人均收入都早在20世纪70年代和80年代便进入世界发达国家和地区的行列，而中国大陆则仍然去此较远。同时，它们的收入分配又在世界上处于比较公平的位置。日本—韩国—中国台湾地区的经济体和农业到底在什么意义上是“失败”的？他们所称作中国的“社会主义小农经济”到底在什么意义上是至为优越的“第四条道路”？

上文我们还看到，东亚国家由于其人多地少的基本资源禀赋，选择了较多从事劳动与资本双密集化的高值农业，较少从事土地与资本双密集化的低值农业——新大陆国家如美国、巴西和阿根廷所较多从事的农业。如今中国尤其在大豆方面也已走上相似的道路，因为这是地少人多国家的最佳选择。它等于是用出口高值农产品来支付进口低值农产品。由于其基本资源禀赋的限制，地少人多的国家根本就没有可能模仿地多人少国家的农业。我们是不是想要中国放弃其高值的劳动与资本双密集化的农业而从事低值的土地与资本双密集化的农业，而只是为了达到王、贺所谓的“规模效益”？那么，所需的土地又将从哪里来（详细论析见本书第8章）？

最后，我们还需要指出中国和日本在农业规模上的极大不同。

如今，日本农业从业人员才占其总从业人员的 2.5%，总人数才约 250 万人。而中国的农业从业人员数则仍然约 2 亿，是日本的 80 倍。中国的城镇化比例与日本相去甚远，正如王小鲁、姜斯栋清晰和强有力地指出的那样。（王小鲁、姜斯栋，2017）小农经济的小农场在较长时期内将仍然是中国农业的主体。新大陆型的规模效益根本就不适用于中国大陆和日本、韩国以及中国台湾地区。

即便如此，王、贺特别关注土地集体所有制对我们也有一定的启发。迄今，农民和农民合作社一直无法克服国家金融机构普遍要求的贷款必须要有可以简易转换为现金（变现）的不动产作为抵押，而农民的土地承包权和农民的房屋并不能达到如此要求。国家虽然在其 2004—2016 年的连续十三道的“一号文件”中，一而再地强调要为农村谋求融资的道路，但迄今仍然只处于“试点”阶段。（第 13 章；黄宗智，2018）也许，真正的出路在于由国家和农村社区，由上而下和由下而上连同建设的东亚合作社来解决农村的融资和金融问题。

目前的所谓“土地集体所有制”实际处境有点尴尬，并不连带有真正的买卖权。因此，新自由主义学者一再呼吁要全盘私有化，而其敌手马克思主义学者，在中国完全采纳了承包地制度的现实下，则除了认为土地集体所有而非私有可以避免土地集中于少数人之手之外，对集体所有制所可能起的作用其实也没有什么清晰的新想法。所谓的土地集体所有制度迄今所起的实际作用主要是让国家完全垄断土地实际所有权，借此来全权决定多少和什么样的土地将被用于城镇建设（虽然，多带有一定程度的补偿）。说到底，其实把土地权和财政权集中于国家组织乃是中国政党—国家体系长期以来稳定的重要基础,如今需要一定程度的改革,应当允许更多由下而上的发展动力。这里提倡的也许可以称作“合作化的小农经济”,区别于贺、王偏重规模效益考虑的“社会主义(化)小农经济”。

王、贺和我们其他成员之间的不同可能没有乍看起来那么巨大。我们都同意,小农生产起码在目前乃是中国农业发展的关键(虽然,王、贺自我矛盾地一再强调使用大型机械的“现代化”规模效益)。我们也同意,全盘私有化不是出路,因为它会导致土地集中于少数人手中。至于“合作”还是“集体所有”,我们都同意农民需要组织起来。固然,笔者等的设想是一个更为广阔多维的合作组织,不仅仅是名义上的土地所有权。但我们同意,集体所有制有可能成为可资合作道路利用的制度性资源。最后,王、贺虽然完全没有讨论农村社区可能起的作用,但我们从他们的其他写作中可以看到,他们其实也非常关心农村社区的重建和振兴。

杨团的文章(杨团,2018)系统梳理了“统分结合、分层经营”政策观点的来龙去脉。这在 1982—1986 年连续五年关于农村的“一号文件”中,以及在 1987 年,都有比较清楚的表达。“分”毋庸说是家庭联产承包责任制。在“统”的方面,则“主要是围绕公有土地形成”的“乡、村合作组织”,它“与专业合作社不同,具有社区性、综合性的特点”。其基本职能是为农民提供“办不好或不好办的事”的服务。但在其后,乡人民政府与村两委制度的建立则完全是政、经(社)分开的,不管经济。而“乡镇企业”,虽然原来和社区与集体紧密相关,但在 20 世纪末“改制”后,基本被完全私有化。在减免税费之后,社区和集体更加空壳化,陷入如今没有资源的困境。可以说,在所谓的“统分结合”中的“统”上,实际上已经成为了一个空壳。2007 年后推行的专业合作社则脱离社区与集体,导致空、伪合作社多于实际合作社的局面。正因为如此,如今所谓的“统分结合,双层经营”只可能是自我矛盾和不符实际的。

杨团的文章特别聚焦于所谓的“股份合作制集体”的论析。人民公社型和龙头企业型的“集体”都较好分辨,但“股份合作制”则因为被中央(于 2016 年年底)与“统分结合”和“集体产权”相提并论,容易引起误解。杨团说明,它的倡议的动力主要来自对发达地区行将被征用的城中村和城郊村土地的增值的期待。所谓的确权所指主要是把那样的“集体资产”以股份形式分到个别的农民,其部分初衷固然是保护农民权益,防范干部贪污。但如此的股份制主要是确立个人股权的制度,完全以私利为主,是脱离中央原先的、基于社区的,为分散的承包农户服务的“集体”的方案。在其建立的过程中,至为关键的动力其实来自发达地区的地方政府,实际目的是要流转、集中这些土地以及寓于其中的资本,试用的方式是将村庄公司化,把农民转化为持有股权的公司员工,与原先中央所设想的为农民服务的“统分结合,双层经营”其实完全是两码事。杨团因此将其文章冠以“此集体非彼集体”的标题来突出这个要点,呼吁要建立以社区为依据、为农民服务的真正的合作社。

当然,以上这一切只涉及“有幸”被征用土地的城郊与“城中村”农民,尤其是发达地区的这些农民,但与全国大多数的农民关系有限。我们还需要考虑到,中央新近推行的土地承包权和经营权“分置”政策,用意是借此来推动更多土地流转和引进更多资本下乡。那样的土地的可能增值幅度固然要比建设用地小得多,但其中道理仍然是一样的。经营权的“确权”是为了保证投资的经营者的权益,也是为了保证引进资本的地方官员的政绩。说到底,它其实只不过是追求“规模效益”发展模式的又一步。

与此不同,杨团以及王小鲁、姜斯栋和笔者都认为,日本—韩国—中国台湾地区的农村发展经验——尤其是在1950—1980年期间——对今天的中国来说乃是至为合适的先例。它们起源于历史上的巧合:日本近代由上而下的农政传统(以农业现代化为其主要目的),加上在美国占领下,在一组同样偶然的特别认同罗斯福总统“新政”的官员的领导下,推行了土地改革,基本消灭了地主经济,建立了以小自耕农为主体的农业和农村,并把之前由上而下的农政体系改革为由下而上的,由农村社区农协接管众多原是国家的支农资源的合作组织。(详细论证见第10章;黄宗智,2015)

与基于农业企业的组合并按投资额或销售额分利的美国“专业合作社”不同,日本的农协是基于社区农民合作的组织。与大跃进时期由上而下来组织的超大人民公社不同,东亚的合作社强调的是农民的自愿参与。他们凭借所吸纳的政府支农资源,来吸引几乎所有农民的自愿参与——借此克服了王、贺所提出的(如果少数拒绝参与,便会全局溃败)纯理论性异议。与美国基于企业的合作社不同,东亚模式合作社的基础是小自耕农,但由此通过国家行政体系层层上延,不仅包括集体购买生产资料,也包括农产品的加工与销售,以及信用社和金融服务,最终形成了一个具有全国声誉的品牌(“农协”)、国家级的全球化大银行(“农林中金”),乃至于全国性的争求农民利益的政治游说组织。(本书第10、第13章;黄宗智,2015;亦见黄宗智,2018)

杨团等与笔者也同意,要成功地建设合作社,必须要有政府的参与领导。与国家对“龙头企业”的积极扶持相比,合作社目前只能获得比较有限的补贴和优惠,而且许多是错误地给予了“伪装”为合作社的企业。我们不要由于之前政府过度干预的错误而走到相反的极端,像有的合作社运动者那样坚持合作社必须是完全没有政府参与的、完全自愿的。那样的思路也许正是2007年(实施)的合作社法试图模仿美国专业合作社的部分来源。那样的合作社实际上多是失败的。(本书第10章、第13章;黄宗智,2015:尤见27—32;亦见杨团,2018;王小鲁、姜斯栋,2018;黄宗智,2016b、2018b)

在提倡借鉴东亚社区综合性农协方面,杨团(以及王小鲁、姜斯栋)与笔者也同意,社区公益化私利的追求要远优于如今正在席卷全国全社会追求一己私利的机制。追求一己私利的行为固然能够推动一定程度的(以GDP增长为绝对标准)经济“发展”,但它所导致的完全是一种弱肉强食的价值观,在资源禀赋相对贫缺的经济体中尤其如此,对社区和其人际关系的作用是毁灭性的。如今这种趋势已经走得相当远了,亟需扳回。

中国的村庄社区千百年来形成了一定的认同意识,包括其成员间的拟亲属关系以及随之而来的人际网络与道德观,也包括高度发达的社区调解制度。(详见黄宗智,2014b.3:第2章;黄宗智,2016b)它们是村庄社会关系的核心,甚至是历代中国社会乃至中华文明的核心,一如本专辑林刚的文章所特别强调的那样。而美国则基本没有类似的社区(部分原因是,农场与农场之间的距离要大得多,根本就没有可能形成中国村庄那样的紧密社区关系)。基于教会的共同体则远没有达到像中国(以及日本、韩国)村庄那样的紧密人际关系。

本章特别突出了中国实际与如今风靡一时的美国模式的不同。美国缺乏村庄社区的传统正是中国与美国正义体系之间众多不同的基本原因。在美国,即便经历了半个多世纪的“非诉讼纠纷解决机制”(Alternative Dispute Resolution)运动之后,如今通过司法调解解决的诉讼案件,充其量也不过是所有诉讼案件中的大约2%,而中国则约34%。美国基本没有民间/社区调解,而中国,则有52%的诉前纠纷是通过“民间调解”解决的。这是美国与中国(和日韩)正义体系之间的一个至为关键的不同,直到今天仍然如此。(黄宗智,2016b:11—13,尤见表1;16—21)农村合作社的加工和销售、社区共同购买生产资料、社区的信用社等完全可以也应该借助和依赖这样的传统制度资源,当然也需要政府的支持。造成合作社目前这种情况的根源,是政府以美国的专业合作社为样板的错误认识和决策。

杨团,既作为一位学者也是政策研究者,探讨了上述的综合农协的至佳制度形式。她提出了一个新的概念,部分来自其对中央于2015年3月提倡的要改革“供销合作社”设想的反应。长期以来,供销合作社早已完全成为国家的行政机构,虽仍然掌握不少物质和人力资源,但对农村并没有起到太大的作用。杨提出,它们应该朝介于公办与私立之间法人身份发展,成为两种性质兼有的“公法社团”。如此的框架可能成为我们这里讨论的东亚模式的综合农协的制度和法律框架,成为改革供销合作社的一把制度钥匙。河北省内丘县金店镇最近的试点,由供销社来改建新农协,可能会成为一个可资推广的经验。(杨团,2018;亦见杨团,2013)

最后是笔者本人的论文(黄宗智,2018b;本书第 13 章),试图勾勒出中国近年采用的三大农业发展模式,并从中区别成功与失败的例子。第一种是“行政模式”,如今主要被用于粮食生产。这是国家高度行政干预的领域,包括大规模存储粮食(国家建有可以储存粮食年产量约六分之一的现代化仓库);施行诸多稳定粮价的措施,包括设定最低价(国家在此价便会收购粮食);凭行政手段建立集中的粮食生产基地;提供粮食加工和销售服务;以及发放各种种粮补贴、奖励等(2006 年以来,国家更取消了农业税费)。在那样的行政模式下,国家成功地使粮食生产再次成为可持续的中小农场农民的生产活动,让他们能够达到约 1000 元/亩的净收入——虽然和新农业有一定的距离,但加上国家的各种补贴和奖励,乃是个可持续的“模式”。固然,偶尔也有不顾小农意愿的命令主义行为(如大力推行一年三茬的早稻、晚稻、冬小麦种植),但总体来说,是个基本成功的模式。虽然,其政策仍然偏向规模化“龙头企业”、大户、大家庭农场和大合作社,亟需改正为更加聚焦于小农户的支农政策,最好让小农户成为真正的主体。

第二种是对待新农业的基本放任模式。这里,国家基本依赖市场的逐利机制来推动其发展,适当提供一些技术指导和辅助,也修建了一些起码的交易场所,借此协助了上述的新农业发展。但是,农民一直困扰于市场价格的激烈波动,也很难获得其产品的加工与销售的合理服务。如今,国家基本不管这方面的问题,只让小农自己去和层层的产地小贩、小商人、批发商,以及销售地的批发商、小商人、小贩等打交道。对农民来说,要付出的代价是其产品产值的较大部分,这造成了“种菜赔,买菜贵”的局面。整个体系呼唤着为农民服务的东亚模式中的加工与销售农民合作社,需要的是国家应该扮演的领导角色。

第三种是基本错误的试图借鉴美国的完全自发、自愿性的专业合作社,试图仅凭立法和少量的(相对于国家对待龙头企业的)补贴和优惠来推动和促进。这样的尝试基本上是失败的,其中较大比例的“合作社”要么仅是个空壳,要么是企业伪装成合作社来获取国家补贴和优惠。真正的合作社差不多都是小型的,囿于上述的融资困难以及国家领导和支持的不足。(亦见杨团,2017;王小鲁、姜斯栋,2017)更好的办法是借助中国长期以来的社区制度性资源,与东亚模式同样地把国家支农资源(如其农业技术机构、供销“合作社”等)的相当部分转让给农民的合作社。那样的合作社,由国家领导发起但由农民来管理的合作社,成功地争得了绝大部分农民的积极自愿参与——那才是“东亚模式”的真正核心。

这里的关键是甩掉过去不符合中国实际的理论,无论是大跃进时期的超大和过分命令型的人民公社,还是如今的规模化“龙头企业”或“股份合作制集体”,包括“专业合作社”。真正需要的是,认识到并承认农民所做出的贡献,包括其推动了劳动和资本双密集化的新农业革命,以及凭借自己打工所获工资来支付大田“旧”农业的机械化。今天,国家更应该信赖中国的农民,他们不仅推动了近几十年来的“隐性农业革命”以及旧农业的现代化,也为城镇的建设提供了至为关键的人力资源。至于合作社,我们不该再重复过去要么过分干预要么完全放任的错误。我们希望看到的是,政府和农民间、工业与农业间真正为农民利益服务的良性互动关系,一如过去的成功经验所展示的那样。

参考文献:

高原(2018):《工业化与中国农业的发展》,载《中国乡村研究》第14辑,第196—217页,福州:福建教育出版社。

郭爱民(2018):《20世纪中期以来中国粮食生产、消费与产业分工关系解读:基于Agr与Nagr表达式的分析——兼与日美韩相比较》,载《中国乡村研究》第14辑,第254—278页,福州:福建教育出版社。

黄宗智(2002):《发展还是内卷?十八世纪英国与中国》,载《历史研究》第4期,第149—176页。

黄宗智(2010):《中国的隐性农业革命》,北京:法律出版社。

黄宗智(2012):《小农户与大商业资本的不平等交易:中国现代农业的特色》,载《开放时代》第3期,第89—99页。

黄宗智(2014a):《超越左右:从实践历史探寻中国农村发展出路》(《明清以来的乡村社会经济变迁:历史、理论与现实》,第三卷),北京:法律出版社。

黄宗智(2014b):《过去和现在:中国民事法律实践的探索》(《清代以来民事法律的表达与实践:历史、理论与现实》,第三卷),北京:法律出版社。

黄宗智(2014c):《"家庭农场"是中国农业的发展出路吗?》,载《开放时代》第2期,第176—194页。

黄宗智(2014d):《大豆生产和进口的经济逻辑》,载《开放时代》第1期,第176—188页。

黄宗智(2015):《农业合作化路径选择的两大盲点:东亚农业合作化历史经验的启示》,载《开放时代》第5期,第18—35页。

黄宗智(2016a):《我们的问题意识:对美国的中国研究的反思》,载《开放时代》第1期,第155—183页。

黄宗智(2016b):《中国古今的民、刑事正义体系——全球视野下的中华法系》,载《法学家》第 1 期,第 1—27 页。

黄宗智(2016c):《中国的隐性农业革命(1980—2010)——一个历史和比较的视野》,载《开放时代》第 2 期,第 11—35 页。

黄宗智(2018a):《中国农业往哪里去?——导论》,载《中国乡村研究》第 14 辑,第 153—173 页,福州:福建教育出版社。

黄宗智(2018b):《中国农业发展三大模式:行政、放任与合作的利与弊》,载《中国乡村研究》第 14 辑,第 425—459 页,福州:福建教育出版社。

黄宗智、彭玉生(2007):《三大历史性变迁的交汇与中国小规模农业的前景》,载《中国社会科学》第 4 期,第 74—88 页。

黄宗智编(2012):《中国新时代的小农经济》,载《开放时代》第 3 期,第 5—115 页。

黄宗智、高原(2013):《中国农业资本化的动力:公司、国家、还是农户?》,载《中国乡村研究》第 10 辑,第 28—50 页,福州:福建教育出版社。

焦长权(2018):《从"过密化"到"资本化":"新农业"与"新农民"——以湖北省恩施市烟叶种植农户为例的讨论》,载《中国乡村研究》第 14 辑,第 343—373 页,福州:福建教育出版社。

林刚(2018):《中国近代工业与小农经济》,载《中国乡村研究》第 14 辑,第 218—253 页,福州:福建教育出版社。

刘昶、包诗卿、裴丹青(2018):《西峡香菇产业的个案研究》,载《中国乡村研究》第 14 辑,第 314—342 页,福州:福建教育出版社。

裴小林(2018):《土地生产率极限法则下不同发展阶段的反向逻辑》,载《中国乡村研究》第 14 辑,第 279—313 页,福州:福建教育出版社。

王海娟、贺雪峰(2018):《小农经济现代化的社会主义道路》,载《中国乡村研究》第 14 辑,第 374—393 页,福州:福建教育出版社。

王小鲁、姜斯栋(2018):《合作:中国农业发展道路的讨论》,载《中国乡村研究》第 14 辑,第 174—195 页,福州:福建教育出版社。

杨团(2013):《公法社团:中国三农改革的"顶层设计"路径》,载 http://www.chinareform.org.cn/economy/agriculture/experience/201306/t20130608_168903.htm。

杨团(2018):《此集体非彼集体——为社区性、综合性乡村合作组织探路》,载《中国乡村研究》第14辑,第394—424页,福州:福建教育出版社。

张建雷、曹锦清(2016a):《中农经济的兴起:农业发展的去资本主义化及其机制——基于皖中吴村的调查》,载《中国乡村研究》第13辑,第162—187页,福州:福建教育出版社。英文版见 Zhang Jianlei, Cao Jinqing, Yang Yunyun. (2016). "The Rise of the Middle Peasant Economy: Non-Capitalistic Agricultural Development and Its Mechanism-the Case of Wu Village, Anhui," *Rural China*, 13.1: 47-76.

张建雷(2016b):《发展型小农家庭的兴起:市场、制度与农民家庭的互构——皖东溪水镇的小农家庭与乡村变迁(1980—2015)》,华东理工大学社会学博士学位论文。

《中共中央国务院关于稳步推进农村集体产权制度改革的意见》(2016.12.26), http://news.xinhuanet.com/politics/2016-12/29/c_1120216470.htm。

Perkins, Dwight. (1969). *Agricultural Development in China*, 1368-1968, Chicago: Aldine.

Wrigley, E. Anthony. (1985). "Urban Growth and Agricultural Change: England and the Continent in the Early Modern Period," *Journal of Interdisciplinary History*, 15(4): 683-728.

Wrigley, E. Anthony. (1988). *Continuity*, Chance, and Change: *The Character of the Industrial Revolution in England*, Cambridge: Cambridge University Press.

第十五章　怎样推进中国农产品纵向一体化物流的发展：美国、中国和“东亚模式”的比较①

本章首先从比较中国和美国的农业体系出发，论析两种不同体系所包含的不同逻辑，说明并解释两者的农产品物流体系之间的不同。进而论析中国大陆农业和日本以及中国台湾地区以小农场为现代农业主体的基本共同点，进而分析日本—中国台湾地区比较发达的新型物流体系的基本结构，及其所展示的组织和运作逻辑，说明其对中国大陆的启示。最后，据此评析国家改革期间的农业政策和最新动向，借此来指明中国发展新型农产品物流体系的道路。

文章考虑了三种主要政治经济模式和理论：一是美国(相对市场经济而言的)资本主义“规制型国家”(regulatory state)，二是日本

① 本章原文发表于《开放时代》2018 年第 1 期，第 151—165 页。纳入本书，做了些许修订。

和中国台湾地区所显示的资本主义"发展型国家/地区"(developmental state/region)以及其基于社区合作社的农业纵向一体化体系,三是中国大陆的半国企(国有和国有控股)半民企经济实体(Szamosszegi and Kyle,2011;黄宗智,2012:10)之上的"发展型国家"及其可能形成的类似于日本—中国台湾地区经验的农业合作社。笔者认为中国未来有可能会形成一种比较独特的新型政治经济模式。

一、中国和美国农业体系的基本不同

中国的农业体系和美国极其不同。今天,中国的农业仍然是个以小农场为主体的体系,劳均耕地面积约 10 亩(2012 年卫星测量总耕地面积 20.2 亿亩,2016 年务农 2 亿,户均 10 亩)。这和美国的农场完全不同,其平均面积将近 2700 亩(450 英亩)。

美国农业的主体是大型农业公司和大型企业化家庭农场。其最大的 2% 的农场占农业总产值的 50%,最大的 9% 的农场(平均规模超过 10000 亩)占农业总产值的 73%(USDA,2005:图 3、图 5)。其中,有的更是"双向一体化"(横向与纵向一体化)的大型农业企业(agribusiness),集生产、物流和销售于一身。由于美国的农场大多不仅是高度机械化的,也是高度自动化的实体,它们的雇工并不是很多。在大型家庭农场中,以被广为阅读的《大西洋》杂志(The Atlantic)(于 2012 年 7/8 月号)特别突出的一个"典型"家庭农场为例,它实际上是个占地 33600 亩(5600 英亩)的企业,除了农场主之外,还雇有 2 名全职人员,另加众多季节性(外籍)短工。

(Freeland,2012)今天,美国全国较大的农场所雇全职(具有公民或长期居留身份)的“合法”职工约80万人,另加上100—200万的“非法”移民季节性短工。(Rodriguez,2011)虽然如此,由于历史原因,仍然有许多人把上述实际虚构为一个“家庭农场”(family farm)体系,甚至将其等同于美国“国性”的核心。我们需要认识到,那是个源自美国民族主义的虚构,不是其农业和物流体系的真实写照。(黄宗智,2014b:108及其后)

正因为其农场规模较大,美国才有可能形成由许许多多、各种各样的公司所组成的物流体系,做到一个紧密连接的纵向一体化“供应链”和销售链,从包装、加工、储藏、运输到销售和配送。在生鲜产品领域,它能够做到快速、高效、全程“无断链”的“冷链”等。当然,这一切与其高度发达的交通和信息体系直接相关。与此相比,在中国,企业公司很难把千千万万分散的小农户整合成一个纵向一体化的物流体系,除了较少的例外之外,因此中国一直没有能够形成像美国那样的物流体系。

固然,美国农业也有一定数量的相对较小规模的农场,主要是生产高值农产品的小农场,尤其是有机农业的农场(虽然其产值达到农业整体的36.8%,但它们只占到所有农业用地中的3.6%,而占地96.4%的大田农业,所生产的则只是总产值中的63.2%)(USDA,2013:11),其农业的大头依然是大田农业。这也再次为我们说明,美国的稀缺资源主要是劳动力而不是土地,与中国人多地少的基本国情截然不同。与其相比,中国近三十年来发展的(笔者称作)“劳动与资本双密集”的高值小规模“新农业”(蔬果、肉禽鱼、奶蛋等),如今占地规模已经达到全国总耕地面积的三分之一,比美国的比例高出将近十倍(其所占的农业总产值比例是三分之二,约四倍于“旧农业”的大田谷物种植——后者占地55.9%,所占产值比例则才到15.9%)。(见本书第2章,表2.4;亦见黄宗智,2016:15、表4)

与大型的大田作物农场不同,美国较小型的农场多借助专业合作社(Agricultural Cooperatives)来进行销售。其主要形式是“销售合作社”(marketing cooperatives),区别于供应合作社(supply cooperatives),后者主要为会员联合起来购买农资以便获取最好的折扣。前者则在农产品销售量中占到重要的地位:譬如,占鲜奶的86%,棉花的41%,谷物和油籽的40%,蔬果的20%等。(USDA,2000)这些合作社对农产品进行规模化的分级、包装、运输、储藏、销售等纵向一体化服务,而后按股份或销售额分红,起到的是与物流企业公司并行的纵向一体化作用。

这里需要指出,美国的专业合作社在20世纪后半期经历了基本的转型。在20世纪20—30年代兴起的合作社多是保护型—服务型的较小规模合作社,其主要目的是通过联合来平衡小农场与大市场间的不平等交易关系。但是,伴随20世纪后半期的农业产业化以及农场的规模化和企业化,保护型的小合作社逐渐被营利性的公司化大合作社取代。后者所提供的其实主要是规模化的加工、运输、销售等服务,其功能与一般物流企业基本相似。伴随新型全球化经济/贸易以及更高度标准化物流要求的广泛兴起,这些新型合作社不再把小农场主视作应该被保护和为之服务的主体,而越来越多地将其仅仅视作一个与其他要素(资本、土地、技术投入)相同性质的、需要遵循最优化配置逻辑的“生产要素”,以便实现最高利润。(Hogeland,2006)如今,较大型的合作社大多已经成为和一般物流产业公司相似的追求利润最大化的实体。

处于整个物流体系顶端的是美国的农产品交易所。其中最早的(成立于1848年)是芝加哥交易所(Chicago Board of Trade)。它于2005年成为一个上市的股份公司,2007年被纳入芝加哥商业交易所(Chicago Mercantile Exchange,简称CME)而组成如今美国最大的商品交易所公司,即CME集团(CME Group)。如今,CME已经成为一个以期货(futures——预定未来交货日期价格的交易合约)交易为主的交易所,所涵盖的货品已经超出了原来的农产品范围,纳入了金、银、石油等期货。一方面,农产品的期货交易固然能够促使交易者(生产者和消费者)在一定程度上对农产品价格的走向做出具有某种根据的预期,在理想情况下可以做出更优的经济决策;另一方面,其也可以成为生产者的一种保险行为(如通过对冲买卖、套期保值等),尽可能使其所冒市场风险最小化。但是,它如今已经附带了越来越大的投机性。众多投机者凭借对市场价格走向的猜测来牟利。譬如,进入期货交易的投机者,可以以1∶10或更高的杠杆比例来投资(如凭3700美元来购买一个价值45000元的实货——如1000桶石油——的合同),借此来扩大其投资的可能利润。而且,投机者可以凭借产品期货的合同来进行虚拟金融产品的买卖,而不是实货的交易,甚至可以进入完全脱离实货的交易,凭借其对市场价格波动的预测来赌博牟利。那是一种带有巨大风险的交易行为——2008年的金融海啸便是实例。("Commodities Futures Contract",2017)也就是说,美国的农产品交易所已经高度金融产品化,其性质已经近似于金融市场的证券交易所,并且同样可以进行电子交易。这就和中国大陆多是以现买现卖而不是期货和衍生资本为主的交易十分不同,也和日本—中国台湾地区的大型批发市场交易不同(下文还要讨论)。

美国政府的农业部(United States Department of Agriculture, USDA)主要任务是规制(regulatory)——实施法规,监督、保证食品安全,提供信息等,目的是让市场机制良好运作,但并不直接组织、投入农产品的生产或物流。其农业体系基本是由民营公司所主宰的,如批发和食品配送等公司,也有上述公司化的合作社,并有众多包装、运输、冷链、销售等各种不同物流环节的公司。总体来说,其纵向一体化的主体乃是企业化的公司而不是政府。

主导美国整个农业体系的经济理论是,政府的功能应被限定于确立市场的外部条件(法规、监管、技术和信息服务等),来确保市场规律的运作,但不可"干预"自由市场的运作。虽然众所周知,美国政府从1933年开始,也积极给予众多农场各种各样的补贴,但其背后的理论(意识形态)依据是自由市场的逻辑和理论:农产品的需求相对其他消费品来说,不具备同等的弹性(人们消费食物的量是有自然限定的),因此,久而久之,会导致其实物价格滞后于消费市场整体。所以,要由政府来维持农产品相对其他消费品间的"对等"(parity)关系,不然,农场主的收入相比第二、第三产业将会日益下降,使农场主陷落至低收入的贫困阶层。这个补贴政策背后的意识形态是根据古典和新古典市场主义理论而自圆其说的理论,其基本主导概念仍然是市场供应—需求的平衡,仍然基本拒绝政府"干预"市场运作,前后一贯地坚持自由竞争性的市场乃是资源配置的最佳方式。(Mansfield,1980:93—100)

与美国相比，我们立即可以看到，中国农业如今的“纵向一体化”体系是多么不同。如上所述，中国农业的主体如今是户均耕地面积仅 10 亩的小农户，与美国户均 2700 亩的农场截然不同。正因为农业的主体是小农户而不是大的单位，中国农业的纵向一体化只可能高度依赖小农户自己，以及千千万万的小商小贩。以河南省为例：在进入交易的农产品中，42%是由小农户自己销售的，40%是由小商贩销售的。（薛选登，2012）最近，国务院发展研究中心系统研究了从山东省临沂市苍山县（今兰陵县）到上海市（600 公里）的生菜供应链。发现其物流损耗率为 21%—35%。总体来说，中国的生鲜农产品（也是中国“新农业”的主要产品）在其物流过程中的损耗为 25%—30%，而美国则控制在 7% 以下。至于猪肉，该项研究得出的结论是，供应链的开端是主要是由小屠户组成的，一般都没有冷冻设备，那样，既造成高损耗，也影响食品安全，与美国具有完整冷链的新型物流体系十分不同。[Development Research Center of the State Council（国务院发展研究中心），2016：27—32]

如此情况决定了中国农产品纵向一体化（物流体系）的基本结构。中国的批发市场所面对的交易者，只有少数是较大型的农场、公司和批发商，大多数是小农户和其所依赖的小商小贩。其所交易的农产品一般都欠缺规范化的包装和分级。正因如此，批发市场很难形成发达国家中比较普遍的大型交易，也缺乏动力、条件和资源来为小交易者提供储藏设备和电子信息化等服务。在中国，除了一些大城市的大批发市场之外，农产品批发市场主要都是比较粗糙的，没有现代化信息、储藏服务的（也许可以称作）“毛坯”批发市场，有的只是一个大棚，甚至只是一块空地（参见本书第 9 章）。

除了小农场和小商贩的因素之外，另一个重要原因是，中国的批发市场大多是由几个政府不同部门和机构出资组建的。在中国借助地方政府以及政府各部门机构的竞争机制来推进经济发展的政策下，它们最关心的与其说是为小农户服务，不如说是为本单位创收和盈利。它们更关心的是自身的“资本”投入的“回报”，而不是推进和发展农产品市场。在建设用地的高市价压力下，为了满足其投资者的回报要求，这些批发市场大多会收取较高的摊位费，而且基本谈不上新型储藏和信息化等服务。其中的交易多是双方的现货、议价、对手交易，较少有美国农产品的大型电子化、金融化的（类似于证券市场）的期货交易（参见本书第 9 章）。

如此的交易体系既源于小农经济的现实，也源于政府所扮演的角色，两者在一定程度上是互为因果的。在散漫的小生产者的现实下，我们较难想象更为现代化的批发市场。在营利性（讲究资本回报率的）而不是服务性的政府部门行为的竞争机制下，我们也较难想象类似于东亚经验的那种真正公益性的批发市场。当然，这里也有中国相对落后的基础设施（尤其是其公路体系）因素。

最近几年来，农产品电子商务大有异军突起的态势，成为一时的议论焦点。其论者指出，电子商务近几年一直在以三位数的增长率极其快速地发展，以至于 2015 年，国家商业部宣称要在 2000 多个县每县设立一个电商服务中心和 100 家村级电商服务点；而阿里巴巴集团则宣称，要在 3—5 年中投资 100 亿元，建立 1000 个县级的运营中心，10 万个村级服务点。（洪涛、张伟林，2015 年 2 月：45、54）这些令人鼓舞的消息，会使我们联想到，也许手机和互联网正好能够解决中国的亿万小农户和亿万消费者的连接问题，可以成为更新中国物流体系的捷径。但是,细看《2014—2015 年中国农产品电子商务发展报告》中的经验证据,我们会认识到,农产品电子交易总额(800 亿元)其实仅占农产品物流总额(33000 亿元)的 2.4%(第 47 页)。更重要的是,在全国共约 4000 户的农产品电商中,仅有 1%是“盈利”的,4%是“持平”的;88%则是“略亏”的,7%是“巨亏”的(第 52 页)。报告还指出:“许多农产品的安全性不高,农药残留、激素残留等不安全因素还大量存在。”根据国家工商总局 2014 年下半年对 92 批农产品电子商务样品的监测发现,“手机(交易的农产品)行业正品率仅为 28.57%”,“化肥农资样品正品率仅为 20%”(第 52 页)。可以见得,在缺乏规范化、冷冻储藏和运输、基础设施等基本条件下,电子商务这条捷径可能起的作用还是比较有限的。

总体来说,中国目前的农产品纵向一体化体系,不仅是个旧式的、低效的体系,也是个损耗高和成本高的体系。这是中国小农户在大市场中所面对的主要困境,是其在农产品物流方面所面对的几乎无法克服的困难。正因如此,中国的农业劳动力成本虽然远低于美国,但其农产品价格多已高过美国,在土地密集的大田农业(粮食、棉花、油菜)方面尤其如此(地多人少的美国土地价格相对低廉),使中国在国际市场上缺乏竞争力(见本书第 8 章后记)。至于新农业方面,因为它主要是劳动和资本双密集化的用地较少的高附加值生产,还勉强能够在国际竞争中占据一席之地,但其前景并不乐观,而且,在国内本身,已经较普遍形成“种菜赔,买菜贵”的吊诡现象。(黄宗智,2017:尤见 138—139)其中的一个关键原因是,其物流成本要远远高于美国。据估计,中国粮食物流成本占其总成本的约 40%,生鲜产品(亦即笔者所谓的新农业产品)的同比则约 60%;而美国前者才 10%—20%,后者约 30%。(刘运芹,2014)根据国家发展和改革委员会公布的数据,2015 年中国的物流费用占 GDP 比重约 16%,要比美国同比高一倍(发展改革委员会,2016),而且看来是没有考虑损耗的一个数据。这是中国如今农产品价格已经高于国际市场价格的一个重要原因。这样下去,中国农业,无论新旧农业,面临的挑战都还非常大。

面对上述的现实,笔者在这里要提的问题是:该怎样改造、发展中国的物流体系?

二、模仿美国模式?

国家发展和改革委员会在其对 2010—2015 年的《农产品冷链发展规划》中,把对未来的主要希望寄予发展"第三方的"大物流企业公司(国家发展和改革委员会,2010;尤见第三节之四)。目前这些实体在沿海发达地区固然有一定的发展,但其对中国农业整体所可能起的作用比较有限,主要是因为小生产者(而不是企业化的单位)仍然是农业主体,与其打交道的交易成本非常之高。何况,小农场展示了能够压倒大生产单位的强韧活力和创新力。部分原因是在中国的"半工半耕"社会形态下,它依赖的主要是家庭的较廉价辅助性劳动力(见第 5 章)。我们因此一再看到,大型企业公司最终多通过订单、合同等方式来借助这些廉价小生产者来进行农业生产,企业本身则从农业生产中退出,多演化为限于流通领域的商业资本,而且多是"贱买贵卖"型的旧型商业资本。它们与小生产者是处于敌对地位的,凭借尽可能压低收购价和提高销售价的方式来赢利。它们不是新物流体系中能够为小农户连接大市场的一种创业性、开拓性的"贱买贱卖"的高效新型物流资本,凭借扩大营业额来扩大利润(见第9章)。上面我们已经看到,作为农业生产主体的小农户及其不可或缺的小商小贩,导致整个物流体系和批发市场乱哄哄的小交易局面,根本就谈不上物流中的规范化、"无缝隙供应链"和"无断链"的"冷链"等基本新型物流要求。

国家虽然多年来一直都在试图借鉴美国模式,政策上一直都向规模化农业企业(龙头企业、大户、超过100亩的"规模化""大家庭农场")倾斜,给予各种各样的补贴、优惠和奖金,试图通过他们来"带动"中国农业的"产业化",并提倡尽量促使"资本下乡"。20世纪90年代实施这个基本政策之后,在2004年以来连续不断的中央一号文件中多次重申并加强这个政策的力度,包括大力推动"土地流转"。(黄宗智,2017:尤见第2节)但那样的农业实体充其量也才是农业整体的较小部分。在全国的耕地中,可能才有约六分之一已被流转(一个常用的数据是2014年3.4亿亩),其中,社区亲邻朋友间的流转占到较高比例:如果是三分之二的话,规模化的农场才占到总耕地面积中的六分之一的三分之一,即十八分之一,也就是说,不到6%,与国营农场占地的5%近似。更高的话,应该不会超过10%。其中,大型农业企业公司(龙头企业)可能占到其中的约10%,即总耕地面积中的约1%或更少。(见本书第2、6、11章)

这里的关键原因是,在大田谷物农业中,小农场的每亩净收益一般仍然要比雇工的(横向一体化)大农场高约一倍。也就是说,规模化的大田农业需要从国家获得约相当于其自身每亩净收益的补贴才具备与小农场竞争的能力。这正是决策者在上海市松江区调查的实际发现(虽然被有关领导人建构为证明了其对规模效益的信赖),上海市政府因此才会为所谓的(大)"家庭农场"提供大约相当于其本身净收益的补贴和额外奖励。在高度工业化和城镇化的上海市区,缺乏愿意种地的本地(户籍)农民,那样的政策也许是可以理解的,但被当作全国的典范来推广,则有点脱离实际了。(黄宗智,2014b:112—113;亦见本书第 11 章)而在劳动和资本双密集的高附加值新农业中,小农场所占优势更加明显。家庭经营的小、中、大棚(约一、三、五亩规模)劳动成本更比雇工经营(横向一体化)的大农场低很多,因为它可以依赖自家的辅助劳动力,并依赖自家劳动力的自我激励机制,因此不必依靠劳动力成本较高的雇工,更不需要聘用管理雇工的人员。在非定时但频繁的劳动密集生产活动中,家庭辅助性劳动力要比定时的全职雇工具有更大的优势。(黄宗智,2016、2014b)至于国家 2007 年以来提倡的"专业合作社",它同样也是个意图模仿美国的规划。其设想中的合作社是以企业化的农场为主体的,让处于同一专业的单位联合起来追求其共同的利益,使其按股或按营业额来分红,所想象的是一个美国型的基本完全(资本主义)企业化的大经济环境。但实际上,中国当前的农业实际主体仍然是小规模的小农家庭农场,而不是专业化的企业型农场。而且,一般小农户缺乏对"专业"农产品市场的认识和联合意向,其所认同的仍然主要是村庄社区的人脉关系。正是由于设想和现实的脱节,所谓的专业合作社中,真正符合国家政策设想的合作社,也只不过是所有被称作专业合作社中的一个较小比例（可能才10%—20%，甚或更少），而“虚”“伪”与“失败”的合作社估计可能占到所有在册合作社的30%或更多，其余则是两种性质兼有的合作社。（黄宗智，2015a：尤见27—32；亦见黄宗智，2017：140—144；参较 Hu，Zhang and Donaldson，2017）

事实是，在中国目前的农业经济的现实下，对美国或想象中的美国模式的借鉴模仿政策说到底是一种空想，离现实较远，在短中期根本不可能起到大规模的作用，最多只能造就通过国家补贴来“发展”少数相对富裕的农户，不太可能起到推动大多数的小农农场发展的作用。我们亟须反思多年来国家偏重大农户、无顾小农户的政策。

三、东亚模式的启示

最近，国务院发展研究中心在亚洲开发银行的资助下，与美国著名智库兰德公司合作，历经两年多的研究，提出了中国应该模仿“东亚”模式的政策建议。该报告中肯地指出，中国大陆小规模农业的实际，与美国基于大规模农场的实际截然相背，但与同样是基于小农场的日本和中国台湾地区农业则比较近似。所以，在农产品物流方面，中国大陆应该借鉴的是日本和中国台湾地区的经验，而不是美国的经验。（Development Research Center of the State Council，2016：尤见 xvi-xviii、62—65）

这正是笔者多年来的基本建议，这里借此机会再一次梳理主要数据和其所包含的逻辑。日本今天的务农户户均耕地面积约30亩，中国台湾地区约15亩，相对中国大陆的劳均10亩（总耕地面积20亿亩，务农人员约2亿人）、户均10亩，与美国户均2700亩形成了极其鲜明的对照。① 正如以上论述，分散的小规模农场决定了中国大陆今天的农产品物流体系的基本状态，即没有组织化的小农户，加上千千万万的小商小贩，再加上没有新式设备的毛坯型批发市场的低效率、高损耗、高成本物流体系。这些基本现实也正制约着试图模仿美国模式的政策的可能作用。

在如此的局面下，中国大陆的批发市场不可能具备发达国家的条件。以其物流体系的“第一公里”为例：在发达国家中，规范化的包装、分级和信息搜集等都是不可或缺的条件。其中，通过信息技术做到产品的可追溯性（traceability）是进入新型物流体系的前提条件：譬如，肉产品要具备从“繁殖—饲养—屠宰—加工—冷冻—配送—零售”全流程各个环节的可追溯性，确保其屠宰、加工和运输环节等冷链达标，方能确保其进入大批发市场的条件及其相关信息的准确性和肉食品的安全。在中国大陆目前的物流体系下，如此的产地包装和分级非常有限。绝大部分批发市场的交易并不具备那样的条件。

但日本和中国台湾地区已经做到了。它们的物流体系是由两个基本制度性条件组成的：一是基于社区而层层上延的农业合作社（日本称作“农协”），乃是从生产者到批发市场的规模化纵向一体化的关键，由它们来进行初步的规范化加工、定级和包装，然后

① 这里使用的日本、中国台湾地区和美国的数据来自 Development Research Center of the State Council，2016：9—10，但该报告采用的中国大陆数据（每农户平均耕地面积37.5亩）显然过高。这里采用的户均10亩的数据是根据中国大陆卫星测量的耕地面积，务农人员约2亿，即劳均10亩。

沿着不同行政层级的合作社层层上延进入批发市场,包括高效、快速、可靠的储藏、冷冻、运输等条件。二是由政府当作公益性服务而投资、设置的大型批发市场,其具有冷藏和电子信息化等服务,由此而具备一体化的新型物流条件。当然,高度发达的交通条件——特别是公路和铁路,是不可或缺的基础设施条件。

日本和中国台湾地区的合作社与中国大陆的“专业合作社”很不一样,它们覆盖了几乎所有的农民。这是因为两地政府在20世纪50年代初期便比较明智地将基层支农资源和管理让渡给了农村社区组织,由农民的合作社自主运作。正因为如此,两地的合作社虽然一贯强调自愿参与和退出,但农民的参与率都达到90%以上,几乎是全体农民。(黄宗智,2015a)但中国大陆2007年以来推动的专业合作社则采用美国模式,其脱离了农民的基本村庄社区实体,设想的是偏离实际的以专业化、企业化农场为依据,让农业大户合并起来追求自身专业的共同利益的最大化。① 因此,农民参与率较低。我们即便纳入所有的所谓“合作社”(官方数据是涵盖全国约三分之一的农户),包括“伪”“虚”和“失败”的合作社在内,真正的合作社的覆盖率充其量也才占其在册数量的约20%,也就是说,只占所有农户中的6%—7%。(黄宗智,2017:140—147)同时,传统的(计划经济时代遗留下来的)供销社,目前也基本没有在新物流体系中起到作用。其更新和改制仍然有待未来。而在日本和台湾地区,基层基于农村社区的合作社在新型物流体系的“第一公里”中设定和施行标准化的农产品包装和分级方面,便起到了至

---

① 中国台湾地区也有农业专业合作社,但所起作用比较有限,只占到所有农业合作社在批发市场的总销售额的14%。(Chen,2015:table 2)

为关键的作用。(Guowuyuan fazhan yanjiu zhongxin,2016:xvii)中国大陆今后如果能够改用日本—中国台湾地区模式,如果能够成功地借此纳入并改造规模庞大的旧供销社这个计划经济遗留下来的制度资源(全国共有2.9万个基层社,33.8万个基层网点——中华全国供销合作总社,2017),将其纳入新型的农业合作社,应该能够借此建立一个比较新型的物流体系。一定程度上,那样的合作社—供销社其实等于是回归其建立初衷,而不是后来所形成的低效机构。

此外,另一个不错的动向是,成都市自从2009年以来,已经采用由地方政府直接拨款给每个村的办法,来改进村庄的公共服务,其重点在水利、道路、桥梁、垃圾池等设施,并已收到一定的成效。初始时其每年向每村拨款20万元,2017年预计已达到60万元。(田莉,2016)其实,物流也可以被纳入这样一个制度,要么划归现有的"公共服务"范畴,要么另设专项。除了目前强调的基础设施之外,还可以将进入城镇市场的比较优良的农产品纳入标准化的包装和产品定级,而后由乡镇、县(市)、区、省(市)级的合作社来负责建立完整的供应链,包括加工、储藏、运输。生鲜产品则尽可能通过改组的供销社来建设完整无断链的冷链。当然,大批发市场也要配备新型的配套设施,而那样的责任则非地方政府莫属。这就需要大量的投资来推动这样的公益服务,将其视作与道路、桥梁等基础设施相似的公共服务。中国台湾地区的市、省级批发市场便正是如此与合作社搭配的。(《台湾地区农产品批发市场年报》,2015)这要比中国过去多年来花费于龙头企业和大户补贴的资源投入,更能为真正的农业主体——小农户——提供其所必需的新型和高效纵向一体化服务。

日本和中国台湾地区的大型批发市场(日本称作“中央卸卖市场”)广泛采用拍卖的方法来确定某一等级的某一产品的市价,是个公开、透明的操作方式。同时,在有限程度上还采用期货交易,虽然没有像美国那样,把农产品市场也基本纳入全国高度金融化的商品投机交易体系。但政府组办的批发市场有效地通过搜集农产品交易信息并将其广泛传播,使生产者、中间商和消费者都能够据此做出决策。当然,政府的严密监督和管理也是不可或缺的基本条件。(《农产品物流》,MBA 智库百科;张京卫,2008)

在美国农业的整体中,政府所起的作用主要是规制和监督,不像日本和中国台湾地区那样,领导组织农业合作社并直接设立大型公益性批发市场。上文已经说明,美国的农产品交易场所多是私营企业公司所设置的,而美国政府的农业部(Department of Agriculture of the United States)的职责主要是规制市场的外部条件,包括监督(食品安全等)、提供信息等,虽然也提供被设想为维护市场供需均衡的农业补贴,但并不直接介入农产品的生产、物流和销售。后者基本上都是由企业化农场、专业合作社、民营农业公司和农产品交易所(公司)包办的。政府所扮演的角色要远小于日本、中国台湾地区。此外,日本和中国台湾地区的农产品交易市场主要是以现款现货交易(现货现买,亦即美国之所谓“spot-trading”)为主的;而美国的农产品交易市场则广泛采用期货(futures)交易,并且包括金、银、石油等高价期货,其实质已经成为类似于金融市场中的证券市场,有大量的投机资本进入,并不适用于中国。

在基于村庄社区的由下而上的农业合作社与政府由上而下的公益性投入、监督和策划的搭配和协作下,日本和中国台湾地区都成功地组建了高效的新型农产品物流体系。上面我们已经看到,在“第一公里”中,基层合作社与政府协同设定规范化的包装和分级,为众多农产品建立了可追溯(traceability)的基本条件,而后通过更高级的农业合作社与农会(日本则是农协)进行储藏、加工、运输而进入新型的批发市场,而后从那里进入各种各样的货物配送渠道,最终送达到个体消费者,完成从田间到餐桌的整个物流链条。

此中关键是农产品生产后的“纵向一体化”。我们看到,分散的小生产乃是新型物流体系的主要瓶颈,而其根源乃是资源禀赋的制约(人多地少)所导致的小农场。那不是一朝一夕所能克服或转化的问题。即便是日本—中国台湾地区,在 20 世纪 50 年代建立合作社体系之后,已经经历了将近 70 年,但如今其农场的规模仍然和中国相差无几。这也说明,在较长时期中,小农场仍将是中国大陆农业的基本现实。何况,中国大陆的农业比日本和中国台湾地区的规模要大得多(2 亿农业从业人员,相对于日本的 250 万和台湾的 77 万),其从小农场到大企业的所谓“转型”谈何容易。

总而言之,中国人多地少的劳动密集型小农业并不需要横向的一体化、规模化,但确实需要规模化的纵向一体化。在这个问题上,日本和中国台湾地区的历史经验说明的是,借助由下而上的、基于农村社区的农业合作社(日本“农协”)来把无数的小农组织整合起来,促使农产品经过规范化而进入纵向一体化,乃是一条行之有效的道路,比仅仅依赖对中国来说不符实际的企业化美国模式,要有效得多。虽然如此,我们并不排除美国型的物流企业在某些发达地区起到一定作用。同时也说明，需要政府积极创办公益性的新型大批发市场来配合合作社的作用，才能形成一个大制度框架来组建新型的物流。农业合作社和大批发市场的搭配和协作乃是日本和中国台湾地区（以及韩国）成功发展现代化农业物流体系和提早进入发达国家/地区行列的关键。

它也是原来占据日本—韩国—中国台湾地区人口大多数的小农之所以没有沦为社会的贫穷底层的关键。应该说，它是世界上小农经济国家/地区进入发达国家/地区行列至为成功的实例。当代中国已经在马克思主义模式的计划经济和集体农业下经历了盲目信赖横向一体化规模效益的错误，而后又在新自由主义英美模式理论下经历了同样的错误，今天亟须采用真正符合中国小农经济实际的，由东亚型农村合作社与东亚型公益性批发市场两者组成的纵向一体化发展道路。

四、“发展型国家”模式？

以上论述也许会使人联想到所谓的“发展型国家”（developmental state）理论。它是针对美国理论模式中设定的国家和市场经济的二元对立提出的理论。美国依据的是古典和新古典自由主义经济理论强调的市场“看不见的手”的关键作用，坚持要尽可能使国家“干预”最小化。针对那样的理论，“发展型国家”理论说明，在日本及其后在韩国、中国台湾（以及中国香港及新加坡等）较后发达的国家和地区所采用的不是两者对立的模型，而是两者在政府领导下搭配和协作的模式。政府将发展市场经济设定为其主要目标,不仅积极设计和领导经济发展,也采用推进发展的政策来协助民营企业,并为民营企业提供各种各样的扶持,由此实现进入发达国家和地区行列的发展。

根据该理论创始者查默斯·约翰逊(Chalmers Johnson)的分析,这个模式中的政府行为迥异于美国的"规制型国家"(regulatory state,日语译为"规制指向型国家"),乃是一种"发展型国家"(developmental state,日语译为"发展指向型国家")。在约翰逊的分析中,"英美"模式和日本模式同样基本是以市场经济和"资本主义"为主的,但一个将国家功能和作为限于规制经济的外部条件,防御违规的行为,为的是让市场机制无干预地运作,使其充分发挥其"看不见的手"的功能。另一个依赖的则是国家领导发展的政策,干预市场并扶持企业来促进发展。(Johnson,1982;亦见Johnson,1999——此篇是他十几年后针对批评他的模式的议论所作的一个总结性梳理、回应和澄清)

这个针对古典和新古典(新自由主义)经济学的政治经济学理论,在约翰逊之外,主要包括麻省理工学院(MIT)经济系的讲座教授阿姆斯登(Alice Amsden,1943—2012)提出的以韩国为实例的"被指导的市场"(guided market)概念,以及伦敦经济学院的韦德(Robert Wade,1944—)提出的"被治理的市场"(governed market)概念。这些理论概括当然和我们上文的论析有一定的交搭。有的发展型国家模式论者甚至认为,它们也完全适用于中国近几十年的经验,因为在中国从计划经济转向市场经济的过程中,国家无疑起到了关键的推动和参与作用。(参见黄宗智,2015b)我们这里要问的是,中国是否真的可以简单被认作一个符合此理论的国家?

如果中国今后在农业领域也采用日本的模式,是不是将会更完全地符合"发展型国家"模式?

在笔者看来,我们首先要考虑到社会主义的理念在中国的政治经济体系中是一个不容忽视的因素。别的不说,中国经济实体的一个基本特点是,国有和国有控股企业仍然占到全国非农经济国内生产总值的将近一半,远超过一般的"发展型国家"。(Szamosszegi and Kyle,2011;黄宗智,2012:9—10)而且,中国的政党—国家政治体制在改革期间的经济发展中所起的作用实际上远超过日本政府在其发展中所起的作用(黄宗智,2015b)。

至于农业方面,中国无疑要比日本的规模大得多:相比中国大陆,日本农业面积和人员规模只相当于中国大陆的约1.7%,中国台湾地区只相当于中国大陆的0.4%。而如今它们建立新型纵向一体化体系的过程已经跨越了将近70年的历史,中国大陆的类似过程肯定还会长得多。而且,即便中国大陆真正采纳了日本和中国台湾地区的基于农村社区的合作化模式,其未来所形成的具体组织形式以及其对中国政治经济体系整体的影响还是个未知之数。此外,我们还要考虑到,小农是中国共产党革命最主要的社会基础,也是改革期间经济快速发展的主要劳动力,还是近三十年来新农业革命的主体,更是中华文明整体的基本根源。其在未来的中国所可能占据的位置和具有的影响,应该说还是一个现有任何理论都不可能预见的问题。

约翰逊本人一贯特别强调,我们研究者要破除"新古典经济学"(neoclassical economics)把单一种经验——约翰逊称作"英美模式"(Anglo-American model)和"英美经济学"(Anglo-American economics)——普世化的强烈冲动。因为,真实世界绝对不可能那样来理解。要认识真实的世界,我们必须兼顾历史经验的特殊性,并对其进行适当概括,虽然这并不排除其概括也可能适用于某些其他国家,但绝对不可能也不应该追求普世性的理论。约翰逊认为,那样的追求只是一种英美中心主义,试图把全球都纳入源自其自身的经验概括,并且要求全球来模仿其发展模式。(Johnson,1999)

他自己在原作出版 17 年后解释道,其提出的“发展型国家”“模式”主要是从对日本的“通商产业省”(Ministry of International Trade andIndustry,简称 MITI)的档案研究概括出来的,其专著较详细地论述了该部在 1925 年之后,尤其是二战后的一系列发展型政策和行为,并且前后一贯地突出了日本的特殊性。据约翰逊自己回忆,他的书稿只是在斯坦福大学出版社极盛时期的总编贝尔(Jess Bell)的一再坚持下①,最后才加上了一篇关于“日本模式”的结论章,但他从来无意要把日本模式建构为一个普世的模式。因为那样的话,只会违反他自己一贯的认知进路。(Johnson,1999:39—43)这和笔者一贯强调的从实践历史中挖掘有经验范围限定的理论概括的学术研究进路比较相似。(黄宗智,2015c)

约翰逊的“发展型国家”基本没有考虑农村社区合作社所起的作用;它关注的重点是工业发展。而且,我们还要考虑到,20 世纪 90 年代以来,日本农协在其经济体中所起的作用无疑一直在减缩,因为农业在整个国民经济中所占比例日益降低,已经低于 2%,其

① 笔者第一本研究农业的专著《华北的小农经济与社会变迁》(黄宗智,2014a[1986])的标题便是与此位贝尔编辑多次协商之后才最终定下的。

经营活力也已经没有之前那么强盛。(Godo,2001)虽然对于农民和农业来说,它无疑仍然十分关键。

中国今天的农业和农民在国民经济整体中所占的比例要比日本高出许多,而且其城乡一体化肯定需要漫长的时间。此外,中国大陆今天的经济实体乃是一个半国企、半民企的体系,其国有企业几乎与民营企业平分天下,远远超过其在日本、中国台湾地区所占比例。何况,中国共产党领导下的政党—国家政治体制也和日本的政经体系十分不同。我们也许可以把中国目前的政经结构描述为半国企半民企经济体之上的“发展型国家”,既非有的学者常用的“国家资本主义”,也非经典的社会主义,也不是约翰逊论析的“资本主义发展型国家”,当然,更非英美的“资本主义规制型国家”。也就是说,中国和日本有许多比较基本的不同之处。虽然如此,没有疑问的是,对中国如今面对的农业和农村进一步发展的紧迫需要来说,东亚模式的合作社乃是全球历史经验中最具有指示价值的一个模式。美国式的纯资本主义农业生产和以企业为主体的纵向一体化模式,其实已经在近几十年的实践中被证明是个功效比较有限的进路。

最后,以农村社区为依据的农业合作社,如果真能成为中国建立新型农业纵向一体化物流体系的基本模式,将不仅会促进农业发展并提高农民的农业收益,借此解决目前的城乡差别问题,也将会促使农村社区的复兴。当然,此篇文章的主要目的,是说明东亚型农业合作社对中国农业生产和物流,以及农民、农村、农业的“三农问题”所可能起的作用。

参考文献:

国家发展和改革委员会(2016):《2015 年全国物流运行情况通报》,载国家发展和改革委员会网站,http://yxj.ndrc.gov.cn/xdwl/201605/t20160531_806054.html,最后访问日期:2017 年 9 月。

国家发展和改革委员会(2010):《农产品冷链物流发展规划》,载国家发展和改革委员会网站,https://www.lookmw.cn/doc/afztni.html,最后访问日期:2017 年 10 月。

洪涛、张伟林(2015):《2014—2015 年我国农产品电子商务发展报告》,载《中国商论》第 Z1 期,第 44—54 页。

黄宗智(2012):《国营公司与中国发展经验:"国家资本主义"还是"社会主义市场经济"?》,载《开放时代》第 9 期,第 8—32 页。

黄宗智(2014a):《明清以来的乡村社会经济变迁:历史、理论与现实》,三卷本,增订版。第一卷《华北的小农经济与社会变迁》[(中华书局)1986、2000、2004、2009];第二卷《长江三角洲的小农家庭与乡村发展》[(中华书局)1992、2000、2006];第三卷《超越左右:从实践历史探寻中国农村发展出路》,北京:法律出版社。

黄宗智(2014b):《家庭农场是中国农业的发展出路吗?》,载《中国乡村研究》第 11 辑,福州:福建教育出版社。

黄宗智(2015a):《农业合作化路径选择的两大盲点:东亚农业合作化历史经验的启示》,载《开放时代》第 5 期,第 18—35 页。

黄宗智(2015b)《中国经济是怎样如此快速发展的?五种巧合的交汇》,载《开放时代》第 3 期,第 100—124 页。

黄宗智(2015c):《实践与理论:中国社会、经济与法律的历史与现实研究》,北京:法律出版社。

黄宗智(2016):《中国的隐性农业革命(1980—2010)》,载《开放时代》第 2 期,第 11—35 页。

黄宗智(2017):《中国农业发展三大模式:行政、放任与合作的利与弊》,载《开放时代》第 1 期,第 128—153 页。

刘运芹(2014):《中美农产品物流发展的主要差距及原因探析》,载《对外经贸实务》,http://www.agri.cn/V20/ZX/sjny/201412/t20141201_4259597.htm,最后访问日期:2017 年 11 月。

《农产品物流》, MBA 智库百科, http://wiki.mbalib.com/wiki/%E5%86%9C%E4%BA%A7%E5%93%81%E7%89%A9%E6%B5%81,最后访问日期:2017 年 11 月。

《台湾地区农产品批发市场年报》(2015),http://amis.afa.gov.tw/doc/105 年报.pdf.

田莉(2016):《成都市推进村级公共服务和社会管理改革的实践》,载《成都发展改革研究》第 3 期,http://www.sc.cei.gov.cn/dir1009/223968.htm,最后访问日期:2017 年 10 月。

薛选登(2012):《日本农产品物流发展经验及对河南的启示》,载《林业经济》第 5 期。

张京卫(2008):《日本农产品物流发展模式分析与启示》,载《农村经济》第 1 期,第 126—129 页。

中华全国供销合作总社(2017):《全国供销合作社系统 2016 年基本情况统计公报》,http://www.chinacoop.gov.cn/HTML/2017/02/03/112357.html。

Chen, Cheng-Wei(2015), “The Impact of Agricultural Cooperatives on Agricultural Marketing: The Taiwan Experience”, http://ap.fftc.agnet.org/ap_db.php?id=510&print=1, 最后访问日期:2017 年 10 月。

“Commodities Futures Contract”, 2017, Investopedia, www.

investopedia. com/terms/c/commodityfuturescontract. asp, 最后访问日期: 2017 年 10 月。

Freeland, Chrystia. (2012). "The Triumph of the Family Farm," *The Atlantic* , July/August, http://www. theatlantic. com /magazine/archive/ 2012/07/the-triumph-of-the-family-farm/308998/.

Godo, Yoshihisa. (2000). The Changing Economic Performance and Political Significance of Japan's Agricultural Cooperatives. ANU Research Publications, https://openresearch-repository.anu.edu.au/handle/1885/40441.

Development Research Center of the State Council of the People's Republic of China(国务院发展研究中心). (2016). "Improving Logistics for Perishable Agricultural Products in the People's Republic of China," Manila, Philippines: Asian Development Bank.

Hogeland, Julie A. (2005). "The Economic Culture of U. S.Agricultural Cooperatives," *Culture and Agriculture* , v.28, no.2: 67–79. http://web. missouri.edu/~cookml/AE4972/Hogeland. pdf.

Hu, Zhanping, Qian Forrest Zhang, and John A. Donaldson. (2017). "Farmers' Cooperatives in China: A Typology of Fraud and Failure," in *The China Journal* , no.78(July): 1–24.

Johnson, Chalmers. (1982). *MITI and the Japanese Miracle: The Growth of Industrial Policy* , 1925–1975, Stanford: Stanford University Pres.

Johnson, Chalmers. (1999). "*The Developmental State* : Odyssey of a Concept," in Meredith Woo-Cumings, ed., The Developmental State, Chapter 2: 32–60, Cornell, CA: Cornell University Press.

Mansfield, Edwin. (1980). "The Role of Government in U. S. Agriculture," in *Economics: Principles, Problems, Decisions* , 93–103, New

York: W.W.Norton & Company.

Rodriguez, Arturo. (2011). "Statement of Arturo S. Rodriguez, President of United Farm Workers of America," before the Senate Committee on the Judiciarys Subcommittee on Immigrants, Refugees, and Border Security, October 4, https://www.google.com/#q = Statement+of+Arturo+S. +Rodriguez% 2C+President+of+United+ Farm+Workers+of+America.

Szamosszegi, Andrew and Cole Kyle. (2011). "An analysis of state-owned enterprises and state capitalism in China," for the U. S.-China Economic and Security Review Commission, Oct.26: 1-116.http://www.uscc.gov/researchpapers/2011/10_ 26_11_CapitalTradeSOEStudy.pdf.

USDA(United States Department of Agriculture), Economic Research Service. (2013). "Farm Size and the Organization of U.S.Crop Farming," ERR-152, http://www. ers. usda. gov/publications/err-economic-research-report/err152.aspx#.Uo0gt8SfivY.

USDA(United States Department of Agriculture). (2005). "U.S.Farms: Numbers, Size and Ownership," *in Structure and Finance of U. S. Farms*: 2005 *Family Farm Report*, EIB-12. http://www. ers. usda. gov/publications/eib-economic-infor-mation-bulletin/eib24.aspx#.Uo0fp8SfivY.

USDA (United States Department of Agriculture). (2000). "Understanding Cooperatives: Agricultural Marketing Cooperatives," *Cooperative Information Report* 45, Section 15, https://www. rd. usda. gov/files/CIR45-15.pdf.

结　语

第十六章　结论

本书已经详细论证,中国今天的农业仍然主要是劳均才十亩地的小家庭农场,同时,它已经展示了相当高度的“现代化”,尤其体现于其近三十多年来的“劳动与资本双密集化”的高附加值小农户“新农业”[如(高档)蔬菜、水果、肉禽鱼、蛋奶等]生产,也可见于其“旧农业”的小农户谷物生产中日益扩增的现代投入。这就和“左”“右”经典理论的预期都截然不同。一是经典理论认为“现代”农业的主体必定是或应该是资本主义型的雇工规模化农场,小农经济则必定会被淘汰。二是如今中国农业从业人员和工业从业人员大多来自紧密结合务农与务工的“半工半耕”农户家庭,①而经典理论则预期,伴随“现代化”/资本主义发展,工人与农民将截然分开,小农家庭经济单位将会消失而被个体化的雇工、雇农取代。三是今天中国农业中的“资本”,实质上大多是流通领域中的

① 笔者在黄宗智2006文中首次提出“半工半耕”一词与概念。

商业资本而不是生产领域中的产业资本，而左右经典理论的预期则是，它应该主要是雇工的产业资本。鉴于这三大悖论实际，我们显然需要对左右经典理论进行深层反思，创建更符合中国当代小农经济实际的理论概括。

一、不适用的与适用的现有理论

"经典理论"首先是指"右"派的新自由主义理论。它以市场经济中的"理性经济人"为其前提"公理"，据此（像欧几里德几何学那样）演绎出一系列定理，并且自我认定为一门类似于自然科学的科学。目前，这样的新古典"教科书"经济学已经成为国内经济学的主流。在农业方面，具有代表性的是（诺贝尔经济学奖得主）舒尔茨（Theodore Schultz）（1964），其争论：小农也是"理性经济人"，"传统的"农业经济也是纯竞争性的市场经济，因此，传统农业经济也必定会（由于经济人在市场中所做出的理性抉择）达到最佳的资源配置。据此，他争论传统农业不可能有（零报酬的）过剩劳动力。这样，将中国人多地少的（劳动力相对过剩）基本国情完全排除于其考虑范围之外。同时，他将所有传统农业的市场经济都设定为完全的市场，无视中国明清以来到近现代的单向畸形市场（主要由农村向城镇输出食物与奢侈品，极少反向的物品），亦即不具有双向良性互动城乡关系的市场。在舒尔茨的古典—新古典理论基础上，新自由主义经济学更延伸出当前影响极大的"新制度经济学"。［如 Ronald Coase（科思），1988〔1990〕、1991；Douglass North（诺斯），1981、1993］它特别突出稳定的私有产权（法律制度），认为那是市场经济体发展的终极激励机制和动力。它完全排斥中华人民共和国成立后前三十年计划经济下的发展经验;即便是对其后三十多年改革的经验,也是批评(其不完全的私有制)多于赞同(其市场转向)。上述理论要么把理论建构等同于实际,要么坚持实际必定要遵循理论建构。它也是一个由政权推动的理论,实质上是一种"意识形态"化的理论。①

再则是"左"派的经典马克思主义经济学理论。它以劳动价值论——认为一切价值都是劳动所创造的——为其理论前提,同样借助演绎逻辑而得出一系列的定理:传统小农经济是一个以租佃生产关系为主的,通过地租关系来剥削佃农劳动"剩余价值"的"封建主义""生产方式";当其生产关系成为进一步释放生产力的桎梏,它必定会被以雇佣关系为主的,通过工资形式来剥削工人剩余价值的"资本主义"生产方式取代;直到由社会主义(革命)的生产方式破除资本主义生产关系对生产力的桎梏取代。马克思主义经济学虽然特别强调客观行动和"下层建筑",而不是主观思想或法律("上层建筑"),与新自由主义理论比较主观主义的倾向不同;但它的经济理论同样高度形式化和数学化,从其劳动价值论的"公理"出发,是个逻辑上高度整合的一套理论。当然,它也是个高度意识形态化的理论。

两大理论都预期,小农家庭经济单位会伴随由封建主义/传统农业生产转入资本主义工业生产而消失,被企业型的农场取代,而大多数的小农会变成个体化了的工、农产业雇工。但事实是,今天

① 本书的论证之外,亦见黄宗智、高原,2015。

在高度工业化的中国,“半工半耕”(本书第5章)的小农户家庭仍然占到农业经济人员的绝大多数,也占到产业工人的大多数,其经济抉择仍然迥异于个体化的工人,也迥异于资本主义企业。仅凭此点悖论,我们便应该认识到,两大经典理论都不符合中国的实际,不可能使我们准确认识中国。

在两大经典理论之外,另一重要理论传统是“实质主义”理论,特别是恰亚诺夫(A. V. Chayanov, [1925]1986)的“小农经济理论”。首先,它比较重视特殊的经验证据和历史演变,没有强烈趋向普世概括的冲动,也没有偏重被认作普世的演绎逻辑的冲动,更多倾向于从经验出发的认知进路,并倾向于限定其理论概括的适用经验范围。它根据俄国的经验指出小农经济与资本主义经济在经济行为和逻辑上的一系列不同,包括其在人多地少压力下的不同(下文还要讨论)。它更洞察到小农经济处于现代市场经济大环境中的困境,提出了迥异于资本主义农业的小农经济现代化道路的设想。①

本书特别突出三位倾向实质主义的理论家对理解中国农业经验的贡献。除了上述的小农经济理论的恰亚诺夫之外,一是人口压力经济理论的博塞拉普(Ester Boserup, 1965),二是英国经济史

① 作为旁注,我们这里还要说明,近几十年来特别时髦的“后现代主义”理论,尤其是对中国研究影响特大的萨依德(Edward Said)(1978)和吉尔茨(Clifford Geertz)(1978)的理论,它们一方面也像实质主义理论传统那样,强烈倾向以特殊性和地方性来挑战普适,更以“话语”和“意义网”等概念来质疑客观主义、“科学主义”和“西方中心主义”,借此来质疑马克思主义和新自由主义两大主流经济理论,但它们的重点不在经济而在文化和心态,除了指出两大经典理论的不足之外,对我们理解中国现代的小农经济帮助不大,没有像恰亚诺夫的实质主义理论传统那样,清楚地认识到新时代小农经济的悖论实际。

理论的瑞格里（E. Anthony Wrigley，1985、1988）。他们与上述左右“主流”理论家的不同首先在于其认识方式，从历史经验出发来建立概括，而不是从某种被设定为普世的抽象化和理想化的“公理”（“理性经济人”或“劳动价值论”）出发，而后主要凭借演绎逻辑来推论出一系列逻辑上整合的“定理”，凭此来论析人间所有不同的经济体系。（亦见黄宗智、高原，2015）

恰亚诺夫的小农经济理论出发点是一个简单但深具洞察力的基本实际，即小农家庭既是一个生产单位也是一个消费单位，因此，其经济行为同时受两者的影响。它也是一个主要依赖自家给定劳动力来进行生产的单位。这就意味着其行为和经济逻辑都与资本主义的企业单位十分不同：后者不会考虑到本单位的消费需求，并且是一个主要依赖雇工的单位。这个基本差别使两者对劳动和资本都具有不同的态度。特别是在人口压力下，前者为了满足家庭的消费需要，会继续投入更多的劳动力，直到其边际报酬接近于零；后者则不会如此，一旦其边际收益降到低于市场工资，便会停止雇佣/投入更多的劳动力，因为那样是会亏本的。这是一个特别有助于理解中国人多地少农业经济演变的洞见。

博塞拉普则同样从人口增长对土地压力递增的基本历史实际出发，论证随之而来的技术变迁的经济逻辑。与新自由主义简单把劳动力设定为与资本和土地同样是稀缺的资源（并在市场机制下会达到最佳配置）不同，她指出，人口压力乃是历来推动技术变迁的主要动力。从 25 年一茬的刀耕火种“森林休耕”，到 6—10 年一茬的“灌木休耕”，再到在同一块地上的短期休耕，到一年一茬，再到一年数茬，都是每工时边际报酬递减的演变，只会在人口压力下才发生。其间的农业技术演变正是由那样的压力推动的。与舒尔茨所设定的固定不变的“传统农业”不同，博氏的理论更适用于理解中国厚重农业传统及其众多的技术演变和创新，也特别有助于理解中国“人多地少”的基本国情（这里还需要指出，她的理论，如果补加中国农史领域惯用的“地力”概念，并借助吉尔茨的“农业内卷化”概念和词汇，而不是她自己所采用的“集约化”，则能够更清楚地表达她对人口压力下每工时报酬递减的洞见）。

经济史理论家瑞格里的出发点也是一个基本事实：前工业化小农经济所依赖的能源主要是“有机”的人力和畜力［瑞格里也没有考虑到中国农史中惯用的（也是有机的）“地力”概念，其实对其理论也很有帮助］，与现代工业所依赖的可以几乎无限扩大的无机“矿物能源”（煤炭和蒸汽）很不一样。瑞格里的理论实际上对盲目使用基于工业经验的理论于农业，提出了致命的批评。它能够帮助我们更清楚地区别农业与工业，协助我们理解如今仍深受人力和地力约束的中国新时代小农经济，并认识到其与没有受到同等制约的产业化生产的不同。

虽然如此，即便是相对上述三大实质主义理论来说，今天的中国也具有一定的悖论性或“特色”，特别是其源自革命与改革传统而来的独特的承包地制度。它首先来自平均地权的土地革命，其次是“社会主义改造”中土地所有权的集体化（虽然一定程度上其实是国家所有）的制度，最后是在改革期间确立的一村一村平均分配的农民承包地权。正是这个在特殊历史背景下形成的制度，确立了小农家庭农场仍然占据中国农业主体的实际，并将长期如此，即便是在国家近年来一再推动“资本下乡”和“土地流转”的政策下仍然如此。这是以上三位理论家没有可能想象到的中国现实。

从小农经济人多地少的程度和规模角度来说，中国与印度是比较相似的，而且同样在近几十年经历了性质相似的“新农业”革命。但印度的农地是私有的，没有中国的承包土地制度，由此导致一定程度的土地集中和大农场的兴起。印度如今已经形成无地农业雇工占到其务农人员中 45% 的形态，远高于中国。我们可以说，中国独特的土地产权制度使其更加不同于各家理论的概括。

另外，我们还要加上中国独特的城乡分层户籍制度，以及 20 世纪 80 年代开启的大规模悖论的没有城镇化的乡村工业化，和随之而来的农民离土不离乡非农打工，以及其后的离土亦离乡打工。正是在那样的背景下，中国形成了悖论的“半工半耕”特殊社会经济形态。它是之前的理论完全没有预期到的实际。正因为如此，我们更加需要认识到这些悖论实际，并建立与之前不同的概括和理论，来理解中国的特殊性。

二、新型小农经济的主要特征

本书的目的之一是，论证和概括中国新型小农经济的主要特征。首先是近三十多年来所形成的高附加值农产品生产的“新农业”的大规模兴起，主要包括小型的菜果和肉禽鱼农场，如一、三、五亩的小、中、大拱棚蔬菜，数亩地的果园，以及一二十亩地种养结合的小农场。它是由 20 世纪 80 年代以来的生育率下降、大规模非农就业，近三十多年的快速经济增长和人民收入的提高所带来的中国人食物消费的转型，（笔者称作）“三大历史性变迁的交汇”所促成的。新农业如今已经占到农业总产值的三分之二(和耕地面积的三分之一,而占地56%的旧谷物农业产值才占耕地面积的16%)。这是个与之前历史上的其他农业革命不同的新时代农业革命,主要体现于产值的剧增而不是个别农作物在单位土地产量上的提高。它因此多被人们忽视,所以堪称一个"隐性的农业革命"。(亦见黄宗智,2010、2014)它是个"资本与劳动双密集化"的农业,一个能够吸纳比旧农业要多得多的劳动力的农业体系,是由中国"人多地少"的基本国情所促成的。这和大部分西方发达国家的"人少地多"资源禀赋条件下的农业现代化演变完全不同。后者在现代化过程中,主要是使用机械(资本)来节省劳动力(而不是土地),是"土地与资本双密集化"的农业现代化;而不是像中国这样,凭借"劳动与资本双密集化"来节省土地(而不是劳动力)的农业现代化。显然,中国的新农业是特别适合其土地不足资源禀赋约束的农业现代化模式(同样是人多地少的印度,近年来也展示了类似的新农业革命)。

其次,在半工半耕的社会经济形态下,新农业的主要劳动力是相对廉价的农村家庭辅助性劳动力(妇女、老人),但其农场的经济效率实际上因此要高于规模化雇工大农场。国家政策虽然一再试图大力推动资本下乡和土地流转,并给予"龙头企业"和"大户"诸多扶持和优惠,但大雇工农场在农业整体中所占比例如今仍然十分有限。中国的农业主体依然是小农的小农场。一个重要的原因是其劳动力成本要低得多(使用家庭辅助性劳动力,不用全职工人和其监督人员),而且带有高效的自我激励机制,远非雇工所能相比。此外,在目前的土地流转条件下,通过本村人际关系租用土地的地租要远低于通过(陌生人的)市场关系来租用土地的价格。结果是,小农家庭农场的亩均净收入要远高于资本主义大农场,由此压倒了企业化大农场。实际上,即便是大型的农业企业农场,也多采用订单或合同的方式借助小农家庭及其辅助性劳动力,来为其进行农业生产。

如此的农业类似于历史上紧密结合农业与副业的小农经济体系。在明清时期,那样的农副业结合体压倒了雇工经营的经营式农场,在华北平原占到所有耕地的90%,在江南地区则完全消灭了经营式农场。而且,它长期以来都没有形成像西欧那样的农业与手工业分离的演变趋势,使手工业成为城镇的生产活动,并因此促成城乡双向贸易。如今则是一个结合农村家庭农业与在外打工的体系:几乎每户农民都有家人在外打工,几乎每户农民都是"半工半耕"的工农兼业户。其中,离土不离乡的农民工仍然住在老家,协助耕种,或起码在农忙季节会在家帮忙,而其打工收入则成为购买新型投入(新农业设施、化肥、良种,乃至于旧农业中的机耕—播—收服务和除草剂)的主要来源。本书已经详细论证,后者的总量其实达到了一倍于国家的支农投入,更远远超过企业的农资投入。即便是离土离乡的农民工,也常与其家庭维持千丝万缕的关系,老一代的都会回老家建房,不少人也会对自家承包地进行投入。①

① 新生代农民工则处于既不想回乡也不能在城市体面生活的尴尬困境——他们堪称一个"危难"的群体(precariat)。其未来与农业的关系尚待观察。虽然如此,毫无疑问的是,"新生代农民工"乃是一个非常紧迫的社会问题——国家亟需为其起码部分人员建立融入有尊严的城市生活的渠道。详细论析见黄宗智,2020b。

如此的家庭经济乃是中国新时代小农经济的一个基本特色。它是个兼非农打工和农业生产的半工半耕家庭经济。它的经济抉择和行为要比一个资本主义企业更多考虑关乎家庭代际关系的价值观——不仅是优先为自己也是为老一代和后一代而盖新房子、全力投入子女的教育、办体面的婚丧事等——而不是新自由主义经济学所突出的成本/收益“理性抉择”,或左右经典理论所预期的为追求利润最大化而扩大再生产的资本主义型企业。这也是个史无前例的农业现代化悖论现象,需要以新的理论概括来理解。

如此的农业实际上一直压倒了产业性的资本主义大企业,由此导致了中国新型小农业的“没有无产化的”“资本化”(这里的“资本化”指的是单位土地和单位劳动力上现代投入的提升)的悖论特征。其务农者主要是农户家庭自身的妇女和老人,而不是农业雇工。本书已经详细论证,由如此以家庭为基本经济单位而经营的小农农场仍然占到全国农业的绝大比例,无论在农场和务农人员总数、总耕地面积,还是总产值上,都远远超过雇工经营的大农业企业。

这种仍然以家庭经济为主的、劳动与资本双密集的、“没有无产化的资本化”的家庭“副业型”农业,实际上的按亩净收益要远高于产业性企业化农场,因此具备比其强大得多的竞争力。正因如此,即便是大规模的涉农企业,都很少直接雇工经营,大多凭借订单、合同、协议等方式(被通称为“公司+农户”模式)来退出农业生产,将其转包给小农家庭。企业自身则成为主要以商业性活动为主的实体,而不是产业性的农业企业。

中国如今的农业结构带有强烈促使农业资本偏向商业而不是

产业方向发展的特征,悖论地促使如今中国农业中的“资本”成为非产业性的商业资本。固然,其中也有积极介入生产的(如为小农户提供某种特殊产品的种苗——包括肉禽种苗、防疫服务、饲料等),但更多的则是不介入农业生产而主要在流通领域活动的商业资本。更有甚者,如今的商业资本之中,主要是旧型的凭借“贱购贵卖”来攫取小农户产品的市场收益而营利的榨取性商业资本,而不是带有一定创业性、开拓性的借助信息技术和现代化储藏和运输来提升物流效率的新型(沃尔玛公司乃是典型)“贱购贱卖”商业资本。但迄今的研究和国家政策则没有把产业资本、旧型商业资本和新型(物流)商业资本分开来理解,而是含糊地将三者统称为“工商资本”,掩盖了它们之间的实质性差别。

如此的新农业的关键问题不在于欠缺规模化的(横向一体化)生产,因为后者在目前的制度环境下是缺乏竞争力的,甚至是不经济的;虽然如此,小农确实仍然需要规模化的纵向一体化加工和销售。但目前,在新农业中,后者主要是由旧型商业资本来提供,而且是一个除了大型的(批发商)商业资本之外,还附带千千万万小商贩的低效、昂贵的体系。其物流成本要远高于一般发达国家——根据国家发展和改革委员会公布的数据,中国的物流费用占到其 GDP 的 16%,比美国的 8%要高一倍。而且,这是个看来没有考虑到农产品物流中的损耗差异的数字,而损耗在“新农业”的“生鲜”产品中特别关键。在这个商品流通方式中,小农户和大商业资本之间权力悬殊。在两者间的不平等交易关系下,小农户多受大商业资本摆布,由其榨取自家产品市场收益的大头。正因如此,其形成了“菜农赔、买菜贵”的吊诡现象。

至于旧农业的谷物,所依赖的则是高度行政化的供销社体系来进行纵向一体化,其低效的运作体系,是导致(我们可以称作)“粮农贫、粮价贵”达到高于国际市场价格的吊诡现象的重要肇因之一。也就是说,目前的物流体系是个既不利于小农户也不利于消费者的体系。要进一步提高小农的生活水平以及扩大农产品消费市场,中国亟需探索一条不同的新型农业纵向一体化道路。

三、国家农业政策的盲点

三十多年来,中国新型的小农虽然一直是中国农业整体中最具活力的经济体,是中国现代化中“隐性农业革命”的主要动力,但他们基本被国家忽视。国家所采用的农业政策一直都以扶持规模化的“龙头企业”和“大户”为主,最近又加上大“专业合作社”和百亩以上的大“家庭农场”。由于两大经典理论不符合中国实际的设想和预期,无论是“右”还是“左”方的决策者和研究者都以为,现代农业的关键在于具备规模效益的横向一体化大型农业。这种错误认识在“大跃进”时期至为显著。在改革期间,国家承认过去犯了过度依赖计划经济和大型集体化农业的错误,因此转向市场经济主导的农业,但规模经济效益的信念仍然根深蒂固。为此,国家农业政策一直都向大农业企业和大户倾斜,给予其各种各样的补贴和优惠。

同样的观点还直接影响到国家 2007 年以来推动的“专业合作社”。这是一个以美国为典范的政策。它把企业化的农业当作中国农业的基本单位,试图通过立法和补贴、优惠来使它们自愿地组织起来追求市场上的共同利益。国家设计的基本方案是像美国的模式那样,让它们按照销售量和股份来进行收益的分配(并冠之以“一人一票”的修辞)。但如此的合作社,实际上是一个完全脱离中国新旧农业中小农经济现实的政策,是一种不符实际的策略,因此导致众多有名无实的“虚”“空”和“伪”合作社的兴起。真正为小农服务的合作社则无法融资,几乎都是小规模的、很难得到国家重视和补贴的合作社。

在以上政策下,小农户基本被忽视。固然,种谷物的小农农户能够得到一定的“种粮”补贴,那是因为国家为“粮食安全”而采用的行政手段,也是因为(减免税费)之前种粮收益实在太低,导致许多农户都不愿种地,甚至于干脆让耕地撂荒。种谷物的农户还享有国家一系列的特殊“行政”措施,包括储备大量“粮食”(即“谷物”+豆类和薯类),相当于其年总产的约六分之一,来稳定粮价(贱买贵卖);以及早就存在的供销社系统,来为小农提供加工和销售服务。但这样的“行政模式”农业乃是计划经济遗留下来的体系,效率较低,并且如今基本限于旧农业。新农业则基本完全被置于一种国家“放任”市场的制度之中。国家只为其组织了一些粗糙的交易点(批发市场),一般不带有储藏或加工服务,而且,由于参与建立这些市场的国家机构多优先考虑自身的营利,其关心的主要是收费而不是为小农提供服务。总体来说,国家对待新农业小农的基本态度仍然是:认为小规模的小农农场是落后的、迟早必须要被淘汰的农业,最理想的农业单位是能够集产—加—销一体化(横向和纵向一体化,亦称“产业化”)于一身的规模化大农业企业。这样,其基本无视三十多年来真正推动农业发展的新型小农。

上文已经提到,国家如此对待小农业的一个重要原因是,无论左还是右的经济理论,无论是赞同计划经济的还是提倡市场经济的,都认为小农户是落后的、没有前途的、不符合现代化需要的、应该被淘汰的单位。在决策者中,左右之间无疑存在深层的分歧,因此决策单位一般都必须要平衡两者的不同意见。在那样的决策环境中,最容易被采用的政策是左右双方都能够达成某种共识的政策。优先扶持被认定为具有规模效益的单位和企业,便是其中之一。至于扶持真正最具活力的新型小农的可能政策,则都会立刻面对来自两大经典理论的根深蒂固信条的批评和反对。在那样的情况下,符合实际的政策几乎得不到被认真考虑的机会。

此中还有对过去的农业合作化—集体化过分反动的因素。实际上,大跃进之前的土地改革、互助组和合作化是无可厚非的,因为它们基本克服了占农民人数一半以上的"贫下中农"的生产要素不足问题(即土地、牲畜、农具、肥料,乃至于因打短工而导致农忙季节自家农场的劳动力不足)[如果一定要采用新自由主义话语来表述,我们也可以把问题称作"资源配比的扭曲",即没有达到(新自由主义理论所预期的)市场机制所应该导致的最佳配置——见高原,2018]。其后的初级与高级合作社,实际上仍然是较小规模的,能够比较紧密地联结农民切身利益的农业组织。农业增长也一直持续到"大跃进"前夕的 1957 年。在"大跃进"(和三年困难期)之后的 1963—1978 年间,中国农业恢复了之前的稳定小集体农业("三级所有制"中,最基层的生产队平均才约三十户)体系,再次实现稳定的增长。正如珀金斯的权威性研究证明,在 1952—1979 年间,中国谷物产出每年平均增长了 2.3%。(Perkins and

Yusuf,1984:第 2 章)这其实是个超过改革期间的增长率。国家在 2004 年之后的“一号文件”中,一再宣称农业已经连续增产十多年,但实际上,在最近(2005—2015)的十年间,谷物亩产年平均增幅还不到 2%,逊于集体时期的平均年增长率。① 同时,我们还要指出,在集体制度下,中国实现了教育和公共卫生领域的超前发展,几乎达到发达国家的人均寿命预期和成年人识字水平。这是被(诺贝尔经济学奖得主)阿马蒂亚·森(与其合作者)在其比较中国和印度的专著中所特别突出和论证的成就。(Drèze and Sen,1995)它远远超过与中国相似的印度同时期的水平,并在中国后来的快速发展中起到了重要作用。但是,这一切都伴随着否定“大跃进”的错误而被全盘否定。

吊诡的是,国家虽然基本拒绝了“大跃进”的“越大越好”的错误意识,如今决策者仍然保留了对规模效益的信赖。实际上,改革前和改革后的农业政策的盲点都在于对规模化的信赖和对小农的漠视,两者几乎同样地忽视了农业的真正主体——小农户家庭农场,因此也连带忽视了农村的基本社会单位,即小农村庄社区,更排除了据此来扶持当代小农经济的可能。其实,小农农场才是推动近三十多年来新农业革命的主要动力,而村庄社区则是农村的一个基本实体。但国家近年来的农业政策对两者少有支持,认为其必然伴随“现代化”而被淘汰。

上文我们已经看到,中国的现代农业经济其实是以小规模农场为主的农业,不仅“新农业”如此,旧农业(谷物种植)在很大程度

① 见本书第 13 章:表 13.1;亦见黄宗智,2017,第 1 节;以及本书第 14 章,第 1 节的讨论。

上也如此（如20—50亩的“中农”谷物农场）。我们如果从这样的实际出发来思考农业问题，便会认识到，在某种程度上，横向一体化的规模化雇工农业生产乃是一个和实际不太相符的政策，甚至是不利于小农的举措，是一种规模不经济的政策。而在真正需要规模效益的纵向一体化加工和销售方面，国家又只考虑到扶持被虚构为“工商资本”的非产业性旧型商业资本，或伪装的规模化合作社，或臃肿低效的旧行政管理体系，忽略了小农本身和小农社区可能起的作用，也欠缺建立新型创业性物流体系的意识和措施。也就是说，多年来国家农业政策主要有三大盲点：一直过分偏重设想中的横向规模化大农场，忽略小农及其村庄社区，并偏重实质上是旧型的商业资本，来进行纵向一体化。

四、东亚经验的启示

商业资本和小农经济的紧密联结塑造了如今中国新时代小农经济的基本结构。如上所述，其中的横向一体化产业性资本缺乏竞争力，多被小农生产取代，使涉农资本沦为旧型商业资本。后者一般不会对农业生产本身起到推动和创新的作用，主要只在纵向一体化的流通领域榨取小农产品的市场收益。而且，像中国现在这样，要么是大批发商+千千万万小商贩的低效流通体系，要么是低效的供销社系统下，物流成本要远高于一般发达国家。在那样的客观情况下，中国农业真正关键的问题乃是，怎样协助新时代小农经济的进一步发展，而不是怎样来扶持不具竞争力的（横向一体化）大企业以及缺乏生产积极性的旧型商业资本。我们看到，一方面，新型小农经济已经推动了近年来的资本和劳动双密集化的新农业革命，显著地提高了农业的总产值；另一方面，旧型商业资本攫取了新农业农产品的大部分市场收益，它是一个既不利于小农生产者也不利于城市消费者的体系。

即便是旧农业和旧行政体系下的大豆和玉米，如今其国内价格也已经超过了国际市场价格。固然，这个现象背后的根本原因是大豆和玉米都是相对土地投入密集的生产（亩均产量较低，需要大量土地来达到所需要的产量），而地多人少的"新大陆"国家（如美国、巴西、阿根廷）在这方面占到了一定的"比较优势"，抵消了中国劳动力相对廉价的优势。[①] 此外，进口转基因大豆的主要特征是其"抗农达"的能力，能够大规模使用草甘膦来进一步节省除草的劳动力，而且，又比（中国的天然大豆）更适用于饲料（和豆油）生产。但同时，我们也要认识到，旧农业中主要由国家供销社机构组成的纵向一体化体系，是一个低效和相对昂贵的流通体系，对大豆和玉米生产增加了提升价格的压力。这样，在来自大规模扩增的新饲养业的需求下，以及中国日益攀升的农业劳动力的"机会成本"（打工收益高于农业，新农业收益高于旧农业）下，才会形成如今的吊诡实际：中国劳动力价格虽然仍低于新大陆的美国和巴西，但其粮食的价格却要高于后者，进而导致大规模进口大豆和玉米。这是一种（我们可以称作）"粮农贫、粮价贵"的反直觉实际。这样下去，中国农业整体有可能会陷入停滞不前的困境。

这里真正关键的问题是，如何建立一个能够取代榨取性和低

---

① 正因如此，中国（重庆市）政府才会在巴西购买 300 万亩的耕地来种植大豆。

效(高成本)的商业资本和效率不高的供销社的体系来提供新、旧农业纵向一体化的道路？如何能够在大市场的环境中为小农提供其必需的加工和销售服务而又保护其收益？问题是如何激发小农的进一步创新，使其不必依赖旧榨取性的商业资本和效率有待提高的行政体系？恰亚诺夫在对20世纪初期俄国农业的研究中，已经洞察到了这个问题，并提出要凭借组织以农民和其社区为主体的合作社来为小农提供“纵向一体化”的加工和销售服务，借此来协助小农应对大市场。

恰亚诺夫的洞见对中国今天的问题充满启发。要具体说明，首先要回顾日本、韩国及中国台湾地区极其偶然地形成的合作社的历史经验。其起源是日本明治后期的农政传统，将农业现代化设定为地方政府的主要任务，使其为农业提供现代投入(尤其是化肥和科学选种)和灌溉条件。之后，在美国的占领下，美国占领军司令部中一群特别认同罗斯福总统新政的进步官员(Cohen，1987)，先是对日本进行了土地改革，确立了一个以小自耕农为主体的农业体系，基本消灭了地主经济，并限定农场规模不可超过45亩，外来资本不可购买农地；而后，将之前从上而下的农政传统的资源大多转让给民主化的由下而上的、由农民自主的、基于农村社区的农业合作社来接管，并沿着国家行政体系层层上延，直达中央。结果形成了这样的一个体系：以基于社区的农业合作社为基础，为农民提供信贷服务和规模化的(有折扣的)农资购买；更重要的是，沿着行政体系往上延伸，为小农户组织加工与销售服务，最终促使全国性的“农协”成功地成为著名的农产品品牌。并且，在其信贷合作组织的基础上，一直延伸到中央级的全球化大银行

（“农林中金”），为农民提供融资渠道，后来还加上理财服务。那样的合作社借助传统的社区价值观将社区公益化的利益追求确立为现代小农的主要价值观，起到了维持、振兴农村社区的作用。社区组织甚至惯常性地举办社区娱乐活动、游说活动（每年夏天通过“米价运动”来争取国家提高粮价），乃至于外出旅游。这就和中国今天农村社区面临的困境形成极其鲜明的对照。

固然，日本等地小农经济人数较少，伴随其快速的工业化，在约半个世纪之中，其便已把小农在就业人员总数中所占比例降低到10%以下（如今才2.5%，即1亿人口中的250万，相对于中国的2亿务农人员）。中国显然还要较长时间才有可能把务农人口减低到全人口这么小的比例，才能根本性地改变今天的基本实际——即劳均仍然才约10亩地的局面。

上述充满历史偶然性而形成的“东亚模式”与改革期间中国的关键不同是，中国农业的纵向一体化要么由旧型的榨取性商业资本来提供，要么由一些效率不高的机构来提供，新型的物流只占较低比例。为此，小农的市场净收益严重受到侵蚀，小农廉价劳动力所生产的产品则吊诡地价格高昂，与由农户自主的、基于村庄社区的合作社来提供如此的服务十分不同。东亚型的道路为的不仅是农民的生计，也是更为公平的收入分配，更是农产品在国际市场上的竞争力，还是社区、社会的和谐与平稳。今天，东亚型的基于社区的综合性农业合作社，应该成为中国国家支农政策的一个主要策略。国家应该带头建立这样脚踏实地的、立足于农村社区的合作社，而不是目前空中楼阁似的、试图借鉴模仿美国模式的“专业合作社”。如果新型的农业合作社及其公益化了的社区“私利”激励机制真能够吸纳并改造臃肿、低效的庞大供销社体系,它可能会促使中国的纵向一体化体系从旧式的主要是榨取性的商业体系转向带有一定创业性、开拓性的新型物流体系,甚至达到超越东亚历史经验的功效。

本书通过中国与美国的对比,来说明美国的物流体系模式是不适用于中国的。美国的农场户均将近 2700 亩,而中国的则为 10 亩。美国的物流体系主要是由大型的农场和企业化的物流公司组成,由此达到"无缝隙"的"供应链"和"无断链"的冷链。美国一度(在 20 世纪 20 年代和 30 年代)曾经有过日本和中国台湾地区那种为小农场服务的保护型(为了平衡小农户与大市场的不平等交易关系)合作社,但之后,它们大多早已被公司化的合作社取代。后者把农场主看作仅是和土地、资本、技术投入相似的一个要素,一个为了利润最大化而需要进行最佳配置的生产要素,不再是之前那样把其认作服务对象的合作社。美国也没有日本、中国台湾地区那种由政府投资设立的公益性批发市场,而是基本完全依赖要么是营利型物流公司,要么是营利型合作社,要么是双向(横向与纵向)一体化的大型农业公司组成的物流体系,其顶端则是交易所公司。整个体系的主导理论是新自由主义经济学所设定的政府与市场的二元对立,要求将政府功能尽可能最小化,将其职责限定于仅规制市场运作的外部条件(防范非正常运作),目的是让市场"看不见的手"不受"干预"地运作。在中国户均才 10 来亩的小农经济现实下,像美国那样的企业公司主导的物流体系根本就没有可能大规模兴起,因为一般的公司根本不可能克服与亿万小农户进行交易的极高成本的问题。正如中国国务院发展研究中心最新的一份[与美国著名智库兰德公司(Rand Corporation)合作,历时两年的研究]报告,与前不同地指出,更适合中国大陆借鉴的是日本和台湾地区的合作社模式。(Development Research Center of the State Council,2016)

日本与中国台湾地区之所以能够成功建立新型的物流体系,是因其通过由政府主导组建和农民积极参与的合作社而整合了与中国大陆相似的小农经济。首先,基于社区(而不是中国目前的专业合作社)的合作社在新型物流体系的“第一公里”中起到了关键的作用,参与设计并实施农产品的规范化包装和分级,确立了其进入新型物流体系的基本条件。其次,经过每个行政层级的合作社上延,经过包装、加工、冷藏、运输等环节进入国家建立的公益性大型批发市场。后者包括冷藏和电子信息的设备,让农产品在此经过公开、透明的拍卖过程来定价、交易,包括电子信息供应和电子交易,而后进入批发销售、超市、零售、电子商务公司等不同渠道,而到达消费者的手里。

检视东亚新物流体系在其20世纪50年代初期创始合作社开始后将近七十年的历程,我们看到,日本—中国台湾地区的新型物流体系主要是由基于社区的合作社以及国家组建的公益性批发市场两大制度所组成的。如今,在创建合作社之后将近七十年,日本—中国台湾地区的农业体系仍然是以小农场为主的:日本户均约30亩,中国台湾地区户均约15亩,仍然与中国大陆(户均10亩)近似。这也说明,中国大陆小农经济不但将同样长期延续,而且由于其总体规模(2亿务农人员)要远远大于日本(250万)和中国台湾地区(77万),将更为持久地延续。

与美国相比，日本和中国台湾地区（以及韩国、中国香港特别行政区、新加坡）的基本政治经济模式不是政府"干预"市场的最小化，而是政府直接领导和参与发展，在规制市场的功能之外，还直接协助、扶持企业和推进市场的发展，形成了查莫斯·约翰逊（Chalmers Johnson）之所谓的资本主义市场经济的东亚"发展型国家及地区"模式，区别于"英美模式"（和"英美经济学"）的资本主义市场经济的"规制型国家"。相对来说，东亚模式显然更适用于中国，由于日本—中国台湾地区的农业体系是与中国大陆相似的新型小农经济，更因为在发展经济整体方面，政府起到了不可或缺的关键作用。

虽然如此，中国大陆即便采纳了日本—中国台湾地区的合作社模式，我们仍然需要区别中国大陆和这个基于日本—中国台湾地区经验的模式。首先是因为中国革命的社会主义理念仍然是个不容忽视的因素：别的不说，在其经济实体中，国有和国有控股企业仍然占到国内非农生产总值的将近一半，远高于日本—中国台湾地区。其次是其政党—国家政治体制，比日本—中国台湾地区的政府权能要强大得多，当然也附带有东亚模式中较少见的官僚体制弊端等问题。鉴于以上不同，我们也许可以把中国的政治经济体制称作半国企半民企经济实体之上的"发展型国家"，既不简单是常用的"国家资本主义"或"经典社会主义"，更不是英美型的资本主义"规制型国家"。

此外，农民在整个中国大陆政经体系形成的历史过程中，所起的作用要远远超过日本—中国台湾地区：他们是中国共产党革命的主要社会基础，也是中国城镇发展的主要劳动力，还是中国"新农业”革命的主体，长期以来更是中国文明的基本根源。如果中国大陆真的采纳日本—中国台湾地区模型的合作社体系，在提高农民收入之外，应该还会起到重新振兴农民社区和其社区公益道德价值观的作用，也有可能会协助推进更高度的民主参与。（更详细的论析见本书第 17 章）

五、宏观展望

最后，我们要问，从中国社会经济宏观整体及其未来来看，当代小农经济到底能起什么样的作用？目前，中国的小农经济所面对的问题，一方面是，产业性的农业资本实际上多演化为榨取性旧型商业资本；另一方面是，国家政策基本无顾小农，一直都向规模化企业倾斜，而它们实际上又多是榨取性的商业资本，而且是低效、高成本的商业资本。目前的客观现实是，只要中国农村家庭还在人多地少的资源禀赋制约下，便仍然需要凭借兼主、副两业来维持家庭生计；只要农业仍然主要是由廉价的辅助性劳动力来维持，小农经济将仍然比雇工经营的大企业农场更具经济竞争力；只要目前的半工半耕小农社会经济形态延续下去，涉农的资本仍然将多被转入商业资本，使其依赖侵蚀小农的收益来营利。在目前的资源禀赋制约下，国家最需要做的其实不是扶持（没有经济竞争力的）农业横向一体化，而是扶持小农生产的纵向一体化服务，尤其是新农业中的小农。同时，不是扶持旧型榨取性的商业资本，来建立小农生产所必需的纵向一体化，而是探寻建设为小农服务的新型物流体系的方案。

东亚型的社区综合性农业合作社是一个协助小家庭农业提高其收入的方案，能够把中国大陆农民从大多数仍然是较低收入的家庭提高到大多数是中等收入的水平。上文已经说明，我们显然不可依赖旧型商业资本来发挥如此作用，也不可依赖缺乏竞争力的雇工经营的产业性农业企业。可行的道路是借助国家的领导和推动来创建农民为其自身谋求权益的合作社。由基于社区的综合性农业合作社（农协）来为小农提供农业发展方面的纵向一体化服务，等于是为无数的中小农场提供经济扶持，使更多、更高比例的农户能够进入"中农"水平的生活。同时，能够更新中国旧、新农业产品的物流体系及其在国际市场上的竞争力。这是一个能够真正将大多数人民生活提高到"小康"水平的方案，也是一个意味着中国能够真正进入比较公平的社会形态的方案。

除了农业发展，随之而来的首先将是农村社区的重建。我们已经知道，如今农村的"中农"——正因为他们能够通过农业或农业兼打工而获得年收入几万元或更多而过上体面的生活——乃是至为关心村庄（公共服务）事务的阶层。问题在于，目前他们仍然达不到农村人口的大多数。同时，国家对"中农"的政策支持力度不够，而在这样的政策环境下，即便是关心社区事务的中农，也很难倡导公益价值来改进农村的公共服务。

新近呈现的"成都模式"——由地方政府直接拨款（2009 年初始时 20 万元，如今已达到 60 万元）每一个村庄来扶持村级公共服务，看来是个有潜力的动向，也许能够协助重新激发小农户的公益价值观。如果合作社能够像东亚经验那样，成为社区的主要经济组织，并促使农村社区的大多数成员成为中等收入的中农，重建和振兴村庄社区的问题将会迎刃而解。社区公益化了的"私利"追求将成为农村主要的价值观,紧密的村庄人际关系(包括如今仍然在运作的村庄社区调解体系)将再次成为农村突出的特征。当然,它也是中华文明及其法律和正义体系长期以来的一个基本特征。(详细论证见黄宗智,2020a)

其次,中农的广泛兴起将使中国消费市场大规模扩大,为城镇产品提供远比现在要宽阔得多的消费市场,借此来刺激全国民经济的进一步和更可持续的发展。不然,目前这样的贫富不均和有限的国内市场将严重制约着中国经济整体之从所谓的"中等收入陷阱"进入高等收入的状态。但如果大多数人民能够真正达到"中等收入"的"小康"水平,国内市场将会大规模扩大。中国的市场经济整体将会完全摆脱明清到近代长期存在的农村与城镇间的单向畸形市场结构,形成更完全的农村与城镇的双向市场结构和良性互动。借此,可以更有效地解决目前的贫富不均问题。(更详细的论析见黄宗智,2020b)中国共产党的历史使命是谋求"最大多数人民的基本利益";凭借提高全人民收入来进入发达国家行列才是真正名副其实的"最大多数人民的基本利益"。总而言之,国家亟需纠正向大农场、大专业合作社、大商业资本倾斜的错误认识和政策,亟需将扶助新型小农户并为其建设新型的基于农村社区的纵向一体化服务体系置于国家支农政策的核心。

参考文献:

高原(2018):《工业化与中国农业的发展,1949—1985》,载《中国乡村研究》第 14 辑,第 196—217 页,福州:福建教育出版社。

黄宗智（2020b）：《实践社会科学与中国研究　卷二　中国的新型正义体系：实践与理论》。

黄宗智（2020c）：《实践社会科学与中国研究　卷三　中国的新型非正规经济：实践与理论》。

黄宗智（2018）：《〈中国农业往哪里去〉专辑——导论》，载《中国乡村研究》第14辑，第153—173页，福州：福建教育出版社。

黄宗智（2014）：《明清以来的乡村社会经济变迁：历史、理论与现实》，三卷本，增订版。第一卷《华北的小农经济与社会变迁》（中华书局，1986、2000、2004、2009）；第二卷《长江三角洲的小农家庭与乡村发展》（中华书局，1992、2000、2006）；第三卷《超越左右：从实践历史探寻中国农村发展出路》，北京：法律出版社。

黄宗智（2010）：《中国的隐性农业革命》，北京：法律出版社。

黄宗智（2006）：《制度化了的“半工半耕”过密型农业》，载《读书》第2期，第30—37页；第3期，第72—80页。

黄宗智、高原（2015）：《社会科学应该模仿自然科学吗？》，载《开放时代》第2期，第158—179页。

Boserup, Ester, 1965, *The Conditions of Agricultural Growth: the Economics of Agrarian Change under Population Pressure*, Chicago: Aldine. 中文版见埃斯特·博塞拉普著，罗煜译（2015）：《农业增长的条件：人口压力下农业演变的经济学》，北京：法律出版社。

Chayanov, A. V. (1986 [1925]). *The Theory of Peasant Economy*, Madison: University of Wisconsin Press.

Coase, R.H. (1988 [1990]). *The Firm, The Market and the Law*, Chicago: University of Chicago Press.

Coase, R.H. (1991). “(Nobel) Prize Lecture,” www.nobelprize.org.

Cohen, Theodore. (1987). *Remaking Japan: The American Occupation* as *New Deal* , New York: Free Press.

Drèze, Jean and Amartya Sen. (1995). India: *Economic Development and Social Opportunity* , New Delhi: Oxford University Press.

Geertz, Clifford. (1978). "Local Knowledge: Fact and Law in Comparative Perspective," 167-234, in *Clifford Geertz* , Local Knowledge: *Further Essays in Interpretive Anthropology* , New York: Basic Books.

Guowuyuan fazhan yanjiu zhongxin [Development Research Center of the State Council of the Peoples Republic of China (国务院发展研究中心)], 2016, *Improving Logistics for Perishable Agricultural Products in the People's Republic of China* , Manila, Philippines: Asian Development Bank.

North, Douglass C. (1981). *Structure and Change in Economic History* , New York: W.W.Norton.

North Douglass C.(1993). "Douglass North Nobel Lecture," hppt://www.nobelprize.org.

Perkins, Dwight H. and Shahid Yusuf(1984). *Rural Development in China , Baltimore* , MD: The Johns Hopkins University Press (for the World Bank).

Said, Edward W. (1978). *Orientalism* , New York: Pantheon Books.

Schultz, Theodore. (1964). *Transforming Traditional Agriculture* , New Haven, Conn.: Yale University Press.

Wrigley, E. Anthony. (1985). "Urban Growth and Agricultural Change: England and the Continent in the Early Modern Period." *Journal of Interdisciplinary History* , xv: 4(Spring): 683-728.

Wrigley, E. Anthony. (1988). *Continuity, Chance and Change : The Character of the Industrial Revolution in England* , Cambridge, England: Cambridge University Press.

第十七章　补记：国家与村社的二元合一治理？——华北与江南地区的百年回顾与展望

回顾传统中国的治理意识形态，我们可以区别两个层面，一是其理念方面的道德主义，可以称作道德意识形态，二是其实践方面的实用主义，可以称作实用意识形态。这对概念既取自笔者自身关于中国传统正义体系的“实用道德主义”分析（黄宗智，2014b），也借助了舒尔曼（Franz Schurmann, 1970［1966］）关于中国共产党的“纯粹意识形态”（pure ideology，指马列主义）和“实用意识形态”（practical ideology，指毛泽东思想）的划分。如此的划分有助于我们理解儒家和中国共产党治理思想中的道德主义和实用主义的二元性。同时，需要进一步强调的是，两者这样划分的用意并不是要把它们建构为非此即彼对立的二元，而是要强调两者间的二元合一与平衡，缺一不可，其间既有张力，也有互动和互补，更有应时的演变。

这就和现代西方,尤其是英美传统的思维方式十分不同。在英美主流的"古典自由主义"思想中,特别是在经典的亚当·斯密(Adam Smith, 1976[1775-1776])的经济思想和约翰·斯图尔特·密尔(John Stuart Mill, 1859)的政治思想中,国家与市场/经济、国家与个人/社会是对立的,据此思维而形成的"古典自由主义"(classical liberalism)经济思想的核心是,要求国家"干预"市场的最小化,尽可能让市场机制自我运作,让其充分发挥"看不见的手"的作用,认为那样才能促使生产资源的最佳配置。在政治领域,则特别偏重确立个人自由的权利,认为法律的主要功能是防范国家权力对其的侵犯(也要防范大众对个人的侵犯),从而延伸出保障个人思想、言论、组织自由等基本权利的法理。前后一贯的是,从国家与社会/经济、国家与个人的二元对立基本思维,得出偏重二元中的单一方的经济自由主义和法律自由主义,由此形成所谓的自由—民主(liberal democracy)治理传统。

更有进者,自由主义思想采取了同样的二元对立倾向来思考一系列其他的问题,不仅是国家 vs.经济、国家 vs.个人,还包括道德主义(实质主义)vs.形式主义、非理性主义 vs. 理性主义、特殊主义 vs.普世主义等二元对立范畴(binary opposites)。在英美传统的斯密和密尔之外,特别突出的是德国的韦伯,他也是一位影响深远的自由主义思想家。他虽然提出了实质与形式、非理性与理性的二元划分,并据此演绎出交叉的四种法律理想类型(实质非理性、实质理性、形式非理性、形式理性),但实际上,他在法律历史叙述中,基本只采用了单一的二元对立,即实质非理性与形式理性的二元对立,把西方的法律演变历史叙述为趋向形式理性法律的历史,把非西方文明(包括中国、印度、伊斯兰)的法律传统则全都认作实质非理性的法律。对他来说,道德理念是实质主义的和非理性的,是特殊的而不是普世的,它们多是来自统治者一己的意愿,而不是依据不言自明的公理(个人权利),凭借普适的(演绎)逻辑而得出的普适法理。在他那里,现代西方法律的总体趋势是形式理性法律的逐步形成。(Weber, 1978[1968]: viiii, 尤见第1章结尾部分的总体框架和第4—8章的论述)

与此相比,中华文明的传统则一贯没有如此把二元范畴对立起来建构成非此即彼的选择。一个突出的例子是,建立"帝国儒家主义"(imperial Confucianism)的董仲舒所采纳的阴阳学说的二元合一宇宙观。它是董仲舒结合偏重道德理念的儒家和偏重实用刑法的法家的"阳儒阴法"二元合一思想背后的基本思维。中国传统法律中道德主义与实用主义的长期并存,普适的理念与特殊的经验的二元合一等思维,也是基于同一的思路。在"帝国儒家主义"的治理理念中,拒绝国家与经济/市场、国家与社会/个人间的二元对立、非此即彼的建构,强烈倾向二元(乃至多元)合一的思维。(黄宗智,2014b.1;亦见黄宗智,2020c:"代后记")

当然,正如自由—民主思想者所指出,如此的思维欠缺针对国家权力的个人权利设定,倾向允许威权乃至于极权治理。它也拒绝严格要求法律在逻辑上的统一,允许普适理念和特殊经验、道德理念和实际运作之间的背离共存。但反过来说,我们也可以从二元合一的思维角度来批评二元对立思维中偏重理念无顾经验的反实际倾向,以及偏重个人权利而强烈抑制国家权力的自由主义思维。其中,缺乏平衡、结合二元的"过犹不及"的("中庸之道"的)

思想。我们还可以说,无论是在人际关系层面、认知层面,还是治理层面上,二元对立、非此即彼的思维都很容易失之偏颇。譬如,它促使现代西方正义体系强烈倾向把几乎所有的纠纷都推向必分对错的框架,由此形成了过度对抗性的法律制度,缺乏中华文明中经过调解和互让来处理大部分纠纷的传统。(黄宗智,2016b)

具体到国家和基层社区间的关系,中国的治理体系从古代、近现代到当代,都展示了简约治理的倾向,高度依赖社区的道德化非正式民间调解机制,并且由此产生了多种多样的源自国家正式机构和民间非正式组织间的互动而形成的"半正式""第三领域"治理系统。后者和国家与社会二元合一而不是非此即彼对立的基本思维直接相关,也和道德意识形态与实用意识形态二元合一的思维直接相关。

以上固然是简单化了的、乃至于夸大了的中西对照,但是,本文将论证如此的划分有助于我们更清晰地思考中国的政法传统及其今后的出路。本文特别关注的是国家和村庄间关系的问题,从笔者深入调查研究的华北和江南地区近百年来的历史回顾出发来梳理、区别其历史演变中所展示的几种不同的国家与村庄关系的模式,据此来论析各种模式的优点和缺点,进而提出对中国未来发展的看法。

一、百年回顾

(一)现代之前

1.道德意识形态

儒家治理的道德意识形态的核心在于“仁政”的道德理念,即儒家经典四书中的《大学》所开宗明义的理念:“大学之道,在明明德,在亲民,在止于至善。”理想的统治者是道德修养(格物、致知、修身、齐家、治国、平天下)达到至高境界的贤者、“圣人”。而治理实践中的至理是孟子所言的“民为贵,社稷次之,君为轻”(《孟子·尽心下》),也是历代格言谚语“得民心者得天下”所表达的儒家道德意识形态。

固然,在实用层面上,历代的皇帝较少有达到“贤君”境界者,在一个数百年的朝代的历史中,不过有三两位“贤君”,而达不到理想的“庸君”“昏君”(乃至“暴君”)则占大多数。在那样的历史实际中,儒家的仁君理念显得过度抽象,不仅缺乏对君主权力的有力制衡和对君主的制度化约束,而且缺乏凭民选来更替统治者的制度。在世袭君主的帝国制度之下,最终只能凭借民众的反叛来建立新皇朝而更替皇帝。

即便如此,我们也应该承认,中国古代的政治体制不能简单地总结为“专制”。在仁治理念的推动下,中国唐代以来便形成了典范性的科举制度,通过考试来选择全国在高度道德化的儒学中成就至高的人员为帝国的官员。在实际运作中，由这些官员所组成的行政体系已经带有一定程度的现代“科层制”特征，是个对皇帝的极权具有一定制约功能的制度。此外，根据仁政道德理念而形成的法律制度，在实际运作层面上，对皇权也形成一定的制度化约束（譬如，皇帝不能轻易、随意修改律法）。虽然如此，由于帝国皇帝近乎绝对的权力以及其世袭制度，并未能真正有效地排除历朝都多有权力过大的庸君和昏君的弊端（当然，西方的民选制度也多会产生昏庸的统治者，但其权力受到“三权分立”体制的制衡）。

至于国家与最基层社会的村庄的关系方面，中国自始便形成了一个依赖德治多于管制的传统。在儒家的理念中，道德高尚的统治者会促使庶民也遵从国家的道德意识形态，促使民众和谐共处，不需要国家的过分干预。有清一代，在县级政府以下村社以上，甚至一度设有专管道德教育的半正式“乡约”人员，由其负责庶民的道德教化。民间的纠纷多凭借国家“仁”与“和”的道德意识形态而形成的社区非正式调解制度来处理；国家机构在民间调解不能解决纠纷的时候方才介入。在那样简约治理的实用意识形态中，把关乎“细事”的民间纠纷认定为应该优先让社区本身来处理的事务，不能解决时才由县衙介入，并且是由其“（州县）自理”，不必上报。这就是道德意识形态下的无讼、厌讼治理理念的实用状态，更是（中央集权下的）“简约治理”实用意识形态的具体体现。（黄宗智，2007；亦见黄宗智，2015：第18章）

2.实用意识形态

这个治理体系的关键在崇高的道德理念与实用性治理的二元合一、互补与互动。在基层,尽可能依赖村庄人民的道德观念,以及不带薪的(非正式的)村社自生领导来处理村庄内部的问题,尽可能依赖社区自身的内在机制来解决纠纷。在村庄之上,县衙之下,则设置简约的半正式治理人员。有清一代,除了上述负责道德教育的乡约外,在理论上还设定管治安的不带薪酬的半正式保、甲长,以及管征税的同样是半正式的里、甲长(Hsiao, 1960)。但实际上,伴随长期的安宁,这个乡约+保甲+里甲的基层治理制度蓝图则趋向比其设计要简约得多的实施。在19世纪的文献证据中,我们可以看到,已广泛演化为三者合而为一的"乡保"制度。所谓的乡保是个处于自然村之上,介于村庄和县衙之间的一个不带薪的半正式国家治理人员(在19世纪宝坻县平均20个村庄一名乡保——黄宗智,2014a.1:41),由地方上的士绅推荐,县衙认可,由他们来负责连接县衙和村庄的职务。(黄宗智,2014a.1:193—199;黄宗智,2007)

伴随如此的简约治理制度,村社内部多产生了自发的纠纷处理和治理体系。譬如,华北平原的村庄形成了村社内在的非正式"首事"(亦称"会首")制度,一村之中会有几位威信高的人士被公认为带领村务的首事。这些被村民公认的人士还参与村内的调解工作——由他们之中的一位或(在重大纠纷情况下)多位,与纠纷双方当事者分别会谈,凭"仁"与"和"的道德理念来劝诫双方,促使双方互让来解决纠纷,而后由双方“见面赔礼”,由此“息事宁人”。这样,大部分的民间“细事”纠纷都通过社区本身来解决,既起到和谐的作用,也减轻了国家正式机构的负担。这一切在19世纪的县级诉讼档案和20世纪30年代和40年代在华北的(满铁)经济和社会人类学的实地调查研究中(主要是详细具体的对村民的按题访谈记录),都有详细的资料为凭据。(黄宗智,2014a.1:203—209;调解见黄宗智,2014b.1:49—57;亦见黄宗智,2014b.3:20—29)它较好地展示了崇高的道德理念和简约的实用运作的二元合一治理系统。

3.国家与村庄的二元合一

与现代西方(特别是英美的)政治思想传统相比,中国的基层治理没有设想国家和村庄(社会/个人)非此即彼的二元对立,一直坚持把国家和人民(村社)视作一个二元合一体。那样的基本观点的优点在于其比较崇高的道德理念,并由此形成了中国比较独特的简约正义体系,借助民间的非正式调解体系来辅助国家的正式法律制度,借此解决了大部分的民间“细事”纠纷,没有形成英美的过分对抗性的法律制度。

伴随“简约治理”实用意识形态而呈现的另一关键性实践方式是国家和社会在互动、互补中所形成的“第三领域”中的半正式治理制度。半正式的“乡保”可以从两个不同视角来理解:一是国家机构的权力凭借不带薪但由国家认可的半正式人员来延伸,是县衙权力伸向基层农村社区的具体体现;二是基层民间组织通过国家的认可而半国家化，延伸向国家的正式机构。半正式的“乡保”所代表的是国家和社会的互动、互补的交接点。

更具体而言，笔者之前详细论证了在诉讼案件进行的过程中，县衙常会榜示其对当事人的告状和之后呈禀的文件的批示，而当事人通过乡保或榜示，或通过衙役传达，会由此获知知县对一个案件进程的陆续反应。而那样的信息会直接影响社区由于诉讼而引发更为积极的调解或重新调解。而社区的非正式调解一旦成功，当事人便可以具呈县衙，要求撤诉。县衙则会在简约治理实用意识形态下（民间细事纠纷应该优先由社区本身来处理），几乎没有例外地批准销案。在这个国家与社区互动的“第三领域”中，乡保处于重要的衔接地位。（详细论证见黄宗智，2014b.1：第5章）

正是这样的国家和社会/社区的互动、互补，具体展示了国家和社会二元间的二元合一设想。它是国家以“仁”与“和”为主的道德意识形态，与其“简约治理”实用意识形态的搭配下所产生的非正式和半正式治理现象的具体体现。西方传统中的国家与社会二元对立的基本思维则不会产生这样的二元合一治理实践，而是会更多依赖非此即彼的国家与民间、正式与非正式的划分，也会更多依赖必分对错的方式来解决纠纷。这也是西方的中国研究大多忽视国家正式治理体系之外的非正式和半正式治理的根本原因。（黄宗智，2007）它堪称中国治理不同于西方的一个重要“特色”。

（二）民国时期

进入民国时期，上述的中国治理系统既有演变也有延续。首先，“现代”国家更为深入地渗透村庄，具体体现为在“县”级机构之下，组建了“区”级正式带薪的区长（其下设有武装人员）的正式政府机构（近似当代的“乡镇”行政阶层）。（黄宗智，2014a.1：235—237，243—245）其次，建立了村长制：之前最底层的半正式治理人员“乡保”是设置在村庄之上的，而村长则是设置在村庄本身的半正式人员。在华北平原一般是自然村，在江南松江地区则是在小型自然村（埭）之上，合并几个“埭”而组成的“行政村”。

“村长制”仍然是一种半正式的制度，村长由村社体面人士举荐，县政府批准，但不是一个带薪的正式国家人员。新村长的主要职责（像之前的乡保那样）在征税和治安，也包括（与村庄自生的其他领导人士一样）协助解决社区内的纠纷。在盗匪众多的淮北地区，不少村长还会领导、组织村庄自卫，如红枪会。（Perry, 1980）河北、山东的村庄中也有那样的实例。（黄宗智，2014a.1：206—211，224—225）

这样，民国时期的中国一定程度上也步入了具有较强渗透力的“现代国家政权建设”（modern state-making）的过程。虽然如此，仍然维持了传统崇高的“和”的道德理念以及仍然是比较简约的基层实用治理，包括依赖非正式和半正式的人员以及民间的调解，与西方的“现代国家”仍然有一定的不同——无论是韦伯（Weber, 1978[1968]）所论析的现代“科层制”国家，还是迈克尔·曼（Michael Mann, 1986）所论析的“高渗透力”（high infrastructural power）现代国家——它们都是高度正式化的治理体系。（黄宗智，2007）

在军阀战争频发和盗匪众多的民国时期中，有的村庄呈现了传统村社秩序的衰败乃至于崩溃,从而导致所谓的“土豪劣绅”或“恶霸”势力的兴起,显示了传统实用道德主义治理系统的衰败。在被调查的华北平原村庄中便有如此的实例。他们成为后来土地革命运动中的重要斗争对象之一。(黄宗智,2014a.1:225—230,230—233)

(三)集体化时期

在集体化时期,村庄经历了进一步的改组和演变。首先是在村级的行政组织之上,成立了村社的党支部,使得政党—国家的体制权力深入村社。这个新制度是伴随20世纪50年代中后期的“社会主义建设”运动而设定的。后者全面改组了村庄的一些最基本的制度,包括土地和生产资料的集体化、村庄劳动力的(集体)组织化以及村庄生产的计划化。其次,社区的调解制度被“干部化”,不再是主要由村社内受村民尊敬的非正式威望人士来进行纠纷调解,而是主要由新设的村支书和村长来调解村庄内部的纠纷。伴之而来的是国家(政党—国家)权力深入每个村庄。这一切在笔者20世纪80年代在江南和华北所做的实地访谈研究和当地县法院诉讼档案的研究,以及笔者其后在20世纪90年代所做的聚焦于纠纷处理的访谈研究中,都有比较翔实的资料为证。(黄宗智,2014a.1:151—164;黄宗智,2014b.3:30—37)

在“大跃进”时期,政党—国家体制下的全能统治大趋势达到其顶峰。国家试图把农业完全产业化,使用类似工厂乃至于军队的组织,认定生产和组织规模越大越好,把村民完全纳入庞大的人民公社，甚至把一般生活组织化，一段时期中还设立了公共食堂来取代一家一户的分爨。同时，把人可胜天的革命意识推到了极端，要求完全克服自然条件的制约，要求把农业跃进到不可思议的高产水平。在政党—国家高度集权体制中，出现了由上到下的政策实施过程中的极端化和简单化（“一刀切”）。由于政策严重脱离实际，更引发了由下到上的作假现象，导致完全背离实际的浮夸和弄虚作假等恶劣的状态。加上自然灾害的影响，导致1959—1961三年困难期的严重危机。① 它是当时体制可能失衡的弱点的重要实例。在思维方式的层面上，“大跃进”更把国家和社会二元合一中的“合一”推到了“统一”的极端，实际上抛弃了二元共存互动、互补的传统。②

① 在笔者调查的华阳桥村（和松江县），对中央的“大跃进”路线有一定的抵制，而因此被认作是反对毛泽东的“彭［德怀］主义”的一个据点。尤其是在种植业方面，华阳桥把极端的种植方式限定于少量的“卫星地”试验田（总共才6亩土地），其总体的粮食生产因此相对稳定，直到1961年、1962年的春季多雨和秋季早寒气候的天灾时方才明显下降。虽然如此，我们也可以从华阳桥的经验证据看出当地大队干部（乃至于县领导）所面对的压力。在“大跃进”风暴的影响下，华阳桥也终止了自留地和家庭副业，并一度执行了大食堂政策，对村庄生产起到破坏性的影响。虽然，在发展村（大队）级工业方面，做出了一定的正面成绩。（黄宗智，2014a.1：230—236）但从全国范围来看，“大跃进”的结果无疑是灾难性的。

② 应该说，如此的“统一”和中国传统中对马列主义中的二元辩证对立统一的认识不无关系，与中华文明中的（变动中的）二元合一（持续的互动、互补）思维有一定的不同。后来的“文化大革命”则可以被视作相反的，由社会运动吞食国家的二元辩证对立统一的极端。

(四)改革时期

在去集体化的改革时期,先是一定程度上返回到类似于民国时期的状态:国家管制范围收缩到主要限于保安和征税(加上1980年后严格执行的计划生育政策),但较少管制生产,并把纠纷解决制度重新非正式化(从以村长和支书为主降到越来越多依赖村社本身的其他威信高的人士的“调解委员会”,乃至于完全非正式的人士来处理纠纷)。同时,借助新型的半正式化的国家机构,如乡镇政府下属的法律服务所和警察派出机构,来处理村社的(半正式化)民间“调解委员会”所不能解决的纠纷和问题。(黄宗智,2014b.1:37—51)一定程度上,这一切是对过去极端化治理的反应,返回到比较平衡的二元合一实用道德主义治理传统。

其后,在2006年正式完全废除农业税之后,更经历了重要的历史性变化:国家不再从村庄汲取税费,而转入越来越多地凭借“项目”和其他类型的“转移支付”来试图“发展”经济。2016年以后计划生育的全面松弛化也促使村庄“管制型”治理的收缩。如今的国家和村庄间的关系,已经成为一个“给”多于“取”的关系,“放任”多于“管制”的关系。表面看来,这是国家从汲取到给予、从管制到服务村庄的“现代化”和根本性改变。

二、村庄社区的衰落

最新的状态对村庄来说应该是个划时代的大好事,国家不再汲取村庄资源，反之，将“反哺”农村，“以工补农”，以政府的“转移支付”和“项目”来补农。但在实际运作中，却没有那么简单。

首先，废除税费——特别是农业税和之前的“三提五统”收费——的实际效果并不简单是减轻了农民的负担，而同时也掏空了最接近村庄的乡镇政府的财政收入。周飞舟（2006）把这个过程称作乡镇政府财政的“空壳化”以及乡镇政府之成为“悬浮型政权”。由于村庄不再是他们的重要收入来源，乡镇政府不再十分关心村务，除了直接与项目和上级政策相关的事务外，很少介入村社的治理。其中的一个关键问题是村级的公共服务，包括村级水利维修、村级小道路和桥梁的建设和维修、村庄内部的垃圾和污水处理、医疗卫生以及环境保护的措施等诸多方面。

在这个层面上，国家的“转移支付”（主要是通过项目制）所起的作用是有限的，因为项目制的运作机制非常容易使政策实施偏离国家的原意，存在“形式主义”倾向的作风和问题，这也是目前中央所极力反对并要重点解决的问题之一。许多官员们真正关心的是自己的政绩。为此，不少乡镇政府倾向把项目经费拨给条件最优越的村庄，甚至把项目经费集中起来，“打包”给几个典型和示范的村庄，甚至打造“示范区”来应付上面的项目验收，证明自身施政的成绩。同时，国家农业政策实施中又特别强调扶持龙头企业、大户、大型专业合作社，以及成规模的“家庭农场”，也存在相同的问题。（黄宗智，2014c；亦见黄宗智，2017a）

之所以如此的部分原因在于国家这些年来所采用的激励机制，即目标责任制，其对推进 GDP 的增长显示了一定的成效，但也导致公德价值方面的问题。（黄宗智、龚为纲、高原，2014；王汉生、王一鸽，2009）项目制的设想基本源自同一战略：依赖个人逐利机制来推动竞争和发展，推动乡村的现代化。但是，在那样的去道德化的逐利实用意识形态下，村庄公共服务几乎完全陷入真空状态，村民个体顾不上，乡镇政府也顾不上，因为村庄社区已经不再是其财政收入的重要来源，而村社本身则缺乏必须的财源（除非是村领导依赖自身的关系网从企业或大户筹借）。中华文明的“仁政”理念和政党—国家体制下的为人民服务的道德理念受到了个人逐利意识形态的冲击。

正因为村级公共服务面临危机，才会促使成都市 2009 年以来采用广受称道的、针对村级公共服务真空问题的新政策：由财源丰厚的市政府每年直接拨给每一个村庄一笔公共服务费用（开始是 20 万元，2016 年预期达到 60 万元）来填补上述空白，意图凭借那样的资源来带动村社和村民的公共性、民主性和参与性。（田莉，2016；亦见杜姣，2017）

根据城镇化及西方的视角和理论预期，小农户及其村社必然行将完全消失，要么转化为城镇居民、市民，要么转化为个体化的、类似于城镇产业的农业企业的工人。但社会实际则是，中国农村仍然主要是由亿万“半工半耕”的小农户所组成，在近期内不可能像理论意识的预期那样消失。

中国在基层治理的过程中也出现了一些反面的现象。一个例子是征地和拆迁中呈现的“征迁公司”，堪称一种异化了的“半正式”行政机构。（耿羽，2013）另一个例子是近十年来兴起的“劳务派遣公司”，其将一些国企、私企，乃至于事业单位的原有正规工人以及新雇全职职工（多是农民工）转化为非正规的（名义上是）“临时性、辅助性或者替代性”的“劳务派遣工”,借此来减轻企业在福利和劳动保护方面的“负担”。(黄宗智,2017a、2017b)两者都该被视作异化了的营利性“半正式”机构,与本文重点论述的仁政和为民服务理念下的简约半正式机构性质十分不同。

“仁”与“和”道德理念主导下的国家与社会二元合一的传统已经再次陷于失衡的状态。在笔者看来,这是改革后中国今天面临的至为庞大、至为重要、至为紧迫的问题。

三、国家与村庄关系的三大模式

根据以上的百年回顾论述,除中国传统的实用道德主义治理模式之外,我们可以区别之后的两大不同农村治理模式:一是改革期间的市场经济和资本投入模式,二是其前的计划经济与集体化模式。以下先分别论析两大模式的得失,进而建议采纳既综合两者优点又承继古代和革命传统优点的第三模式。

(一)市场经济与资本投入模式

国家20世纪80年代以来对农村采用的战略基本是去计划经济化和去集体化,一定程度上也是去社区化,转而把农民视作在市场经济大环境中的一家一户的“个体”。这是联产承包责任制的基本精神,要从“集体”激励转为“个体”激励,从社区公益驱动机制转为个人私利驱动机制。这是伴随(古典和新)自由主义经济学理论而来的观点,其代表乃是舒尔茨(Theodore W. Schultz),他争论,在市场经济的环境中,每一家农户都会"理性"地追求自己利益的最大化,这是最基本、最高效的激励机制,能够导致资源的最佳配置。国家只需为小农提供适当的技术条件,便能够推进农业和农村的发展和现代化(即"改造传统农业"),但绝对不可干预市场"看不见的手"的运作,更不要说采用计划经济了。(Schultz, 1964)"专业合作社"的设想便是一个试图模仿美国的设想,无视村庄社区,试图以农业企业为基本单位,让其合作追逐其"专业"的市场利益。20 世纪 90 年代以来,主导国家政策的实用意识形态把上述的战略具体化为尽力扶持龙头企业、大户、专业合作社以及规模化(超过 100 亩的)"家庭农场",同时推动(扶持、补贴)现代投入(化肥、良种、机械),意图借此来发展中国农业。(黄宗智,2008;修改版见黄宗智,2020a:第 3 章——《舒尔茨〈改造传统农业〉理论的对错》)

在最近十多年"转移支付"的"项目制"实施下,这一切更体现为凭借地方各级政府以及农村各种实体之间的竞争来确定国家转移支付资本的投入,想借助"典型"和"示范"实体来带动农村的发展。正是在这样的国家政策之下,促使相当比例的企业公司农业和大户"发展"的兴起。

但是,那样的村庄、企业和大户迄今明显仍然只是农村和农民中的少数,充其量最多可能达到总耕地面积的 6%—10%。(黄宗智、高原、彭玉生,2012;黄宗智,2020a)伴随以上政策而来的是农村中逐渐呈现的一系列问题。这些事实的具体体现之一是城乡差别没有得到改善且日益显著:全球各国的基尼系数比较显示,中国已经从集体时代的全球较平等的国家之一转化为较不平等的国家之一。(黄宗智,2016a:23—26)说到底,这是在发展过程中逐渐丧失了中国古代和现代政党—国家本身的崇高道德理念。

这里，我们应该清楚区别中国之前的“典型”和如今的“典型”。之前的典型多是“劳动模范”型的，为的是借以拉动广大人民的积极性。如今的则是“让一部分人先富起来”战略下的少数人的“典型”，存在过分逐利的道德偏差。

即便如此，我们仍然看到小农经济的强韧生命力。首先是近三十年来小规模“新农业”（高值农产品，主要是生鲜农产品，包括菜果、鱼肉禽、蛋奶）的发展，它凭借的主要是中国人民伴随国民经济发展和收入提高而来的食物消费的转型，从传统的粮食、蔬菜、肉食 8：1：1 的比例，朝向城市生活水平较高的人们（以及日本、韩国和中国台湾地区的食物消费结构）的 4：3：3 比例的转化，由此扩大了对高附加值农产品（菜果、鱼肉禽、蛋奶）的需求和其发展的市场机遇，推动了（一、三、五亩的拱棚蔬菜，几亩地的果园，乃至十几亩的种养结合）小农户这方面的发展。（黄宗智，2016a）而推动小农户从旧农业转向新农业的动力其实主要并不是国家偏重资本的资助，而是市场营利的激励以及农户自身的打工收入。（黄宗智、高原，2013）近三十多年来，农业生产的产值（区别于某些作物的产量）一直以年均（可比价格的）约 6% 的速度增长。如今，小规模的高附加值“新农业”的产值已经达到（大）农业总产值的三分之二，总耕地面积的三分之一。（黄宗智，2010；亦见黄宗智，2016a；黄宗智，2020a：第 2 章）

但是，我们也需要清醒地认识到，这一切是在没有小农户所必须的现代型“纵向一体化”物流服务体系来应对“大市场”情况而来的，而是必须依赖低效且昂贵的旧型商业资本，包括千千万万的小商小贩来进入市场。结果是,即便是新农业的农户,也多处于广泛的“种菜赔、买菜贵”的困境。这是个既不利于小农生产者,也不利于城镇消费者的局面,这也导致部分新农业农民仍然需要依赖打工和农业的半工半耕兼业来维持生计。(黄宗智,2018;亦见黄宗智,2020a:第15章)

至于“旧农业”(即大田农业,尤其是谷物种植)中的小农户,他们固然由于打工工资的上涨(亦即农业劳动的机会成本的上涨),而国家又相当大力地支持机械化,如今已经越来越多借助自身的打工工资来雇用机耕—播—收服务,由此而推动了那方面的农业现代化。(黄宗智、高原,2013)虽然如此,他们同样由于现有物流体系的缘故,相当广泛地处于(可以称作)“粮农贫、粮价贵”的困境。如今,中国的粮价已经高于国际市场的价格,但旧农业的小农仍然收入很低。(黄宗智,2020a:第15章,以及第8章的后记)

无论是新农业还是旧农业的小农户,其年轻的父母亲都需要靠打工来维持家庭生计。后果之一是他们大多要依赖孩子的爷爷奶奶来为他们把子女带大(因为孩子不能进入就业地的公立学校,除非交纳昂贵的“择校”费),从而造成了普遍的、大规模的“留守儿童”以及“隔代家庭”的现象。在那样的家庭中,孩子们自小便会形成一种源自父母亲缺席的深层不安全感,也会缺乏对村庄社区的认同,而且,祖父母不会和父母亲同样、同等、具有相似权力地来教养留守儿童。那样的留守儿童,等成年后进城打工而成为“新生代农民工”,在城市也将同样缺乏安全感和认同感,因为他们大多无法获得大城市的市民身份,无法购置房屋,无法过上稳定体面的生活而真正融入城市,只能像他们的“农民工”父母亲那样以“流动人口”的身份在城市干最重和最脏的工作,其中大多数不享有基本的福利。(黄宗智,2017b:153—155;黄宗智,2020c)黄斌欢(2014)把这种现象称作“双重脱嵌”——留守儿童—新生代农民工是个既“脱嵌”于农村,也“脱嵌”于城市的群体。换言之,“新生代农民工”多是一种惯常性流动的群体,他们带着一种无根者和流浪者的心态在城市打工。他们既不会真正扎根于城市,也不会返回村庄,实际上组成了一整代“无家可归”心态的“迷失”群体。(黄宗智,2020c;亦见吕途,2013、2015)他们使“三农问题”和农民工问题变得更为严峻。也就是说,国家与农民间的关系再度失衡。

在那样的客观实际下,一再宣称农业已经越来越高度“现代化”实在无补于事。相对其每年日益扩增的转移支付和各种补贴与资助的投入量而言,这种扶持对广大的农民影响并不大,其绩效大多只可见于“典型”“示范”村庄和个别的大户。可以说,三农问题仍然是未来很长一段时期国家所必须重视和解决的问题。

(二)计划经济与集体化模式

改革前的计划经济和集体化模式确实失于过分控制农民、农村和农业,最终脱离、违背了小农的利益,导致了走向极端的“大跃进”(和“文化大革命”)政策实施。总体而言,农村每工分的报酬久久停滞不前,农民生活久久不得改善。

但是,我们也要认识到,其中实际的失策并不在于早期的互助组和合作社,而是在于当时脱离民众利益的“越大越好”和国家过分控制农村的政策。早期的互助和合作无疑协助了占比不止一半的“贫下中农”解决其生产要素不足的问题(土地不足、牲畜不足、农资投入不足,甚至由于打短工而劳动力不足)。(高原,2017)而且,在“大跃进”高潮之后(1963—1978 年)的“三级所有、队为基础”(生产小队平均才约 30 户)制度下,农村社区组织再次返回到比较合理的规模,比较贴近农民的切身利益。那样的制度,虽然仍附带着一定的依赖过分管制和僵硬的计划经济,但仍然在 1952 到 1979 年期间实现了粮食产量平均每年 2.3% 增长率的成绩(这是珀金斯的比较权威的研究的数字——Perkins and Yusulf, 1984:第 2 章)。(黄宗智,2020a:第 16 章,第三节)其间,固然有失于压制农民在市场环境中营利的自我激励机制,但我们也不该无视适度规模的(相对较小的)小集体在许多方面的成就,不仅是农业持续的增长,还是水利以及其他公共服务(特别是村庄秩序和村级公共服务)的绩效,更包括普及(“民办公助”)教育(“小学不出队”)和医疗卫生(每村一名“赤脚医生”)方面的显著成绩。后者是诺贝尔奖得主阿马蒂亚·森和他的合作者比较印度(同样是小农经济农业大国)和中国的专著研究中特别突出的优点。(Drèze and Sen, 1995:第 4 章)那些成绩不该伴随“大跃进”的极端现象而被全盘否定。

到改革时期,在过去过分僵硬的计划经济和国家过分管制的体制下,全盘去集体化和去计划经济化的反动当然是可以理解的,也在一定程度上释放了农民在市场经济中自我激励的积极性(如上述的“新农业”)。但与此同时,我们也要问:完全依赖“资本”(实际上多是旧型的榨取性商业资本而不是新型的产业或物流资本——黄宗智,2018),抛弃社区组织的传统和其优越的贡献方面,是不是有点矫枉过正、再次失衡了?如果是,今后有没有可能综合、再平衡这两大模式的优点而又避免其弱点的方案?

(三)社区合作社推动模式

要简单总结的话,集体时期国家更多关注国家计划,过分管制农村,未足够重视小农户个体,使其生活久久不得改善;而其后的改革时期,则在于过分关注资本,同样不够重视小农,导致村级公共服务不足、社区解体。相比之下,这正是日本、韩国与中国台湾地区所谓"东亚合作社模式"的优点所在。它既借助了市场经济来激发个体农户的生产积极性,又借助了社区整合性来组织新型的农产品公共服务,尤其是其在市场经济环境中所必须的纵向一体化(物流)服务。一方面,它借助了农民营利的自我激励机制;另一方面,它又借助了传统社区的凝聚性而组织了农民为其社区利益("公益化了的私利")服务的体系。国家则扮演了在社区基层之上的组织角色,特别是组建现代化的服务性批发市场,通过拍卖和大规模的批发交易来让农产品能够系统有序地进入大市场交易,为小农户提供了低成本的高效服务。

合作社与批发市场的搭配,成功地塑造了完整的新型物流体系,包括在原产地的规范化加工、分级、包装,以及其后的"供应链",更包括对生鲜农产品来说至为关键的具有冷冻条件的屠宰、加工、包装、储藏、运输、交易、配送中的完整的"冷链",大规模降低了生鲜农产品进入市场的损耗,为新农业提供了完整的新型物流服务,也包括为"旧"农业[大田作物,主要是粮食作物(谷物和豆类)]提供高效的加工、包装、运输、储藏、销售等条件。相比较而言,“社区合作社+国家”的批发市场提供了相对高效和廉价的物流服务,为小农户提供了较高收入的条件,成为全球国家中分配比较均匀(社会公平的基尼系数)的国家和地区。当然,上述的新型合作社的物流体系服务逻辑是一个不同于之前的互助组和初级合作社为了解决贫下中农要素不足问题的合作逻辑。(黄宗智,2018)

更有进者,东亚模式的综合型合作社农业现代化模式,较好地联结了传统的小农及其社区凝聚性与新型的市场化农业发展,较好地融合了国家由上而下的角色和农民由下而上的参与,体现了农民自身的主体性以及农村社区及其原有的公益价值观。(黄宗智,2018)同时,在日本和韩国,也较好地综合了社区的调解机制和新型的法律制度,以及其间的半正式型司法体系,由此组成了一个源自中华文明传统的多维正义体系,避免了西方国家的偏重私人、偏重私利、偏重必分对错的法律体系,较好地搭配了国家功能与民间组织,道德意识形态与实用意识形态。(黄宗智,2016b:20—21,16—19)

在更深层面上,它也是一个延续传统中华文明核心价值观和思维方式的模式。它拒绝简单和偏一方的非此即彼二元对立思维,而维护了长期以来中华文明倾向二元(乃至多元)合一的思维和价值观。在这个意义上,目前的过分个人私利化的“市场和资本推动模式”,与其前身的过分国家威权化的“计划和集体化模式”,同样不符合中华文明核心中的二元合一中庸价值观与思维模式。“社区合作+市场经济”模式实际上是一个更为符合中华文明基本“特色”的模式,也是一个原来来自中华文明基本治理哲学的模式。

在这个框架下，我们还可以纳入二元互补的民间半正式化的调解组织，如村庄的调解委员会，以及官方的半非正式化的调解组织，如乡镇法律服务所以及公安局的调解。（黄宗智，2016b）

如今，农村社区的凝固性与农民的家庭和社区伦理观虽然受到一些私利价值观的冲击，但其核心仍然顽强、坚韧地存续，尤其是在人们深层的家庭和社区观念以及对待道德和实用二元的思维方式层面上。农村解决社区纠纷的调解制度仍然存在，其所依据的道德价值观完全可以取代追逐一己私利所导致的伦理真空和村级公共服务真空，可以取代在国家与村社二元之间非此即彼地偏重单一方的错误抉择。后者是来自对中国近现代百年国难的过度反应。如今，在恢复了国家与民族的尊严和自信之后，我们已经具备采取更为平衡、中庸的抉择的基本条件。如此的抉择所涉及的不仅是长远的经济效益问题，一定程度上更是中华文明延续还是断裂的问题，以及中国的未来是否真能具有优良的“中国特色”的问题。

四、新型的民众参与模式？

更具体地来说，什么样的国家与农村关系的模式才能够连接传统与现代，才能够成为既不同于西方现代传统也不同于中国过去的皇帝专制体系？才能使国家和民众有效地平衡二元互补、形成良好互动？

笔者认为，要回答这样一个问题，我们首先需要梳理清楚现当代中国三大传统（古代中国、共产党革命、西式现代化）历史中的得失、优劣,借此来塑造一个新的综合性的前景。此中的关键问题是,怎样才能够避免过分依赖国家威权来强制执行不符实际或违反大多数民众利益的政策？怎样才能够防范过去趋向极端和脱离实际的政策倾向——特别是关乎民生的重大公共政策？显然,现当代中国不可能简单依赖西方的经验和选举制度,虽然目前的人民代表大会已经起到一定的代表民意的作用,但要更有效、更有力地纠正过去的错误决策,中国需要从共产党本身的执政历史和理论中来挖掘可用资源,其中,既有值得警惕的错误和失败的倾向,也有值得突出、强调和进一步制度化的资源。

(一)调查研究、试点和民意

在党内长期以来使用的重大公共政策决策和实施过程的传统中,向来有比较清晰的“调查研究”、“试点”、“推广”和“调整”等不同阶段的划分。首先是“调查研究”(“没有调查就没有发言权”)的传统,在最理想的状态中,甚至要求决策者深入与民众进行“三同”(同住、同吃、同劳)。笔者认为,在维持这个调查研究传统的优良一面之上,可以更明确地要求决策者广泛虚心地聆听民意(如已有的个别访谈或小规模座谈的传统,或新型的半正式协商会议等),不仅是了解实际情况而后据之来拟定政策,更是虚心地深入了解民意——这是过去决策过程中没有被十分明确突出的一点。今天,应该特别突出从这样一个维度来作为对过去的“调查研究”传统的补充和改进,把深入了解民众的意愿也定为“调查研究”传统的一个关键部分,为的是体现真正的民主精神和为民服务的党性。

其次，一旦形成一个初步的政策思路，应该仍采纳过去传统中的“试点”方法来确定初步拟定的政策是否真正可行，通过实验来检视其实际效果并做出相应调整。（韩博天，2009）这里，同样应该加上民众的反应来作为试点的一个重要衡量维度，而不是简单依赖决策者自身的衡量，也不是简单依赖“目标责任制”下的“数字化”管理技术。

（二）民众参与和群众路线传统

更为关键的是，在实施关乎民生的重大公共政策的过程中，应该明确加上要有由下而上的民众参与，把其当作重大关乎民众切身利益的政策的必备条件，而不是简单依赖政府管制或党组织的“动员”和“宣传”来执行政策。这是因为，民众积极参与才是最实际可靠的民意表达，绝对不可以凭借官僚自身的形式化民意估计来替代实质性的民众参与，或以意识形态化的“理论”来推定和宣称民众的支持。毋庸说，其中的关键在于官员们真正尊重民众意愿的道德观念和党性，而不是官僚体制中存在的走形式、满足上级要求、追求自身政绩等行为。当然，在大众传媒高度发达的信息时代，媒体也是一个重要的民众意愿表达器和测量器。近年来一再被使用的广泛征求学者、专家意见的做法也是。新信息技术当然也可以用来鼓励更为广泛的民意表达。在经过试点后的推广阶段，民众的参与更为关键。好的关乎民生的重大公共政策是民众真正愿意参与实施的政策。

在党的历史中,最接近上述设想的是党的群众路线传统。(许耀桐,2013;张雪梅,2013;卫建林,2011)未来,也许应该把群众路线的优良面定位于"民众参与",处于形式化的选举制度和过度运动化的制度之间。不同于选举,它不是每几年一次性的、针对某些竞选人的选举,而是要求其成为每一关乎民生重大公共政策的实施过程中的必备条件,要求借助民众参与的力量来进行政策的拟定和实施,尽可能把衡量政策优劣的标准定于是否真正受到民众积极参与所表达的欢迎。当然,也不同于"大跃进"和"文化大革命"那样的运动政治。

这样的话,不会像如今的西方国家那样把国家重大涉民公共政策设定主要依托于选举的形式,因为那样的选举只是多年一度的检测,而且多会取决于民众对某一竞选人的表面——如容貌、谈吐、风度、言词等——的反应,而不是真正对其实质性的人格和具体政策的反应。通过民众是否积极参与政策拟定和实施的检验,可以得知政策的成功与否不会简单取决于政党—国家体制下超级政党的"动员"能力,更不会取决于在西方常常是关键性的政党竞选经费数额,而是取决于实质性的民众参与。笔者认为,这才是中国革命的"群众路线"的至为优良的传统。此中,至为重大的实例也许是抗日战争和解放战争时期民众的积极参与和对共产党的积极支持,验证了"得民心者得天下"的传统治理道德理念。它是国家与人民二元合一的相互依赖、互动、互补的最佳体现。

(三)东亚合作社的实例

与本文议题直接相关的实例是东亚型合作社的历史。它自始便强调,参与合作社与否必须完全取决于每位社员的自愿。在那样的基本要求下,扎根于社区的、主要服务于小农户的东亚型综合合作社几乎做到了所有农民自愿参与,这就和中国大陆2007年以来推动的“专业合作社”的经验形成极其鲜明的对照。(黄宗智,2017a:140—144)在东亚模式的经验中,合作社既由于政府把相当部分的支农资源让渡给了民主管理的合作社,也由于那些合作社成功地由社区农民自己为绝大多数的小农户提供了其所必须的“纵向一体化”新型物流服务而赢得了绝大多数农民的积极参与。(黄宗智,2015b、2018)

总体来说,群众路线的优良的一面,也可以说是其真髓,在于要求国家行为不简单限于由上而下的民生决策和施行,而在于要求广泛的由下而上的参与。那才是共产党群众路线传统中至为核心与优良的含义,才是值得我们今天发扬光大和进一步制度化的传统,也是防范、制约无顾民众意愿的威权政治和错误政策偏向的一个实用的方法,一个能够排除强加于民众的“瞎指挥”的方法。它可以成为结合崇高道德理念与实用性实施的一个关键方式,促使国家与民众间的二元合一良性互动、互补的重要制度。

如此的设想其实是比较符合中华文明(包括中国共产党的执政)长期以来的治理传统和思维方式的一个方案,它把国家和人民设定为一个二元的合一体(也可以说,一个二元而又合一的系统工程)，拒绝现代西方的二元对立、非此即彼的偏向。它不简单是一个抽象的、无顾实用的理念，而更是一个结合道德理念和实用运作的方案。它要求的是，通过民众参与的基本要求来排除脱离实际、脱离民众意愿的重大公共政策的拟定和实施。它也是迥异于西方制度传统的一个真正具有中国特色的治理模式，更是针对帝国传统以及政党—国家体制传统中部分负面倾向的一种制度化约束。

参考文献：

杜姣(2017)：《资源激活自治：农村公共品供给的民主实践——基于成都“村级公共服务”的分析》，载《中共宁波市委党校学报》第4期，第100—106页。

高原(2017)：《工业化与中国农业的发展》，载《中国乡村研究》第14辑，第196—217页，福州：福建教育出版社。

耿羽(2013)：《当前“半正式行政”的异化与改进——以征地拆迁为例》，载《中国乡村研究》第12辑，第79—95页，福州：福建教育出版社。

韩博天(Heilmann, Sebastian)(2009)：《中国异乎常规的政策制定过程：不确定情况下的反复试验》，载《开放时代》第7期，第41—48页。

黄斌欢(2014)：《双重脱嵌与新生代农民工的阶级形成》，载《社会学研究》第2期，第170—187页。

黄宗智(2020a)：《中国的新型小农经济：实践与理论》，桂林：广西师范大学出版社。

黄宗智(2020b)：《中国的新型正义体系：实践与理论》，桂林：广西师范大学出版社。

黄宗智(2020c)：《中国的新型非正规经济：实践与理论》，桂林：广西师范大学出版社。

黄宗智(2018):《怎样推进中国农产品纵向一体化物流的发展? ——美国、中国和“东亚模式”的比较》,载《开放时代》第1期,第151—165页。

黄宗智(2017a):《中国农业发展三大模式的利与弊:行政、放任、合作的利与弊》,载《开放时代》第1期,第128—153页。

黄宗智(2017b):《中国的非正规经济再思考:一个来自社会经济史与法律史视角的导论》,载《开放时代》第2期,第153—163页。

黄宗智(2017c):《中国的劳务派遣:从诉讼档案出发的研究(之一)》,载《开放时代》第3期,第126—147页。

黄宗智(2017d):《中国的劳务派遣:从诉讼档案出发的研究(之二)》,载《开放时代》第4期,第152—176页。

黄宗智(2016a):《中国的隐性农业革命(1980—2010)——一个历史和比较的视野》,载《开放时代》第2期,第11—35页。

黄宗智(2016b):《中国古今的民、刑事正义体系:全球视野下的中华法系》,载《法学家》第1期,第1—27页。

黄宗智(2015a):《实践与理论:中国社会、经济与法律的历史与现实研究》,北京:法律出版社。

黄宗智(2015b):《农业合作化路径选择的两大盲点:东亚农业合作化历史经验的启示》,载《开放时代》第5期,第18—35页。

黄宗智(2014a):《明清以来的乡村社会经济变迁:历史、理论与现实》,三卷本,增订版。第一卷《华北的小农经济与社会变迁》[1986、2000、2004、2009];第二卷《长江三角洲的小农家庭与乡村发展》[1992、2000、2006];第三卷《超越左右:从实践历史探寻中国农村发展出路》[2014],北京:法律出版社。

黄宗智(2014b):《清代以来民事法律的表达与实践:历史、理论与现实》,三卷本,增订版。第一卷《清代的法律、社会与文化:民法的表达与实践》[2001、2007];第二卷《法典、习俗与司法实践:清代与民国的比较》[2003、2007];第三卷《过去和现在:中国民事法律实践的探索》[2009],北京:法律出版社。

黄宗智(2014c):《"家庭农场"是中国农业的发展出路吗?》,载《开放时代》第2期,第176—194页。

黄宗智(2010):《中国的隐性农业革命》,北京:法律出版社。

黄宗智(2008):《中国小农经济的过去和现在——舒尔茨理论的对错》,载《中国乡村研究》第6辑,第267—287页,福州:福建教育出版社。修改版见黄宗智,2020a,第2章,《舒尔茨〈改造传统农业〉理论的对错》。

黄宗智(2007):《集权的简约治理——中国以准官员和纠纷解决为主的半正式基层行政》,载《中国乡村研究》第5辑,第1—23页,福州:福建教育出版社。亦见黄宗智,2015a,第18章。

黄宗智、高原(2013):《中国农业资本化的动力:公司、国家还是农户?》,载《中国乡村研究》第10辑,第28—50页。

黄宗智、高原、彭玉生(2012):《没有无产化的资本化:中国的农业发展》,载《开放时代》第3期,第10—30页。

黄宗智、龚为纲、高原(2014):《"项目制"的运作机制和结果是"合理化"吗?》,载《开放时代》第5期,第143—159;亦见黄宗智,2015a,第20章。

焦长权、周飞舟(2016):《"资本下乡"与村庄的再造》,载《中国社会科学》第1期,第100—116页。

吕途(2013):《中国新工人——迷失与崛起》,北京:法律出版社。

吕途(2015):《中国新工人——文化与命运》,北京:法律出版社。

田莉(2016)：《成都市推进村级公共服务和社会管理改革的实践》，载《成都发展改革研究》第3期，转引自四川经济信息网，http://www.sc.cei.gov.cn/dir1009/223968.htm，2017年10月15日访问。

王汉生、王一鸽(2009)：《目标管理责任制：农村基层政权的实践逻辑》，载《社会学研究》第2期，第61—92页。

卫建林(2011)：《党的历史是形成和完善群众路线的历史》，载《中国社会科学》第4期，第11—19页。

许耀桐(2013)：《关于党的群众路线形成和发展的认识》，载《理论探索》第4期，第5—10,13页。

张雪梅(2013)：《群众路线面临的时代挑战与对策解析》，载《求实》第1期，第30—34页。

周飞舟(2006)：《从汲取型政权到悬浮型政权：税费改革对国家和农民关系之影响》，载《社会学研究》第3期，第1—38页。

周雪光(2008)：《基层政府间的"共谋现象"：一个政府行为的制度逻辑》，载《社会学研究》第6期，第1—21页。

Drèze, Jean and Amartya Sen. (1995). *India: Economic Development and Social Opportunity*. New Delhi: Oxford University Press.

Hsiao Kung-ch' üan(萧公权). (1960). *Rural China: Imperial Control in the Nineteenth Century*. Seattle: University of Washington Press.

Mann, Michael. (1986). *The Sources of Social Power, I: A History of Power from the Beginning to A. D.* 1760. Cambridge, Eng.: Cambridge University Press.

Mill, John Stuart. (2000[1859]). *On Liberty, in On Liberty and Other Writings, Cambridge Texts in the History of Political Thought,* edited by Stefan Collini. Cambridge, England: Cambridge University Press.

Perkins, Dwight and Shahid Yusuf. (1984). *Rural Development in China*. Baltimore, Maryland: The Johns Hopkins University Press.

Perry, Elizabeth J. (1980). *Rebels and Revolutionaries in North China, 1845–1945*. Stanford: Stanford University Press.

Schultz, Theodore. (1964). *Transforming Traditional Agriculture*. New Haven, Conn.: Yale University Press.

Schurmann, Franz. (1970[1966]). *Ideology and Organization in Communist China*. Berkeley and Los Angeles: University of California Press.

Smith, Adam. (1976[1775–1776]). *An Inquiry into the Nature and Causes of the Wealth of Nations,* 4th ed. 3 Vols. London: n.p.

Weber, Max. (1978[1968]). *Economy and Society: An Outline of Interpretive Sociology,* ed. Guenther Roth and Claus Wittich, trans. Ephraim Fischoff et al., 2 Vols. Berkeley: University of California Press.

代后记　探寻中国长远的发展道路①

一方面，在今天中国特殊的政党—国家体系下，中国共产党仍然起到主导性的作用，国家仍然拥有主要生产资料，尤其是土地和其他主要自然资源。它同时通过一个高度集权的财政体系来调控资本。它仍然是一个社会主义国家体系，即便已经不是一个计划经济体系。另一方面，它同时也是一个生气蓬勃的市场经济，其中私有企业占据到非农生产总值的约60%，而具有独立经营权的市场化小农场则占据农业总产值的很高比例，即便他们并不拥有自家农地的所有权。我们该怎样来认识这样一个既是社会主义的也是市场经济的混合体？既是中国传统（古代和革命传统）的也是类似于西方市场经济的混合体？

鉴于社会主义和资本主义市场经济间的极大不同，我们是不

① 本文是作者最新的三卷本（《中国的新型小农经济：实践与理论》《中国的新型正义体系：实践与理论》《中国的新型非正规经济：实践与理论》——黄宗智，2020a，b，c）的后续和扩延思考。三卷本中已经详细论证的内容不再一一注明出处。

是只能认为两者只可能有一方才是“正确”或“真实”的？我们是不是只可能要么认同于目的论的全盘西化道路，要么认同于目的论的本土化道路，就像许许多多中国现当代思想家（也包括西方的中国研究者）那样？如果不然，我们要怎样才能够抓住现当代不可避免的中与西、古与今以及市场经济与计划经济的并存和混合这个基本实际？

本文将进一步探讨，面对两者必然并存的现实，我们能否提出一种迥异于一般非此即彼的思路？能否想象两者不仅是并存，更是相互作用、相互塑造，甚至共同形成一个超越双方任何一方的整体？能否形成一个能够更好地释放两者诸多方面的创造性能量的结合？一个超越二元对立思维的整体可能是一个什么样的图像？

但在进入以上较为宽阔的问题的探索之前，我们需要先澄清市场合同与中国社会主义政党—国家采用的行政发包/承包制度的不同。两者常被调换使用或合并为一（如“承包合同”），由此而导致对两者不同含义的混淆。我们需要从说明它们的不同出发点，然后才能进入两者之间，以及市场经济和社会主义政党—国家体系之间，进行怎样可能被创新性地结合起来的讨论。

一、合同 vs.承包

“合同”概念的核心是在横向市场交易中两个具有同等谈判权力实体间达成的、受到法律保护的协议。“发包”/“承包”关系则是在纵向的、多是由国家发包给某人或某实体（如某官员或农民/农户）来承包的责任，虽然也同时附带给予后者一定的自主权力。

这里要注意,“权力”多被人们不精确地用“权利”——即受到法律和法庭保护——一词来表达,实际上主要只适用于“合同”,不适用于“发包”/“承包”。

(一)历史起源的不同

首先是两个概念/制度起源的不同。在西方,“合同”主要来自市场交易关系中的协议。固然,在当代之前,中国也有颇多类似西方的合同协议(Zelin, Ocko and Gardella, 2004),但在当代,承包(与合同)制度的起点和西方十分不同。在社会主义革命中,几乎所有的生产资料都被改造为国家所有。改革肇始,从国有基点出发,国家逐步将社会主义(和计划经济)体系改为一个“社会主义市场经济”体系。先是国家决定将农村土地的所有权和经营权分割开来,将后者发包/承包给农户。发包自始是,并且现在仍然是一个由上而下的举措,而不是两个平等体之间的协议。其实,发包给农民的“责任田”/“承包合同”原来还附带有纳税乃至义务工的责任。即便国家将经营权基本让给了农户,使其可以为市场而自主生产,但实际上农户仍然处于国家最终管控的权力之下。正如赵晓力在检阅了多份“承包合同”以及相关诉讼案件材料之后敏锐地指出:土地承包的实质主要是借助法院来执行国家的行政管理,树立可以通过法院来确定和保护的权利。(赵晓力,2000)

下面我们将看到,承包其实是官方话语中的“社会主义市场经济”的一个重要部分——国家占有农地的最终所有权,通过发包/承包方式将其经营权转让给农民(虽然国家规定部分农户必须生产粮食,无论其回报多么低)。当然,国家也可以随时征收农地的经营权。

(二)概念基础

合同与承包制度的历史变迁趋向是在十分不同的概念基础上形成的。在雏形的市场合同中,讨价还价是合同订立过程的一部分。一方可能在某方面稍微让步,对方也会同样在另一方面做出某种让步,直到双方达成都可以接受的协议。那样的讨价还价可能受到当时市场情况的影响,在某一产品或房子的"买方市场"的情况下,买方可能因为市场需求较低而获得更好的优惠价格;反之亦然。典型的合同会经过这样一个讨价还价过程。即便是行将被雇用的就业者也可以在"卖方市场"的情况下,要求并获得更好的就职条件,和买房子或产品的人同样。在那样的市场合同文化中,完全由单一方来确定合同条件相对少见。

但在改革期间的中国,一般情况则恰好相反。逐步市场化是国家的决定,承包是国家由上而下的发包,因此,国家与承包农民之间并不完全对等。承包一方,虽然其与国家的关系被称作"承包合同",但一般其条件都是完全由对方确定。那样的"承包合同"无疑直接影响到市场中的合同关系。在那样的大环境下,即便是市场中的"合同",一方常会根本就看不到合同文本,或者要在最终阶段才能看到,并必须立即签署——因此而导致"霸王合同"的称谓,并没有实际的讨价还价过程。众多的市场交易合同实际上更像"承包"而不像对等双方间的"合同"。正是不对等的"承包合同"塑造了中国的不同合同文化。

(三)劳动法律中合同逻辑的不同使用

劳动法律乃是市场合同关系中的一个比较特殊的领域。这主要是因为资方和劳方比较明显的权力不对等。社会主义理论将其表述为阶级剥削,即劳动者生产的“剩余价值”之被资方榨取。资本主义社会当然不会接受这样的理解。直到其1929—1933年经济大萧条之后,方才促使改革,依赖的是合同理论的理想类型,借之来倡导必须改革雇佣关系而使其更接近合同理念中的关系,包括确立劳动者组织工会和进行集体谈判的法定权利,以及设立法定的社会保障——如失业保险和退休与医疗保障。在美国历史中,它们一般被与罗斯福总统的“新政”相联系。这是“福利国家”的核心,其目的是纠正资本主义过激的方方面面。正是那样的措施起到了促使资本主义经济在其历史性的危机之后的恢复和延续。

但是,在最近几十年中,合同的逻辑则被借用于相反的方向来让资方避免劳动保护和社会保障等责任。它导致了所谓的“中介公司雇员”(agency worker)或“劳务派遣工”(dispatch worker)使用的兴起(多是通过中介公司而不是实际的厂方来雇用的),名义上主要是临时性的或“半职”/钟点工人,一般不带有就业保障或福利。合同理论则被借用来赋予这样的雇佣关系以正当性——其逻辑是,这样的雇员实际上具有与资方同等的权利,因为他或她完全可以自由地决定要否接纳如此的合同。在实际运作中,如今这样的雇用方式已经常常不限于临时工而被用于长期的正规全职工。劳动关系研究者将这样的工人称作“precariat”,即结合“precarious”

（不稳定）和“proletariat”（无产者）两词的新创词，我们也许可以译作“危难工人”。如今，这个“危难工人”范畴已经占到西方所有就业人员中的约 20%。（Standing，2011）

社会主义的中国则从一开始便展示了一个截然不同的演变过程。共产党革命自始便在理论上将生产资料作为全民所有，土地和资本同样是国家而非私人所有。共产党则是这个新制度和社会主义理念的监护者。工人的权利和社会保障自始便已被确立。

伴随改革的来临，共产党政党—国家采纳了市场化的决策，将市场经济，包括承包与合同的制度，纳入了中国的政经体系。以上已经看到，第一步是将土地的所有权和经营权拆分开来，将经营权发包给农户，由他们自主经营为市场的生产。其后，由乡镇和村庄集体广泛设立计划外的乡村企业，让乡镇政府和村庄集体在市场的“硬预算约束”下经营其所创办和拥有的企业。原先多是通过旧的集体制度来雇用员工，一开始采用的是集体制度下的工分制，当然谈不上城市产业工人所有的福利。20 世纪 90 年代后期，在“抓大放小”的决策下，中小国企进行“甩包袱”的私有化改制，为的是加强企业在市场经济中的活力。结果是那些企业的员工们基本失去其所享有的福利。同时，私有企业广泛兴起，乡镇企业也广泛私有化，大量的农民工进入城镇就业，许多缺少相关的保护和福利保障。这样，城镇工人大多数都成为（国际劳工组织称谓的）“非正规工人”，即没有或少有法律保护和福利的工人，区别于之前具有那样的保护和保障的“正规工人”。

在最近的十年中，更引进了西方的“中介公司雇员”（agency worker）制度。2008 年的《劳动合同法》将其表述为“劳务派遣工”,定义为处于“劳务关系”而不是(受到旧劳动法保护的)“劳动关系”下的员工。名义上,这样的雇用方式只被用于“临时性、辅助性或替代性”的员工,但实际上则被相当广泛地用于长期的全职员工。新兴的劳务派遣工无疑也属于我们称作“非正规工人”的范围。在实践层面上,中国和西方的不同在于,2010 年,新兴的劳务派遣工加上原有的非正规人员,已经达到所有城镇员工总数的不止 75%,远远超过西方的 20%。在这样的从正规化返回到非正规化和去正规化的反向演变中,合同理论被吊诡地用于相反的目的。

固然,也有一些试图抑制这样的趋势的举措。譬如,人力资源和社会保障部在 2013 年宣称,要企业们在三年之内达到劳务派遣工不超过每家员工的 10% 的比例。但其作用比较有限。非正规化的总体趋势实际上无法阻挡。

至于那些之前的正规工人们对被去正规化所提出的抗议,政府规定国家法院不受理那样的诉讼,要由企业本身来处理。最近几年,国家更扩大了这个政策的适用范围,确定其不仅包括国有企业,更明确地包括所有其他类型的“企业”(如集体企业和事业单位乃至于私营企业)。只要其“改制”是由“政府主导”的,即要么已经获得政府批准,要么是由其执行或主导的,法院将会裁定不受理。(黄宗智,待刊 c;赵刘洋,待刊)

可以见得,中国政党—国家和法律之间的关系和西方有一定的差别。在西方,经国家颁布的法律一般凌驾于政府行政权力之上;在中国则不然,政府行政权力发挥了重要作用,它可以将某一类型范围内的诉讼争议置于法院受理范围之外,通过行政权力的干预以及调解制度来处理某些诉讼纠纷。

(四)国家行政体系内的发包

国家行政体系之内的发包同样是由上而下的不平等关系。高度集中的社会主义政党—国家体系完全掌控体系内官员的委任和升降,包括更改或终止他们的职责、权力和资源。也许最重要的是,所有官员都受制于体系内源自反腐需要而在20世纪80年代后期和90年代设立的"双规"铁律和制度:经过"举报"和初步调查之后,任何官员在被正式审查期间,都可以被在规定的地点和规定的时期中(实际上没有固定期限),完全与外面隔离,不得与家人或任何人(当然包括律师)接触。即便是最高层级的官员(包括政治局常委成员、省长等)也如此。它是一个无可抗拒的党内的纪律制度。

但我们也要考虑到另一方面:一名承包某一地方职责的领导官员享有相当程度的自主权力,他们被有意识地塑造为中央政权的一个较小规模的翻版,具有远远大于一般的西方国家地方行政官员的权力,不受同等程度的三权分立和平衡的制约。

中国的地方政权制度被周黎安教授称作"行政发包制"。他将中国的这种"官[员市]场"的机制比喻于"市场"。他论析,"官场"中的竞争和激励机制类似于市场中的机制。他特别突出"官场"中的晋升"锦标赛"激励机制,并有意地将"官场"和"市场"并列("官场+市场"),认为正是两者的连同作用推动了中国举世瞩目的经济发展。(周黎安,2018,2014,2007;亦见黄宗智,2019)在他的英文文章中,他更完全地采用了"合同"一词来将"行政发包制"表达为

“行政合同制”(administrative contracting)。(Zhou, 2019)

周教授的论析非常清晰地指出地方政府和市场经济在中国经济发展中所起的至为关键的作用。他特别突出了中国地方官员间争取晋升的激励和竞争机制,通过新古典经济学的“市场”和“合同”话语,比较有效地与(倾向市场经济和合同目的论的)西方和中国新自由主义经济学家们进行了沟通。

但是,我们也需要指出,他的理论一定程度上也混淆了行政发包与市场合同之间的差别。他创建的“官场”一词,由于非常有意识地将其比喻于经济市场,难免会混淆两者在历史起源、重点和逻辑间的差别,既混淆了行政发包制度的部分内涵,也混淆了市场合同与其的不同。

那样的误导性其实更清晰地可见于被人们更为一般地混合使用的“权力”和“权利”两词。行政发包中所发包的是责任和权力,不是法律和法庭所维护的权利,一如土地联产承包责任制中的“经营权”那样。正如我们上面所论述的,无论是农民还是地方官员都没有太大可能通过法院渠道来抗拒社会主义政党—国家的强大治理体系。

但同时,我们也要认识到,周黎安教授的论析确实起到协助不少读者认识到中国行政发包制的重要作用,而不是下意识地简单将其贬为与市场经济相矛盾的政治体系,因而拒绝认真来认识和理解。虽然如此,要真正认识中国这个体系的含义和实际运作,我们需要看到承包制与合同制的不同。简单想象一个官僚层级之间的“合同制”其实会使我们严重误解其所包含的由上而下的政治体系。我们需要认识到“发包”与“合同”间概念上的深层分歧,以及其逻辑和实际运作间的差别。

固然，周教授所借助的“委托—代理”理论领域早已拓宽了原始合同理论的范围。它考虑到合同两方的不同利益和激励，以及其间的“不对称信息”(asymmetry in information)，考虑到可能由其产生的“道德风险”(moral hazards)和可能滥用。它也考虑到两方之间的不对等权力问题，尤其是在劳动法律领域中，一如我们上面论述的那样。但即便如此，它逻辑上的出发点仍然是市场中的横向对等合同关系，并不能贴切地处理纵向的由上而下的行政发包中的权力关系，更没有考虑到中国社会主义政党—国家体系的实际运作。周黎安的贡献在于突出了中国特殊行政体系的关键性，并阐明了其中的一个关键机制，但他仍然需要进一步澄清我们所有研究者都必须面对的“话语隔阂”问题，即怎样来澄清“承包”与“合同”之间的差别的问题。两者都需要被置于其政治经济大环境中来认识和理解。

(五)中国法律中的承包法与合同法

这里首先需要说明的是，虽然在许多学术和大众化使用中，承包和合同两词多被混淆，但在中国的法律条文中两者其实一直都是被明确区分的。

2002年(修改)的《农村土地承包法》开宗明义地说明：“本法所称农村土地，是指农民集体所有和国家所有依法由农民集体使用的耕地、林地、草地，以及其他依法用于农业的土地。”(第2条)“农村土地承包后，土地的所有权性质不变。承包地不得买卖。”

(第 4 条)“承包方承包土地后,享有土地承包经营权,可以自己经营,也可以保留土地承包权,流转其承包地的土地经营权,由他人经营。”(第 9 条,2019 年增加)(《中华人民共和国农村土地承包法》,2002,2019)

1999 年的《中华人民共和国合同法》同样明确指出:“本法所称合同是平等主体的自然人、法人、其他组织之间设立、变更、终止民事权利义务关系的协议。”(《中华人民共和国合同法》,1999:第 2 条)

显而易见,国家法律其实比较清楚地区分了承包和合同两个词语和概念。我们需要做的是,进一步阐明两者的不同政治经济环境。

(六)“集权的简约治理”传统

其中,一个重要部分是中国传统的“集权的简约治理”。(黄宗智,2008)古代的帝国政权无疑是个高度集权的体系,但它同时也十分有意地试图使其体系尽可能简约。一个原因是要避免过多层级的划分,因为那样会直接威胁到集权的中央——由于其高度依赖对皇帝/皇朝的忠诚,每多一层便会添加一层离心的威胁。二是要尽量减少行政经费,因为前工业的农业国家的税收十分有限。在 19 世纪,每个最底层的县令治理的人口平均高达 25 万人。而且,县政府机构一般只比较低度(韦伯型的)“科层制化”,即被分化为专业化部门和垂直的科层制体系。结果是比较简约的基层治理体系。

这就和西方形成比较鲜明的对照。其历史起源部分在西方的封建主义制度,其中央集权程度要远低于中华帝国,虽然其从基层所提取的税费要相对高于中国——后者在帝国晚期仅占农业产出的2%—4%,前者则一般约10%(如西方和日本的封建主义制度)(Wang, 1973a, b)。其二,差别当然也来自现代西方的民主政体传统——其三权分立的相互制约和平衡。

结果是,与西方相比,中华帝国具有比较高度的中央集权,但比较低度的基层"渗透权力",与西方的低度中央集权和较高度基层渗透权力不同,一如迈克尔·曼(Mann, 1984)所概括那样。中国的行政发包制度首先需要置于那样的历史框架中来认识。

(七)分块的集权体系

更有进者,曼的分析框架并没有考虑到中华帝国的另一关键特征。其高度集权的中央其实有意将自身分割为多个权力性质类似于中央的地方小块,也许可以称作一个"分块的集权体系"。地方上的最高官员是在该管辖地代表皇帝的人员。他当然完全是由中央全权委派的官员,并且是被置于相当紧密的官员控制体系中的人员,但他在地方任期间却具有相当高度的、一定程度类似于皇帝的自主权力,也同样较低度受到现代西方民主政府那样的立法和司法权力的制约。同时,他的权力范围更多是地方块块型的,而不是处于更高度条条划分的现代专业化科层制体系的制约之下。

正是以上的历史背景协助我们认识"集权的简约治理"和"分块的集权体系"今天仍然存留下来的治理框架。它具有较高度的中央集权程度,但相对低度的基层渗透力,但又是较高度集权的地方政府权力,没有像现代西方专业化官僚体系那样被更高度地条条化,也没有受制约于那样的三权分立和平衡。正是这样的传统协助我们认识和理解今天的中国在这些方面与现代西方治理体系的不同。

进入当代,传统的中央集权体系被在战争和革命斗争过程中形成的现代共产党政党—国家体系更为高度地集权化,也更为高度地细致化,并且仍然较低度受制约于立法和司法权力。那些特征也可见于同样是模仿中央的较小型地方政权。虽然,伴随工业化和(韦伯型)现代科层制体系的建设,中国的治理体系也一定程度上已趋向了类似于西方的专业化和条条化。

但我们仍然可以看到简约治理持续的痕迹。这部分是由于中国仍然具有庞大的农村,仍然受制约于比较低微的农村基层财政收入,仍然因此而趋向基层的简约治理。此点尤其可见于 2006 年废除农业税费之后基层村庄内部的公共服务的衰退。乡镇政府不再能够从村庄获取财政收入,伴之而来的是其从村庄内部的公共服务的退出,遗留下来的是村级内部公共服务的危机——未经修补的道路和桥梁、未经疏浚的河流和小溪等——那是"低度基层渗透力"比较具体的形象。

更重要的也许是,国家机构一定程度上仍然继承了古代的"分块的集权体系",地方政府仍然享有类似于中央的集权性质的权力,既没有同等程度地受像现代西方那样更高度条条化的科层制体系的垂直化分解,也没有受到同等程度的三权分立的制约。相对来说,仍然享有远大于现代西方地方政府的集权权力。这样的一个体系当然也带有一定的弱点,如条条和块块结合所导致的双重领导(垂直的中央部门领导和横向的地方政权领导)以及事权不清的问题。它也会导致地方主义,以及不同地方间的相互隔离和显著差别。但是,上面我们已经看到,地方政府块块型的强势权力在改革的快速经济发展过程中,起到了至为关键的作用。

二、二元对立与二元互补

我们固然需要认识到中国与西方的不同,以及合同与承包的不同来更好地认识中国今天的治理体系的实际运作,但我们同时要警惕陷入中西二元对立非此即彼的思维习惯,因为那样的对立思维只能促使我们再次不仅误解中国,也误解西方。

(一)二元对立

二元对立思维最常见的误失是陷入两种陷阱之一:一是认为西方的道路乃是唯一的道路,认为中国必须走那样的"转型"道路。那是个来自目的论的西方主义或现代主义(包括"早期现代主义")思路,只可能遮蔽中国的历史趋向和实际,只可能无视现当代中国的最基本实际,即西方与中国的、西化与中国传统(包括古代和革命传统)的并存。其对立面则是目的论的中国优越性,多源自一种中华文化自我优越感,认为中国的道路必定是最佳道路,因为它是中国的。那样的思路很容易成为完全拒绝西化改革的极端保守主义。两种对立观点相互将对方推向极端,要么是出于反对过分西方中心主义或全盘西化主义的动机，要么是出于反对过分中国中心主义的动机。两者的共同点是无视两者并存的现当代中国的基本实际。

在过去的百年中，我们已经看到众多这样的非此即彼二元对立思维。在法学领域，一方是要求西化的移植论，提倡全盘引进西方的法理和法律，并以为那样做才能够符合逻辑上整合的形式主义法理和法律的要求。其对立方则相反地提倡“本土资源化”，认为中国的法源应该是传统法理、法律或民间习惯。在经济学领域，我们可以看到同样的对立，一方提倡完全采纳西方的自由和新自由主义经济学及其理论依据（理性经济人、纯竞争性市场、看不见的手、国家“干预”的最小化等），与其对立的是传统主义者或马克思主义者，或两者的结合。在历史学领域，一方在“早期现代”和近现代中国只看到逐步西化或现代化的趋向，另一方则只看到其对立面的“中国中心论”。我们应该清醒地认识到，上述两者任何一方都没有抓住近现当代中国的中西化并存和互动的基本实际。

（二）互补的二元

我们要做的不是将中西建构为非此即彼的二元对立而是要从现当代的中国和西方、传统和现代在中国必然并存的基本实际出发的概括。两者的并存——无论是语言、文化、话语、思想倾向和思维、实践、治理、社会经济等，当然也包括学术理论——乃是现当代中国的给定实际。

我们该怎样去认识共存的实际以及其在中国是如何互动、互塑和结合的?过去和现在的摸索有什么长处和短处?两者最佳的结合方案——既是基于中国实际又是为人民谋求幸福的——是什么样的道路?有没有一条超越中西两者间的对立而结合两者来释放双方的创造能量的长远道路?

中国在过去四十年中相对成功地、比较特殊地结合了市场机制和国家能力来推进极其瞩目的发展,这已经是没有疑问的事实。真正的问题是:两者到底是怎样互补、互塑地结合而做到了比任何单一方优越的成绩的?

(三)农地承包与乡村发展

回顾过去四十年,农村土地联产承包责任制无疑是推进中国农业转化的基本政经制度框架。它从党中央有意地采纳了承包制出发,给予农民大体上独立的"经营权",让其能够自己决定为市场生产什么、销售什么,让其能够从其产品的市场价值和增值获得一定的利益。同时,国家积极提供了现代投入(化肥、良种、农机)。那样的(国家与农民的)结合推动了中国改革期间的"隐性农业革命",使许许多多农户得以转向高附加值农产品的生产(特别是高档蔬果和肉禽鱼),大多是进一步既劳动密集化也"资本"(现代投入)密集化的新型农业(如拱棚蔬菜、种养结合),如今已经达到接近农业总产值的三分之二,借此转化了中国的农业生产。(黄宗智,2016a)

虽然有一些错误的认识一直都在影响着国家的部分农业决策和学术界的论著,即认定高度机械化(和较低度劳动密集化)的美国型大规模农场乃是农业现代化的最终必由道路，认为中国农业必须朝着那样的方向发展、那样才可能真正现代化。（与其相反的一种意见则是一般的马克思主义意见，同样认为那样的途径是必然和不可避免的，但认为乃是不可取的、乃至于要推翻的资本主义方式。）事实上，中国农业现代化的道路如今已经可以确定了——主要是高附加值的新型小规模家庭农业，并且，由于中国如今仍然有2亿农业从业人员，劳均才10亩耕地、户均才约15亩（相对美国的户均约450英亩，即2700亩），将长期如此。鉴于中国长久以来的人口高度密集的“内卷”型小农业，这其实是必由之路。它也是对中国来说至佳资源配置的道路，和美国的主要是高度机械化和低度劳动投入的农业十分不同。中国的新型农业则是“劳动和资本双密集化”的，而又差不多全是小规模的农场。它的比较高度密集化的土地使用使得中国农业的单位土地产值要远高于美国。美国型的农业只可能促使大量农民失业和单位土地产量大规模降低，不可能承担中国大量人口的食物需要。

（四）结合国家与市场

如果中国的新农业革命较好地展示了中国结合现代投入和小农家庭农场，以及国家的高度中央集权的政经体系和小农的市场化自主经营，城镇企业则较好地展示了集权的中央和地方国家体系与市场化企业的结合，如以上论述那样。更有进者，鉴于西方高度发达的跨国企业，中国新兴的私营企业唯有通过高度集权的国家体系的扶持才有可能与其在全球化的市场中竞争——唯有中国国家体系才具有足够力量来与西方巨型的全球化企业竞争。唯有中国“分块的集权”地方政府的扶持（在土地资源、基础设施、不严格的劳动力使用、税收减免、松弛了的环境保护等）才有可能招引到外国资本的投资，唯有国家权力才有可能使中国成为全球回报率（不止20%）最高的资本去处。

我们已经看到，国家体系本身还需要一个有效的地方官员激励机制，一个能够促使他们为中国在全球市场的竞争上效劳的机制。具体的实施方案是激励地方官员们在管辖地的GDP发展成效方面的竞争，并同时给予他们足够的权力来激发他们的创新性和经营性，而又同时严密掌控他们的评审和晋升。其实施方式正是行政方面的“发包”制度，设立地方官员们间推动属地的GDP发展的晋升“锦标赛”。

那样的一个治理制度也需要市场机制和约束来执行。地方官员面对的是，他们的行为必须要在市场中见效。市场的竞争机制成为他们施政的重要激励和约束。他们不仅要对上级负责，还要对市场的约束负责：他们是否成功地为地方企业建设了良好的发展环境，采用了符合辖地资源禀赋的举措，推动了具有市场竞争力的企业？正是在那样的框架中，中央政府制造了一个国家和企业间相一致的目标和激励。而那样的机制则赋予了中国企业在国内和国际市场中的竞争力。

高效结合地方政府和企业的激励机制是通过实践来产生的，是在实践中被证实有效而形成的，首先是在农业方面的承包制度，而后是乡镇企业方面的蓬勃发展，再后来是省、市、县政府的“招商引资”所推动的企业发展。国家成功地促使其地方官员们成为推动发展的力量,而在其中成长起来的企业则是通过政府在税收优惠、土地和基础设施以及财政资助等的扶持下成为更具有市场竞争力的实体。两者的结合成功地使中国成为全球资本第一选择的去处,成为推动中国经济快速发展的关键动力。市场经济的合同关系以及行政体系的承包关系被证明是特别适合中国"转型"经济的结合。

这里的"转型"一词需要我们谨慎地来使用。我们不要再次陷入目的论的西化主义,似乎中国要发展和现代化的话,只可能完全模仿西方。那正是"转型"一词比较普通的含义。我们需要认识到中国已经展示了的既是西式也是中国式的发展道路,而不是一条非此即彼的道路。

这里,"社会主义市场经济"这个常用的官方话语,一定程度上包含、捕获了上述的特殊中西结合。它是在改革实践过程中所形成的一个战略性框架,如今已经经过相当程度的实验,有可能会成为中国式的可持续现代化进路,有别于我们长期以来惯常性使用的"全盘西化"/现代化、"资本主义发展"或"市场合同经济"等概念。"社会主义市场经济"一词,一般在学术界(尤其是国外学术界)被相当普遍视作没有实质意义的官方用词,实际上颇有可能成为不仅仅是一个"转型"过程中的体系,而且是一个可持续的中国型的、适合中国实际的发展道路,不仅在短期之内如此,也许更在长期中如此。当然,它更是一个形成和演变中的过程,不是一个给定理论或意识形态。

(五)中西结合的反面现象

更有进者,我们不可忘记近年来发展中的反面现象。在发包制度的不对等权力关系下,在国家相对农民的权力悬殊的实际下,当然难免一方有可能会成为忽视另一方利益的支配方。一个真正可持续的结合不仅须要考虑到其成功的方方面面,也要考虑到其反面。

我们应该承认,劳动保护和福利在发展经济和招商引资的大目标下被暂时置于一旁。改革四十年来,中国一直在大力压缩旧的劳动制度,如今已经将"正规工人"所占比例减少到城镇就业人员的仅仅约25%。但是,为了长远的发展,中国特别需要扩大国内市场来支撑更可持续的经济发展,当然也要考虑到社会稳定和社会公平。中国迟早须将"去正规化"的洪流颠倒过来。如今这样让全国城镇就业者中的不止75%成为"非正规工人"(相比西方的20%),严重约束了国内的市场发展,经济上是不可持续的,当然也是不公平的。

至于农业,国家迄今仍然没有充分重视小农场的关键性,也没有充分重视小农特别需要的现代化市场物流体系。那迄今仍然是中国农业的软肋。如今应该充分认可并支持小农农业的优越性和可持续性,并给予其更大的支持——不是简单由上而下完全由国家支配的措施,而是要充分让小农发挥其自身的积极性,纳入由下而上的农村(社区)参与能量来配合国家的组织。所谓的"东亚合作社"是一个由于高度历史偶然性而形成的体系,足可被当作中国的典范。明治日本的由上而下的农政(将地方政府主要任务设定为扶持农业现代化),由于美国的占领和统治(在其认同于罗斯福总统“新政”的进步官员们的影响下),被改革为一个纳入由下而上的基于农村社区的(综合性)“农协”制度,较偶然地组成了迄今至为成功的小农经济现代农产品“物流体系”(即为小农农产品进行加工和销售的“纵向一体化”)。它既保障了城乡之间较为均匀的收入和公平,也起到了维护农村社区活力的重要作用。(黄宗智,2018)

在中国,土地承包的制度确立了一个比较均匀的土地分配制度和优质的小农新农业的兴起,并没有因为国家有的政策偏重大型规模化农业而受到过大的压制。即便没有得到国家充分的重视,它仍然已经成为中国新型农业的基岩。今天中国的农业可以借助东亚型的农村社区合作社来推动新型农业的进一步发展。与其仍然依赖高成本低效率的、由千千万万小商户+大商业资本所组成的物流体系,不如转向由小农社区组成的合作社。它们既可以高效地推进农产品的物流,也可以让小农保留更高比例的市场收益,由此进一步提高小农的收入。它们还可以振兴农村社区,并为国家政策提供由下而上的支持和能量。

国家和社会权力悬殊的搭配,如土地承包制度下的国家和小农,过去确实导致了一些无视小农利益的举措,诸如地方在征地中的过激手段、土地交易中的勾结和贪污,无顾小农利益的农业政策(如强加于一些小农过分集约化和低回报的双季早稻+晚稻种植+小麦)等。(黄宗智、龚为纲、高原,2014)一如任何权力悬殊两方的关系中,没有由下而上的制约,很难避免无顾人民利益的错误行为。一个好的政治经济体系发展方向是国家和社会经济间、国家机器和人民间，逐步达到较为均衡的搭配。

除了诸如以上简略转述的问题外，我们应该承认，改革所确定的主要政治经济框架“社会主义市场经济”可以被理解为一个包括搭配市场化和中国源自“集权的简约治理”和“分块的集权体系”的“行政发包制”政经体系。两者的结合已经展示了庞大的能量和创新成绩。那是个应该被进一步深化的成功框架。它不是依赖简单的西化或中化，而是脚踏实地地从成功的实践中概括出来的进路。长远的发展道路的探索不应该是仅关注成功实例的一个过程，而应该是个不停地探寻怎样更好地结合西方和中方来组成一个长远的中国发展道路的过程。

三、儒家化的法家法律和社会主义市场经济

“社会主义市场经济”战略性概念背后的思维的一个类似的历史先例是西汉时期的“法律的儒家化”，常被表述为“阳儒阴法”。

（一）法家法律的儒家化

从其前的秦代的法家法律出发，汉武帝时期在儒家思想，尤其是在董仲舒的影响下，做出的选择不是简单地废除法家法律，而是创新性地将其“儒家化”。从儒家的思想中，特别选择了其以“仁”（“己所不欲，勿施于人”）和“仁政”为核心的道德理念，将其与法家以惩罚为主的刑法结合成为一个更宽阔的整体。儒家的一面为

法家提供(我们今天也许会称作)“软实力”,将其严峻实用的法律体系温和化,让两者合起来组成一个更可持续和威力比任何单一方都更为强大的体系。实用性的法家法律及其严峻的惩罚制度被改为一个更为宽阔、基于儒家和谐理念的社会非正式调解的体系。正式的国家法律与一个非正规的调解正义体系并存;严峻的治理被道德化的治理温和化;威权的父亲与慈爱的母亲结合(“父母官”)为一个更长远、更可持续的体系。正是在那样的思维框架下,形成了持续两千多年的“中华法系”的核心,并被扩延到整个“东亚文明”圈(在中国之外,主要包含日本、朝鲜和越南)。它是一个既慈祥又严峻的、既道德又实用的体系,两者共同组成了笔者之所谓的“实用道德主义”的正义体系。

当然,该体系也带有一定的弱点和问题。许多基层的纠纷并不能被社区调解机制解决,不少需要进入正式的法庭来处理、判断。但该体系具有逐渐纳入那样的经验的实用能力,逐步添加了所需要的正式条文来适应现实需要,从而形成了越来越多、越来越细的关乎“细事”(大致相当于今天的“民法”)的“例”(区别于“律”)。同时,伴随着社会变迁,它也从原先特别强调身份尊卑关系的法律而越来越趋向以大多数的民众为主要对象的实用性法律体系,逐步淡化了统治阶层和一般民众间的差别的作用。(Ch’ü, 1962; Bernhardt, 1996)到了清代,已经和汉代、唐代的体系颇不一样。儒家化的法家法律不是一个一蹴而就的结合,而是一个在形成基本大框架之后,逐步改进和细化的过程。虽然如此,无可置疑的是其结合儒家和法家为一个整体的创新的明智性和可持续性。

(二)社会主义市场经济

中国今天的“社会主义市场经济”框架一定程度上带有类似的思维和可能。中国共产党领导下近乎全能的政党—国家体系,成功地克服了帝国主义和日本侵略并取得中国革命的胜利,但那样的政党—国家,加上后来模仿苏联而采纳的计划经济政经体系,虽然成效不小,但是并没有能够推动可以与资本主义市场经济比拟的经济发展。改革的必要越来越明显,特别是在经历了“大跃进”和“文化大革命”的比较极端的群众动员和排外意识之后更是如此。那样的背景导致了向市场经济转向的改革,目的是要推动可与西方资本主义市场经济竞争的发展。但社会主义的理念并没有被放弃;源自儒家、马克思主义和中国共产主义的“为(劳动)人民(服务)”的治理理念也没有被放弃;共产党的领导和治理以及其对生产资料的最终所有(或控制)权也没有被放弃。

这样,市场经济被纳入了一个仍然是社会主义的、生产资料为国家所有的、高度中央集权的政经体系。其所采用的不是简单像苏联和多个东欧国家那样,完全朝向私有市场经济、终止共产党治理的“转型”,而是共产党治理的延续和国家之继续占有或掌控主要生产资料。在那个基本框架中,一步步地,先是通过承包制度将土地的经营权让给农民,但国家仍然掌控农地的最终所有权。其后是让乡村政府在计划外创办市场化的乡村企业,后来并让其私有化。同时,鼓励私企的广泛兴起,并将中小国企私有化,逐步建立了一个私企和国企接近平分天下的局面(达到非农生产总值

6：4的比例）。

这些变迁制定了新农业革命的政治经济框架，导致一个劳动和资本双密集的市场化新型小农经济的兴起，主要是高附加值农产品的生产，它基本转化了中国的农业。同时，国家仍然采用通过发包—承包制度来紧密管控地方官员，但又授予了他们较大的自主权，来推动国家主导的GDP发展。那样的体系激发了地方官员们的创业和创新积极性来协助属地内的企业推动蓬勃的市场经济发展。

如今，那样的一个政经体系和市场经济的结合已经成为一个客观存在的现实，给予"社会主义市场经济"一词实实在在的含义。国家和企业、社会主义主要生产资料国有制和市场机制结合起来，推动了过去四十年的蓬勃经济发展并赋予了中国企业国际竞争力。它们通过实践经验，证明了结合集权的国家和市场经济，以及行政发包制与市场合同制的高效性。不过，这显然也是一个逐步摸索的过程。

（三）问题

同时，我们不可忽视伴随成功而来的一些问题。非正规人员在就业者之中所占的庞大比例，已经对国内市场的发展形成严重的约束，当然也包括其所意味的社会不公。

未来的纠正途径相当清楚。在农业领域，小农仍然严重受制于缺乏一个良好高效的现代物流体系来协助他们从市场发展获得更多的收益。迄今他们只能依赖要么是低效昂贵的小商小贩+大商业资本的销售和加工体系,要么是同样低效的国营供销社体系。那也是一个尚待成功处理的经济和社会问题。同时,社会不公不仅对经济不利,也严重制约了社会和国家在治理方面搭配的能力。一个可能的改善方案是将国有企业利润的一定部分用于民生,特别是农民工——之前已经有过这样的地方上的成功实验。(黄宗智,2012)

四、一个新型的第三领域?

最后,我们要考虑到中国的"第三领域"(黄宗智,2019),它有助于我们更完全地认识和理解中国目前的政经和治理体系,也许也可以被视作对"社会主义市场经济"的一个方面的新阐述。

(一)历史背景

长期以来,中国的政经体系中一直都存在一个由集权的简约治理体系中国家与社会之间的互动而产生的第三领域。国家治理不仅高度依赖社区的非正规自治(如社区纠纷调解),也依赖一个由非正规体系与国家正规体系互动而产生的半正规体系。(黄宗智,2019)

这个第三领域在社会基层可以具体见于社区调解和衙门对案件的处理两个并行的体系间的互动。一旦纠纷一方具呈控告对方,社区调解人士便会重新或加劲调解。同时,当事人和调解人士会通过知县对陆续呈禀的批示,要么被榜示,要么被衙役/乡保传达，而获知衙门对其诉讼的逐步反应。那些批示会直接影响正在进行中的社区调解，促使一方或双方退让，由此使纠纷得到解决。然后，当事人会具呈要求销案，或不再催呈或配合衙门调查。案件便会因此被撤销，或自然中止。这样的结果占到所有细事诉讼案件的起码三分之一（有如此明确记录的），实际上有可能多达三分之二（包括记录中止的）。

集权的简约治理体系框架也促使行政体系广泛使用另一种半正式的治理方法。一个比较突出的例子是处于国家和社会间的半正式（由社区威望人士推荐，衙门认可的不带薪）“乡保”一职。在19世纪的宝坻县，每个乡保要负责平均20个村庄的治理事务（包括征税、纠纷处理和传达衙门指示等）。衙门一般都让他们自行其是，除非他们在执行任务的过程中产生了纠纷或控告方，衙门才会介入。这些操作方式也是“简约治理”的具体实例。

县令对待其属下各房的治理模式基本同样：各房的人员大多是不带薪酬的半正式人员，分别负责各房的职务（最主要的是管征税的户房和管纠纷的刑房）。那些房同样会被知县放任自行其是，要到由于他们执行任务中产生了纠纷或申诉，县令才会介入。其治理方式其实可以很好地用今天的“发包”和“承包”两词来表达。每房的主要负责人等于是承包了其职责——为了获取该房的收入，须要交付一定的（可以称作）“承包费”（高收入的户、刑两房在晚清时期需要交高达千两的“参费”）。县令同样基本让他们自行其是，虽然他们要按照一般人可接受的方式来执行任务，不然，便会产生纠纷，那样的话，县令便需要介入。那也是简约治理的实例。

(二)今天的第三领域

以上是今天更为宽广的第三领域治理——包括行政发包/承包制中的政府的"内包"和其与行政体系之外的社会间(如社区或个人)的"外包"——的历史背景。即便是在计划经济时期的农村集体制度中我们也能看到其痕迹。如今已经成为被更为广泛使用的一个体系。

譬如,在 2005 年到 2009 年的五年之中,全国平均每年的 2500 万起(有记录的)纠纷之中,有足足 1000 万是在第三领域处理的(另外有 1000 万是由社区主要是非正式——虽然带有村干部的参与——的调解处理的),包括乡镇的法律事务所(70 万起),工商部门指导的消费者协会(75 万起),以及公安部门进行的调解(840 万起),区别于更为高度正式化的法院调解和判决(500 万起)。在以上所列由第三领域机构处理的案件中,有 380 万(38%)是被调解结案的。(在更高度非正式的"村、居民调解委员会"处理的 1000 万起纠纷中,则有一半是被成功地调解结案的。)(黄宗智,2016b)

至于如今的行政发包和承包制度,应该可以说是中国现有政经体系中至为突出的一个特征。其参与双方虽然权力比较悬殊,但它不只是一个简单由上而下的官僚制度,更是在由上级和下级、国家和社会两者长期互动的历史过程中所形成的,其中既包括"社会的国家化"(state-ification of society),也包括"国家的社会化"(societalization of the state)。两者的结合很好地展示于如今的半正式纠纷解决的操作方式,既非纯粹国家的行为,也非纯粹社会的现象,而是两者的互动和结合。那其实是改革期间十分快速扩展的一个政治—社会现象。今天被广泛使用的行政发包/承包制度要从这样的角度来认识和理解。

(三)项目制

由国家挑选和资助的项目发包制度也如此,它结合发包与合同,行政体系内部(各层级间)的内包与政府和社会间的外包。这个制度如今是被如此广泛地使用,有的社会学理论家门甚至将其比拟于计划经济时代的"单位制",论说新制度是一种韦伯型的现代化/"合理化"(或"科层制化"),并且已经取代了单位制而成为中国治理模式至为关键的制度和机制。(渠敬东,2012)更为重要的也许是,项目制的用意是要借助其竞争和激励机制来推动政府内部各层级间的和政府与外部社会间的承包者(包括学术单位和研究者)的积极性。一个依赖行政内部的晋升激励和管控机制,一个依赖外部社会中的激励,包括项目竞争、延期或再次获取新项目等激励机制以及国家的监督(如验收)。它的用意是要通过竞选和验收来结合市场竞争和政府调控。

当然,有不少滥用的实例,包括指令性的项目(如推广双季稻种植)、不符实际地偏重低效的规模化大农场、"虚""伪"的合作社、腐败等滥用国家资源的现象。(黄宗智、龚为纲、高原,2014)同时,由于项目制所依赖的激励主要是"私利"而不是"公德"或社区利益,容易导致无视公共利益的价值观和行为,更加突出日益严重的社会道德真空问题。虽然如此,我们也不可否认,与一般行政发包/承包制度相比,项目制所指定的目标相对更加明确(如道路设施、退耕还林、扶贫、盖社区楼房等)。它能激发项目发包前的竞争,以及承包实体方的创新性和积极性。在政府内部,承包的官员们固然要对社会主义政党—国家的监控负责。外包的承包者也要受到验收和再次申请项目等的监督。以后如果能够更明确地将社区改良(包括村庄公共服务和社区物流服务等)设定为一个重点目标,应该可以起到一定的振兴社区和社会道德的作用。总体来说,项目制的优点也许确实超过它的弱点。它可以被视作一个结合行政发包和市场合同的机制——无疑也属于第三领域。

(四)社会主义市场经济

在总体的政治经济大框架层面上,这个快速扩展的第三领域,包括其对承包与合同的广泛使用,是可以被认作官方用词的“社会主义市场经济”所包含,但一般被忽视的一个重要内容和机制。“社会主义”说明其仍然存续的高度集权的社会主义政党—国家中央及分块的地方政府,仍然掌握着主要生产资料的所有权和/或控制权,但已经向快速扩展的竞争性市场经济逐步出让范围越来越宽广的权力,为的是要更好地推进经济发展。正是两者的成功搭配推动了快速的经济发展以及伴之而来的越来越宽广的国家与社会二元合一的第三领域,而不是许多人心目中的非此即彼的国家—社会二元的必然对立。那可能正是中国的政治经济体系的独特之处，结合了西方和中国，现代和传统（包括古代和革命）——它是一个可能成为比较新型的"中华"政经体系的部分内容，既不同于中国过去也不同于现代西方。如果能够明确规定国营公司利润的一定比例须用于公益和民生，则更加如此。[①]（黄宗智，2012）

未来的框架已经相当明了。改革时期所形成的"社会主义市场经济"总框架，具体化为同时依赖一个强势的政府和竞争性的市场，以及其中的关键性行政发包/承包逻辑和市场合同逻辑，已经被证实为一条有效的道路。如今所需要的是，解决仍然比较薄弱的国内市场和比较贫穷的农村等问题。要赋予"社会主义市场经济"真正的长远可持续性，不是要放弃重要生产资料的国有或国家掌控，也不是要放弃其社会主义国家的行政内外包制度，更不是要采纳完全像现代西方那样的资本主义经济、代表制民主和韦伯型科层制政府，而是要继续推进社会和国家的更为均衡的搭配。这不仅是为了制约两者间权力悬殊所可能导致的错误决策和判断，也是为了进一步释放社会主义+市场经济、社会主义国家+高度发达的社会间所形成的两者共同参与的新型、半正式的第三领域。

① 特别值得一提的是另外两个可能起到长时期作用的概念。一是区别国有和公有：有的国有资产权可以被转给代表社会总体的各层人民代表大会。一是区分宏观与微观经济：由中央来进行宏观调控、由市场机制来主宰微观运作。这里不展开这两个重要话题的讨论。

参考文献:

黄宗智(2008):《集权的简约治理——中国以准官员和纠纷解决为主的半正式基层行政》,载《开放时代》第2期,第10—29页。

黄宗智(2012):《国营公司与中国发展经验:"国家资本主义"还是"社会主义市场经济"?》,载《开放时代》第9期,第8—33页。

黄宗智、龚为纲、高原(2014):《"项目制"的运作机制和效果是"合理化"吗?》,载《开放时代》第5期,第143—159页。

黄宗智(2016a):《中国的隐性农业革命(1980—2010)——一个历史和比较的视野》,载《开放时代》第2期,第11—35页。

黄宗智(2016b):《中国古今的民、刑事正义体系——全球视野下的中华法系》,载《法学家》第1期,第1—27页。

黄宗智(2018):《怎样推进中国农产品纵向一体化物流的发展:美国、中国和"东亚模式"的比较》,载《开放时代》第1期,第151—165页。

黄宗智(2019):《重新思考"第三领域":中国古今国家与社会的二元合一》,载《开放时代》第3期,第13—35页。

黄宗智(2020a):《实践社会科学与中国研究》,第一卷《中国的新型小农经济:实践与理论》。

黄宗智(2020b):《实践社会科学与中国研究》,第二卷《中国的新型正义体系:实践与理论》。

黄宗智(待刊c):《实践社会科学与中国研究》,第三卷《中国的新型非正规经济:实践与理论》。

渠敬东(2012):《项目制:一种新的国家治理体制》,载《中国社会科学》第5期,第113—130页。

赵刘洋(待刊):《中国地方政府主导的企业改制中的劳动争议:基于诉讼案件的研究》。

赵晓力(2000):《通过合同的治理——80 年代以来中国基层法院对农村承包合同的处理》,载《中国社会科学》第 2 期,第 120—132 页。

《中华人民共和国合同法》,1999,http://www.npc.gov.cn/wxzl/2000-12/06/content_4732.htm。

《中华人民共和国农村土地承包法》,2002,http://www.npc.gov.cn/wxzl/gongbao/2002-08/30/content_5299419.htm。

周黎安(2007):《中国地方官员的晋升锦标赛模式研究》,载《经济研究》第 7 期,第 36—50 页。

周黎安(2014):《行政发包制》,载《社会》第 6 期,第 1—38 页。

周黎安(2016):《行政发包的组织边界兼论"官吏分途"与"层级分流"现象》,载《社会》第 1 期,第 34—64 页。

周黎安(2018):《"官场+市场"与中国增长模式》,载《社会》第 2 期,第 1—45 页。

周黎安(2019):《如何认识中国——对话黄宗智先生》,载《开放时代》第 3 期,第 37—64 页。

Bernhardt, Kathryn. (1996). "A Ming-Qing transition in Chinese women's history? The perspective from law," in Gail Hershatter, Emily Honig, Jonathan N. Lipman, and Randall Stross (eds.), *Remapping China: Fissures in Historical Terrain.* Stanford, CA: Stanford University Press.

Ch'ü T'ung-tsu(瞿同祖).(1962). *Local Government in China under the Ch'ing*. Cambridge, Mass.: Harvard University Press.

Mann, Michael. (1984). "The Autonomous Power of the State: Its Origins, Mechanisms and Results," *Archives européennes de sociologie*, 25: 185-213.

Standing, Guy. (2011). *The Precariat: The New Dangerous Class.*

London: Bloomsbury Academic.

Wang, Yeh-chien. (1973a). *Land Taxation in Imperial China, 1750-1911*. Cambridge, Mass.: Harvard University Press.

Wang, Yeh-chien. (1973b). *An Estimate of the Land Tax Collection in China, 1753 and 1908*. Cambridge, Mass.: East Asian Research Center, Harvard University.

Zelin, Madeleine, Jonathan Ocko and Robert Gardella. (2004). *Contract and Property in Early Modern China*. Stanford: Stanford University Press.

Zhou Li-an. (2019). "Understanding China: A Dialogue with Philip Huang," *Modern China*, v.45, no.4: 392-432.